Taschenbibliothek der Weltliteratur

Aufbau-Verlag 1987

André Gide

Die Falschmünzer

Deutsch von Ferdinand Hardekopf

Titel der französischen Originalausgabe
Les Faux-monnayeurs

Mit einem Nachwort von Brigitte Sändig

1. Auflage 1987
Aufbau-Verlag Berlin und Weimar
Ausgabe für die sozialistischen Länder mit Genehmigung der
Deutschen Verlags-Anstalt GmbH, Stuttgart

Der Abdruck des Nachworts erfolgte mit Genehmigung des Verlages
Volk und Welt, Berlin
Einbandgestaltung Heinz Hellmis
Lichtsatz Karl-Marx-Werk, Graphischer Großbetrieb, Pößneck V 15/30
Druck und Binden
III/9/1 Grafischer Großbetrieb Völkerfreundschaft Dresden
Printed in the German Democratic Republic
Lizenznummer 301. 120/190/87
Bestellnummer 613 490 1
00460

ISBN 3-351-00551-2

Dieses Buch, meinen ersten Roman, widme ich Roger Martin du Gard, im Geiste einer tiefen Freundschaft

A. G.

Erster Teil Paris

1

Jetzt müßten eigentlich Schritte zu hören sein auf dem Korridor, sagte sich Bernard. Er hob den Kopf und lauschte. Doch nein: sein Vater und sein älterer Bruder hatten im Justizpalast zu tun; seine Mutter machte Besuche; die Schwester war in einem Konzert; und hinter dem Jüngsten, dem kleinen Caloub, schlossen sich die Pforten einer Pension, einen Tag wie den andern, wenn der Schulunterricht beendet war. Bernard Profitendieu war zu Hause geblieben, um für sein Baccalaureats-Examen zu ochsen; er hatte nur noch drei Wochen Zeit dafür. Die Familie respektierte seine Zurückgezogenheit, der Dämon nicht. Bernard hatte seine Jacke abgelegt, aber er konnte kaum atmen. Durchs offene Fenster drang von der Straße her glühende Luft herein. Seine Stirn triefte. Ein Schweißtropfen rann ihm die Nase herab und fiel auf den Brief, den er in der Hand hielt: „Ganz wie eine Träne", murmelte Bernard. „Na, immer noch besser zu schwitzen, als zu weinen!"
Das Datum war entscheidend. Kein Zweifel möglich: es handelte sich um ihn selbst, um Bernard. Der Brief war an seine Mutter gerichtet: ein Liebesbrief, vor siebzehn Jahren geschrieben und nicht unterzeichnet.
„Was bedeutet dieser Anfangsbuchstabe? Ein V, das vielleicht auch ein N sein kann ... Soll ich Mama danach fragen? ... Verlassen wir uns auf ihren Geschmack! Dann kann ich mir einbilden, es sei ein Prinz gewesen. Was hätte ich von der Gewißheit, der Sohn eines Hochstaplers zu sein? Nicht wissen, wen man zum Vater hat: das ist ein Mittel gegen die Furcht, ihm ähnlich zu sein. Alles Nachfragen verpflichtet. Entnehmen wir dem Fall nur eines: die Befreiung. Und gehen wir nicht weiter darauf ein. Für heute genügt's mir."

Bernard faltete das Blatt zusammen. Der Brief hatte dasselbe Format wie die zwölf andern des Bündels. Sie wurden durch ein rosa Seidenbändchen zusammengehalten, das er gar nicht hatte aufzuknüpfen brauchen und das er nun einfach über das Päckchen zurückschob. Dann legte er das Briefbündel in die Schachtel zurück und diese in die Schublade des Tischchens. Die Schublade war nicht offen: er hatte ihr Geheimnis von oben her entdeckt. Bernard fügte die losen Teile der hölzernen Deckplatte aneinander und legte die schwere Onyxplatte vorsichtig wieder darüber. Dann stellte er die beiden kristallenen Armleuchter sowie die sperrige Stutzuhr, die er repariert hatte, an ihren Platz zurück.

Die Pendüle schlug vier Uhr. Sie ging jetzt wieder richtig.

„Der Herr Untersuchungsrichter und sein Sohn, der Herr Rechtsanwalt, werden vor sechs nicht zurück sein. Ich habe also Zeit. Wenn er nach Hause kommt, soll der Herr Richter den hübschen Brief, in dem ich meinen Abschied kundtun werde, auf seinem Schreibtisch finden. Doch bevor ich ihn schreibe, will ich meine Gedanken ein bißchen an die Luft führen – und mit Olivier sprechen, um, für die erste Nacht wenigstens, eines Obdachs versichert zu sein. Ja, mein lieber Olivier, die Stunde ist gekommen, wo du deine Freundschaft beweisen und mir zeigen kannst, was du wert bist. Bisher haben wir nie etwas voneinander verlangt. Bah, eine Gefälligkeit, bei der man seinen Spaß hat, dürfte nicht schwer zu erbitten sein. Das Dumme ist nur, daß Olivier nicht allein sein wird. Na, ich werd ihn schon loseisen von den andern. Ich will ihm durch meine Ruhe imponieren. Je ungewöhnlicher die Situation, desto natürlicher weiß ich mich zu benehmen."

Die Straße, in der Bernard Profitendieu sein bisheriges Leben zugebracht hatte, liegt ganz nahe am Jardin du Luxembourg. In diesem Park, in der Allee, die die Fontäne der Maria von Medici beherrscht, pflegten sich mittwochs zwischen vier und sechs einige seiner Kameraden zu treffen. Man plauderte über Kunst, Philosophie, Literatur, Sport, Politik. Bernard war sehr rasch gegangen. Schon vom Tor aus bemerkte er Olivier Molinier und verlangsamte alsbald seinen Schritt.

Die Versammlung war heute, vielleicht wegen des schönen

Wetters, zahlreicher als gewöhnlich. Einige hatten sich hinzugefunden, die Bernard noch gar nicht kannte. Jeder einzelne dieser jungen Leute suchte vor den andern eine Rolle zu spielen und verlor fast alle Natürlichkeit.
Olivier errötete, als er Bernard kommen sah. Recht unvermittelt verließ er das junge Mädchen, mit dem er geplaudert hatte, und ging ein wenig beiseite. Bernard war sein intimster Freund; so vermied er sorglich den Anschein, ihn zu suchen; ja, manchmal tat er, als sähe er ihn gar nicht.
Bernard mußte, bevor er mit ihm sprechen konnte, mehreren Gruppen standhalten, und da auch er vorgab, den Freund keineswegs zu suchen, so verweilte er ziemlich lange bei den andern.
Vier junge Leute umringten einen kleinen Herrn mit Bart und Kneifer, der merklich älter war als sie. Er hatte ein Buch in der Hand. Das war Dhurmer.
„Du kannst sagen, was du willst", wandte er sich an einen aus der Runde (legte aber sichtlichen Wert darauf, von allen gehört zu werden), „ich habe bis Seite dreißig gelesen, ohne auf eine einzige Farbe zu stoßen, auf ein einziges malendes Wort. Er spricht von einer Frau: ich weiß nicht einmal, ob sie ein rotes oder ein blaues Kleid anhatte. Und wenn keine Farben da sind, so sehe ich eben nichts", und in dem Drange, um so mehr aufzutragen, je weniger er sich ernst genommen fühlte, setzte er hinzu: „absolut gar nichts!"
Bernard hörte schon nicht mehr, was der Schwätzer sagte. Er hielt es für unpassend, sich allzu rasch zu entfernen, aber er hörte schon einer anderen Gruppe zu, der sich Olivier angeschlossen hatte, nachdem er die junge Dame allein gelassen. Einer von dieser Gruppe saß auf einer Bank und las die *Action Française.*
Welch ernsthaften Eindruck macht Olivier Molinier in ihrer Mitte! Und doch ist er einer der Jüngsten. Sein Antlitz ist fast noch kindlich, doch sein Blick verrät einen frühreifen Geist. Er ist zart und errötet leicht. Und so freundlich er sich erweist gegen alle: irgendein Zug seines Wesens hält die Kameraden in Abstand. Darunter leidet er. Ohne Bernard wäre dies Mißbehagen noch schlimmer.
Molinier hatte sich, ebenso wie Bernard, nach allen Seiten aufmerksam gezeigt; nur aus Höflichkeit, denn nichts von dem, was gesagt wurde, interessierte ihn.

Er neigte sich über die Schulter des Zeitungslesers. Bernard, ohne sich hinzuwenden, hörte ihn sagen: „Du solltest keine Gazetten lesen; das macht dir Blutandrang."
Der andere versetzte scharf: „Du wirst ja grün und gelb, wenn du nur den Namen Maurras gedruckt siehst."
Ein dritter mischte sich ein, fragte boshaft: „Findest du die Artikel von Charles Maurras vielleicht amüsant?"
Der erstere: „Nein, höchst langweilig; aber ich finde, daß er recht hat."
Darauf ein vierter, dessen Stimme Bernard nicht kannte: „Du scheinst alles, was dich nicht langweilt, für flach zu halten."
Der erste erwiderte: „Während du zu glauben scheinst, wenn einer nur dumm sei, so sei er auch schon unterhaltsam!"
„Komm!" sagte Bernard leise, Oliviers Arm fassend. Er zog ihn ein paar Schritte abseits.
„Antworte rasch, ich hab's eilig. Du hast mir doch gesagt, du schliefest nicht auf derselben Etage wie deine Eltern?"
„Ich hab dir ja die Tür zu meinem Zimmer gezeigt; es liegt direkt an der Treppe, eine halbe Etage tiefer als unsere Wohnung."
„Und dein Bruder schläft mit in deinem Zimmer?"
„Georges, ja."
„Ihr beide seid da allein?"
„Ja."
„Der Kleine kann den Mund halten?"
„Wenn's sein muß, ja. Warum?"
„Hör zu. Ich bin von zu Hause weggegangen. Oder, genauer: Ich gehe noch heute nachmittag von zu Hause weg. Ich weiß noch nicht, wohin. Kannst du mich für eine Nacht bei dir aufnehmen?"
Olivier war blaß geworden. Seine Erregung war so groß, daß er Bernard nicht ansehen konnte.
„Ja", sagte er, „aber sei nicht vor elf da. Mama kommt jeden Abend zu uns herunter, um gute Nacht zu sagen und die Tür von außen abzuschließen."
„Aber dann kann ich ja nicht . . ."
Olivier lächelte. „Ich habe einen zweiten Schlüssel. Du mußt leise anklopfen, damit Georges nicht aufwacht, falls er schon eingeschlafen ist."

„Und der Pförtner wird mich vorbeilassen?"
„Ich sage ihm vorher Bescheid. Oh, ich steh sehr gut mit ihm! Von ihm hab ich ja den zweiten Schlüssel. Also auf heute abend!"
Sie trennten sich, ohne sich die Hand zu geben. Und während Bernard im Gehen den Brief entwarf, den der hohe richterliche Beamte beim Nachhausekommen vorfinden sollte, ging Olivier, um nicht allein zu bleiben, auf Lucien Bercail zu, der sich meist etwas abseits hielt. Diesen Lucien hatte Olivier sehr gern, freilich nicht so gern wie seinen Freund Bernard. War dieser selbstbewußt, so war Lucien desto schüchterner. Man fühlte seine Empfindsamkeit; nur Schwärmerei und Geist schienen diesen schwächlichen Körper aufrechtzuerhalten. Er wagte sich selten vor – doch sobald er Olivier auf sich zukommen sah, wurde er ganz toll vor Freude. Daß Lucien Gedichte machte, vermuteten wohl alle; aber Olivier war, glaube ich, der einzige, dem er seine Pläne offenbarte. Über die Brüstung der Terrasse gelehnt, sagte Lucien: „Was ich möchte, ist, die Geschichte nicht einer Person, sondern eines Ortes erzählen – etwa einer Parkallee wie dieser; schildern, was sich da vom Morgen bis zum Abend abspielt. Zuerst kommen die Kindermädchen, die Ammen mit den großen Schleifen ... nein, zuerst kommen graue, wesenlose Gestalten und fegen die Wege, sprengen den Rasen, nehmen die verblühten Pflanzen aus den Beeten und setzen neue dafür ein, kurz, sie besorgen vor Öffnung der Tore Szenerie und Dekoration. Dann also der Einzug der Ammen. Knirpse backen Kuchen aus Sand, balgen sich, werden von den Kindermädchen geohrfeigt. Dann haben die unteren Klassen Schulschluß – und dann die Arbeiterinnen Pause. Arme Leute setzen sich auf eine Bank und essen. Später tauchen junge Leute auf, die sich suchen, andere, die sich fliehen, und Philosophen, die allein sein wollen. Endlich die Menge. Man hat seine Einkäufe erledigt, die Musik spielt. Studenten, wie jetzt. Und abends: Verliebte, die sich umschlungen halten, und andere, die unter Tränen auseinandergehen. Und in der sinkenden Sonne, ein uraltes Paar ... Da plötzlich, ein Trommelwirbel: der Garten wird geschlossen, alle müssen die Bühne verlassen. Das Stück ist aus. Du verstehst, das müßte wirken wie eine Andeutung des Weltuntergangs,

des Todes . . ., ohne daß der Tod erwähnt würde, selbstverständlich."
„Ja, das steht mir klar vor Augen", sagte Olivier, der nur an Bernard gedacht und gar nicht aufgepaßt hatte.
„Und das ist noch nicht alles; das ist noch nicht alles!" fuhr Lucien begeistert fort. „In einem Epilog möchte ich dieselbe Allee bei Nacht zeigen, wenn niemand mehr da ist. In ihrer Einsamkeit ist sie viel schöner als bei Tage. Und, in der großen Stille, die geheimnisvolle Steigerung aller Geräusche der Natur: das Plätschern der Fontäne, das Laub, das im Winde raschelt, das Nachtlied eines Vogels – alles scheint eine tiefe Bedeutung zu enthalten. Ursprünglich hatte ich gedacht, daß sich in der Dunkelheit Schatten bewegen sollten, vielleicht die Gespenster der Statuen . . ., aber das wäre doch wohl banal, meinst du nicht auch?"
„Nein, keine Statuen, keine Statuen", sagte Olivier zerstreut. Doch unter dem traurigen Blick des andern fügte er lebhaft hinzu: „Du, wenn dir das gelingt – das wird eine fabelhafte Sache werden!"

2

In Poussins Briefen findet sich nirgends eine Spur davon, daß er sich seinen Eltern gegenüber verpflichtet gefühlt habe. Mit keinem Wort bedauerte er je, daß er sie verlassen hatte. Freiwillig nach Rom verpflanzt, verlor er jede Lust zur Rückkehr, ja, man könnte sagen, jede Erinnerung.

Paul Desjardins (Poussin)

Monsieur Profitendieu hatte es eilig, nach Hause zu kommen. Er fand, sein Kollege Molinier, der ihn den Boulevard Saint-Germain entlang begleitete, gehe recht langsam. Albéric Profitendieu hatte im Justizpalast einen besonders arbeitsreichen Tag gehabt. Nun spürte er auf der rechten Seite einen gewissen Druck, und das machte ihm Sorge: bei ihm schlug jede größere Anstrengung auf die Leber, die ziemlich empfindlich war. Er dachte an das Bad, das er nehmen wollte; durch nichts erholte er sich besser von den Sorgen des Tages als durch ein gutes Bad. In Voraussicht dessen hatte er heute nachmittag nichts zu sich genommen, weil die Klugheit gebietet, mit unbelastetem Magen ins, wenn auch nur lauwarme, Badewasser zu steigen. Vielleicht war das übrigens nur ein Vorurteil; aber Vorurteile sind ja die Grundpfeiler der Zivilisation.

Oscar Molinier hatte Mühe mitzukommen. Er beschleunigte seine Schritte, sosehr er konnte. Aber er war viel kleiner und hatte nicht so kräftige Beine; außerdem geriet er bei seinem etwas verfetteten Herzen leicht außer Atem. Profitendieu, noch frisch mit seinen fünfundfünfzig Jahren, schlanken Wuchses, rüstigen Ganges, wäre am liebsten davongelaufen. Aber er wußte doch zu gut, was schicklich ist: sein Kollege war älter als er und ihm eine Rangstufe voraus, er schuldete ihm Respekt. Außerdem mußte er besonders rücksichtsvoll sein wegen seiner Wohlhabenheit, die nach dem Tode der Eltern seiner Frau beträchtlich war, während Monsieur Molinier über keine andern Mittel verfügte als sein Präsidentengehalt, eine lächerlich geringe Dotierung der hohen Position, die er um so würdevoller ausfüllte, als seine Mittelmäßigkeit sich dahinter verbarg. Profitendieu ließ seine Ungeduld nicht merken, er wandte sich nach Molinier um, der sich gerade den Schweiß von der Stirn wischte. Übrigens interessierte ihn das, was Molinier sagte, in hohem Grade, nur war ihr Gesichtspunkt nicht der gleiche. Die Diskussion belebte sich.

„Lassen Sie das Haus überwachen“, sagte Molinier. „Nehmen Sie die Aussagen des Portiers und der angeblichen Aufwärterin zu Protokoll – alles ganz vortrefflich! Nur bedenken Sie, daß Ihnen, falls Sie die Untersuchung zu energisch betreiben, der Fall aus der Hand gleiten wird ... Ich will sagen, es besteht Gefahr, daß diese Affäre Sie weiter mitreißt, als Sie ursprünglich wohl gedacht haben.“

„Solche Bedenken haben in der Justiz keinen Platz!“

„Hm! Sehen Sie, mein Freund: wir wissen beide, was die Justiz sein sollte und was sie in Wirklichkeit ist. Selbstverständlich tun wir unser Bestes; aber mit aller guten Absicht erreichen wir doch immer nur Annäherndes. Der Fall, der Sie gerade beschäftigt, ist besonders heikler Natur: unter fünfzehn Beschuldigten (zumindest können sie es, auf ein Wort von Ihnen, morgen sein) sind neun Minderjährige. Und etliche unter diesen Kindern sind, wie Sie wissen,

Söhne höchst achtbarer Eltern. Deshalb würde ich, wie die Dinge liegen, jeden Haftbefehl für einen schweren Mißgriff halten. Die Parteiblätter würden sich der Sache bemächtigen, und Sie hätten das Tor geöffnet für Erpressung und Verleumdung jeder Art. Und wie Sie's auch anstellen: trotz aller Vorsicht könnten Sie nicht verhindern, daß gewisse Namen öffentlich genannt werden ... Ich bin nicht befugt, Ihnen Ratschläge zu erteilen: Sie wissen, wieviel lieber ich selbst mir Rat holen möchte von Ihnen, dessen Pflichtgefühl, Scharfsinn und Unbeirrbarkeit ich stets bewundert habe ... Aber an Ihrer Stelle würde ich so vorgehen: ich würde diesen peinlichen Skandal dadurch zu beenden suchen, daß ich die vier oder fünf Rädelsführer unschädlich machte ... Oh, ich weiß, daß sie nicht leicht zu fassen sind, aber das ist schließlich unser Handwerk, nicht wahr? Ich ließe die Wohnung, den Schauplatz jener Orgien, schließen, und dann bedächte ich die Eltern der jungen Missetäter mit einer kleinen Mahnung, einem leisen, diskreten Wink – nur zu dem Zweck, Rückfälle zu verhindern ... Übrigens: die Frauen, die können Sie einsperren; dagegen habe ich gar nichts; es scheint sich da um ein paar abgründig verdorbene Geschöpfe zu handeln, von denen man die bürgerliche Gesellschaft befreien sollte. Aber, nochmals, schonen Sie die Kinder! Kleben Sie die Etikette ‚Nichtvorhandensein der zur Erkenntnis der Strafbarkeit erforderlichen Einsicht' auf die Akten und lassen Sie die Kleinen möglichst lange in dem heilsamen Zweifel, ob sie wirklich mit dem Schrecken davongekommen sind. Bedenken Sie, drei von ihnen sind noch keine vierzehn Jahre alt, und ihre Eltern halten sie gewiß für Musterexemplare von Unschuld und Reinheit. Na, alles was wahr ist – sagen Sie mal, lieber Freund: haben wir in diesem Alter eigentlich schon an Mädchen gedacht?"

Er war stehengeblieben, mehr von seiner Beredsamkeit als vom Gehen erschöpft, und zwang Profitendieu, den er am Rockärmel festhielt, desgleichen zu tun.

„Oder, wenn wir daran dachten", begann er wieder, „so war's auf eine ideale, mystische, gewissermaßen religiöse Art. Doch die Kinder von heute, sehen Sie, die haben keine Ideale mehr ... Wie geht es übrigens Ihren eigenen Kindern? Selbstverständlich hab ich das alles nicht für sie gesagt. Ich weiß ja, bei ihnen wären, dank Obhut und Erziehung, solche Verirrungen undenkbar."

In der Tat, bis jetzt hatte sich Profitendieu seiner Söhne nur rühmen können. Doch über eines täuschte er sich nicht: die beste Erziehung konnte nicht aufkommen gegen böse Instinkte. Gott sei Dank hatten seine Kinder keinerlei böse Veranlagung, ebensowenig wie, offenbar, die Kinder von Molinier; und so würden sie sich aus eigenem Antrieb vor schlechtem Verkehr und schlechter Lektüre in acht nehmen. Denn warum sollte man verbieten, was man doch nicht hindern konnte? Die Bücher, die man einem Kinde verbietet, die verschafft es sich heimlich doch. Sein persönliches System war einfach: er warnte die Kinder nicht vor schlechten Büchern, aber er suchte alles so einzurichten, daß sie gar kein Verlangen danach hatten. Was die fragliche Affäre anlangte, so wollte er noch darüber nachdenken und versprach auf alle Fälle, nichts ohne Verständigung Moliniers zu unternehmen. Man würde die unauffällige Überwachung einfach fortsetzen, und da das Übel nun schon drei Monate währte, so mochte es schließlich noch ein paar Tage oder Wochen länger dauern. Außerdem standen die Schulferien bevor, und mit ihnen würden sich die kleinen Bösewichte in alle Winde zerstreuen. Also auf Wiedersehen.

Den Rest seines Weges konnte Profitendieu nun schnellen Schrittes zurücklegen.

Kaum zu Hause angelangt, lief er ins Badezimmer und drehte die Hähne auf. Antoine, der seinem Herrn aufgelauert hatte, lief ihm, scheinbar unabsichtlich, im Korridor über den Weg.

Dieser treue Diener war seit fünfzehn Jahren im Hause; er hatte die Kinder aufwachsen sehen. Sicherlich hatte er im Laufe der Zeit allerlei mit ansehen können, und manches andere argwöhnte er. Aber er tat so, als bemerkte er nichts von dem, was man ihm zu verheimlichen wünschte. Bernard hatte immer eine gewisse Zuneigung zu Antoine gehegt, und er hatte nicht weggehen wollen, ohne ihm adieu zu sagen. Vielleicht hatte es ihn auch gelockt, einen Bedienten ins Vertrauen zu ziehen bei einer Sache, von der die Familie selbst noch nichts wußte. Doch muß zu Bernards Gunsten gesagt werden, daß um jene Stunde niemand von den Seinen zu Hause war. Außerdem hätte er sich ja nicht

von ihnen verabschieden können, ohne daß sie versucht hätten, ihn zurückzuhalten. Das aber wollte er vermeiden. Zu Antoine hatte er einfach gesagt: „Ich gehe weg." Aber bei diesen Worten hatte er ihm so feierlich die Hand gereicht, daß der alte Diener erstaunt gewesen war.
„Monsieur Bernard kommt zum Abendessen nicht zurück?"
„Auch nicht zum Schlafen, Antoine." Und da der andere unschlüssig blieb und nicht recht wußte, wieviel er begreifen und ob er noch etwas fragen sollte, so wiederholte Bernard bedeutsam: „Ich gehe weg", und fügte hinzu: „Ich hab einen Brief auf . . ." – er konnte sich nicht entschließen, zu sagen, „auf Papas Schreibtisch" –, „also ich hab einen Brief auf den Schreibtisch gelegt. Adieu."
Und indem er Antoine die Hand drückte, war es ihm, als nehme er Abschied von seiner ganzen Vergangenheit. Noch einmal sagte er: „Adieu", dann stürzte er davon, damit man den Seufzer nicht hörte, der ihm in die Kehle stieg.
Antoine überlegte, ob er nicht eine schwere Verantwortung auf sich nähme, wenn er ihn so weggehen ließ – aber wie hätte er ihn zurückhalten können?
Daß dieser Weggang Bernards für die ganze Familie eine ungeheuerliche Überraschung bedeutete, dessen war sich Antoine nun durchaus bewußt, aber die Rolle des perfekten Dieners verbot jede Äußerung des Erstaunens. Er durfte nichts wissen von dem, was Monsieur Profitendieu noch nicht wußte. Natürlich hätte er einfach sagen können: „Weiß Monsieur, daß Monsieur Bernard weg ist?", aber damit hätte er allen Vorsprung eingebüßt, und das war keineswegs nach seinem Geschmack. Wenn er so ungeduldig auf seinen Herrn wartete, so, um sachlichen, ehrerbietigen Tones, als hätte er eine gewöhnliche Bestellung Bernards auszurichten, folgende, sorgsam vorbereitete Worte von sich zu geben: „Monsieur Bernard hat, bevor er wegging, einen Brief für Monsieur auf den Schreibtisch gelegt."
Dieser Satz klang so unverfänglich, daß man ihn vielleicht gar nicht beachten würde; doch hatte er sich vergebens um eine gewichtigere, zugleich harmlos scheinende Formulierung bemüht.
Da Bernard sonst keinen Abend außerhalb des Hauses verbrachte, vermochte Monsieur Profitendieu – von Antoine

verstohlen beobachtet – eine gewisse Erregung nicht zu unterdrücken.
„Was? Bevor er . . .?"
Er faßte sich augenblicklich. Sollte er sich betroffen zeigen vor einem Untergebenen? Seine Überlegenheit verließ ihn nicht, und so sagte er nur, mit meisterhafter Ruhe: „Es ist gut."
Und, schon auf dem Wege ins Arbeitszimmer: „Wo, sagst du, liegt dieser Brief?"
„Auf dem Schreibtisch von Monsieur."
In der Tat bemerkte Profitendieu gleich bei seinem Eintreten etwas Weißes, das recht auffällig mitten auf den Tisch gelegt worden war. Doch Antoine gab sein Opfer nicht so rasch frei, und Monsieur Profitendieu hatte den Brief kaum geöffnet, als an die Tür geklopft wurde.
„Ich habe vergessen, Monsieur zu sagen, daß zwei Herren im kleinen Salon warten."
„Was für Herren?"
„Das weiß ich nicht."
„Gehören sie zusammen?"
„Es scheint nicht so."
„Was wollen sie denn?"
„Ich weiß es nicht; sie möchten Monsieur sprechen."
Profitendieu fühlte sich am Ende seiner Geduld.
„Wie oft habe ich dir schon gesagt, daß ich zu Hause nicht belästigt sein will – zumal um diese Zeit! Ich habe meine Empfangsstunden im Palais . . . Warum hast du sie eintreten lassen?"
„Sie sagten, sie hätten Monsieur etwas Dringendes mitzuteilen."
„Und sie sind schon lange da?"
„Seit einer Stunde ungefähr."
Profitendieu fuhr sich mit der Hand an die Stirn. Die andere Hand hielt Bernards Brief. Antoine stand an der Tür, würdig, unbeweglich. Endlich erlebte er das beglückende Schauspiel, daß der Herr Untersuchungsrichter seine Selbstbeherrschung verlor, daß er – zum allerersten Male – mit dem Fuß auf die Erde stampfte und schrie: „Laßt mich in Ruhe! Ich wünsche in Ruhe gelassen zu werden! Sag ihnen, ich sei beschäftigt; sie sollen ein andermal wiederkommen."

Antoine war kaum hinaus, als Profitendieu an die Tür stürzte und ihm nachrief: „Antoine! Antoine! ... Und dreh in der Badestube die Hähne zu."
Hübsche Zeit jetzt, ein Bad zu nehmen! Er trat ans Fenster und las:

Monsieur,
Eine gewisse Entdeckung, die ich heute nachmittag zufällig gemacht habe, hat mir gesagt, daß ich aufhören muß, Sie als meinen Vater anzusehen. Das ist mir eine unendliche Erleichterung. Ich habe mich, wegen der Geringfügigkeit meiner Liebe zu Ihnen, jahrelang für ein entartetes Kind gehalten; jetzt weiß ich, daß ich Ihr Kind überhaupt nicht bin, und das ist mir bei weitem lieber. Vielleicht meinen Sie, ich sei Ihnen Dank schuldig, weil Sie mich ebenso gehalten hätten wie Ihre eigenen Kinder? Aber ich habe in Ihrer Einstellung zu meinen (halben) Geschwistern und zu mir immer einen Unterschied verspürt, und ferner kenne ich Sie gut genug, um zu wissen, daß Ihr Handeln einzig vom Schreckgespenst eines Skandals diktiert ist. Sie wünschten eine Sachlage, die Ihnen nicht gerade zur Ehre gereicht, zu verdecken, und das war schließlich ja auch das Beste, was Sie tun konnten. Ich gehe von Hause weg, ohne meiner Mutter adieu zu sagen, weil ich dabei vielleicht in Rührung verfiele und weil ich ihr eine peinliche Szene ersparen möchte. Ich glaube kaum, daß ihre Neigung zu mir besonders lebhaft ist; da ich meist in Pension war, hat sie eigentlich kaum Zeit gehabt, mich kennenzulernen; und da mein Anblick sie unablässig an eine Episode erinnerte, deren Spuren sie gern verwischen möchte, so wird sie mich wohl leichten, frohen Herzens von der Bildfläche verschwinden sehen. Sagen Sie ihr, falls Sie den Mut dazu haben, daß ich es ihr nicht verüble, mich zum Bastard gemacht zu haben, sondern daß mir das lieber ist, als mich von Ihnen erzeugt zu wissen. (Entschuldigen Sie diese Redeweise: meine Absicht ist nicht, Ihnen Beleidigungen zu sagen; aber meine Äußerungen werden Ihnen erlauben, mich zu verachten, und das wird Sie erleichtern.)
Falls Sie wünschen, daß ich Schweigen bewahre über die geheimen Gründe, die mich aus Ihrem Hause treiben, so versuchen Sie mich in keiner Weise zur Rückkehr zu bewegen. Mein Entschluß, Ihren Herd zu verlassen, ist unwiderruflich. Wieviel Kosten mein bisheriger Unterhalt Ihnen verursacht hat, kann ich nicht abschätzen – der Unwissende mochte sich von Ihnen ernähren lassen, aber in Zukunft will ich selbstverständlich keinen Sou mehr von Ihnen annehmen.

Der Gedanke, dazu gezwungen zu sein, wäre mir unerträglich; ich glaube, daß ich lieber Hungers sterben als noch einmal von Ihrem Tische essen möchte. Zum Glück darf ich vermuten, daß meine Mutter, als sie Ihre Frau wurde, reicher war als Sie. Ich kann also annehmen, daß ich von dem Vermögen meiner Mutter gelebt habe. Ich danke ihr, halte alles übrige für beglichen und bitte sie, mich zu vergessen. Sie werden wohl ein Mittel finden, denen, die sich vielleicht darüber wundern, meinen Weggang zu erklären. Ich ermächtige Sie, mich zu belasten (was Sie übrigens sowieso tun würden).
Ich zeichne mit Ihrem lächerlichen Namen, den ich mit Schande bedecken und Ihnen vor die Füße werfen möchte,

Bernard Profitendieu

Nachschrift. – Ich lasse alle meine Sachen zurück. Caloub kann sie ja noch brauchen – hoffentlich mit besserer Legitimation als ich!

Monsieur Profitendieu sank in einen Sessel. Er wollte nachdenken, aber die Gedanken wirbelten in seinem Kopf durcheinander. Außerdem verspürte er auf der rechten Seite, da, unterhalb der Rippen, ein leises Stechen. Er kam nicht drum herum – die Gallenkolik war da. War denn nicht wenigstens Mineralwasser im Hause? Wenn doch seine Frau zurück wäre! Wie sollte er ihr das Geschehene nur mitteilen? Ihr den Brief zeigen? Er war ungerecht, dieser Brief, abscheulich ungerecht. Mußte man nicht empört sein über soviel Bosheit? Profitendieu möchte seine Traurigkeit für Empörung nehmen. Er atmet heftig und stößt dabei immer wieder mit schwachem Seufzen hervor: „O mein Gott!" Der Schmerz in der Seite vermischt sich mit der Traurigkeit, beweist und lokalisiert sie. Ihm ist, als empfände er Seelenschmerz in der Leber. Er wirft sich in einen Stuhl und liest Bernards Brief noch einmal. Traurig zuckt er mit den Achseln. Gewiß, dieser Brief ist grausam gegen ihn; aber er spürt einen trotzig-selbstbewußten Wurf darin. Keines seiner anderen Kinder, seiner wahren Kinder, hätte einen solchen Brief schreiben können, und er selbst, ihr Vater, ebensowenig. Gewiß, das Fremdartige in Bernards Charakter, jenes Wilde, Ungezähmte – das hat er stets tadeln zu müssen geglaubt; um so deutlicher fühlt er jetzt, daß er Bernard gerade um dieser herben Züge willen so geliebt hat, wie er die andern nie geliebt hat.

Seit einigen Augenblicken hört man Musik aus dem Nebenzimmer. Es ist Cécile, die, vom Konzert zurück, sich ans Klavier gesetzt hat und immer denselben Satz einer Barcarole hartnäckig wiederholt. Schließlich hält Albéric Profitendieu es nicht mehr aus. Er öffnet leise die Tür und sagt klagenden, beinahe flehenden Tones, denn die Kolik hat sich verschlimmert (und er ist schon immer etwas ängstlich dabei gewesen): „Meine kleine Cécile, möchtest du nicht einmal nachsehen, ob wir Eau de Vichy im Hause haben? Wenn nicht, so laß bitte welches holen. Und dann wäre es freundlich von dir, wenn du ein bißchen mit dem Spielen aufhören wolltest."

„Es geht dir nicht gut, Papa?"

„O doch, ganz gut. Nur muß ich bis zum Abendessen etwas nachdenken, und dabei stört mich deine Musik."

Und liebenswürdig, denn der Schmerz macht ihn milde, fügt er hinzu: „Es war übrigens hübsch, was du gespielt hast. Was war es denn?"

Er zieht sich zurück, ohne auf Antwort zu warten. Übrigens beabsichtigt Cécile auch gar nicht zu antworten, da sie weiß, daß er nichts von Musik versteht und den Tannhäuser-Marsch mit „Komm, Karlinchen" verwechselt (wenigstens behauptet sie das). Doch er öffnet die Tür von neuem. „Mama ist noch nicht zurück?"

„Nein, noch nicht."

Das ist peinlich. Wahrscheinlich kommt sie so spät, daß vorm Essen keine Zeit mehr bleibt, mit ihr zu sprechen. Und was könnte er sich ausdenken, um Bernards Abwesenheit wenigstens vorläufig plausibel zu machen? Die Wahrheit kann er doch nicht sagen! Er kann doch den Kindern das Geheimnis von Mamas verjährtem Seitensprung nicht ausliefern! Ach, jene Sache war ja längst vergeben, vergessen, wiedergutgemacht! Die Geburt eines letzten Sohnes hatte die Versöhnung besiegelt.

Und plötzlich taucht nun aus der Vergangenheit dieser rächende Schatten auf, dieses längst verschwunden geglaubte Gespenst ...

Aber was gibt es da noch? Die Tür zu seinem Arbeitszimmer hat sich leise geöffnet. Rasch steckt er den Brief in seine innere Rocktasche. Jetzt hebt sich sachte der Vorhang: es ist der kleine Caloub.

„Papa, sag mir, bitte, was bedeutet dieser lateinische Satz? Ich werde nicht klug daraus."
„Ich habe dir doch gesagt, daß du nicht eintreten sollst, ohne anzuklopfen! Und du sollst mich auch nicht jeden Augenblick stören, verstanden? Dies ewige Fragen! Immer verläßt du dich auf andere, anstatt auf dich selbst! Gestern war es die Geometrieaufgabe, und heute ist es ein – von welchem Autor ist er denn, dein lateinischer Satz?"
Caloub hält ihm das Heft hin.
„Das hat er uns nicht gesagt. Aber sieh, hier: du erkennst es sicherlich gleich. Er hat's uns diktiert, aber vielleicht habe ich nicht genau nachgeschrieben. Ich möchte wenigstens wissen, ob es richtig ist . . ."
Monsieur Profitendieu nimmt das Heft – doch er leidet zu sehr. Sanft macht er sich los von dem Kind.
„Später. Jetzt ist Zeit zum Essen. Ist Charles schon da?"
„Er ist unten in seinem Büro." (Der Herr Rechtsanwalt empfängt seine Klienten im Erdgeschoß.)
„Dann sage ihm, er möge zu mir raufkommen. Mach schnell!"
Die Klingel ertönt. Endlich kommt Madame Profitendieu nach Hause. Sie entschuldigt sich wegen der Verspätung: sie habe viele Besuche machen müssen. Sie ist betrübt, ihren Gemahl leidend zu finden. Was kann man für ihn tun? Er sieht wirklich recht elend aus. – Nein, er habe keinen Appetit; man möge sich ohne ihn zu Tisch setzen; aber nach dem Essen möge sie mit den Kindern wieder zu ihm kommen. – Bernard? – „Ach ja, sein Freund . . . du weißt: der, mit dem er die Mathematik-Nachhilfestunden hatte . . . der hat ihn zum Abendessen abgeholt."

Profitendieu fühlte sich besser. Zuerst hatte er gefürchtet, die Schmerzen würden ihn hindern zu sprechen. Aber es war doch so wichtig, eine Erklärung für Bernards Verschwinden zu geben! Jetzt wußte er, was er zu sagen hatte, so peinlich es sein mochte. Er fühlte sich stark und entschlossen. Nur davor hatte er Angst, daß seiner Frau schlecht werden könnte, daß sie ihn unterbrechen würde durch Tränen, durch einen Schrei . . .
Eine Stunde später tritt sie wieder ein, mit den drei Kin-

dern. Sie kommt näher. Er fordert sie auf, dicht bei ihm Platz zu nehmen.
„Versuch ruhig zu bleiben", sagt er leise und doch gebieterisch zu ihr, „und sprich kein Wort, hörst du? Nachher reden wir beide miteinander."
Er hat ihre Hand genommen und hält sie lange.
„Also, setzt euch, Kinder. Ihr steht ja da wie die Examinanden vorm Professor! . . . Also, ich habe euch etwas sehr Trauriges mitzuteilen. Bernard hat uns verlassen, und wir werden ihn . . . eine Zeitlang nicht wiedersehen. Ich muß euch heute etwas offenbaren, was ich euch, damit ihr Bernard wie einen Bruder lieben solltet, bisher verborgen habe; denn Mama und ich, wir liebten ihn wie unser eigenes Kind. Aber er war nicht unser Kind . . . und ein Onkel von ihm, ein Bruder seiner wirklichen Mutter, die ihn uns auf ihrem Sterbebette anvertraut hatte, ist heute abend gekommen und hat ihn mitgenommen."
Ein bedrücktes Schweigen folgt diesen Worten. Man hört nur Caloub, der sich die Nase schneuzt. Alle warten, in der Meinung, der Vater werde mehr sagen. Doch er macht eine Geste und sagt: „Geht jetzt, Kinder; Mama und ich möchten allein sein."
Als die Kinder hinaus sind, bleibt Profitendieu lange stumm. Die Hand seiner Frau, die noch in der seinen ruht, ist wie tot. Mit der andern hält sie ihr Taschentuch an die Augen gepreßt. Sie sitzt gebeugt da und wendet ihr Gesicht ab, um zu weinen. Und durch das Schluchzen hindurch, das sie schüttelt, hört Profitendieu sie murmeln: „Oh, wie grausam Sie sind! . . . Sie haben ihn weggejagt . . ."
Er war entschlossen, ihr Bernards Brief nicht zu zeigen; doch angesichts einer so ungerechten Beschuldigung holt er ihn hervor. „Da, lies."
„Ich kann nicht."
„Du mußt lesen!"
Er denkt nicht mehr an sein Leiden. Sein Blick folgt ihr beim Lesen, Zeile für Zeile. Vorhin, als er sprach, hatte er seinen Tränen kaum gieten können; jetzt verläßt ihn jede Erregung; er beobachtet seine Frau. Was denkt sie? Mit derselben anklagenden Stimme, durch dasselbe Schluchzen hindurch murmelt sie: „Oh, warum hast du's ihm gesagt? . . . Das hättest du nicht tun dürfen."

„Aber du siehst doch, daß ich ihm nichts gesagt habe ... Lies doch genauer."
„Ich hab genau gelesen ... Aber wie hat er's denn entdeckt? Wer hat's ihm gesagt?"
Also daran denkt sie! Das ist ihre Hauptsorge! ... Das Leid hätte sie beide einen sollen; aber dunkel spürt Profitendieu, daß ihre und seine Gedanken in verschiedene Richtungen gehen. Und während sie jammert, anklagt, zurückfordert, versucht er, diesen widerspenstigen Sinn zu sanfteren Gefühlen hinzulenken.
„Es ist die Sühne", sagt er.
Er hat sich erhoben, in unbewußtem Herrschbedürfnis. Nun steht er hoch aufgerichtet, seines körperlichen Schmerzes nicht achtend, und legt gewichtig, zärtlich, bedeutsam seine Hand auf Marguerites Schulter. Er weiß sehr gut, daß sie ihre „flüchtige Irrung" (als solche hat er den Fall rubriziert) stets nur höchst unvollständig bereut hat. Nun möchte er ihr sagen, daß die jetzige Prüfung eine Art Buße sein könnte – doch vergebens sucht er diesen Gedanken in eine passende, nicht verletzende Form zu kleiden. Marguerites Schulter widersteht dem leichten Druck seiner Hand. Marguerite weiß leider genau, daß aus allen Vorkommnissen des Lebens, selbst den geringsten, in unerträglicher Weise irgendein moralischer Lehrsatz hervorgeht, ans Licht gezogen von ihrem Manne. Alles deutet er nach seinen Dogmen. Jetzt neigt er sich über sie. Folgendes möchte er ihr sagen: Meine arme Freundin, siehst du: aus der Sünde kann nichts Gutes wachsen. Es war unnütz, deinen Fehler verdecken zu wollen. Ich habe für dieses Kind getan, was ich konnte; ich hab es gehalten wie mein eigenes. Doch nun gibt Gott uns zu verstehen, daß es ein Irrtum war, sich anzumaßen ...
Aber schon beim ersten Satz hält er inne.
Und sicherlich begreift sie diese wenigen, sinnvollen Worte. Sicherlich sind sie ihr ins Herz gedrungen, denn sie beginnt von neuem zu schluchzen, heftiger als zuvor. Dann sinkt sie zusammen, fast als wollte sie vor ihm auf die Knie fallen.
Doch der Mann neigt sich zu ihr und hält sie ... Was flüstert sie unter Tränen? Er nähert sein Ohr ihrem Munde und vernimmt: „Da siehst du es ... da siehst du es ... Ach,

warum hast du mir verziehen? . . . Oh, ich hätte nicht wiederkommen sollen!"
Fast muß er erraten, was sie sagt. Dann verstummt sie. Sie kann nicht besser ausdrücken, was sie empfindet. Wie hätte sie ihm auch klarmachen sollen, daß sie sich in der Tugend, die er von ihr verlangte, eingekerkert fühlte? daß sie darin erstickte? und daß sie heute weniger ihren Fehltritt bereut als vielmehr die Tatsache, ihn bereut zu haben?
Profitendieu hat sich aufgerichtet. „Meine arme Freundin", sagt er streng und würdig, „ich fürchte, du bist heute abend etwas konträr gestimmt. Es ist spät. Man sollte lieber schlafen gehen."
Er hilft ihr, sich zu erheben. Dann begleitet er sie in ihr Zimmer, drückt seine Lippen auf ihre Stirn, kehrt in sein Arbeitszimmer zurück und wirft sich in einen Sessel. Seltsam: die Kolik ist vorüber. Aber er fühlt sich ganz gebrochen. So bleibt er lange sitzen, den Kopf in die Hände gestützt, zu traurig, um zu weinen. Er hört nicht, daß draußen geklopft wird, doch beim Geräusch der sich öffnenden Tür blickt er auf: es ist sein Sohn Charles.
„Ich wollte dir gute Nacht sagen."
Charles tritt näher. Er hat alles begriffen. Er möchte seinem Vater das zu erkennen geben. Er möchte ihn seines Mitgefühls, seiner Liebe und Ergebenheit versichern. Doch (wer hätte das von einem Advokaten gedacht?) er äußert diese Empfindung auf höchst ungeschickte Weise. (Vielleicht ist sein Benehmen aber gerade deswegen ungeschickt, weil seine Gefühle aufrichtig sind?) Er umarmt seinen Vater. Die nachdrückliche Art, in der er den Kopf an seine Schulter gelehnt hält, beweist diesem, daß der Sohn verstanden hat. Er hat so gut verstanden, daß er jetzt den Kopf ein wenig hebt und fragt (wiederum höchst linkisch – aber er ist so aufgeregt, daß er die Frage nicht unterdrücken kann): „Und Caloub?"
Die Frage ist lächerlich, denn sosehr Bernard sich von den übrigen Kindern unterschied, so unverkennbar ist bei Caloub die Familienähnlichkeit. Profitendieu klopft Charles auf die Schulter. „Nein, nein! Da kannst du ruhig sein. Nur Bernard!"
Darauf Charles, bedeutungsvoll: „Es verjagt Gott den Eindringling, um . . ."

Doch Profitendieu unterbricht ihn: dieser Ton berührt ihn nicht angenehm.

„Sei still."

Vater und Sohn haben sich nichts mehr zu sagen. Wenden wir uns von ihnen ab. Es ist bald elf Uhr. Lassen wir Madame Profitendieu in Ruhe, die in ihrem Schlafzimmer auf einem unbequemen, kleinen Stuhl sitzt. Sie weint nicht; sie denkt an nichts. Auch sie möchte davonlaufen; aber sie wird es nicht tun. Schon damals, als sie mit ihrem Geliebten, Bernards Vater (dessen Bekanntschaft wir nicht zu machen brauchen), hatte fliehen wollen, war sie zu der Erkenntnis gekommen: Ich kann's anstellen, wie ich will: ich werde doch immer nur eine ehrbare Frau bleiben. Sie hatte Angst vor der Freiheit, vor dem Verbotenen, vor der Ungebundenheit; und so kehrte sie nach Ablauf von zehn Tagen reuig in die eheliche Gemeinschaft zurück. Von ihren Eltern hatte sie als Kind oft genug zu hören bekommen: „Du weißt nie, was du willst." Lassen wir sie. Cécile schläft schon. Caloub sieht verzweifelt auf die Kerze neben seinem Bett; sie wird nicht lange genug brennen, damit er in Ruhe den Kriminalroman, über dem er Bernards Weggang vergessen hat, beenden kann. Neugierig wäre ich gewesen, zu erfahren, was Antoine seiner Freundin, der Köchin, wohl erzählt haben mag; doch man kann nicht überall sein. Jetzt ist die Stunde da, wo Bernard, der Verabredung gemäß, zu Olivier kommen soll. Ich weiß nicht genau, wo er heute abend gegessen hat und ob er überhaupt gegessen hat. Er ist ungehindert an der Portiersloge vorbeigekommen; nun schleicht er verstohlen die Treppe hinauf . . .

3

> Plenty and peace breeds cowards; hardness ever of hardiness is mother.
>
> *Shakespeare*

Olivier hatte sich zu Bett gelegt, um den Gutenachtkuß seiner Mutter in Empfang zu nehmen, die jeden Abend, bevor sie selbst zur Ruhe ging, ins Zimmer ihrer beiden jüngeren Kinder kam und nach dem Rechten sah. Er hätte sich dann, in Erwartung Bernards, wieder ankleiden können, aber er zweifelte noch an dessen Kommen und fürchtete auch, seinen Bruder Georges aufmerksam zu machen. Georges, der Jüngste, schlief meistens rasch ein und wachte spät wieder auf; vielleicht würde er gar nichts Ungewöhnliches bemerken.

Als er an der Tür eine Art vorsichtigen Kratzens hörte, sprang Olivier aus dem Bett, schlüpfte hastig in seine Pantoffeln und öffnete. Licht brauchte man gar nicht zu machen: der Mond erhellte das Zimmer zur Genüge. Die beiden Freunde umarmten sich.

„Oh, wie ich auf dich gewartet habe!" sagte Olivier. „Ich glaubte kaum noch, daß du wirklich kämst. Wissen denn deine Eltern, daß du heute nacht nicht zu Hause schläfst?"

Bernard, im Halbdunkel, zuckte mit den Achseln.

„Meinst wohl, ich hätte sie um Erlaubnis bitten sollen, was?"

Seine Stimme klang so spöttisch, daß Olivier sofort einsah, wie lächerlich seine Frage gewesen war. Es war ihm noch gar nicht zum Bewußtsein gekommen, daß Bernard doch sicherlich „aus guten Gründen" von Hause weggegangen war. Ihm waren die Motive seiner Flucht ganz unklar, und er dachte wohl, Bernard beabsichtige nur, diese eine Nacht wegzubleiben. Und er fragte: „Wann gehst du zurück?"

„Niemals!"

Da begriff Olivier die Tragweite der Angelegenheit und erwies sich nun eifrig bestrebt, der Situation gewachsen zu sein und sich durch nichts mehr überraschen zu lassen. Immerhin entfuhr es ihm: „Es ist enorm, was du da tust!"

Es mißfiel Bernard durchaus nicht, seinem Freunde zu imponieren, und er war ungeheim empfänglich für die Bewunderung, die in dessen Ausruf lag. Doch er zuckte nur abermals mit den Achseln.

Olivier ergriff seine Hand und fragte, voll innerer Angst: „Aber . . . warum gehst du von Hause weg?"

„Mein lieber Olivier, das sind Familiengeschichten. Das kann ich dir nicht sagen."

Und um nicht im geringsten feierlich zu erscheinen, spielte er mit seiner Stiefelspitze an Oliviers einem, auf den Zehen wippenden Pantoffel, denn die beiden Freunde hatten sich auf den Bettrand gesetzt.

„Und wo willst du leben?"

„Weiß nicht."

„Und wovon?"

„Werd sehn."

„Hast du Geld?"

„Für den Kaffee morgen früh."

„Und dann?"

„Dann such ich eben was. Werd schon was finden. Ich erzähl's dir dann."

Olivier bewunderte seinen Freund maßlos. Er kennt sein entschlossenes Wesen. Trotzdem zweifelt er noch: wird die Not ihn nicht bald zurücktreiben? Bernard aber erklärt: „Lieber alles andere, als nach Hause zurück!" Und da er die Worte: „Lieber alles andere . . ." aufgeregt wiederholt, so packt den Freund ein Verdacht. Er möchte etwas fragen, wagt's aber nicht.

Endlich, gesenkten Kopfes, stockend, bringt er heraus: „Sag, Bernard, du willst doch nicht etwa . . .?"

Er hält inne. Bernard sieht auf und bemerkt seine Verwirrung.

„Was?" fragt er. „Was meinst du? Sprich doch! . . . Stehlen?"

Olivier schüttelt den Kopf. Nein, das ist es nicht. Plötzlich bricht er in Schluchzen aus und preßt Bernard an sich.

„Versprich, daß du nicht . . ."

Da versteht Bernard. Lachend macht er sich los. „Ja, das versprech ich dir: den Zuhälter werd ich nicht mimen." Und er fügt hinzu: „. . .. Obgleich es im Grunde das einfachste wäre, nicht?"

Aber Olivier ist beruhigt; er fühlt, daß der Zynismus dieser Worte nicht ernst gemeint ist.

„Und dein Examen?"

„Ja, das ist 'ne dumme Sache. Ich möchte es immerhin machen. Gebüffelt hab ich genug. Es kommt ja eigentlich bloß darauf an, daß man an dem Schicksalstage einigermaßen in Form ist. Ich muß schnell in klare Verhältnisse kommen. Das Ganze ist ja vielleicht gewagt; aber . . . 's wird sich schon machen; du wirst sehen."

Einen Augenblick schweigen sie. Oliviers Pantoffel ist vom Fuß gefallen. Bernard: „Du wirst dich erkälten. Leg dich doch wieder hin."

„O nein, das Bett ist für dich. Leg du dich doch hin."

„Ach was! Holla hopp!" Und er nötigt Olivier in sein Bett zurück.

„Aber du? Wo willst du schlafen?"

„Irgendwo. Auf dem Fußboden. In einer Ecke. Muß mich dran gewöhnen."

„Nein! Hör zu, ich möchte dir was erzählen, kann's aber nur, wenn ich dich nah bei mir fühle. Komm zu mir ins Bett."

Und als Bernard, der sich im Nu ausgezogen hat, neben ihm liegt: „Du erinnerst dich, wovon ich neulich sprach? ... Es ist soweit. Ich bin dagewesen."

Bernard weiß sofort, wovon die Rede ist. Er drückt seinen Freund an sich. Olivier fährt fort: „Oh, mein Lieber, das ist aber ekelhaft! Ganz widerwärtig! ... Hinterher hätte ich ausspucken mögen, mich übergeben, mir die Haut vom Leibe reißen, mich umbringen!"

„Du übertreibst ..."

„Oder sie umbringen, die ..."

„Wer war es denn? Du bist doch wenigstens nicht unvorsichtig gewesen?"

„Nein, es war eine Donna aus Dhurmers Bekanntschaft, er hatte mich ihr vorgestellt. Besonders ihr Geschwätz ekelte mich an. Sie hörte gar nicht auf zu plappern. Und von einer Stupidität! Ich verstehe nicht, daß man nicht wenigstens in diesem Moment das Maul hält! Ich hätte ihr einen Knebel in den Mund stecken, sie erwürgen mögen ..."

„Mein armer Junge! Aber du hättest dir doch denken können, daß Dhurmer dir nur eine Idiotin andrehen würde ... War sie denn wenigstens hübsch?"

„Wenn du glaubst, ich hätte sie angesehen!"

„Du bist ein Dummkopf. Ein Herzchen ... Also, schlaf gut ... Hast du denn wenigstens ordentlich ...?"

„Das war gerade das Widerlichste – ganz, als ob ich in sie verliebt gewesen wäre."

„Alle Wetter, das ist fabelhaft!"

„So hör doch auf! Wenn das die Liebe sein soll, dann hab ich für ein paar Jahre genug davon!"

„Ach, du bist ein lächerliches Kind!"
„Ich hätte dich mal dabei sehn mögen."
„Oh, ich laufe da nicht hinterher! Ich warte auf das Abenteuer, das mir entgegenkommt. Einfach so, sachlich – das ist nichts für mich. Das heißt, wenn ich . . ."
„Wenn du . . ."
„Wenn sie . . . Ach! Nichts! Gute Nacht."
Und er legt sich auf die andere Seite und rückt ein wenig ab von diesem Körper, dessen Wärme ihm peinlich ist. Doch Olivier, einen Augenblick später: „Sag mal . . . Glaubst du, daß Barrès bei der Wahl durchkommt?"
„Wenn du keine andern Sorgen hast . . ."
„Ach, ich pfeif ja drauf! Sag . . . Hör doch 'n bißchen zu . . ."
Und als Bernard sich ihm wieder zugewandt hat: „Mein Bruder hat eine Geliebte."
„Georges?"
Der Kleine, der die ganze Zeit so getan hat, als schliefe er, aber gespannten Ohres sich in der Dunkelheit kein Wort hat entgehen lassen, hält, als er seinen Namen hört, den Atem an.
„Ach, du bist verrückt! Ich spreche natürlich von Vincent." (Dieser, älter als Olivier, hatte gerade sein Medizinstudium beendet.)
„Hat er's dir selbst erzählt?"
„Nein. Ich hab's erfahren, ohne daß er eine Ahnung davon hat. Meine Eltern wissen nichts davon."
„Was täten sie, wenn sie's erführen?"
„Ich weiß nicht. Mama wäre verzweifelt. Papa würde ihm vermutlich die Wahl stellen: Bruch oder Heirat."
„Hm, diese ehrsamen Bürger begreifen natürlich nicht, daß man auch auf andre Weise anständig sein kann als sie. Wie hast du's denn rausgekriegt?"
„Hör zu. Seit einiger Zeit geht Vincent jeden Abend aus, wenn meine Eltern eingeschlafen sind. Beim Hinuntergehen macht er so wenig Lärm wie möglich, aber ich erkenne seinen Schritt auf der Straße. Vorige Woche, am Dienstag, glaub ich, war es nachts so heiß, daß ich nicht im Bett bleiben konnte. Ich ging also ans Fenster, um Luft zu schöpfen. Da hörte ich, wie unten die Haustür aufging und wieder geschlossen wurde. Ich lehnte mich hinaus, und beim Schein der Laterne erkannte ich Vincent. Es war nach Mitternacht.

Das war das erstemal. Ich meine das erstemal, daß ich ihn bemerkt habe. Aber seit ich darauf gekommen bin, passe ich auf – oh, eigentlich ohne Absicht, und höre ihn fast jede Nacht weggehen. Er hat seinen eigenen Schlüssel, und meine Eltern haben ihm das Zimmer, das früher Georges und mir gehörte, als Sprechzimmer eingerichtet, für später, wenn er erst Patienten hat. Das Zimmer liegt ja links vom Korridor, und die übrige Wohnung rechts. Er kann gehen und kommen, wann er will, ohne daß jemand etwas merkt. Gewöhnlich höre ich ihn nicht nach Hause kommen; aber vorgestern, Montag abend, da weiß ich nicht, was ich hatte, ich dachte an die Zeitschrift, die Dhurmer gründen will, und konnte nicht einschlafen. Ich hörte Stimmen auf der Treppe und vermutete gleich, daß es Vincent sei."
„Wie spät war es da?" fragte Bernard, weniger aus Interesse, als um seine Aufmerksamkeit zu bezeigen.
„Drei Uhr morgens, glaub ich. Ich stand auf und legte mein Ohr an die Tür. Vincent sprach mit einer Frau, oder vielmehr die Frau allein redete."
„Woher wußtest du denn, daß es wirklich Vincent war? Es kommen doch alle, die im Hause wohnen, an deiner Tür vorbei."
„Allerdings, und das ist oft ganz unerträglich; je später es ist, desto mehr Lärm machen sie beim Hinaufgehen, ohne jede Rücksicht darauf, daß andere Leute schlafen wollen! ... Aber es konnte nur Vincent sein; ich hörte die Frau mehrmals seinen Namen aussprechen. Sie sagte zu ihm – oh, ich kann es nicht wiederholen ..."
„Na, so sag's doch."
„Sie sagte zu ihm: ‚Vincent, mein einzig Geliebter, verlassen Sie mich nicht!'"
„Sie sagte Sie zu ihm?"
„Ja. Nicht wahr, das ist merkwürdig."
„Erzähl weiter."
„‚Jetzt haben Sie nicht mehr das Recht, mich zu verlassen! Was soll aus mir werden? Wohin soll ich gehen? Sprechen Sie doch zu mir! Sagen Sie doch ein Wort!' – Und sie nannte ihn wieder beim Namen und beschwor ihn: ‚Mein Geliebter, mein Geliebter!', aber mit immer traurigerer und leiserer Stimme. Und dann hörte ich ein Geräusch (die beiden standen wohl auf der Treppe), ein Geräusch, wie wenn

etwas hinfällt. Ich glaube, da hat sie sich vor ihm auf die Knie geworfen."
„Und er – er sagte kein einziges Wort?"
„Nein. Er ging, denke ich, die letzten Stufen hinauf. Ich hörte, wie die Wohnungstür aufgemacht und wieder geschlossen wurde. Die Frau ist dann noch lange dageblieben, hier ganz nah an meinem Zimmer, unmittelbar vor dieser Tür. Ich hörte sie stöhnen."
„Du hättest ihr aufmachen sollen."
„Das hab ich nicht gewagt. Vincent wäre wütend, wenn er erführe, daß ich über seine Geschichten Bescheid weiß. Und dann dachte ich auch, es würde ihr unangenehm sein, wenn sie so im Weinen überrascht würde. Ich weiß auch gar nicht, was ich zu ihr hätte sagen sollen."
Bernard hatte sich zu seinem Freunde umgewandt. „Ich an deiner Stelle, ich hätte aufgemacht."
„Ja, du, du riskierst ja immer alles. Alles, was dir einfällt, das tust du."
„Soll das ein Vorwurf sein?"
„O nein, ich beneide dich darum."
„Hast du eine Vermutung, wer diese Frau war?"
„Wie soll ich das wissen? . . . Gute Nacht."
„Sag mal: bist du sicher, daß Georges uns nicht gehört hat?" flüstert Bernard seinem Freund ist Ohr. Sie lauschen einen Augenblick.
„Nein, er schläft", erklärt Olivier in normalem Ton. „Außerdem hätte er nichts begriffen. Weißt du, wonach er Papa neulich gefragt hat? Warum die . . ."
Jetzt hält Georges sich nicht länger; er richtet sich in seinem Bett auf und fällt seinem Bruder ins Wort: „Du Schafskopf!" schreit er. „Du hast also nicht gemerkt, daß ich es nur gesagt habe, um Papa reinzulegen!? . . . Übrigens hab ich natürlich jedes Wort gehört, das ihr gesprochen habt! Was euch aber keineswegs zu erschüttern braucht, denn die Sache mit Vincent wußte ich längst. Aber nun redet ein bißchen leiser, Kinder, ich möchte schlafen. Oder haltet den Mund."
Olivier drehte sich nach der Wand um. Bernard kann nicht einschlafen und betrachtet das Zimmer. Das Mondlicht läßt es größer scheinen, als es ist. Diesen Raum kennt er ja eigentlich noch gar nicht. Während der Tagesstunden pflegt

Olivier sich in der oberen Wohnung aufzuhalten, und dort hat ihn Bernard bei seinen seltenen Besuchen angetroffen. Nun streift der Mondschein das Fußende des Bettes, in dem Georges endlich Schlaf gefunden hat; er hat fast alles gehört, was die beiden sich erzählt haben – er hat was zum Träumen. Über Georges' Bett hängt ein kleines, zweireihiges Bücherregal mit Schulbüchern. Auf dem Tisch neben Oliviers Bett liegt ein Buch größeren Formats. Bernard streckt den Arm aus und nimmt es, um nach dem Titel zu sehen – es ist von Alexis de Tocqueville. Als er's wieder hinlegen will, läßt er's fallen, und das Geräusch weckt Olivier.

„Du liest jetzt Tocqueville?"

„Dubac hat es mir geliehen."

„Und es gefällt dir?"

„Ach, es ist ziemlich öde. Aber es stehen auch gute Sachen drin."

„Hör zu, was tust du morgen?"

Morgen, Donnerstag, haben die Gymnasiasten frei. Bernard überlegt, ob er seinen Freund vielleicht irgendwo treffen könne. Ins Gymnasium will er nicht mehr kommen, er hofft, sein Examen machen zu können, auch ohne an den letzten Kursen teilzunehmen.

„Morgen", antwortet Olivier, „geh ich um halb zwölf auf die Gare Saint-Lazare, zum Diepper Zug, um meinen Onkel Edouard zu begrüßen, der aus England zurückkommt. Nachmittags um drei treffe ich Dhurmer im Louvre. Die andre Zeit muß ich arbeiten."

„Deinen Onkel Edouard?"

„Ja, einen Halbbruder von Mama. Er ist seit sechs Monaten im Ausland, und ich kenne ihn eigentlich nur flüchtig; aber ich mag ihn sehr gern. Er weiß nicht, daß ich zur Bahn komme, und ich hab Angst, ihn nicht wiederzuerkennen. Er hat gar keine Ähnlichkeit mit meiner übrigen Familie; er ist ein famoser Kerl."

„Was tut er?"

„Er schreibt. Ich hab fast alle seine Bücher gelesen; aber er hat schon lange nichts mehr veröffentlicht."

„Romane?"

„Ja, so eine Art Romane."

„Warum hast du mir nie etwas davon erzählt?"

„Weil du sie dann hättest lesen wollen, und wenn sie dir nicht gefallen hätten ...“
„Na, was dann?“
„Das hätte mich traurig gemacht. Nun weißt du’s“
„... Warum nennst du ihn einen famosen Kerl?“
„Ja, das weiß ich selbst nicht recht. Ich sagte dir ja schon, daß ich ihn eigentlich kaum kenne. Das ist mehr so ein Gefühl. Ich hab die Empfindung, daß er sich für vieles interessiert, wofür meine Eltern sich nicht interessieren, und daß man mit ihm über alles sprechen kann. Kurz vor seiner Abreise war er mal bei uns zu Tisch. Während er sich mit meinem Vater unterhielt, merkte ich, daß er mich beständig ansah. Das begann mich zu genieren. Ich wollte hinausgehen – wir waren im Eßzimmer und saßen noch beim Kaffee zusammen. Aber da fing er an, meinen Vater über mich auszufragen, und das genierte mich noch viel mehr. Plötzlich stand Papa auf, um ein Gedicht von mir zu holen, das ich gerade gemacht und ihm dummerweise zu lesen gegeben hatte.“
„Ein Gedicht von dir?“
„Ja doch. Du kennst es übrigens, dies Ding in Versen, von dem du fandest, es erinnere an Baudelaires ‚Balcon‘. Ich wußte, daß es nichts oder doch so gut wie nichts taugte, und war wütend darüber, daß Papa es aufs Tapet brachte. Nun, während Papa es holte, blieben Onkel Edouard und ich einen Augenblick allein im Zimmer. Ich fühlte, wie ich rot wurde. Ich wußte absolut nicht, was ich zu ihm sagen sollte, und sah anderswohin – er übrigens auch. Er fing an, sich eine Zigarette zu drehen. Dann erhob er sich (wahrscheinlich, um mir die Situation zu erleichtern, denn ganz bestimmt hatte er mein Erröten bemerkt), ging ans Fenster und pfiff vor sich hin. Plötzlich sagte er zu mir: ‚Ich bin noch viel verlegener als du.‘ Aber ich glaube, daß er das nur aus Höflichkeit gesagt hat. Endlich kam Papa zurück. Er gab Onkel Edouard meine Verse, und der machte sich daran, sie zu lesen. Ich war entsetzlich nervös. Hätte er mir Komplimente gemacht, ich glaube, ich hätte mit Beleidigungen geantwortet. Papa erwartete offenbar Lobeshymnen. Da der Onkel kein Wort vernehmen ließ, fragte er: ‚Nun, was hältst du davon?‘ Der Onkel antwortete lachend: ‚Es geniert mich, in deiner Gegenwart mit ihm darüber zu sprechen.‘

Da mußte Papa auch lachen und ging wieder hinaus. Als wir von neuem allein waren, sagte Onkel Edouard zu mir, er finde mein Gedicht sehr schlecht. Komischerweise machte es mir Freude, ihn das sagen zu hören. Was mir aber noch weit mehr Freude machte, war, daß er plötzlich mit dem Finger auf zwei Zeilen wies, die beiden einzigen im ganzen Gedicht, die mir gefielen. Er sah mich lächelnd an und sagte: ‚Die Stelle da, die ist gut.‘ War das nicht fein von ihm? Und wenn du wüßtest, in welchem Ton er das sagte! Ich hätte ihn umarmen mögen dafür! Darauf sagte er mir, mein Irrtum bestehe darin, daß ich von einer Idee ausginge und mich nicht genügend vom Gang der Worte führen ließe. Zunächst verstand ich ihn nicht ganz; aber jetzt fühle ich, was er damit gemeint hat und daß er recht hat. Ich erklär dir das ein andermal."

„Und ich versteh jetzt, warum du an die Bahn gehen und ihn sehen willst."

„Oh, was ich dir erzählt habe, ist noch gar nichts, und ich weiß nicht, warum ich dir gerade das erzählt habe. Wir haben noch viel anderes zusammen gesprochen."

„Um halb zwölf, sagst du? Woher weißt du denn, daß er mit diesem Zug ankommt?"

„Er hat es Mama geschrieben, auf einer Postkarte, und ich hab dann im Fahrplan nachgesehen, ob die Ankunftszeit stimmt."

„Werdet ihr zusammen essen?"

„O nein, ich muß zum Mittagessen wieder zu Hause sein. Ich hab nur gerade Zeit, ihm die Hand zu drücken. Aber das genügt mir auch ... Doch nun sag mir, bevor ich einschlafe: wann sehen wir uns wieder?"

„Die nächsten Tage nicht. Nicht, bevor ich aus dem Schlimmsten raus bin."

„Aber ... vielleicht kann ich dir doch irgendwie helfen?"

„Mir helfen? – Nein. Das wäre kein ehrliches Spiel. Es käme mir vor, als ob ich mogelte. Schlaf gut."

4

Mein Vater war ein Dummkopf, aber meine Mutter hatte Geist. Sie war Quietistin. Sie war eine sanfte kleine Frau, die häufig zu mir sagte: „Mein Kind, du wirst in die Hölle kommen.“ Aber das machte ihr nicht die geringste Sorge.

Fontenelle (1657–1757)

Allerdings verließ Vincent Molinier die elterliche Wohnung jeden Abend, aber er ging nicht zu seiner Geliebten. Folgen wir seinen Schritten, obgleich er es eilig zu haben scheint. Von der oberen Rue Notre-Dame-des-Champs, in der er wohnt, gelangt Vincent zur Rue Saint-Placide, die ihre Verlängerung bildet, dann in die Rue du Bac, in der noch einige verspätete Bürger zu sehen sind. In der Rue de Babylone bleibt er vor einem Haustor stehen, das sich öffnet. Es ist das Haus des Grafen Passavant. Käme Vincent nicht oft hierher, er würde nicht so sicheren Schrittes in dieses prunkvolle Gebäude eintreten. Der Lakai, der ihn empfängt, weiß sehr wohl, wieviel Schüchternheit sich hinter seinem gespielten Selbstvertrauen verbirgt. Vincent übergibt ihm seinen Hut nicht, sondern wirft ihn nachlässig auf einen Sessel. Immerhin besucht er dieses Haus noch nicht lange. Robert de Passavant, der sich jetzt sein Freund nennt, ist der Freund von allerhand Leuten. Ich weiß eigentlich nicht, wie Vincent und er bekannt geworden sind. Wahrscheinlich schon auf dem Gymnasium, obgleich Robert de Passavant merklich älter ist als Vincent. Sie hatten sich ein paar Jahre lang aus den Augen verloren und sich dann neulich, ganz zufällig, im Foyer eines Theaters wiedergetroffen, im Beisein von Olivier, der ausnahmsweise mit ins Theater gegangen war. Passavant hatte während der Pause den Brüdern Erfrischungen angeboten. An diesem Abend hatte er auch erfahren, daß Vincent sein medizinisches Externat eben beendet hatte und noch nicht recht entschlossen war, ob er sich als Assistenzarzt an einem Krankenhaus melden solle; im Grunde interessierte er sich nämlich mehr für Naturwissenschaften als für Medizin; aber der Zwang, Geld zu verdienen . . . Kurz, Vincent hatte den einträglichen Vorschlag, den Robert de Passavant ihm bald darauf machte, bereitwillig angenommen. Er kam nun jeden Abend zu Robert und sah nach dem alten Grafen, Roberts Vater, der nach einer ziemlich schweren Operation nicht genesen konnte. Es handelte sich darum, Verbände zu erneuern, schwierige Untersuchungen vorzunehmen, Injektionen zu machen – und was weiß ich noch alles, was sachkundige Hände erforderte. Aber darüber hinaus bewogen den Vicomte geheime Gründe, sich Vincent zu nähern. Und diesen wieder bestimmten andere, Roberts Vorschlag anzunehmen. Roberts geheime Gründe werden wir späterhin zu erforschen trachten. Vincents Motive entsprangen einem dringenden Geldbedürfnis. Wenn man das Herz auf dem rechten Fleck hat und wenn einem außerdem ein gewisses Verantwortungsgefühl anerzogen worden ist, so macht man einer Frau kein Kind, ohne sich ihr gegenüber einigermaßen verpflichtet zu fühlen, zumal wenn diese Frau ihren Mann verlassen hat, um einem zu folgen. Vincent hatte bis dahin ein leidlich tugendhaftes Leben geführt. Sein Abenteuer mit Laura schien ihm, je nach der Tageszeit, ungeheuerlich oder ganz natürlich. Es ist ja häufig so, daß das Zusammenkommen einer Anzahl kleiner Tatsachen, deren jede einzelne ganz einfach und harmlos ist, genügt, um eine monströse Summe zu ergeben. Diesen Gedanken wiederholte er sich des öfteren; aber dadurch kam er nicht aus den Schwierigkeiten seiner Lage heraus. Gewiß hatte er nie daran gedacht, sich dauernd mit der Sorge für diese Frau zu belasten, sie etwa, nach erfolgter Scheidung, zu heiraten oder sonstwie mit ihr zu leben. Er gestand sich ein, daß seine Neigung zu ihr keineswegs überschwenglich war; aber er wußte sie in Paris ohne Hilfsquellen. Er war die Veranlassung zu ihrem Elend, er schuldete ihr zum allermindesten eine einmalige Unterstützung für die erste, schlimmste Zeit. Doch nicht einmal diese Unterstützung vermochte er ihr jetzt noch zu gewähren. Vor ein paar Tagen wäre es noch möglich gewesen, denn vorige Woche besaß er noch die fünftausend Franc, die seine Mutter so geduldig und mühselig für ihn auf die Seite gelegt hatte, um ihm den Anfang seiner Laufbahn zu erleichtern. Diese fünftausend Franc hätten sicherlich für die Niederkunft seiner Freundin, für ihre Unterbringung in einer Klinik und für die erste Pflege des Kindes genügt. Doch welchen Dämons

Einflüsterungen hatten ihn da betört? Diese Summe, längst für seine Geliebte zurückgelegt und in Gedanken durchaus für sie bestimmt, diese Summe, von der auch nur einen Sou wegzunehmen er für Sünde gehalten hätte – welcher Dämon hatte ihn eines Abends überredet, sie werde vermutlich unzureichend sein? Nein, Robert de Passavant war es nicht gewesen. Robert hatte niemals etwas Derartiges geäußert. Aber sein Anerbieten, Vincent in den Spielsaal mitzunehmen, war gerade auf jenen Abend gefallen. Und Vincent hatte angenommen.
Das Tückische dieser Spielhölle lag darin, daß dort alles unter Leuten von Welt, unter Freunden, vor sich ging. Robert stellte seinen Freund Vincent dem einen und dem andern vor. An diesem ersten Abend hatte Vincent, so unvorbereitet hier hineingeraten, nicht viel setzen können. Er hatte fast nichts bei sich. Der Vicomte erbot sich, ihm etwas zu leihen; aber Vincent machte keinen Gebrauch davon. Da er jedoch gewann, so bedauerte er, nicht mehr gewagt zu haben, und nahm sich vor, am nächsten Abend wiederzukommen.
„Jetzt kennt Sie hier jedermann, ich brauche Sie nicht mehr zu begleiten", sagte Robert zu ihm.
Dies geschah in der Wohnung des Herrn Pierre de Brouville, den man vertraulich Pedro nannte. Seit diesem ersten Abend hatte Robert de Passavant dem neuen Freund sein Auto zur Verfügung gestellt. Vincent pflegte Robert gegen elf Uhr aufzusuchen und, bei einer Zigarette, eine Viertelstunde lang mit ihm zu plaudern. Dann ging er in die erste Etage hinauf und verweilte dort längere oder kürzere Zeit beim alten Grafen, je nach dessen Laune, Geduld oder Zustand. Darauf brachte ihn das Auto in die Rue Saint-Florentin, zu Pedro, von wo es ihn nach einer Stunde wieder abholte, um ihn nicht direkt vor seiner Haustür (denn er wünschte nicht aufzufallen), sondern an einer nahen Straßenecke abzusetzen.
In der vorletzten Nacht hatte Laura Douviers bis drei Uhr morgens auf Vincent gewartet. Um diese Stunde war er endlich nach Hause gekommen und hatte sie vorgefunden, auf der Treppe kauernd, ein paar Stufen unterhalb seiner elterlichen Wohnung. Übrigens war er in dieser Nacht nicht bei Pedro gewesen, er hatte dort nichts mehr zu verlieren.

Seit zwei Tagen besaß er von seinen fünftausend Franc keinen Sou mehr. Das hatte er Laura mitgeteilt: er hatte ihr geschrieben, er könne nichts mehr für sie tun und rate ihr, zu ihrem Manne oder zu ihren Eltern zurückzukehren und alles zu gestehen. Aber Laura vermochte die Möglichkeit eines solchen Geständnisses nicht einmal ruhigen Blutes zu erwägen. Die Ratschläge ihres Geliebten hatten sie mit Entrüstung erfüllt, und dieser Entrüstung war Verzweiflung gefolgt. In diesem Zustand hatte Vincent sie vorgefunden. Sie hatte ihn festhalten wollen, und er hatte sich aus ihrer Umklammerung losgerissen. Gewiß, dazu hatte er sich hart machen müssen, denn er war von empfindsamer Natur, aber da es bei ihm mehr Sinnlichkeit als Liebe gewesen, hatte er sich diese Härte leicht zur Pflicht gemacht. Ohne auf Lauras Beschwörungen ein einziges Wort zu erwidern, hatte er die Tür seiner Wohnung hinter sich zugeschlagen. Und so war Laura (wie Olivier es später seinem Freund Bernard erzählte) noch lange auf der Treppe liegengeblieben, trostlos schluchzend in der Dunkelheit.
Seit dieser Nacht waren mehr als vierzig Stunden vergangen. Gestern war Vincent nicht bei Robert de Passavant gewesen, da dessen Vater sich zu erholen schien. Aber heute abend hatte ein Telegramm ihn wieder hingerufen. Robert hatte den Wunsch, ihn zu sehen. Als Vincent in den Salon eintrat, der Robert als Arbeits- und Rauchzimmer diente und den er ganz nach seinem Geschmack eingerichtet hatte, reichte Robert ihm zur Begrüßung lässig über die Schulter hinweg die Hand, ohne sich zu erheben. Robert schrieb. Er saß an seinem Schreibtisch, der mit Büchern bedeckt war. Die Glastür vor ihm, die in den Garten führte, war weit geöffnet im Mondschein. Er sprach, ohne sich umzuwenden.
„Wissen Sie, woran ich gerade schreibe? – Aber Sie dürfen nicht davon reden, versprechen Sie mir das! – An einem Manifest für die erste Nummer von Dhurmers Zeitschrift. Natürlich unterzeichne ich es nicht . . . zumal ich darin mein eigenes Lob singe. Da man wohl herausfinden wird, daß ich die Sache finanziere, so soll man wenigstens nicht so bald wissen, daß ich daran mitarbeite. Also: kein Wort! Dabei fällt mir gerade ein: haben Sie mir nicht gesagt, daß Ihr jüngerer Bruder schreibe? Wie hieß er doch gleich?"
„Olivier", sagte Vincent.

„Olivier, ja; es war mir entfallen ... Aber wollen Sie sich nicht setzen, Vincent? Nehmen Sie doch den Sessel da, bitte. Es ist Ihnen doch nicht kalt? Soll ich das Fenster schließen? ... Er macht Gedichte, nicht wahr? Er muß sie mir bringen! Natürlich kann ich nicht versprechen, daß ich sie nehme ... aber es sollte mich sehr wundern, wenn sie schlecht wären. Er sieht intelligent aus, Ihr Bruder. Auch spürt man, daß er viel gelesen hat. Ich möchte mit ihm sprechen. Sagen Sie ihm, er möge zu mir kommen. Ja? Ich rechne darauf. Eine Zigarette?" Er reichte ihm sein Etui.
„Gern."
„Und nun hören Sie, Vincent, ich muß ernsthaft mit Ihnen reden. Sie haben sich neulich abends wie ein Kind benommen ... ich übrigens auch. Ich behaupte nicht, daß ich Sie nicht zu Pedro hätte mitnehmen sollen; aber ich fühle mich ein bißchen verantwortlich für das Geld, das Sie bei ihm verloren haben. Ich sage mir, daß ich schuld daran bin. Ich weiß nicht, ob man das Gewissensbisse nennt, aber es beginnt mir die Ruhe zu stören, wirklich! Außerdem denke ich an die arme Frau, von der Sie mir erzählt haben ... Aber das ist Ihre Privatsache und geht mich nichts an. Was ich Ihnen aber sagen wollte, was ich wünsche und will, ja absolut will, ist dies: ich wünsche, Ihnen eine Summe in der Höhe der verlorenen zur Verfügung zu stellen. Es waren fünftausend Franc, nicht wahr? Sie sollen sie von neuem aufs Spiel setzen. Sie haben diese Summe durch meine Schuld verloren; also bin ich sie Ihnen schuldig, und Sie brauchen mir in keiner Weise zu danken. Falls Sie gewinnen, geben Sie mir die fünftausend zurück; wenn nicht – nun dann sind wir eben quitt. Gehen Sie heute abend wieder zu Pedro, wie wenn nichts passiert wäre. Das Auto soll Sie hinbringen, dann kommt es hierher zurück und fährt mich zu Lady Griffith, wo wir uns nachher treffen wollen. Der Wagen holt Sie später bei Pedro wieder ab."
Er öffnete eine Schublade, nahm fünf Banknoten heraus und reichte sie Vincent. „Gehen Sie, schnell!"
„Aber Ihr Vater ..."
„Ach ja, das vergaß ich ganz Ihnen zu sagen: er ist gestorben, vor ..." Er sah nach seiner Uhr und rief: „Donnerwetter, wie spät es schon geworden ist, gleich Mitternacht! ... Gehen Sie rasch! ... Ja, vor ungefähr vier Stunden."

Das sagte er ohne jede Erregung, eher mit einer gewissen Gleichgültigkeit.

„Und Sie bleiben nicht zu Hause, um . . .?"

„Um bei ihm zu wachen?" unterbrach Robert. „Nein, das hat mein kleiner Bruder übernommen; er ist oben, mit seiner alten Bonne, die sich mit dem Verstorbenen besser verstand als ich."

Und da Vincent sich nicht rührte, fuhr er fort: „Hören Sie, lieber Freund. Ich möchte Ihnen nicht brutal scheinen, aber ich hasse konfektionierte Gefühle. Als Kind hatte ich mir in meinem Herzen eine Sohnesliebe nach Maß zurechtgemacht; die wurde mir aber bald zu weit, und ich mußte sie enger machen. Der Alte hat mir im Leben immer nur Ärger und Widerwärtigkeiten eingebracht. Hatte er wirklich mal ein bißchen Zärtlichkeit übrig, so sicherlich nicht für mich. Meine Annäherungsversuche, in einem Alter, wo man noch keine Zurückhaltung kennt, sind mit einer Härte abgewiesen worden, aus der ich gelernt habe. Sie müssen es ja selbst erfahren haben, wie er ist, wenn man sich um ihn bemüht . . . Hat er jemals ‚danke' zu Ihnen gesagt? Haben Sie je einen Blick, ein flüchtiges Lächeln von ihm erhalten? Er hat von allen immer nur Unterwerfung verlangt. Oh, er ist das, was man einen Charakter nennt! Ich glaube, meine Mutter hat schrecklich unter ihm gelitten, und doch hat er sie geliebt, soweit er dessen fähig war. Ich glaube, seine ganze Umgebung hat unter ihm gelitten: seine Diener, seine Hunde, seine Pferde und seine Mätressen; seine Freunde nicht, denn er hatte keinen einzigen. Sein Tod wird alle aufatmen lassen. Er war vermutlich ein Mann von Bedeutung ‚auf seinem Gebiet', wie man zu sagen pflegt – nur habe ich nie entdecken können, welches Gebiet das war. Sicherlich war er intelligent, und eigentlich hegte ich eine gewisse Bewunderung für ihn, ja, ich bewahre sie noch jetzt. Aber Tränen zu vergießen und das Taschentuch zu gebrauchen: nein, so kindlich bin ich doch nicht mehr! . . . Doch nun gehen Sie rasch! In einer Stunde sehen wir uns bei Lilian wieder. – Was? Sie genieren sich, weil Sie nicht im Smoking sind? Das ist aber wirklich sehr töricht von Ihnen! Wir beide werden ja ihre einzigen Gäste sein. – Na gut, ich verspreche Ihnen, daß ich auch so kommen werde, wie ich bin. Abgemacht! Zünden Sie sich noch 'ne Zigarette

an für den Weg. Und schicken Sie mir das Auto gleich zurück; es holt Sie dann später wieder ab."
Er sah Vincent an, zuckte mit den Achseln und ging ins Schlafzimmer, um seinen Abendanzug anzulegen, der schon auf dem Sofa ausgebreitet auf ihn wartete.

In einem Zimmer des ersten Stocks ruht der alte Graf auf seinem Totenbett. Man hat ihm ein Kruzifix auf die Brust gelegt, aber vergessen, ihm die Hände zu falten. Sein Bart, der in den letzten Tagen gewachsen ist, mildert das Eckige seines eigensinnigen Kinnes. Die Querfalten, die ihm unter den grauen, bürstenartig hochstehenden Haaren die Stirn furchen, scheinen weniger tief als sonst, wie entspannt. Das Auge, unter der Wölbung der buschigen Brauen, ist eingesunken. Gerade weil wir ihn nicht wiedersehen sollen, betrachte ich ihn ausführlich. Zu Häupten des Bettes steht ein Sessel, in dem Séraphine, die alte Dienerin, sitzt. Jetzt erhebt sie sich. Sie tritt an den Tisch und schraubt die altmodische Petroleumlampe höher, die den Raum spärlich erleuchtet. Ein grüner Schirm läßt die Helligkeit auf das Buch fallen, in dem der junge Gontran liest . . .
„Sie sind müde, Monsieur Gontran. Sie täten besser, sich schlafen zu legen."
Gontran sieht Séraphine mit einem weichen Ausdruck an. Er streicht sich das volle blonde Haar aus der Stirn. Er ist fünfzehn Jahre alt; sein fast mädchenhaft zartes Gesicht drückt noch keine anderen Empfindungen als Hingebung und Liebe aus.
„Und du?" antwortet er. „Du hast den Schlaf nötiger als ich, meine arme Fine, schon vorige Nacht hat du ja kein Auge zugetan."
„Oh, ich bin das Wachen gewohnt. Außerdem hab ich am Tage geschlafen, während Sie . . ."
„Nein, laß! Ich bin nicht müde, und es tut mir gut, hier so zu sitzen und zu denken und zu lesen. Ich habe Papa im Leben so wenig gekannt, daß es mir vorkommt, ich würde ihn ganz und gar vergessen, wenn ich jetzt nicht bei ihm bliebe. Ich will bei ihm wachen, bis es Tag wird. Wie lange bist du jetzt schon bei uns, Fine?"
„Seit dem Tag vor Ihrer Geburt. Und Sie werden ja bald sechzehn."

„Kannst du dich noch an Mama erinnern?"
„Ob ich mich an Ihre Mutter erinnere? Ist das aber eine Frage! Das klingt ja genau so, als wenn Sie mich fragten, ob ich mich an meinen eigenen Namen erinnere! Oh, ich erinnere mich sehr, sehr genau an Ihre Mutter!"
„Ich erinnere mich auch ein wenig an sie, aber nicht sehr genau . . . Ich war ja erst fünf Jahre alt, als sie starb . . . Sag mal, Fine, als sie noch lebte, hat Papa eigentlich viel mit ihr gesprochen?"
„Das kam auf die Tage an. Er ist nie sehr gesprächig gewesen, Ihr Papa, und er mochte auch nicht gern, daß jemand ihn anredete. Immerhin sprach er damals doch etwas mehr als in späterer Zeit. – Aber meinen Sie nicht, Monsieur Gontran, daß es besser wäre, diese alten Dinge nicht aufzurühren, sondern alles dem Urteil des lieben Gottes zu überlassen?"
„Ach, meine gute Fine, glaubst du denn wirklich, daß der liebe Gott sich um all das kümmert?"
„Aber wer sollte es denn sonst tun, wenn der liebe Gott es nicht täte?"
Gontran drückte seine Lippen auf Séraphines arbeitsgerötete Hand. „Aber jetzt solltest du wirklich schlafen gehen! Ich verspreche dir, daß ich dich wecke, sowie es hell wird. Und dann lege ich mich hin. Tu's mir zu Gefallen!"
Sobald Séraphine ihn allein gelassen hat, wirft Gontran sich auf die Knie, zu Füßen des Bettes. Er wühlt seine Stirn in die Laken. Aber er kann nicht weinen. Keine Aufwallung reißt ihn hin; die Augen bleiben ihm elend trokken. Da erhebt er sich wieder. Er betrachtet dieses unbewegliche Gesicht. Er möchte in diesem feierlichen Augenblick irgend etwas Erhabenes, Außerordentliches empfinden, eine Botschaft aus dem Jenseits vernehmen, seine Gedanken in himmlische, übernatürliche Regionen entsenden – aber sie haften kläglich am Boden, seine Gedanken. Er sieht auf die bleichen Hände des Toten und fragt sich, wie lange die Nägel wohl noch wachsen werden. Es berührt ihn peinlich, daß die Hände so auseinander liegen. Er möchte sie zusammentun und ihnen das Kruzifix zu halten geben. Ja, das ist eine gute Idee! Er denkt, wie Séraphine sich wundern wird, wenn sie den Toten mit ineinandergelegten Händen sehen wird, und er freut sich im vor-

aus auf ihr Erstaunen. Doch sofort weist er diese Regung als verächtlich zurück. Nun beugt er sich, von der Seite her, über das Bett und faßt den Toten am Arm, der auf der andern Seite liegt. Der Arm ist schon steif und will sich nicht biegen. Gontran will ihn zwingen, aber damit bringt er den ganzen Körper aus der Lage. Er nimmt den andern Arm, der etwas biegsamer zu sein scheint. Schon hat er die Hand beinahe an die Stelle geführt, wo sie liegen soll; jetzt nimmt er das Kruzifix und versucht, es zwischen den Daumen und die andern Finger zu schieben und ihm dort einen Halt zu geben – doch von der Berührung mit dem eiskalten Fleisch wird ihm übel. Er fühlt sich einer Ohnmacht nahe. Soll er Séraphine zu Hilfe rufen? Er läßt alles liegen, wie es will: das Kruzifix schräg über dem zerknitterten Leintuch und den langsam auf seinen früheren Platz zurückgleitenden Arm . . .
Und innerhalb der tiefen, tödlichen Stille vernimmt er plötzlich ein brutales „Verflucht noch mal!“, das ihn mit Entsetzen füllt. Hastig sieht er sich im Zimmer um –: doch nein, außer ihm selbst ist niemand da . . . In der Tat, er selbst hat diesen Fluch ausgestoßen, er, der noch nie in seinem Leben geflucht hat. Dann setzt er sich in seinen Stuhl und ist bald wieder ins Lesen vertieft.

5

Nie drang ein Stachel in diese Seele, diesen Körper.

Sainte-Beuve

Lilian richtete sich halb auf und fuhr mit der Hand durch Roberts kastanienbraunes Haar.
„Sie beginnen sich zu entlauben, mein Freund! Geben Sie acht: Sie sind kaum dreißig Jahre alt, und als Kahlkopf würden Sie keine gute Figur machen. Sie nehmen das Leben zu ernst.“
Robert hob den Blick zu ihr und lächelte. „Doch bestimmt nicht bei Ihnen!“
„. . . Sie haben Molinier gesagt, er solle kommen?“
„Ja, da Sie es gewünscht hatten.“
„Und . . . Sie haben ihm Geld geliehen?“

„Fünftausend Franc – die er eben jetzt, bei Pedro, wieder verlieren wird."
„Warum nehmen Sie an, daß er verlieren muß?"
„Daran ist kein Zweifel. Ich hab ihn den ersten Abend beobachtet: er spielt ganz verrückt."
„Er kann inzwischen gelernt haben . . . Wollen wir wetten, daß er heute abend gewinnt?"
„Wenn Sie wollen."
„Oh, nur, wenn es Ihnen Spaß macht! Ich liebe es, daß man gern tut, was man tut."
„Na, seien Sie doch friedlich! Also abgemacht: gewinnt er, so gibt er Ihnen die fünftausend zurück; verliert er, so erhalte ich die Summe von Ihnen erstattet – ist's Ihnen so recht?"
Sie drückte auf einen Knopf.
„Bringen Sie Tokayer und drei Gläser. – Und wenn er nun genau mit den fünftausend wiederkommt, so lassen wir sie ihm, nicht? Ich meine, wenn er weder gewinnt noch verliert . . ."
„Das passiert nie. – Merkwürdig, wie Sie sich für ihn interessieren."
„Ich finde es merkwürdig, daß Sie ihn nicht interessant finden."
„Sie finden ihn interessant, weil Sie in ihn verliebt sind."
„Das mit der Verliebtheit, das stimmt, mein Lieber! Ihnen kann man das ja sagen. Aber nicht deshalb interessiert er mich. Im Gegenteil, meistens ist es so, daß einer, der mich geistig interessiert, mich im übrigen kalt läßt."
Der Diener kam wieder und brachte Wein und Gläser auf einem Tablett.
„Zunächst trinken wir auf unsere Wette und nachher noch einmal auf den Gewinner!"
Der Diener schenkte ein, und sie tranken.
„Ich finde ihn zum Sterben langweilig, Ihren Vincent", sagte Robert.
„Oh, ‚meinen' Vincent! . . . Als wenn Sie mir ihn nicht gebracht hätten! Außerdem sollten Sie vielleicht nicht überall verraten, wie sehr Sie sich mit ihm langweilen, man könnte gar zu leicht darauf kommen, warum Sie mit ihm verkehren."

Robert drückte seinen Mund auf Lilians nackten Fuß, den sie an sich zog und hinter ihrem Fächer verbarg.
„Soll ich erröten?" fragte er.
„Bei mir brauchen Sie das nicht zu versuchen! Sie könnten es ja auch gar nicht."
Sie trank aus.
„Darf ich Ihnen etwas sagen, mein Lieber? Sie haben alle Eigenschaften eines Literaten: Sie sind eitel, verlogen, ruhmsüchtig, unzuverlässig, egoistisch . . ."
„Sie überhäufen mich mit Komplimenten . . ."
„Ja, das sind lauter reizende Qualitäten. Trotzdem wird nie ein guter Romanschreiber aus Ihnen werden."
„Und warum nicht?"
„Weil Sie nicht zuhören können."
„Höre ich Ihnen denn nicht ganz vortrefflich zu?"
„Ha! Er, er ist kein Literaturmensch und hört mir tausendmal besser zu! Das heißt – sind wir beiden allein miteinander, so ist das Zuhören weit mehr auf meiner Seite."
„Aber er hat doch gar nichts zu sagen!"
„Das scheint Ihnen so, weil Sie ihn nie zu Worte kommen lassen."
„Ich weiß eben alles im voraus, was er sagen könnte."
„Glauben Sie wirklich? Hat er Ihnen mal von seiner Geschichte mit dieser Frau erzählt?"
„Oh: Herzensgeschichten – die sind für mich das Allerlangweiligste, was es auf Erden gibt!"
„Ich mag auch sehr gern, wenn er was aus der Naturgeschichte erzählt."
„Naturgeschichte – die ist noch langweiliger als Herzensgeschichten . . . Er gibt Ihnen also Unterricht?"
„Wenn ich Ihnen nur etwas davon wiedererzählen könnte! . . . Es ist geradezu faszinierend, mein Lieber! Wahre Wunderdinge hat er mir berichtet von der Tierwelt des Ozeans. Alles, was im Meere lebt, hat mich ja immer interessiert. Wissen Sie, daß man in Amerika jetzt Schiffe baut mit gläsernen Wänden, durch die man rings umher, und bis in die Tiefen des Meeres hinein, alles beobachten kann? Das soll ganz herrlich sein. Man sieht da lebende Korallen und – wie heißen sie doch? – Madreporen und Schwämme und Algen und Fischbänke. Vincent sagt, es gebe Arten von Fischen, die umkommen, wenn das Wasser

zu salzig oder auch zu wenig salzig wird, und im Gegensatz dazu gebe es wieder Arten, die verschiedene Grade von Salzgehalt ertragen und die sich am Rande der Strömungen aufhalten – da, wo das Wasser seine Konsistenz wechselt –, um die andern, wenn sie matt werden, zu fressen. Oh, Sie sollten sich das von ihm erzählen lassen ... Es ist wirklich ungemein fesselnd! Und wenn er davon spricht, so verändert sich sein ganzes Wesen. Sie würden ihn nicht wiedererkennen, sage ich Ihnen ... Aber Sie verstehen ja nicht, ihn zum Reden zu bringen ... Und ebenso interessant ist es, wenn er seine Geschichte mit dieser Laura Douviers erzählt ... Ja, so heißt sie ... Wissen Sie, wie er sie kennengelernt hat?"

„Hat er Ihnen das gesagt?"

„Mir sagt man alles! Das haben Sie doch auch erfahren, Sie Schreckensmann!" Und sie kitzelte ihm das Gesicht mit den Federn ihres jetzt zusammengefalteten Fächers. – „Aber hätten Sie vermutet, daß er seit dem Abend, wo Sie ihn mir brachten, jeden Tag wiederkommen würde?"

„Jeden Tag? Nein, wirklich, das hätte ich nicht gedacht."

„Am vierten Tage konnte er sich nicht länger halten, er hat mir alles erzählt, und seitdem hat er jeden Tag noch Einzelheiten hinzugefügt."

„Und das langweilt Sie nicht? Sie sind erstaunlich."

„Wenn ich dir doch sage, daß ich ihn liebe!" Und sie packte ihn stürmisch am Arm.

„Und er ... liebt er jene Frau?"

Lilian lachte. „Er hat sie geliebt. – Oh, zuerst mußte ich ja so tun, als ob ich mich ernsthaft für sie interessierte. Ich habe sogar mit ihm geweint. Und dabei war ich furchtbar eifersüchtig. Jetzt nicht mehr. Hör zu, wie die Sache angefangen hat. Sie waren beide im Süden, in Pau, in einem Sanatorium, wohin man sie – jeden für sich – geschickt hatte, weil es hieß, sie hätten Tuberkulose. In Wirklichkeit hatten sie sie beide nicht. Aber sie hielten sich für sehr krank. Sie kannten sich noch nicht. Wie sie sich zum erstenmal sahen, lagen sie nebeneinander auf einer Terrasse, jeder auf seinem Liegestuhl, in Gesellschaft von andern Kranken, die auch den ganzen Tag in Luft und Sonne ruhen mußten. Da sie sich für aufgegeben hielten, so neigten sie zu dem Glauben, alles, was sie im Leben noch täten, werde keinerlei Folgen mehr haben. Er wiederholte ihr immer von neuem, sie hätten beide nur noch einen Monat zu leben. Und es war Frühling. Sie war ganz allein da unten. Ihr Mann ist ein kleiner Französischlehrer in England. Er hatte sie zu ihrer Heilung nach Pau geschickt. Sie waren seit drei Monaten verheiratet. Er hatte sich das Brot vom Munde absparen müssen, um ihr diese Kur zu ermöglichen. Er schrieb ihr alle Tage. Sie ist eine junge Frau aus achtbarer Familie: gut erzogen, zurückhaltend, schüchtern. Aber dort im Süden ... Ich kann mir nicht recht denken, was Vincent ihr alles gesagt haben muß, aber am dritten Tag gestand sie ihm, daß sie, obwohl sie mit ihrem Mann schlief, nicht wußte, was das Wort Lust bedeutet."

„Und was sagte er darauf?"

„Er nahm ihre Hand und hielt sie lange und küßte sie."

„Und Sie, Lilian, was empfanden Sie, als er Ihnen das erzählte?"

„Oh, es ist abscheulich – denken Sie, ich wurde von einem tollen Lachen gepackt! Das kam so über mich, ich konnte gar nicht wieder aufhören ... Dabei waren es weniger seine Worte, die mich zum Lachen reizten, als vielmehr die teilnehmende und bekümmerte Miene, die ich geglaubt hatte annehmen zu müssen, damit er in seiner Erzählung fortfahre. Er sollte nicht denken, für mich sei das alles nur eine interessante Unterhaltung. Es war ja auch wirklich sehr schön und sehr traurig. Wie aufgeregt er war beim Sprechen! Er hatte noch niemand etwas davon gesagt. Seine Eltern wissen natürlich nichts."

„An Ihnen ist ein Romanschreiber verlorengegangen, meine Liebe!"

„Ach, wenn ich nur wüßte, in welcher Sprache ich schreiben sollte! Ich würde immer schwanken zwischen Englisch, Russisch und Französisch. – Also, in der folgenden Nacht kam er zu seiner neuen Freundin ins Zimmer und machte sie mit allem bekannt, was ihr Gemahl sie nicht hatte lehren können und was Vincent ihr, denke ich, sehr gut beibrachte. Da sie nun beide überzeugt waren, daß sie nur noch ganz kurze Zeit zu leben hätten, so wandten sie natürlich keinerlei Vorsicht an, und ebenso natürlich, besserte sich ihre Gesundheit mit Hilfe der Liebe alsbald ganz wesentlich. Als sie merkte, daß sie schwanger war, waren sie beide tief bestürzt. Das war im vorigen Monat. Es begann warm zu werden. Pau ist im Sommer ja unerträglich heiß. Sie kehrten gemeinsam nach Paris zurück. Ihr Mann glaubt, sie sei jetzt bei ihren Eltern, die ein Pensionat in der Nähe des Luxembourg haben; aber sie hat nicht gewagt, zu ihnen zu gehen. Die Eltern ihrerseits glauben sie noch in Pau. Doch es wird wohl bald alles ans Licht kommen. Zunächst hatte Vincent ihr geschworen, er werde sie nie verlassen; er wollte mit ihr fliehen, nach Amerika oder zu den Südseeinseln. Aber sie brauchten Geld. Und gerade damals traf er mit Ihnen zusammen und begann zu spielen."

„Von alledem hat er mir nichts erzählt."

„Auf keinen Fall dürfen Sie merken lassen, daß ich Ihnen etwas gesagt habe." Sie hielt inne und lauschte. „Ich glaubte, er wäre es ... Er gestand mir, während der Reise von Pau nach Paris habe er befürchtet, sie werde in Wahnsinn verfallen. Sie hatte sich gegen den Gedanken, schwanger zu sein, immer noch gesträubt. Die beiden waren allein im Coupé; er saß ihr gegenüber. Den ganzen Tag hatte sie noch kein Wort gesprochen. Auf dem Bahnhof und bei der Abfahrt hatte er allein alles besorgt; sie ließ es apathisch geschehen. Es war, als ob sie für die Umwelt gar keine Empfindung mehr habe. Er nahm ihre Hände. Sie starrte düster vor sich hin, als sähe sie ihn gar nicht. Ihre Lippen bewegten sich. Er neigte sich zu ihr. Sie flüsterte: ‚Ein Geliebter! Ein Geliebter! Ich habe einen Geliebten!' Das wiederholte sie, im selben Tonfall, immer wieder. Und immer nur dies eine Wort, das einzige, das sie noch zu kennen schien ... Ich sage Ihnen, mein Lieber, als er mir das erzählte, da verging mir die Lust zu lachen. In meinem ganzen Leben habe ich nichts gehört, was mich so erschüttert hätte ... Immerhin merkte ich, daß er sich beim Erzählen von alldem frei machte. Seine Gefühle schienen mit seinen Worten wegzufließen. Und er schien mir dankbar zu sein dafür, daß meine Bewegtheit die seine sozusagen ablöste."

„Ich weiß nicht, wie dieser Satz auf russisch oder auf englisch lauten würde, aber auf französisch haben Sie ihn ausgezeichnet formuliert."

„Danke! Das wußte ich. Und dann hat er angefangen, von

naturwissenschaftlichen Dingen zu sprechen. Und ich habe versucht, ihn zu überzeugen, daß es absurd sei, seine wissenschaftliche Laufbahn seiner Liebe zu opfern."
„Mit anderen Worten: Sie haben ihm geraten, seine Liebe zu opfern. Und Sie nehmen sich vor, ihm diese Liebe zu ersetzen?"
Lilian antwortete nicht.
„Diesmal glaube ich, daß er's ist", sagte Robert und erhob sich. „Noch schnell ein Wort, bevor er kommt. Mein Vater ist vorhin gestorben."
„Ah!"
„Es würde Ihnen nichts bedeuten, Gräfin Passavant zu werden?"
Lilian warf sich zurück und brach in Lachen aus. „Aber, mein Lieber, ich glaube mich zu erinnern, daß ich in England einen Herrn Gemahl gelassen habe. Sollte ich Ihnen das nicht mitgeteilt haben?"
„Vielleicht nicht."
„Ein Lord Griffith existiert aber irgendwo."
Graf Passavant, der den Titel seiner Freundin nie für echt gehalten hatte, lächelte.
Lilian fuhr fort: „Übrigens sagen Sie mal: Sie wollen sich wohl ein Alibi für anderweitige Interessen schaffen, daß Sie mir mit einem solchen Vorschlag kommen? . . . Nein, mein Lieber, nein! Bleiben wir, was wir sind: gute Freunde. Ja?"
Und sie hielt ihm ihre Hand hin, die er küßte.
„Ha", rief Vincent, als er eintrat, „ich dachte es mir: er ist doch im Abendanzug, der Verräter!"
„Ich hatte ihm versprochen, im Jackett zu bleiben, um nicht von ihm abzustechen", sagte Robert zu Lilian. „Ich bitte sehr um Verzeihung, lieber Freund, aber mir fiel plötzlich ein, daß ich in Trauer bin."
Vincent trug den Kopf hoch. Alles an ihm atmete Triumph und Freude. Bei seinem Eintreten war Lilian aufgesprungen. Sie warf nur einen Blick auf ihn. Dann stürzte sie auf Robert los und bearbeitete, unter Jubeln und Kreischen, seinen Rücken mit ihrer Faust. (Lilian irritiert mich ein bißchen, wenn sie so den Backfisch spielt.)
„Er hat seine Wette verloren! Er hat seine Wette verloren!" rief Lady Griffith.
„Welche Wette?" fragte Vincent.

„Er hatte gewettet, daß Sie wieder verlieren würden. Also rasch: wieviel gewonnen?"

„Ich habe den Mut, die außerordentliche Energie aufgebracht, bei fünfzigtausend aufzuhören und den Saal zu verlassen."

Lilian stieß ein Freudengeheul aus.

„Bravo! Bravo!" rief sie. Dann flog sie Vincent an den Hals, und mit allen Fibern spürte er diesen geschmeidigen Körper, von dem verwirrender Sandelduft ausging. Lilian küßte ihn auf die Stirn, auf die Wangen, auf die Lippen. Vincent schwankte. Dann machte er sich los und zog einen Packen Banknoten aus der Tasche.

„Da, das Geliehene zurück!" sagte er und reichte Robert fünf Scheine.

„Die schulden Sie jetzt Lady Griffith."

Robert gab ihr die Scheine. Sie schleuderte sie auf den Diwan. Sie atmete schwer und ging ans Fenster, um Luft zu schöpfen. Es war die verdächtige Stunde, wo die Nacht zu Ende geht und der Teufel seine Rechnung macht. Draußen kein Laut. Vincent hatte sich auf den Diwan gesetzt. Lilian trat zu ihm und fragte, ihn das erstemal duzend: „Was gedenkst du jetzt zu tun?"

Er, mit gesenktem Kopf, in einer Art Schluchzen: „Ich weiß nichts mehr."

Lilian legte ihm die Hand auf die Stirn. Er hob den Blick zu ihr. Seine Augen waren trocken und brennend.

„Vor allem anderen stoßen wir jetzt mal an", sagte Lilian und goß Tokayer ein. Und als sie getrunken hatten: „Und nun müßt ihr mich verlassen. Es ist spät, ich bin todmüde."

Sie begleitete die beiden ins Vorzimmer. Robert ging voran. Blitzschnell steckte sie Vincent ein kleines metallenes Ding in die Hand und flüsterte: „Geh mit ihm raus, sei in 'ner Viertelstunde wieder da."

Im Vorzimmer schlummerte ein Lakai, den sie aufrüttelte. „Leuchten Sie den Herren hinunter."

Die Treppe war dunkel. Lilian sorgte jedesmal dafür, daß die Bedienten ihre Gäste weggehen sahen. Der Lakai entzündete die Kerzen eines großen Armleuchters und trug ihn vor sich her, Robert und Vincent folgten. Draußen wartete Roberts Auto. Hinter ihnen schloß der Lakai die Haustür.

„Ich glaube, ich gehe lieber zu Fuß. Ich möchte mir ein bißchen Bewegung machen, um mein Gleichgewicht wiederzufinden", sagte Vincent, als der andere den Wagenschlag geöffnet und ihn zum Einsteigen aufgefordert hatte.
„Soll ich Sie wirklich nicht nach Hause bringen?" Unvermittelt packte Robert Vincents linke Hand, die dieser geschlossen hielt. „Machen Sie die Hand auf! Zeigen Sie, was Sie darin haben!"
Vincent war naiv genug, zu fürchten, daß Robert eifersüchtig sei. Das Blut schoß ihm in die Wangen, während seine gekrallten Finger sich lösten. Ein kleiner Schlüssel fiel aufs Pflaster. Robert hob ihn schnell auf, betrachtete ihn und gab ihn Vincent zurück.
„Alle Wetter!" lachte er und zuckte mit den Achseln. Dann stieg er in sein Auto, lehnte sich zurück und sagte zu Vincent, der in peinlicher Verlegenheit dastand: „Also heute ist Donnerstag. Sagen Sie Ihrem Bruder, daß ich ihn heute nachmittag um vier erwarte." Und er zog den Schlag so rasch zu, daß Vincent keine Zeit mehr hatte, etwas zu erwidern.
Das Auto verschwand. Vincent ging ein paar Schritte am Quai entlang, dann über die Brücke und gelangte in den Teil der Tuilerien, der außerhalb des Gitterzauns liegt. Er trat an ein kleines Bassin, tauchte sein Taschentuch ins Wasser und kühlte sich die Stirn. Dann ging er langsam zu Lilians Haus zurück. Verlassen wir ihn, während der Teufel ihm amüsiert zusieht, wie er geräuschlos den kleinen Schlüssel ins Schlüsselloch steckt . . .
Es war die Stunde, wo in einem elenden Hotelzimmer Laura, seine Geliebte von gestern, nach langem Weinen und Seufzen endlich einschlief. An Deck des Schiffes, das ihn nach Frankreich zurücktrug, las Edouard beim ersten Morgengrauen nochmals den herzzerreißenden Brief, den er von Laura erhalten hatte, Worte des Jammers, in denen sie ihn zu Hilfe rief. Schon kam die sanfte Küste seines Heimatlandes in Sicht, aber es bedurfte eines geübten Auges, sie durch den Nebel hindurch zu erkennen. Am Himmel keine Wolke. Schon rötete sich der Horizont. Wie heiß es sein wird in Paris! Für uns ist es aber Zeit, uns nach Bernard umzusehen! Da, in Oliviers Bett, wacht er gerade auf.

6

> We are all bastards; and that most venerable ma.
> which I did call my father, was I know not where I
> was stamp'd.
>
> *Shakespeare*

Bernard hat einen abgeschmackten Traum gehabt. Er weiß nicht mehr, was er geträumt hat. Er versucht auch nicht, sich daran zu erinnern, möchte vielmehr alles von sich abschütteln. Beim Erwachen fühlt er Oliviers Körper schwer gegen den seinen lasten. Sein Freund ist im Schlaf oder doch, während Bernard schlief, näher herangerückt, und das enge Bett erlaubt ja auch keine große Distanz. Olivier liegt auf der Seite, und Bernard fühlt seinen Atem kitzelnd im Nacken. Bernard hat nur ein kurzes Taghemd an, und ein Arm Oliviers liegt drückend über seinem Körper. Einen Augenblick zweifelt Bernard, ob der Freund wirklich schlafe. Sachte macht er sich los. Ohne Olivier zu wecken, steht er auf, kleidet sich an und legt sich dann wieder aufs Bett. Zum Weggehen ist es noch zu früh. Vier Uhr. Kaum beginnt es zu dämmern. Noch eine Stunde Ruhe, um dann den Tag mutig zu beginnen! Aber um den Schlaf ist es getan. Bernard sieht das fahle Morgenlicht hereindringen, er sieht die graugetünchten Wände der kleinen Stube und die eiserne Bettstelle, in der Georges schläft und sich im Traum bewegt.

In wenigen Minuten, denkt er, gehe ich meinem Schicksal entgegen. Welch schönes Wort: Abenteuer! Zukunft! Was auf mich zukommt! All das Überraschende, das mich erwartet! Ich weiß nicht, ob es andern auch so geht, aber sowie ich wach bin, neige ich dazu, diejenigen zu verachten, die schlafen. Olivier, mein Freund, ich verlasse dich, ohne adieu zu sagen. Also los! Auf, Bernard! Es ist Zeit!

Er taucht einen Handtuchzipfel ins Wasser und erfrischt sich das Gesicht, kämmt sich, zieht sich die Schuhe an. Öffnet leise die Tür – ist auf der Straße!

Oh, wie unverbrauchte Luft dem Organismus wohltut! Bernard geht am Gitterzaun des Luxembourg entlang, dann die Rue Bonaparte hinunter, erreicht die Quais und überquert die Seine. Er denkt an die neue Lebensregel, die er sich gegeben hat: Wenn du es nicht tust, wer wird es dann tun? Und wenn du es nicht sofort tust, wann soll es dann sein? Er denkt: Große Dinge sind zu tun, und es scheint ihm, als gehe er ihnen entgegen. Große Dinge, wiederholt er im Weitergehen. Wenn er nur wüßte, welche! ... Vorläufig weiß er nur, daß er Hunger hat. Er befindet sich gerade bei den Hallen. In seiner Tasche hat er siebzig Centimes, nicht einen Sou mehr. Er tritt in eine Bar, verlangt ein Glas Milchkaffee und ein Hörnchen und verzehrt es im Stehen. Das macht fünfzig Centimes. Es bleiben ihm noch vier Sou, keck läßt er zwei davon auf dem Schanktisch liegen und gibt die beiden andern dem zerlumpten Greis, der draußen, vor dem Hause, den Kehrichtbehälter durchwühlt. Mildtätigkeit? Herausforderung ans Schicksal? Gleichviel! Jetzt fühlt er sich glücklich wie ein Märchenprinz. Er besitzt nichts mehr: alles gehört ihm! – Ich erwarte viel von der Vorsehung, denkt er. Zunächst ist es allerdings das wichtigste, daß sie mir heute mittag ein schönes englisches Roastbeef vorsetzt – das Weitere wollen wir dann schon sehen! (Denn gestern abend hat er nichts gegessen.) Längst ist der Tag angebrochen. Bernard kommt wieder an die Quais. Er fühlt sich leicht. Er läuft ein paar Schritt, und es ist ihm, als ob er fliege. Die Gedanken sprießen ihm üppig im Hirn. Er denkt: Das Schwierige im Leben besteht darin, lange Zeit ununterbrochen dieselbe Sache ernst zu nehmen. So habe ich fünfzehn Jahre lang an die Liebe meiner Mutter für den, den ich meinen Vater nannte, geglaubt, sogar noch gestern. Sie selbst aber hat ihre Liebe nicht lange ernst zu nehmen vermocht. Wissen möchte ich, ob ich sie verachte oder höher achte, weil sie ihren Sohn zu einem Bastard gemacht hat ... Nein, im Grunde liegt mir doch nichts daran, das zu wissen. Unsere Gefühle für unsere Erzeuger gehören zu den Dingen, über die man sich nicht allzusehr klarwerden sollte. Was den Hahnrei anlangt, so ist die Sache einfach: seit frühester Kindheit hab ich ihn gehaßt. Heute erkenne ich, daß mein Verdienst dabei nicht groß war – das einzig Bedauerliche an dieser Sache! Wie komisch: hätte ich die Schublade nicht erbrochen, so hätte ich vielleicht mein Leben lang geglaubt, ich hegte unnatürliche Gefühle für meinen Vater! Welches Glück, informiert zu sein! ... Übrigens hab ich die Schublade ja nicht eigentlich erbrochen, ich dachte nicht einmal daran, sie zu öffnen ... Es gab so viele „mildernde Umstände" ... Zunächst langweilte ich mich gerade entsetzlich. Und dann: diese Neugier, diese „verhängnisvolle Neugier", wie Fénélon sagt! Die habe ich unbedingt von meinem wahren Vater geerbt, denn in der Familie Profitendieu findet sich davon nicht die Spur. Ich habe nie etwas weniger Neugieriges gesehen als den Herrn Gemahl meiner Mutter – es müßten denn die Kinder sein, die er ihr gemacht hat. An meine lieben „Geschwister" will ich später ausführlicher denken, nach dem Mittagessen ... Die Onyxplatte eines Tischchens abheben und bemerken, daß die Schublade klafft, das ist immerhin nicht dasselbe wie ein Schloß aufbrechen. Ich bin kein Einbrecher. Es kann jedem passieren, die Platte eines kleinen Tisches abzuheben. Theseus muß so alt gewesen sein wie ich, als er den Felsblock hob, unter dem seines Vaters Schwert verborgen lag. Was bei dem Tischchen gewöhnlich im Wege stand, das war die Pendüle. Ich wäre nicht auf die Idee gekommen, die Onyxplatte vom Tischchen abzuheben, wenn ich die Pendüle nicht hätte reparieren wollen ... Was aber nicht jedem passiert, ist: Waffen darunter zu finden oder Briefe einer verbotenen Liebe. Na, das Entscheidende war, daß ich mit der Tatsache dieser Liebe bekannt wurde. Nicht jeder kann sich wie Hamlet den Luxus eines Gespenstes leisten, das sensationelle Enthüllungen macht ... Hamlet! Seltsam, wie der Standpunkt wechselt, je nachdem, ob man ein Produkt der Schuld oder der Legitimität ist. Auch auf diesen Gedanken will ich nach dem Essen zurückkommen ... War es unrecht von mir, die Briefe zu lesen? Nein: wenn es unrecht gewesen wäre, so hätte ich doch Gewissensbisse! Und wenn ich die Briefe nicht gelesen hätte, so hätte ich mein Leben lang weiterwaten müssen in Unwissenheit, Lüge und Unterwerfung. Also vorwärts, Bernard, aufs offene Meer hinaus! „Bernard in seiner frischen Jugend ..." heißt es, glaube ich, bei Bossuet. Setz dich hier auf die Bank, Bernard. Wie schön ist es heute morgen! Die Sonne streichelt die Erde so zärtlich. Könnte ich nur ein bißchen loskommen von mir selbst: ich würde bestimmt ein Gedicht machen!

Auf der Bank ausgestreckt, kam er so gut von sich los, daß er einschlief.

7

Durchs offene Fenster kommt die Sonne, die schon hoch steht, und wärmt Vincents nackten Fuß. Lilian, die nicht weiß, daß Vincent nicht mehr schläft, erhebt sich von dem breiten Lager, betrachtet ihren Freund und wundert sich über seine bekümmerte Miene.
Lady Griffith liebte Vincent vielleicht; aber sie liebte an ihm den Erfolg. Vincent war groß, schön, schlank, aber er hielt sich nicht gut und machte weder im Sitzen noch im Stehen einen eleganten Eindruck. Sein Gesicht war interessant, aber seine Frisur nicht modern. Lilian bewunderte die Klarheit und Kühnheit seines Denkens; er wußte sicherlich viel, schien ihr aber ohne Kultur. Mit einem Gefühl, in dem Sinnlichkeit und Mütterlichkeit sich mischten, neigte sie sich über dieses große Kind, das zu formen sie entschlossen war. Sie wollte ihr Werk, ihre Skulptur aus ihm machen. Sie lehrte ihn, seine Nägel zu pflegen und das Haar so zu tragen, daß die Stirn höher und bleicher wirkte. Auch hatte sie seine elenden kleinen Vorbindeknoten durch kleidsame Krawatten ersetzt. Offenbar liebte Lady Griffith Vincent; aber sie wollte nicht, daß er düster und zergrübelt sei – „dumpfmoralisch", wie sie das nannte.
Leise führt sie die Hand über Vincents Stirn, als wolle sie eine Doppellinie von ihr wegwischen, die, von den Augenbrauen ausgehend, zwei steile Risse gräbt und fast schmerzlich aussieht.
„Wenn du mir Kummer und Sorgen und Gewissensbisse hierherbringen willst, so wär's besser, du kämst nicht wieder", murmelte sie, über ihn gebeugt.
Vincent schließt die Augen, wie vor einem allzu hellen Licht. Lilians strahlender Blick hat etwas Blendendes.
„Hier ist's wie in einer Moschee: man zieht draußen die Schuhe aus, um den Schmerz nicht mitzubringen ... Wenn du glaubst, ich wüßte nicht, was du denkst!"
Vincent will ihr die Hand vor den Mund halten. Sie sträubt sich eigensinnig. „Nein, laß mich ernsthaft mit dir reden. Ich habe viel über das nachgedacht, was du mir neulich sagtest. Es heißt, Frauen könnten nicht nachdenken, aber du wirst sehen, das gilt nicht für alle ... Was du über die Kreuzungsprodukte sagtest ... und daß man nichts Berühmtes

durch Mischung, wohl aber durch Zuchtwahl erhalte ... Hab ich deine Lektion gut verstanden? ... Nun, heute morgen scheinst du mir ein lächerliches Monstrum zu nähren, das du niemals großziehen kannst, eine Hybride von Lust und Gewissen – hab ich nicht recht? ... Du machst Dir Vorwürfe, weil du Laura verlassen hast: ich merke es an der Falte auf deiner Stirn. Wenn du zu ihr zurückwillst, so sag es bitte gleich und geh: dann hätte ich mich in dir getäuscht und sähe dich ohne Bedauern scheiden. Falls du aber bei mir bleiben willst, so mußt du diese Leichenbittermiene abtun. Du erinnerst mich an gewisse Engländer: je ‚freier' sie in ihrer Weltanschauung werden, desto mehr klammern sie sich an die Moral! Es gibt kaum schlimmere Puritaner als gewisse englische Freidenker ... Du hältst mich für herzlos? Darin irrst du dich. Ich begreife sehr wohl, daß du Mitleid mit Laura hast. Nur – was willst du dann hier?" Und, da Vincent sich abwendet, fügt sie hinzu: „Hör zu. Du gehst jetzt ins Badezimmer und versuchst, deine Sorgen wegzuduschen. Und ich läute nach dem Tee. Wenn du wieder da bist, will ich dir etwas auseinandersetzen, was dir noch nicht klargeworden zu sein scheint."

Er hat sich erhoben. Lilian ruft ihm nach: „Und zieh dich nicht gleich richtig an! In dem Schrank rechts vom Badeofen findest du Burnusse, Haicks, Pyjamas ... da such dir was aus."

Zwanzig Minuten später kam Vincent wieder zum Vorschein, bekleidet mit einer Djellabah aus pistaziengrüner Seide.

„Oh, warte, warte, ich will dich zurechtmachen!" rief Lilian entzückt.

Aus einer orientalischen Truhe holte sie zwei lange, violette Schals, umgürtete Vincent mit dem einen, dunkleren und schlang ihm den andern als Turban um den Kopf.

„Meine Gedanken haben immer die Farbe meines Kostüms" (sie trug jetzt einen purpurfarbenen, mit Silber durchwirkten Pyjama). „Ich erinnere mich an einen Tag in San Francisco, als ich noch ganz klein war. Man zog mir ein schwarzes Kleid an, mit der Begründung, eine Schwester meiner Mutter sei gestorben, eine alte Tante, die ich nie gesehen hatte. Da hab ich den ganzen Tag bitterlich geweint, ich fühlte mich schrecklich traurig; ich bildete mir ein, durch den Tod meiner Tante im Innersten getroffen zu sein ... und das alles nur wegen meines schwarzen Kleidchens. Wenn heutzutage die Männer so viel ernster sind als die Frauen, so nur, weil sie dunkler gekleidet sind. Ich wette, daß du schon nicht mehr dieselben Gedanken hast wie vorhin. Setz dich da aufs Bett, und wenn du eine Tasse Tee, zwei oder drei Sandwiches und einen Schluck Wodka genommen hast, so will ich dir eine Geschichte erzählen. Sag, wann ich anfangen soll."

Sie hockt auf dem Bettvorleger, zwischen Vincents Beinen hingekauert wie ein Mädchen von einem ägyptischen Relief, mit dem Kinn auf den Knien. Nachdem sie gegessen und getrunken, beginnt sie: „Ich war auf der ‚Bourgogne', weißt du, an dem Tage, wo sie Schiffbruch erlitt. Damals war ich siebzehn Jahre alt. (Damit verrate ich dir, wie alt ich heute bin.) Ich war eine vorzügliche Schwimmerin. Um dir zu beweisen, daß mein Sinn nicht ganz verhärtet ist, will ich dir sagen, daß nur mein erster Gedanke war, mich selbst zu retten, mein zweiter jedoch, irgend jemand anderes zu retten. Vielleicht war das sogar mein erster Gedanke; vielleicht habe ich auch an gar nichts gedacht – jedenfalls ist mir nichts so unerträglich wie Menschen, die in solchen Augenblicken nur an sich selbst denken. Doch: Frauen, die Schreie ausstoßen – die sind noch schlimmer. Man ließ ein erstes Rettungsboot hinab, das hauptsächlich mit Frauen und Kindern besetzt war. Einige von diesen Frauen stießen ein solches Geheul aus, daß man die Besinnung hätte verlieren können. Die Leute manövrierten so ungeschickt, daß das Boot, anstatt sich flach aufs Wasser zu legen, mit der Spitze eintauchte und, noch bevor es vollgelaufen war, alle seine Insassen auskippte. Das vollzog sich beim Licht von Fackeln, Leuchtsignalen und Scheinwerfern. Du kannst dir denken, wie unheimlich es war. Die Wellen gingen ziemlich hoch, und alles, was nicht im grellen Lichtschein lag, verschwand auf der andern Seite des Wasserberges in Nacht und Finsternis. Niemals habe ich Minuten intensiver erlebt; aber zum Nachdenken war ich so unfähig wie ein Neufundländer, der sich ins Wasser stürzt. Ich erinnere mich nicht mehr recht, wie alles vor sich ging. Ich weiß nur noch, daß ich in dem Rettungsboot ein kleines Mädchen von fünf oder sechs Jahren bemerkt hatte, ein reizendes Kind, und im selben Moment, da ich das Boot umschlagen sah, beschloß ich, das Kind zu retten. Es war zuerst mit seiner Mutter zusammen; aber die konnte nicht gut schwimmen und war außerdem, wie immer in solchen Fällen, durch ihre Röcke behindert. Was mich betrifft, so muß ich mir die Kleider unbewußt vom Leibe gerissen haben. Man rief mir zu, ich solle in das nächste Boot steigen. Vermutlich bin ich auch eingestiegen, und dann bin ich wohl von diesem Boot aus ins Meer gesprungen. Ich weiß nur noch, daß ich, während das Kind mich fest umklammert hielt, ziemlich lange geschwommen bin. Die Kleine war in Todesangst und drückte so fest auf meine Kehle, daß ich keine Luft bekam. Glücklicherweise hatte an uns vom Boot aus beobachtet und auf uns gewartet, oder man kam auf uns zugerudert. – Aber nicht deswegen erzähle ich dir diese Geschichte. Die Szene, an die ich mich am deutlichsten erinnere und die mir stets unvergeßlich bleiben wird, war folgende: in unserem Rettungsboot befanden sich, nachdem noch mehrere verzweifelte Schwimmer – wie auch ich selbst – aufgefischt worden waren, eng zusammengepfercht ungefähr vierzig Menschen. Das Wasser ging fast bis an den Bootsrand. Ich saß hinten und hielt das kleine Mädchen, das ich gerettet hatte, dicht an mich gepreßt, um es zu wärmen, und auch, um es nicht sehen zu lassen, was ich mit ansehen mußte ... Da saßen zwei Matrosen, der eine mit einem Beil, der andere mit einem Küchenmesser, und weißt du, was sie taten? ... Mit diesen Instrumenten hackten sie die Finger und Handgelenke einiger Schwimmer ab, die, sich an den Stricken festhaltend, in unser Boot klettern wollten. Der eine dieser beiden Matrosen (der andere war ein Neger) wandte sich zu mir, die ich zitterte vor Kälte und Entsetzen, und sagte: ‚Kommt noch ein einziger zu uns rein, sind wir alle verloren – das Boot ist voll.' Und er fügte hinzu, bei allen Schiffbrüchigen sei man gezwungen, so zu handeln; aber man spreche natürlich nicht davon ... Da bin ich, glaube ich, ohnmächtig geworden. Jedenfalls erinnere ich mich an nichts mehr, wie man nach übergroßem Lärm ja auch einige Zeit taub bleibt. Als ich dann, an Bord des Dampfers, der uns aufgenommen hatte, wieder zu mir kam, da wurde mir klar, daß ich nicht mehr war (und nie wieder sein könnte), was ich gewesen war: das sentimentale junge Mädchen vor der Katastrophe; es wurde mir klar, daß ein Teil meines Wesens mit der ‚Bourgogne' untergegangen war und daß ich in Zukunft einer Menge schwächlicher Gefühle die Finger und Handgelenke abhacken würde, damit sie nicht zu mir ins Boot stiegen und mein Herz zum Sinken brächten."

Sie sah Vincent von der Seite an und reckte sich. „Eine empfehlenswerte Praxis."

Ihr Haar hatte sich gelöst und fiel ihr über die Schultern. Sie erhob sich, trat vor den Toilettenspiegel und brachte, während sie weitersprach, ihre Frisur in Ordnung.

„Als ich kurze Zeit darauf von Amerika Abschied nahm, war es mir, als wäre ich das Goldene Vlies und ginge auf die Suche nach dem Eroberer. Gewiß habe ich mich manchmal getäuscht, habe manchen Irrtum begangen – und begehe vielleicht jetzt wieder einen, indem ich dir dies alles sage. Aber bilde dir bitte nicht etwa ein, du hättest mich erobert, weil ich deine Geliebte geworden bin. Eines laß dir gesagt sein: ich hasse die Mittelmäßigen, und lieben kann ich nur den Siegreichen. Wenn du mit mir sein willst, so nur, damit ich dir helfe zum Siege! Falls du aber von mir bedauert, getröstet, in Schlaf gelullt sein möchtest, dann will ich dir lieber gleich sagen, mein guter Vincent: nicht ich bin die rechte Frau für dich, sondern deine Laura."

Sie sagte das, ohne sich umzuwenden, immer noch mit der eigenwilligen Haarflut beschäftigt; aber Vincent begegnete ihrem Blick im Spiegel.

„Erlaube, daß ich dir erst heute abend antworte", sagte er und erhob sich, um seine orientalische Gewandung gegen den Straßenanzug zu vertauschen. „Ich muß schnell nach Haus, um meinen Bruder Olivier noch zu treffen, ich hab ihm was Dringendes mitzuteilen."

Er sagte das wie entschuldigend und um seinen Aufbruch zu erklären. Doch wie er sich Lilian näherte, wandte sich diese um, lächelnd und so verführerisch, daß er zögernd hinzufügte: „Oder ich schreib ihm ein paar Worte auf, die er dann mittags findet."

„Ihr beiden habt einander viel zu sagen?"

„Fast gar nichts. Nein, es ist eine Einladung für heute nachmittag, die ich ihm bestellen soll."

„Von Robert ... *Oh, I see ...*", sagte sie mit einem seltsamen Lächeln. „Über Robert müssen wir auch noch sprechen ... Also geh rasch! Und sei um sechs zurück, denn um sieben holt uns sein Auto ab, wir wollen im Bois dinieren."
Im Gehen überläßt sich Vincent seinen Gedanken. Er macht die Erfahrung, daß aus der Sättigung der Begierden, die Lust begleitend und sich hinter ihr versteckend, eine Art Verzweiflung erwachsen kann.

8

Frauen kann man lieben oder kennen; ein Drittes gibt es nicht.

Chamfort

Im Pariser D-Zug liest Edouard das neuerschienene Buch von Passavant, das er sich auf dem Bahnhof in Dieppe gekauft hat. Es ist betitelt: „Das Turnreck" und erwartet ihn gewiß zu Hause. Aber Edouard ist ungeduldig, es kennenzulernen; man spricht überall von diesem Werk. Niemals ist einem seiner eigenen Bücher die Ehre zuteil geworden, in den Bahnhofsbuchhandlungen verkauft zu werden. Man hat ihm zwar gesagt, wie er es ohne große Mühe erreichen könne, aber ihm liegt nichts daran. Er wiederholt sich, daß es ihm ganz gleichgültig sei, ob seine Bücher in den Bahnhofsbuchhandlungen zu haben seien oder nicht – aber er muß sich aufs neue zu dieser Indifferenz überreden, als er Passavants Buch dort ausgestellt sieht. Alles, was Passavant tut, verstimmt ihn, und ebenso das Getriebe um Passavant herum: zum Beispiel die Artikel, in denen sein Buch in den Himmel gehoben wird. Ja, das traf sich merkwürdig: alle drei Zeitungen, die er sich vorhin, kaum an Land, gekauft hatte, enthielten lobende Besprechungen des „Turnrecks". In einer vierten steht eine Zuschrift von Passavant selbst; Worte des Protestes gegen eine jüngst in diesem Blatt erschienene Kritik, die etwas weniger lobend war als die anderen: Passavant verteidigt und erläutert sein Buch. Die Zuschrift irritiert Edouard noch mehr als die Artikel. Passavant, unter dem Vorwand, die Öffentlichkeit aufzuklären, biegt ihr Urteil auf geschickte Weise um. Niemals sind über

ein Buch von Edouard so viele Artikel geschrieben worden. Allerdings hat Edouard auch nie das geringste getan, sich bei den Kritikern in Gunst zu setzen. Wenn diese Herren seine Bücher mit eisiger Zurückhaltung aufnehmen: ihm macht es nichts aus. Aber als er die Artikel über das Buch seines Rivalen liest, muß er sich aufs neue einreden, daß es ihm nichts ausmache.
Nicht etwa, daß er Passavant widerwärtig fände. Er ist ihm ein paarmal begegnet und hat einen sehr angenehmen Eindruck gewonnen. Übrigens hat sich Passavant ihm gegenüber stets besonders liebenswürdig gezeigt. Aber die Bücher Passavants mißfallen ihm; sie scheinen mehr ihm weniger von einem Künstler als von einem Macher herzurühren. Doch genug ...
Aus seiner Jackentasche holt Edouard Lauras Brief hervor, den Brief, den er auf dem Deck des Schiffes schon zum zweitenmal gelesen hat. Er liest ihn nochmals:

Lieber Freund,
Als wir uns das letztemal sahen – es war, Sie erinnern sich, im St. James Park, am zweiten April, am Vorabend meiner Abreise nach dem Süden –, nahmen Sie mir das Versprechen ab, Ihnen zu schreiben, falls ich mich in Verlegenheit befände. Ich halte mein Versprechen. An wen als an Sie sollte ich mich auch wenden? Denn gerade vor denen, deren Hilfe ich normalerweise in Anspruch nehmen könnte, muß ich mein Elend verbergen. Lieber Freund, ich bin in großer Bedrängnis. Wie mein Leben verlaufen ist, seit ich Félix verlassen habe, das werde ich Ihnen vielleicht eines Tages erzählen. Félix hat mich nach Pau begleitet und ist dann nach Cambridge zurückgereist, wo er ja unterrichten muß. Was aus mir geworden ist dort im Süden, wo ich mir selbst, der Genesung und dem Frühling überlassen war ... Soll ich es wagen, Ihnen zu gestehen, was ich Félix nicht sagen kann? Der Augenblick ist gekommen, wo ich zu ihm zurück müßte. Ach, ich bin nicht mehr wert, ihn wiederzusehen! Die Briefe, die ich ihm in letzter Zeit geschrieben habe, waren voller Lügen, und die, die ich von ihm bekomme, sprechen nur von seiner Freude darüber, daß mein Befinden sich gebessert habe. Ach, warum bin ich nicht krank geblieben! Warum bin ich nicht gestorben dort unten im Süden! ... Mein Freund, ich kann es mir nicht mehr verhehlen: ich bin schwanger, und das Kind, das ich erwarte, ist nicht von ihm. Ich habe Félix vor mehr als drei Monaten verlassen – und

ihn könnte ich auf keinen Fall darüber täuschen. Ich wage nicht, zu ihm zurückzukehren. Ich kann nicht. Ich will nicht. Er ist zu gut. Sicherlich würde er mir verzeihen; aber ich verdiene es nicht, ich will nicht, daß er mir verzeiht. Ebensowenig wage ich zu meinen Eltern zu gehen. Sie glauben, ich sei noch in Pau. Mein Vater, wenn ihm die Augen aufgingen, wäre imstande, mich zu verfluchen. Er würde mich von sich stoßen. Wie sollte ich mich behaupten vor seiner Sittenstrenge, vor seinem Fanatismus gegen alles Böse, Unreine, Unwahre? Und wie bitter weh täte es mir auch, meiner Mutter und meiner Schwester Kummer zu bereiten! Und er, der ... Aber ich will ihn nicht anklagen. Als er mir versprach, mir zu helfen, war er noch in der Lage, es zu tun. Doch um mir besser helfen zu können, hat er unseligerweise angefangen zu spielen. Er hat die Summe verloren, die für meinen Unterhalt, für das Kindbett bestimmt war. Er hat alles verloren. Ich habe zuerst daran gedacht, mit ihm irgendwo hinzureisen und bei ihm zu bleiben – wenigstens für eine gewisse Zeit, denn auf die Dauer möchte ich ihm nicht zur Last fallen, und ich hätte mir schließlich mein Brot wohl auch selbst verdient, aber eben erst nach einiger Zeit. Ich fühle, daß er darunter leidet, mich allein zu lassen, und daß er doch nicht anders kann. Daher werfe ich ihm auch nichts vor – aber Tatsache bleibt, daß er mich allein läßt. Ich bin hier ohne Geld. Ich lebe auf Kredit in einem kleinen Hotel. Das kann nicht lange so weitergehen. Ich weiß nicht, was aus mir werden soll. Ach, daß so verlockende Wege zum Untergang führen müssen! Ich schreibe Ihnen an die Londoner Adresse, die Sie mir gegeben haben; aber wann wird dieser Brief Sie erreichen? Wie sehnte ich mich früher danach, Mutter zu werden! Ich weine den ganzen Tag. Geben Sie mir einen Rat, nur noch von Ihnen erwarte ich Beistand. Helfen Sie mir, wenn Sie können; wenn nicht – oh, in andern Zeiten hätte ich mehr Mut gehabt; aber jetzt wäre ich es nicht allein, die stürbe. Wenn Sie nicht kommen, wenn Sie mir schreiben: „Ich vermag nichts", so werde ich kein Gefühl des Vorwurfs gegen Sie haben. Ich werde in Gedanken Abschied nehmen von Ihnen und versuchen, dem Leben nicht nachzutrauern. Aber ich glaube, Sie haben nie recht begriffen, daß die Freundschaft, die Sie mir entgegenbrachten, das Wertvollste in meinem ganzen Leben war und daß das, was ich meine Freundschaft zu Ihnen nannte, in meinem Herzen einen andern Namen trug.

Laura Félix Douviers

Nachschrift. – Bevor ich dieses Blatt zur Post bringe, will ich ... ihn noch ein letztes Mal sehen. Ich werde heute abend in seinem

Hause auf ihn warten. Wenn Sie diesen Brief erhalten, so ist es also so weit, daß – – Adieu, adieu, ich weiß nicht mehr, was ich schreibe.

Edouard hat diesen Brief gerade am Tage seiner Abreise erhalten. Das heißt: er hat sich, als er ihn erhalten hatte, sofort zur Abreise entschlossen. Doch beabsichtigte er in keinem Fall, noch lange in England zu bleiben. Damit will ich nicht zu verstehen geben, daß er nicht imstande gewesen wäre, nach Paris zurückzukehren, nur um Laura zu helfen; ich sage nur, daß er seiner Heimkehr froh ist. Während seines Aufenthalts in England hat er jedes Vergnügen entbehrt; nun, sein erster Gang in Paris soll an einen üblen Ort führen, und da er keine persönlichen Papiere dorthin mitnehmen will, so greift er nach seiner Reisetasche, die sich im Gepäcknetz befindet, und öffnet sie, um Lauras Brief hineinzutun.
Ein solcher Brief gehört nicht zwischen Kleidungsstücke und Hemden. Edouard stößt unter der Wäsche auf ein Heft in festem Umschlag, das er hervorzieht. Er sucht in diesem Heft, das halb vollgeschrieben ist von seiner Hand, einige Seiten – gleich zu Anfang –, die aus dem vorigen Jahre stammen und zwischen denen Lauras Brief Platz finden soll. Er liest diese Seiten wieder durch.

Aus Edouards Tagebuch:
Den 18. Oktober. – Laura scheint sich ihrer Macht nicht bewußt zu sein. Für mich, der ich in meinem Herzen lese, steht fest, daß ich bis heute keine Zeile geschrieben habe, die nicht indirekt von ihr inspiriert worden wäre. Für mich empfinde ich sie noch als Kind, und alle Geschicklichkeit meiner Darstellung erklärt sich allein aus meinem ständigen Bestreben, sie zu unterrichten, sie zu überzeugen, sie zu verführen. Ich sehe nichts, ich höre nichts, ohne sofort zu denken: was würde sie dazu sagen? Ich verleugne mein eigenes Empfinden und kenne nur noch das ihrige. Es scheint mir sogar, als ob, wenn sie nicht da wäre, um mich scharf zu begrenzen, meine eigene Persönlichkeit sich in allzu schwankenden Umrissen verlöre: ich sammle und verdeutliche mich nur im Hinblick auf sie. Welche Einbildung hat mich bis heute glauben lassen, daß ich sie formte nach

meinem Bilde? In Wirklichkeit gestalte ich mich nach dem ihrigen, und ich merkte es nicht! Oder besser: durch ein seltsames Hin und Her von Anziehungskräften haben unsere beiden Charaktere gegenseitig umgestaltend aufeinander gewirkt. Unwillkürlich, unbewußt bilden zwei Wesen, die sich lieben, sich jedes nach den Ansprüchen des andern; ein jedes ist bemüht, dem Idol zu gleichen, das es im Herzen des andern erspäht ... Für den wahrhaft Liebenden gibt es keine Aufrichtigkeit.

Auf solche Weise hat sie mich irregeführt. Ihr Denken begleitete stets das meinige. Ich bewunderte ihren Geschmack, ihre Wißbegier, ihre Kultur, und ich wußte nicht, daß sie sich nur aus Liebe zu mir so leidenschaftlich für alles interessierte, wofür sie mich begeistert sah, denn sie selbst verstand nichts zu entdecken. Jede ihrer Schwärmereien, das begreife ich jetzt, war für sie nur eine Art Ruhebett, auf dem sie ihr Denken neben dem meinen ausstrekken konnte. Doch keineswegs entsprachen diese Interessen den tiefen Forderungen ihrer Natur. „Ich putze und schmücke mich nur für dich", wird sie sagen. Aber ich hätte gerade gewünscht, daß sie es für sich selbst getan hätte, aus innerem Bedürfnis ihrer Natur. Von allem, was sie um meinetwillen zu ihrem Wesen hinzugefügt hat, wird nichts bestehenbleiben, nicht einmal eine Sehnsucht, nicht einmal das Gefühl einer Leere. Eines Tages wird die Ursprungsform wieder erscheinen, des erborgten Zierats langsam entkleidet – und, falls in jenes Blendwerk der andere verliebt war, so drückt er an sein Herz schließlich nur noch verlassenen Schein, Vergangenheit ... nur noch Trübsal und Verzweiflung ... Oh, mit wieviel edlen, herrlichen Dingen habe ich sie geschmückt!

Wie doch der Begriff Aufrichtigkeit mich verwirrt! *Aufrichtigkeit!* Bei diesem Worte denke ich immer nur an Lauras Aufrichtigkeit gegen sich. Sobald ich mich zu mir selbst zurückwende, weiß ich plötzlich nicht mehr, was das Wort bedeutet. Ich bin immer nur das, was ich zu sein glaube, und das wechselt so unablässig, daß – wäre ich nicht da, um den Verkehr zu vermitteln – oft mein Wesen vom Abend das vom Morgen nicht wiedererkennen würde. Nichts kann ver-

schiedener von mir sein als ich selbst. Nur in der Einsamkeit erscheint mir gelegentlich der Urstoff, erreiche ich manchmal einen gewissen Zusammenhang der Grundbestandteile. Aber dann habe ich auch gleich die Empfindung, daß mein Leben sich verlangsame, stillstehe, daß ich gerade aufhöre zu sein. Mein Herz schlägt nur aus Sympathie; ich lebe nur durch andere: per procura sozusagen, in Stellvertretung, durch zerebrales Einheiraten. Nie fühle ich mich intensiver leben, als wenn ich mir selbst entschlüpfe, um jemand anders zu werden.
Diese anti-egozentrische, dezentralisierende Kraft ist so stark, daß sie in mir den Sinn für Eigentum – und, folglich, für Verantwortung – zersetzt. Ein solches Wesen taugt nicht zur Ehe. Wie soll ich Laura das zu verstehen geben?

26. Oktober. – Bestehend ist für mich nur das *Erdichtete* (wobei ich diesem Worte seinen vollen Sinn zurückgebe), angefangen mit mir selbst. Es kommt mir manchmal vor, als existierte ich nicht wirklich, sondern dächte mir nur aus, daß ich existiere. Woran zu glauben mir am schwersten gelingt, das ist: meine eigene Realität. Ich entrinne mir ohne Unterlaß, und wenn ich meinem Tun zusehe, so begreife ich nicht genau, daß derjenige, den ich handeln sehe, identisch sein soll mit dem, der zusieht und erstaunt ist und daran zweifelt, daß er Schauspieler und Betrachter in einer Person sein kann.
Die psychologische Analyse hat für mich jedes Interesse verloren mit dem Augenblick, in dem ich erkannt habe, daß der Mensch empfindet, was zu empfinden er sich einbildet. Von da bis: zu denken, daß er sich zu empfinden einbilde, was er empfindet ... Ich sehe es deutlich an meiner Liebe: zwischen Laura lieben und mir einbilden, daß ich sie liebe – zwischen mir einbilden, daß ich sie weniger liebe, und sie weniger lieben, welcher Gott sähe da den Unterschied? Auf dem Gebiete der Empfindungen unterscheidet sich das Wirkliche nicht vom Eingebildeten. Und wenn es genügt, sich einzubilden, daß man liebe, um zu lieben, dann genügt es auch, sich zu sagen, man bilde sich ein, zu lieben, wenn man liebt, um sogleich etwas weniger zu lieben, und sogar, um sich von dem, was man liebt, etwas loszumachen – oder um einige Kristalle davon abzu-

brechen. Aber muß man, um sich das zu sagen, nicht schon etwas weniger lieben?
Durch solche Schlußfolgerungen wird in meinem Buch Monsieur bemüht sein, sich von Madame Z loszumachen – und mehr noch bemüht sein, sie von ihm loszumachen.

28. Oktober. – Man spricht, mit Stendhal, so häufig von der rapiden Kristallisation der Liebe. Die langsame *Dekristallisation,* von der ich niemals reden hörte, ist ein seelischer Vorgang, der mich weit mehr interessiert. Ich vermute, daß man ihn, nach Verlauf einer gewissen Zeit, bei allen Liebesheiraten beobachten kann. Allerdings wird das glücklicherweise für Laura nicht zu befürchten sein, wenn sie Félix Douviers heiratet, wozu vernünftige Überlegung, ihre Familie und ich selbst ihr gleichermaßen raten. Douviers ist ein hochehrenwerter Studienrat, verdienstvoll und fähig in seinem Fach (ich erinnere mich, daß seine Schüler ihn sehr gern haben) – ein Mann, an dem Laura beim Gebrauch um so mehr Tugenden entdecken wird, je weniger Illusionen sie sich von vornherein gemacht hat. Wenn sie von ihm spricht, so bleibt sie meines Erachtens im Lobe hinter dem Tatbestand zurück. Douviers ist mehr wert, als sie denkt.

Welch wundervolles Thema für einen Roman: nach fünfzehn- oder zwanzigjährigem Zusammenleben die fortschreitende, gegenseitige Dekristallisation der Eheleute! Ein verliebter Mensch kann sich, solange er liebt und geliebt sein will, nicht für das geben, was er wirklich ist. Außerdem sieht er auch den andern nicht, wie er wirklich ist, sondern statt dessen ein Idealbild, das er schmückt, das er vergöttert und dessen Schöpfer er ist.
Ich habe also Laura sowohl vor sich selbst wie vor mir gewarnt. Ich habe sie zu überreden versucht, daß unsere Liebe weder ihr noch mir ein dauerhaftes Glück schaffen könne. Ich hoffe sie einigermaßen überzeugt zu haben.

Edouard zuckt mit den Achseln, klappt das Tagebuch (mit dem darin liegenden Brief Lauras) zu und legt es wieder in die Reisetasche. Auch sein Portefeuille legt er dort hinein, nachdem er einen Hundertfrancschein herausgenommen hat, der ihm sicherlich genügt bis zu dem Augenblick, wo er die Reisetasche wieder abholen wird, die er nach der Ankunft am Handgepäckschalter zur Aufbewahrung abgeben will. Das Unangenehme an der Reisetasche ist nur, daß ihr Schloß nicht recht in Ordnung ist, oder vielmehr, daß er den Schlüssel, durch den sie sich absperren ließ, verloren hat. Er verliert immer die Schlüssel von seinen Reisetaschen. Bah, die Beamten der Gepäckaufbewahrung sind während des ganzen Tages viel zu sehr beschäftigt und niemals allein. Gegen vier Uhr wird er sie wieder abholen, die Reisetasche, und sie mit nach Hause nehmen. Dann wird er zu Laura gehen, um sie zu trösten und ihr zu helfen; vielleicht kann er sie bewegen, mit ihm irgendwo zu essen.

Edouard versinkt in Träumereien. Unmerklich schlagen seine Gedanken eine andere Richtung ein. Er fragt sich, ob er einzig durch das Lesen von Lauras Brief hätte erraten können, daß sie schwarze Haare hat. Er bedenkt, daß die Romanschriftsteller durch eine allzu genaue Beschreibung ihrer Personen die Einbildungskraft mehr hindern als fördern und daß sie statt dessen den Lesern überlassen sollten, sich die Personen so vorzustellen, wie es ihnen beliebt. Er denkt an den Roman, den er schreiben will und der mit keiner seiner bisherigen Arbeiten Ähnlichkeit haben soll. Er ist nicht ganz sicher, ob der Titel „Die Falschmünzer" gut sei. Es war töricht von ihm, das Erscheinen dieses Romans als bevorstehend anzukündigen. Überhaupt, eine dumme Gewohnheit, die Werke, die man plant, im voraus anzuzeigen, um Leser anzulocken! Damit lockt man keinen einzigen Leser an, während der Autor selbst dadurch gebunden ist ... Ebensowenig ist es sicher, ob das Thema sehr gut ist. Seit langer Zeit denkt er unablässig an diesen Roman; aber er hat noch keine Zeile davon geschrieben. Doch pflegt er seine Beobachtungen und Reflexionen in ein Notizbuch einzutragen.
Er nimmt dieses Notizbuch aus der Reisetasche, zieht seinen Füllfederhalter hervor und schreibt:

Den Roman von allen Elementen befreien, die ihm nicht ganz spezifisch zukommen. Wie einst die Fotografie den Malern die Sorge um gewisse Deutlichkeiten abgenommen hat, so wird zweifellos der Phonograph den Roman von jenen Dialogen entlasten, die Stenogrammen glichen und auf die der Naturalismus so stolz war. Die äußeren Ereignisse, die physischen Gefahren und Katastrophen gehören dem Bereich des Kinematographen, und es ziemt sich, daß der Roman sie ihm überlasse. Selbst zur Beschreibung von Personen scheint mir der Roman keineswegs verpflichtet zu sein. Wirklich, ich glaube nicht, daß der *integrale* Roman (und in der Kunst, wie überall, hat nur die Intregrität Reiz für mich) sich damit zu befassen habe. Ebensowenig, wie das Drama sich damit befaßt. Man wende nicht ein, der Dramatiker beschreibe seine Personen deshalb nicht, weil der Theaterbesucher sie ja lebend auf der Bühne sehe. Denn wie häufig haben wir im Theater darunter gelitten, daß der Schauspieler so wenig dem Bilde glich, das wir uns nach der Lektüre so vorzüglich hatten ausmalen können! – Der Romanschreiber sollte sich in viel höherem Grade, als es meistens geschieht, auf die Phantasie seiner Leser verlassen.

An welcher Station saust der Zug da vorüber? . . . Asnières. Edouard legt das Notizbuch wieder in die Reisetasche. Doch offenbar verfolgt ihn der Gedanke an Passavant. Er holt das Notizbuch nochmals hervor und schreibt hinein:

Für Passavant ist das Kunstwerk weniger ein Ziel als ein Mittel. Die künstlerischen Tendenzen, die er zur Schau trägt, kommen nur deswegen so kraß zum Vorschein, weil sie nicht tief sind; kein geheimer Takt des Blutes lenkt sie, sie entsprechen den Forderungen der Stunde, dem Diktat der geistigen Mode. Ihre Parole lautet: Opportunität.
„Das Turnreck". – Gerade was anfänglich das Modernste zu sein scheint, wird binnen kurzem völlig veraltet sein. Jede Nachgiebigkeit an den Zeitgeschmack, jede Affektiertheit deutet auf ein rasches Welken. Aber durch diese scheinbare Modernität gefällt Passavant der Jugend. Um die Zukunft macht er sich keine Sorgen. Er wendet sich an die Generation von heute (was immerhin besser ist, als sich an die von gestern zu wenden) – aber da er sein Augenmerk eben nur auf diese richtet, so sind seine Schriften prädestiniert, mit ihr zu verschwinden. Er weiß das auch und rechnet auf keine Unsterblichkeit. Aber gerade deswegen wehrt er sich so heftig gegen jeden Angriff, protestiert er sogar gegen

schüchterne Einschränkungen des ihm gespendeten Lobes. Empfände er seine Produktion als dauerhaft: er ließe sie sich selbst verteidigen und suchte sie nicht fortwährend zu rechtfertigen. Ja, er wäre der Mißverständnisse, der Unbilligkeiten höchstens froh – sind sie nicht ebenso viele Anlässe zu einer Revision des Urteils seitens der Kritiker von morgen?

Edouard sieht nach der Uhr. Elf Uhr fünfunddreißig. Man müßte schon da sein. Ob vielleicht – undenkbarerweise – Olivier an der Bahn sein wird? Er rechnet absolut nicht darauf. Wie sollte er auch nur annehmen, daß Olivier die Postkarte zu Gesicht bekommen habe, auf der er Oliviers Eltern seine Rückkehr angekündigt hatte mit genauer Ankunftszeit – doch dies nur so nebenbei, am Rande des Textes, scheinbar ganz nachlässig, zufällig und zerstreut, als ob man, als Lust am Spiel mit dem Feuer, dem Schicksal eine Falle stellen wollte . . .?
Der Zug hält. Schnell, ein Gepäckträger! Nein, die Handtasche ist nicht so schwer, und die Gepäckaufbewahrungsstelle ist nicht weit . . . Falls Olivier da sein sollte – werden sie sich in der Menge überhaupt wiedererkennen? Sie haben sich ja so wenig gesehen. Wenn er sich nur nicht zu sehr verändert hat! . . . Du lieber Himmel, sollte er das sein?!

9

Von allem, was in der Folge eintrat, hätten wir nichts zu beklagen, wenn nur die Freude, die Edouard und Olivier beim Wiedersehen empfanden, etwas deutlicher zum Ausdruck gekommen wäre. Aber eine seltsame Unfähigkeit, seinen Kredit in des andern Fühlen und Denken abzuschätzen, war ihnen gemeinsam und lähmte sie beide, derart, daß jeder von ihnen, sich allein bewegt glaubend und wie benommen von seiner eigenen Freude, ja, geradezu verwirrt über deren Intensität, nur um eins besorgt war: diesen Überschwang der Gefühle durch sein Benehmen in keiner Weise zu verraten.
Aus diesen Bedenken heraus hielt Olivier (weit entfernt,

der Freude Edouards zu Hilfe zu kommen durch Mitteilung des Eifers, den er aufgewandt hatte, um ihn am Bahnhof begrüßen zu können) es für angemessen, von einer Besorgung zu sprechen, die er gerade heute vormittag in dieser Stadtgegend zu machen gehabt habe – als ob er seine Anwesenheit hätte entschuldigen müssen. Seine Seele, zweiflerisch bis zum äußersten, redete sich krampfhaft ein, Edouard fände es vielleicht unpassend, daß er an die Bahn gekommen war, ihn zu begrüßen. Kaum war die Lüge von der Besorgung, die er vorhatte, ausgesprochen, da wurde er rot. Edouard bemerkte dieses Erröten, und da er ungestüm gleich Oliviers Arm genommen hatte, so vermutete er, gleichfalls aus peinlichem Zweifel, diese allzu vertrauliche Geste sei der Grund seines Errötens.
Er hatte gesagt: „Ich bemühte mich, zu glauben, du würdest nicht da sein; aber im Grunde war ich sicher, daß du kämst."
Doch gleich darauf bedachte er, Olivier könne in diesen Worten etwas Anmaßendes finden. Und wie er ihn nachlässig erwidern hörte: „Ich hatte in der Gegend gerade eine Besorgung zu machen", da ließ er Oliviers Arm los, und seine freudige Erregung brach in sich zusammen. Er hätte Olivier fragen mögen, ob er verstanden habe, daß jene an seine Eltern adressierte Postkarte eigentlich für ihn selbst bestimmt gewesen war; doch als er den Mund öffnen wollte, da getraute er sich's nicht. Olivier, aus Furcht, Edouard zu langweilen oder sich einer falschen Beurteilung auszusetzen, wenn er von sich selbst spräche, schwieg. Er sah Edouard an und wunderte sich über ein Zittern um dessen Mund. Dann senkte er die Augen. Edouard wünschte, daß Olivier ihn ansähe – aber gleichzeitig fürchtete er, ihm zu alt vorzukommen. Nervös drehte er ein Stück Papier zwischen den Fingern. Das war der Gepäckschein, den man ihm soeben am Schalter eingehändigt hatte, aber er achtete nicht darauf. Wenn das sein Handgepäckschein wäre, dachte Olivier, als er ihn das Stück Papier so zerknittern und dann zerstreut wegwerfen sah, dann würde er ihn doch nicht wegwerfen. Er wandte sich kurz um und bemerkte gerade nur, wie das Stück Papier weit hinter ihnen auf dem Trottoir vom Winde weggetragen wurde. Hätte er etwas länger hingesehen, so hätte er bemerken können, daß ein jun-

ger Mann es aufhob. Das war Bernard, der ihnen folgte, seit sie den Bahnhof verlassen hatten ... Inzwischen quälte es Olivier, daß er Edouard nichts zu sagen wußte, und das Schweigen zwischen beiden wurde unerträglich.
Wenn wir vorm Condorcet sind, überlegte Olivier hastig, so sag ich zu ihm: Jetzt muß ich aber nach Hause; auf Wiedersehen! Als sie dann wirklich beim Condorcet-Gymnasium waren, gab er sich eine weitere Frist bis zur Ecke der Rue de Provence. Aber Edouard, auf dem das Schweigen ebenso schlimm lastete, wollte auf keinen Fall, daß sie sich in dieser Verfassung trennten. Er zog seinen Leidensgenossen in ein Café; vielleicht würde ein Glas Portwein ihnen über die sich steigernde Verlegenheit hinweghelfen.
Sie tranken.
„Auf deinen Erfolg!" sagte Edouard und hob sein Glas. „Wann ist das Examen?"
„In zehn Tagen."
„Und du fühlst dich sicher?"
Olivier zuckte mit den Achseln. „Weiß man das je? Man braucht nur schlecht in Form zu sein an dem Tage ..."
Er wagte nicht, mit „ja" zu antworten, aus Furcht, damit ein zu großes Selbstvertrauen zu bekunden. Was ihn des weiteren genierte, war sein Verlangen (und gleichzeitig seine Scheu), Edouard mit „du" anzureden. Er begnügte sich damit, allen seinen Sätzen eine indirekte Form zu geben, aus der wenigstens das „Sie" verbannt war, dergestalt, daß er eben dadurch Edouard die Gelegenheit zur Aufforderung, „du" zu ihm zu sagen, nahm, sosehr Edouard diese vertrauliche Anrede (die ihm schon, daran erinnerte er sich wohl, einige Tage vor seiner Abreise zuteil geworden war) gewünscht hätte.
„Hast du viel gearbeitet?"
„Es geht an; aber nicht so viel, wie ich wohl gesollt hätte."
„Gute Arbeiter haben immer das Gefühl, daß sie noch mehr arbeiten sollten", sagte Edouard lehrhaft.
Er hatte das gegen seinen Willen gesagt. Gleich darauf fand er die Rede lächerlich.
„Machst du noch Gedichte?"
„Von Zeit zu Zeit ... Ich brauchte dringend Rat ..." Er hob die Augen zu Edouard. „Ihren Rat", wollte er sagen; oder „deinen Rat". Nun sprach sein schweigender Blick den Ge-

danken so lebhaft aus, daß Edouard glaubte, er habe diese ganze Phrase nur aus gesellschaftlicher Höflichkeit vorgebracht. Aber warum mußte er denn so brüsk antworten: „Ach, Ratschläge, die muß man sich selbst geben oder Kameraden darum bitten; die von älteren Leuten haben keinen Wert!"

Olivier dachte: Ich habe ihn doch gar nicht um seinen Rat gebeten; warum protestiert er denn so heftig?

Jeder von beiden ärgerte sich darüber, daß er nur trockene, gezwungene Worte äußern konnte. Und jeder, des andern Verlegenheit und Gereiztheit spürend, hielt sich für deren Objekt und Ursache. Solche Unterhaltungen verlaufen schlecht, falls nichts zu Hilfe kommt. Es kam nichts.

An diesem Morgen war Olivier unglücklich aufgewacht. Die Trauer, die er darüber empfunden hatte, daß Bernard ohne Abschied von ihm gegangen war, diese Trauer, einen Augenblick übertäubt durch die Freude, Edouard wiederzusehen, stieg wieder auf gleich einer düsteren Flut und überschwemmte alle seine Gedanken. Er hätte von Bernard sprechen mögen, Edouard alles erzählen, ihn für seinen Freund interessieren.

Aber seine Miene hätte die leidenschaftlich-wirren Gefühle, die ihn bewegten, verraten, falls sie nicht gar überspannt gewirkt hätten. Und das leiseste Lächeln Edouards hätte ihn verletzt. So schwieg er. Er fühlte sein Gesicht starr werden. Er hätte sich Edouard in die Arme werfen und weinen mögen. Edouard täuschte sich über diese Schweigsamkeit und über die Bedeutung dieser verschlossenen Miene – er liebte viel zu sehr, als daß er nicht jede Unbefangenheit hätte einbüßen sollen. Kaum, daß er Olivier anzusehen wagte, den er doch in seine Arme hätte pressen und wie ein Kind verwöhnen mögen. Als er seinem finsteren Blick begegnete, dachte er: Das ist es, ich langweile ihn, ich bin ihm lästig, ich falle ihm auf die Nerven . . . Armer Junge! Er wartet nur auf ein Wort von mir, um sich zu entfernen. – Und Edouard sprach dieses Wort aus, unabwendbarerweise, aus Mitleid mit dem andern: „Jetzt mußt du mich verlassen. Deine Eltern erwarten dich bestimmt zum Mittagessen."

Olivier, der ebenso dachte, benahm sich ebenso mißverständlich. Mit einem Ruck erhob er sich und hielt Edouard seine Hand hin. Wenigstens hätte er zu ihm sagen mögen: Wann sehe ich dich wieder? Oder doch: Wann sehe ich Sie wieder? ... Wann sehen wir uns wieder? ... Edouard wartete auf diese Frage. Nichts kam als ein banales: „Adieu."

10

Die Sonne hatte Bernard geweckt. Als er sich von der Bank erhob, verspürte er heftiges Kopfweh. Die frische Zuversicht von vorhin war verschwunden. Er fühlte sich schrecklich allein, und sein Herz schien ganz geschwollen von etwas, was er als widerlich-salzig empfand und was er nicht „Traurigkeit" nennen wollte, was ihm aber die Tränen in die Augen trieb. Was tun? Wohin gehen? ... Wenn er die Richtung nach der Gare Saint-Lazare einschlug, wohin, wie er wußte, Olivier zur Ankunft eines bestimmten Zuges kommen würde, so geschah das ohne bestimmte Absicht und ohne einen anderen Wunsch als den, seinen Freund wiederzusehen. Er machte sich Vorwürfe wegen seines wortlosen Aufbruchs von heute morgen: Olivier war vielleicht bekümmert darüber. War Olivier nicht sein liebster Freund auf Erden? ... Als er ihn am Arme Edouards erblickte, ließ ein wunderliches Gefühl ihn dem Paare folgen; aber dasselbe Gefühl hemmte ihn, sich zu zeigen. Auf eine peinliche Art empfand er sich als überflüssig, und doch hätte er sich mitten zwischen die beiden drängen mögen. Edouard gefiel ihm ungemein; er war kaum etwas größer als Olivier, sein Gang kaum weniger jugendlich. Er beschloß, Edouard anzusprechen. Er wollte aber warten, bis Olivier sich von ihm verabschiedet hätte. Doch unter welchem Vorwand sollte er auf ihn zutreten?

In diesem Augenblick sah er der zerstreuten Hand Edouards ein zerknittertes kleines Stück Papier entgleiten. Als er's aufgehoben, als er gesehen hatte, daß es eine Quittung über hinterlegtes Handgepäck war – alle Wetter, da bot er sich ja, der gesuchte Vorwand!

Er sah die beiden Freunde in ein Café eintreten, stand einen Augenblick verdutzt, dann nahm er sein Selbstgespräch wieder auf: Ein Normalgeschöpf hätte jetzt nichts Eiligeres zu tun, als diesen Zettel seinem Eigentümer zu bringen ...

How weary, stale, flat and unprofitable
Seem to me all the uses of this world!

habe ich Hamlet sagen hören. Bernard, Bernard, welcher Gedanke streift dein Hirn? Gestern hast du eine Schublade durchstöbert. Auf was für Wege gerätst du? Paß gut auf, mein Junge ... Bedenke wohl, daß der Beamte, der Edouard diesen Gepäckschein ausgehändigt hat, um zwölf Uhr zum Essen geht und von einem andern abgelöst wird ... Und hast du deinem Freund nicht versprochen, alles zu wagen?

Immerhin bedachte er, daß Überstürzung alles gefährden könne. Der Beamte, der gerade seinen Dienst aufnahm, konnte seine Hast verdächtig finden; er konnte es nach einem Blick in das Eingangsbuch für befremdlich erachten, daß ein Gepäckstück, das wenige Minuten vor zwölf zur Aufbewahrung gegeben worden war, so kurz nach zwölf schon wieder abgeholt wurde. Ferner – wenn irgendein Passant, irgendein unangenehmer Kerl ihn den Schein hatte aufheben sehen ...? Bernard gewann es über sich, langsam bis zur Place de la Concorde zurückzugehen: in der Zeit, die ein anderer zum Mittagessen gebraucht haben würde. Es kommt doch häufig vor, nicht wahr, daß jemand seine Handtasche für die Zeit des Mittagessens zur Aufbewahrung abgibt und sie nachher wieder abholt? Bernard fühlte seine Kopfschmerzen nicht mehr. Als er an der Terrasse eines Restaurants vorbeikam, nahm er sich lässig einen Zahnstocher (sie standen in kleinen Bündeln auf den Tischen), an dem er vorm Gepäckschalter würde herumknabbern können, um dem Beamten einen wohlgesättigten Eindruck zu machen. Auch ermutigte ihn das Bewußtsein, daß sein gepflegtes Äußere für ihn sprechen würde, die Korrektheit seines Anzuges, seine sichere Haltung, sein freier Blick, sein offenes Lachen, kurz, die unbestimmbare Autorität im Wesen jener, die in bevorzugten Verhältnissen aufgewachsen sind und niemals etwas entbehrt haben. Freilich, das alles verliert sich, wenn man des öfteren auf Bänken schläft.

Ein jäher Schrecken packte ihn, als der Beamte zehn Centimes Aufbewahrungsgebühr von ihm verlangte. Er besaß keinen Sou mehr. Was sollte er tun? Die Reisetasche stand da vor ihm, auf der niedrigen Barriere, die ihn von dem Beamten trennte. Die geringste Unsicherheit in seinem Benehmen mußte Verdacht erwecken; ebenso wie diese absurde Geldlosigkeit ... Aber der Dämon läßt ihn nicht verderben; er spielt in Bernards alle Taschen durchsuchende Hände ein kleines Fünfzigcentimestück, das sich wer weiß wie lange in einer Falte der Westentasche versteckt gehalten hat. Bernard reicht es dem Beamten. Er hat nichts von seiner Verwirrung merken lassen, vielmehr getan, als sei die verzweifelte Hast seines Suchens nur komisch affektiert gewesen. Er nimmt die Handtasche und steckt die vierzig Centimes, die der Beamte ihm herausgibt, mit einer ehrbaren, unauffälligen Bewegung ein. Uff! Ihm ist heiß. Wohin soll er jetzt gehen? Die Beine drohen ihm zu versagen, und die Reisetasche lastet ihm schwer in der Hand. Was soll er mit ihr machen? ... Ihm fällt plötzlich ein, daß er ja keinen Schlüssel dazu hat. Doch nein, nein, nein: das Schloß will er nicht aufbrechen; er ist doch kein Einbrecher, kein Dieb! ... Wenn er nur wüßte, was drin ist in der Reisetasche! Sie hängt schwer an seinem Arm. Er ist in Schweiß gebadet. Er bleibt einen Augenblick stehen, stellt seine Last aufs Trottoir. Gewiß gedenkt er sie zurückzugeben, diese Tasche; aber zunächst möchte er sie nach ihrem Inhalt befragen. Aufs Geratewohl drückt er am Schloß. O Wunder: die Muschelschalen klappen auf, wie durch Zauberhand, und lassen eine Perle hervorschimmern: ein Portefeuille, das seinerseits Banknoten hervorschimmern läßt. Bernard bemächtigt sich der Perle und schließt die Auster schnell wieder.

Und jetzt, wo er ein Krösus ist: rasch in ein Hotel! In der Rue d'Amsterdam, ganz in der Nähe, weiß er eins. Er stirbt vor Hunger. Doch bevor er sich zu Tisch setzt, will er die Handtasche in Sicherheit bringen. Der Hausdiener, der ihm die Treppen vorangeht, trägt sie. Drei Etagen. Ein Gang. Im Zimmer ein Wandschrank, den er fest verschließt hinter seinem Schatz. Er zieht den Schlüssel ab und steigt die Treppen wieder hinunter.

Vor seinem Beefsteak am Tisch sitzend, wagt Bernard, das Portefeuille, das er eingesteckt hat, nicht hervorzuholen. (Weiß man denn je, wer einen beobachtet?) Aber seine linke Hand befühlt es zärtlich in der inneren Jackentasche.

Edouard begreiflich machen, daß ich kein Dieb bin, sagt er zu sich, darin liegt die Schwierigkeit ... Was für eine Art Mensch mag Edouard sein? Die Reisetasche lehrt es uns vielleicht. Ein interessanter Kerl, das ist keine Frage. Aber es gibt eine Menge interessanter Kerle, die sehr schlecht Spaß verstehen. Wenn er seine Reisetasche für gestohlen hält, so wird er zweifellos froh sein, sie wiederzukriegen. Er wird mir dankbar sein, daß ich sie ihm wiederbringe – oder er ist nur ein ganz gewöhnlicher Trottel. Ich werde ihn für mich zu interessieren wissen ... Nehmen wir schnell noch etwas zum Dessert und gehen wir dann wieder nach oben, um die Situation zu prüfen. – Wieviel macht es? – und geben wir dem Kellner ein imposantes Trinkgeld.

Ein paar Augenblicke später war er wieder in seinem Zimmer.

Und nun zu dir, Reisetasche! ... Ein Straßenanzug, kaum etwas zu groß für mich, wie's scheint. Der Stoff ist kleidsam und von gutem Geschmack. Wäsche. Toilettengegenstände. Ich bin mir keineswegs sicher, ob ich ihm das alles je zurückgebe. Was mir aber beweist, daß ich kein Dieb bin, ist, daß diese Papiere mich weit mehr interessieren werden. Also lesen wir zunächst das hier.

Es war das Heft, in das Edouard Lauras traurigen Brief gelegt hatte. Wir kennen schon die ersten Seiten dieses Heftes; unmittelbar darauf folgte dieses:

11

Aus Edouards Tagebuch:

Den 1. November. – Vor vierzehn Tagen ... – es war dumm von mir, daß ich das nicht sofort aufgeschrieben habe. Nicht, als ob es mir an Zeit gemangelt hätte, aber mein Herz war noch voll von Laura – oder genauer: ich wollte mich durch nichts von ihr ablenken lassen. Und ferner: Dinge nur episodischen, rein zufälligen Charakters sollten auf diesen Blättern keinen Platz finden, und ich hatte damals noch nicht den Eindruck, als ob das, was ich jetzt berichten will, irgendwelche „Konsequenzen nach sich ziehen“ könne. Wenigstens sträube ich mich gegen eine solche Annahme, und um mir gewissermaßen die Berechtigung dieses Ablehnens zu beweisen, sah ich davon ab, die Geschichte in meinem Tagebuch zu erzählen. Aber ich habe erkennen müssen (da hilft kein Widerstreben), daß nunmehr die Gestalt Oliviers meinen Gedanken magnetisch ihre Richtung gibt, ihre Bahnen ordnet, und daß ich, ohne ihn in die Bilanz aufzunehmen, mein Tun weder völlig verstehen noch darlegen könnte.

An dem betreffenden Vormittag kam ich von Perrin zurück, wo ich, anläßlich der Wiederauflegung meines alten Buches, den Versand der Rezensionsexemplare überwacht hatte. Bei dem schönen Wetter schlenderte ich, bis es Essenszeit wäre, die Quais entlang.

Kurz vor dem Laden des Verlegers Vanier blieb ich bei einer Buchhandlung stehen, vor der sich im Freien eine Auslage antiquarischer Bücher befand. Mich interessierten weniger die Bücher als vielmehr ein kleiner Gymnasiast von etwa dreizehn Jahren, der, unbekümmert um die wehende Brise, die vollgepfropften Kästen durchstöberte, unter dem wohlwollenden Blick des Buchhändlers, der sich's neben der Ladentür in einem Korbstuhl bequem gemacht hatte und von dort aus die Aufsicht führte. Ich tat so, als fesselte auch mich all diese zerlesene, vergilbte Literatur verschollener Autoren, aber dabei beobachtete ich unauffällig den Kleinen. Er hatte einen fadenscheinigen Überzieher an, aus dessen kurzen Ärmeln das Jackett hervorguckte. Die große Seitentasche stand klaffend offen, obwohl augenscheinlich nichts darin war; der Stoff war an den Ecken eingerissen. Ich sagte mir, daß diesen Überzieher wohl schon mehrere Brüder getragen und daß sie alle sicherlich die Angewohnheit hatten, viel zuviel Sachen in ihre Taschen zu stecken. Des weiteren dachte ich, die Mutter dieser Söhne sei wohl ziemlich nachlässig – oder allzusehr in Anspruch genommen, als daß sie sich um jede zerrissene Tasche kümmern könne. Aber in diesem Moment (der Kleine hatte sich ein wenig umgedreht), sah ich, daß die andere Tasche ganz ausgebessert war, mit groben Stichen, mit dicker, fester schwarzer Wolle. Und schon glaubte ich die mütterlichen Ermahnungen zu hören: „Stecke doch nicht immer zwei Bücher auf einmal in deine Taschen! Du ruinierst dir den Paletot noch ganz! Die eine Tasche ist schon wieder zerrissen! Das nächstemal stopf ich sie dir aber nicht wieder, das sag ich gleich! Wie siehst du nur schon wieder aus!" ... Lauter Dinge, die meine arme Mutter auch zu mir gesagt hatte, lauter Verwarnungen, die auch ich nicht befolgt hatte ... Der Überzieher des Knaben stand vorn offen und ließ die Jacke sehen. Mein Auge wurde durch etwas wie ein kleines Ordenszeichen angezogen, ein Bändchen, oder vielmehr eine gelbe Rosette, die er im Knopfloch trug. – Das alles notiere ich aus Pflichtgefühl, und gerade weil es mich langweilt, es zu notieren.

Nach einer Weile wurde der Buchhändler in seinen Laden gerufen. Er blieb nur einen Augenblick weg, dann erschien er wieder und nahm seinen Platz im Korbstuhl wieder ein. Aber dieser Augenblick hatte dem Knaben genügt, das Buch, das er in Händen hielt, in seine Manteltasche gleiten zu lassen. Gleich darauf begann er wieder in den Auslagekästen zu wühlen, als wenn nichts geschehen wäre. Dennoch war er unruhig; er hob den Kopf, bemerkte meinen Blick und erkannte, daß ich alles gesehen hatte. Wenigstens mußte er sich sagen, daß ich alles hätte sehen können, er war dessen offenbar nicht ganz sicher. Aber infolge dieses Zweifels verlor er jede Unbefangenheit, wurde rot und begann eine kleine Szene zu spielen, indem er trotz seiner peinlichen Verlegenheit das Aussehen ungeheuren Wohlhabens vorzutäuschen trachtete. Ich ließ ihn nicht aus den Augen. Er nahm das entwendete Buch aus der Tasche, steckte es dann wieder ein, ging einige Schritte weiter, brachte aus seiner inneren Jackentasche ein elendes, abgeschabtes kleines Portefeuille zum Vorschein, in dem er demonstrativ nach dem Gelde suchte, das, wie er genau wußte, nicht darin war, machte dann eine bezeichnende Bewegung, eine augenscheinlich für mich bestimmte Theatergrimasse, die besagen sollte: Verdammt! Ich hab nichts bei mir!, mit der Nuance nebenher: Das ist aber wirklich komisch! Ich war doch so sicher, was bei mir zu haben! – Das alles ein bißchen übertrieben, etwas zu dick aufgetragen, wie wenn ein Schauspieler fürchtet, sich nicht deutlich genug verständlich zu machen. Dann näherte er sich – ich möchte fast sagen: unter dem Druck meines Blickes – von neuem der Auslage, nahm das Buch wieder aus der Tasche und stellte es schnell an seinen ursprünglichen Platz zurück. Das alles ging so selbstverständlich vor sich, daß der

Ladeninhaber gar nichts bemerkte. Darauf hob der Kleine wieder den Kopf, in der Hoffnung, nunmehr los und ledig zu sein. Doch nein: mein Blick war immer noch da, gleich dem Auge des Kain, nur, daß mein Auge lächelte. Ich hätte gern mit ihm gesprochen und wartete, daß er die Auslage verlasse, um ihn anzureden. Doch er rührte sich nicht, blieb vielmehr wie festgebannt vor den Büchern stehen. Ich begriff, daß er in dieser Stellung verbleiben würde, solange ich ihn so ansähe. Da entfernte ich mich ein paar Schritte, gleichsam als hätte ich nun genug von den Büchern (wie man bei dem Spiel „Verwechselt das Bäumchen" seinen Platz scheinbar verläßt, um die andern zu locken, das gleiche zu tun). Wirklich: auch er schickte sich an, zu gehen. Aber kaum hatte er sich in Bewegung gesetzt, da war ich schon wieder an seiner Seite.
„Was war das für ein Buch?" fragte ich ihn geradeheraus, jedoch beflissen, meiner Stimme und Miene soviel Sanftheit wie möglich zu geben.
Er blickte mir offen ins Gesicht, und ich fühlte sein Mißtrauen schwinden. Dieser Junge war vielleicht nicht gerade schön zu nennen, aber was für hübsche Augen er hatte! Ich sah darin alle Arten von Empfindungen sich regen, wie Pflanzen auf dem Grunde eines Bächleins.
„Es war ein Führer durch Algerien. Aber er ist zu teuer. Ich hab nicht genug Geld."
„Wie teuer?"
„Zwei Franc fünfzig."
„Aber wenn du nicht gemerkt hättest, daß ich dir zusah, so wärst du jetzt mit dem Buch in der Tasche auf und davon!"
Diese Äußerung erweckte den Trotz des Kleinen. Er warf sich in die Brust und sagte in möglichst ordinärem Tonfall: „Ach – Sie meinen wohl, ich hätte klauen wollen?!" . . . so überzeugungsvoll, daß ich an dem, was ich mit eigenen Augen gesehen, hätte irre werden können. Ich fühlte, daß mir die Beute entgleiten würde, falls ich auf diesem Thema beharrte.
Ich nahm also drei Geldstücke aus der Tasche. „Da, kauf dir's. Ich warte hier."
Zwei Minuten später kam er wieder, eifrig den Gegenstand seiner Wünsche durchblätternd. Ich nahm ihm das Buch

aus der Hand: es war ein alter Reiseführer aus dem Jahre 1871.
„Was willst du damit machen?" fragte ich und gab ihm das Buch zurück. „Der ist ja zu alt und längst nicht mehr brauchbar!"
Er versicherte: „Doch!" Außerdem seien die neueren Führer noch viel teurer, und „für das, was er damit täte", seien die Karten dieser alten Ausgabe ebenso dienlich. – Ich versuche nicht, seine eigenen Worte wiederzugeben, denn sie würden das Charakteristische verlieren ohne den äußerst gewöhnlichen Vorstadttonfall, in dem er sie sprach und der mich um so mehr amüsierte, als er seine Worte recht gewandt setzte.

Ich muß diese Episode stark kürzen. Anschaulichkeit soll nicht durch tausend Einzelheiten erreicht werden, sondern durch zwei oder drei Züge, die genau am rechten Orte stehen und die der Phantasie des Lesers ermöglichen, alles übrige zu ergänzen. Ich dächte es mir übrigens interessant, dies alles von dem Knaben selbst erzählen zu lassen: sein Standpunkt ist bezeichnender als der meine. Der Junge fühlt sich durch die Aufmerksamkeit, die ich ihm entgegenbringe, zugleich geniert und geschmeichelt. Aber der lastende Druck meines Blickes fälscht seine Haltung einigermaßen. Eine noch zu schwache, ihrer selbst noch nicht genügend bewußte Persönlichkeit wehrt sich und verbirgt sich hinter einer Pose. Nichts ist schwieriger zu beobachten als Wesen, die in der Entwicklung begriffen sind. Man müßte sie nur von der Seite, im Profil, betrachten können.
Der Kleine erklärte plötzlich, das liebste am Schulunterricht sei ihm die Geographie. Ich kam auf den Verdacht, hinter dieser Bevorzugung stecke eine instinktive Lust am Vagabundieren.
„Du möchtest also nach Afrika?" fragte ich ihn.
„Na, und ob!" Er zuckte ein wenig mit den Achseln.
In mir tauchte der Gedanke auf, er fühle sich zu Hause nicht besonders glücklich. Ich fragte ihn, ob er bei seinen Eltern wohne. – „Ja." – Und ob es ihm da nicht gefalle? – „O doch!" beteuerte er nachlässig. Sein Mißtrauen gegen mich schien neu zu erwachen. Er erkundigte sich: „Warum fragen Sie mich danach?"

„Ohne besonderen Grund", antwortete ich rasch. Dann, mit dem Finger auf das gelbe Bändchen deutend, das er im Knopfloch trug. „Was ist denn das?"
„Das ist ein Stück Band, das sehen Sie doch!"
Offenbar waren ihm meine Fragen unbequem. Mit einemmal sah er mir voll ins Gesicht, beinahe feindselig und herausfordernd, und sagte in einem frechen Ton, dessen ich ihn niemals für fähig gehalten hätte und der mich ganz aus der Fassung brachte: „Sagen Sie mal . . . kommt das öfter vor, daß Sie den Jungens vom Gymnasium schöne Augen machen?"
Während ich verwirrt eine Antwort stammelte, öffnete er die Schulmappe, die er unterm Arm trug, und tat das neuerworbene Buch hinein. In der Mappe befanden sich Schulbücher und einige Hefte, die alle den gleichen blauen Umschlag hatten. Ich nahm eins heraus: das vom Geschichtsunterricht. Der Kleine hatte mit großen Buchstaben seinen Namen draufgeschrieben. Mein Herz tat einen Sprung, als ich den Namen meines Neffen las:

GEORGES MOLINIER.

(Auch Bernards Herz klopfte stürmisch, als er diese Zeilen las, und die ganze Geschichte begann ihn ungemein zu interessieren.)

Es wird schwer sein, in den „Falschmünzern" plausibel zu machen, daß derjenige, der dort meine Rolle spielen wird, obwohl er mit seiner Schwester immer in guten Beziehungen stand, doch deren Kinder nicht gekannt habe. Es ist mir stets schwergefallen, die Wahrheit umzumodeln. Schon die Haarfarbe einer Person zu ändern kommt mir wie ein Betrug vor, der für mein Gefühl das Wahre weniger wahrscheinlich macht. Alles hält sich gegenseitig im Gleichgewicht, und ich empfinde so subtile Abhängigkeiten der realen Tatsachen voneinander, daß ich meine, man dürfte nicht die geringste Einzelheit daran ändern, ohne das Gesamtbild zu gefährden. Aber ich kann doch nicht erzählen, daß die Mutter dieses Knaben nur meine Halbschwester ist, aus meines Vaters erster Ehe stammend, daß ich sie bei Lebzeiten meiner Eltern nie zu Gesicht bekommen hatte und daß Erbschaftsangelegenheiten uns dann notgedrungen in Berührung gebracht haben . . . Dennoch ist es für den Leser unumgänglich, all das zu wissen, und ich könnte beim besten Willen, Indiskretionen zu vermeiden, kaum etwas anderes erfinden. Ich wußte, daß meine Halbschwester drei Söhne hatte; ich kannte nur den ältesten, einen Studenten der Medizin; aber auch ihn hatte ich nur flüchtig gesehen, denn er hatte wegen einer Tuberkulose seine Studien unterbrechen und sich irgendwohin in den Süden begeben müssen. Die beiden andern waren in den Stunden, da ich Pauline gelegentlich besucht hatte, niemals dagewesen. Der, den ich vor mir hatte, war offenbar der jüngste. Ich ließ nichts merken von meiner Überraschung, aber nachdem ich von dem kleinen Georges noch erfahren hatte, er gehe jetzt zum Mittagessen nach Hause, sprang ich, nach raschem Abschied, in ein Auto, um früher in der Rue Notre-Dame-des-Champs zu sein als er selbst. Ich vermutete, daß Pauline, wenn ich zu dieser Stunde käme, mich zum Essen dabehalten würde (und so geschah es denn auch). Mein Buch, von dem ich ein Exemplar aus dem Verlag mitgenommen hatte und das ich ihr überreichen konnte, würde diesen unzeitigen Besuch als Vorwand dienen.

Es war das erstemal, daß ich bei Pauline zu Tisch war. Bisher war ich meinem Schwager möglichst ausgewichen, woran ich unrecht getan hatte, denn wenn er auch gerade kein hervorragender Jurist sein mag, so weiß er doch im Gespräch mit mir sein Fachgebiet ebensosehr zu vermeiden wie ich das meinige, so daß wir recht gut miteinander auskommen.

Wie ich nun heute so unerwartet auftauchte, verriet ich natürlich mit keinem Wort etwas von der Begegnung, die ich soeben gemacht hatte.

„Das wird mir hoffentlich erlauben, die Bekanntschaft meiner Neffen zu machen“, sagte ich, als Pauline mich aufforderte, zum Essen zu bleiben; „zwei von ihnen kenne ich ja noch gar nicht.“

„Olivier kommt heute etwas später“, sagte sie, „er hat eine Repetitionsstunde, wir wollen uns ohne ihn zu Tisch setzen. Aber Georges ist schon da, ich hab ihn eben kommen hören. Ich will ihn rufen.“

Sie eilte an die Tür, die ins Nebenzimmer führte.

„Georges! Komm und sag Onkel Edouard guten Tag!“

Der Kleine trat ein, kam auf mich zu und reichte mir die Hand, ich küßte ihn auf die Wangen ... Ich bewundere die Verstellungskunst der Kinder: er gab keinerlei Überraschung zu erkennen und benahm sich durchaus, als hätte er mich nie gesehen. Höchstens, daß er sehr rot wurde; aber das konnte die Mutter der Schüchternheit zuschreiben. Trotzdem dachte ich einen Augenblick, daß dies erneute Zusammentreffen mit dem Spürhund von vorhin ihm vielleicht doch peinlich sei, denn er blieb nur ganz kurze Zeit bei uns und ging dann wieder ins Nebenzimmer, das als Speisezimmer und – außerhalb der Mahlzeiten – wohl auch als Arbeitsstube für die Kinder diente. Aber nach kaum einer Minute (der Vater war eben eingetreten) kam Georges schon wieder zu uns in den Salon und benutzte den Moment, wo wir ins Eßzimmer hinübergingen, sich mir zu nähern und, von den Eltern unbemerkt, meine Hand zu ergreifen. Ich glaubte zunächst an eine Kundgebung der Kameradschaft und amüsierte mich darüber. Doch nein: er öffnete mir die Hand, die ich über der seinen wieder schloß, und steckte mir einen kleinen Zettel hinein, den er offenbar soeben geschrieben hatte. Dann preßte er meine Finger, stark drückend, über dem Zettel wieder zusammen. Selbstverständlich ging ich auf dieses Spiel ein; ich steckte den Zettel heimlich in die Tasche. Erst nach dem Essen konnte ich ihn wieder hervorholen. Da las ich:
Wenn Sie meinen Eltern die Geschichte mit dem Buch erzählen, so (hier war ausgestrichen: *hasse ich Sie) sage ich, daß Sie mir Anträge gemacht haben.*
Und weiter unten:
Ich komme jeden Vormittag um 10 Uhr aus dem Gymnasium.

Gestern durch den Besuch von Y unterbrochen. Unbehaglicher Zustand nach seinem Weggehen.
Viel nachgedacht über das, was Y gesagt hat. Er weiß nichts von meinem Leben, aber ich habe ihm den Plan zu den „Falschmünzern" ausführlich dargelegt. Sein Rat ist mir immer nützlich gewesen, denn er stellt sich auf einen andern Standpunkt als ich. Er fürchtet, ich würde ins Unnatürliche verfallen und mein wahres Thema aufgeben zugunsten von dessen Schatten in meinem Hirn. Was mich beunruhigt, ist, daß ich – an dem Punkte, wo ich angelangt bin – das Leben

(mein Leben) sich trennen fühle von meinem Werk, mein Werk sich entfernen von meinem Leben. Aber das habe ich ihm nicht sagen können. Bis jetzt nährten (wie es sich ziemt) meine Neigungen, meine Empfindungen, meine persönlichen Erfahrungen alle meine Schriften; noch in den bestgebauten Sätzen hörte ich mein Herz klopfen. Doch nunmehr ist das Band gerissen zwischen dem, was ich fühle, und dem, was ich denke. Und ich glaube, daß gerade der Zustand, der mich jetzt hemmt, mein Herz sprechen zu lassen, mein Werk ins Erkünstelte und Abstrakte zieht. Indem ich darüber nachdenke, wird mir plötzlich die Bedeutung der Sage von Apollo und Daphne klar –: glücklich, wer in einer einzigen Umarmung den geliebten Gegenstand und den Lorbeer umfassen kann!

Ich habe meine Begegnung mit Georges in solcher Ausführlichkeit erzählt, daß ich aufhören mußte in dem Moment, wo Olivier auf der Bildfläche erschien. Ich habe die ganze Erzählung nur begonnen, um von ihm zu sprechen, und in Wirklichkeit habe ich nur von Georges gesprochen. Jetzt, wo der Augenblick gekommen ist, Olivier auftreten zu lassen, erkenne ich, daß einzig der Wunsch, diesen Augenblick möglichst hinauszuschieben, die Ursache meiner Weitschweifigkeit gewesen ist. Sowie ich Olivier an diesem ersten Tag erblickte, sowie er sich an den Familientisch setzte, bei meinem ersten Blick, oder genauer, bei seinem ersten Blick, fühlte ich, daß dieser Blick sich meiner bemächtigte und daß ich nicht mehr über mein Leben verfügte.

Pauline möchte, daß ich öfter zu ihr komme. Sie bittet mich inständig, ihren Kindern ein wenig Interesse entgegenzubringen. Sie deutet an, Monsieur Molinier verstehe sich nicht gut auf das Wesen der Kinder. Je mehr ich mit Pauline spreche, desto sympathischer wird sie mir. Ich begreife nicht mehr, warum ich so lange nicht zu ihr gekommen bin. Die Kinder sind katholisch erzogen; aber Pauline erinnert sich ihrer eigenen frühen protestantischen Erziehung noch recht wohl, und obgleich sie das Haus unseres gemeinsamen Vaters in dem Augenblick verlassen hat, da meine Mutter dort einzog, so entdecke ich doch manche Ähnlichkeit zwischen ihr und mir. Sie hat ihre Kinder zur Beaufsichtigung der Schularbeiten in die Pension von Lauras Eltern gegeben, wo ich selbst so lange gewohnt habe. Die Pension Vedel Azaïs legt übrigens Wert darauf, keinen besonderen konfessionellen Anstrich zu haben (zu meiner Zeit gab es sogar Türken da), obwohl der alte Azaïs, der sie gegründet hat und noch jetzt leitet (und der übrigens mit meinem Vater befreundet war), früher Pastor gewesen ist.

Pauline erzählt ziemlich günstige Nachrichten aus dem Sanatorium, in dem Vincent zur Kur ist. In ihren Briefen an ihn tue sie, wie sie mir sagt, meiner häufig Erwähnung; sie wünsche sehr, daß ich Vincent, den ich bisher ja nur flüchtig gesehen, näher kennenlerne. Auf diesen ältesten Sohn setzt sie große Hoffnungen; der ganze Haushalt muß sich die härtesten Opfer auferlegen, damit Vincent sich bald etablieren, das heißt, eine selbständige Wohnung zum Empfange der Patienten beziehen kann. Inzwischen hat sie ihm einen Teil der ohnehin beschränkten Familienwohnung zur Verfügung gestellt, was sich dadurch ermöglichen ließ, daß sie für Olivier und Georges ein gerade leerstehendes, eine halbe Treppe tiefer gelegenes Einzelzimmer hinzumietete. Die große Frage ist nun, ob Vincent im Interesse seiner Gesundheit darauf wird verzichten müssen, zunächst einen Assistentenposten an einem Hospital anzunehmen.

Die Wahrheit zu gestehen, interessiert mich Vincent eigentlich nur wenig, und wenn ich trotzdem mit seiner Mutter viel über ihn spreche, so nur aus Höflichkeit und um sodann eingehender auf Olivier kommen zu können. Was den kleinen Georges anlangt, so ist sein Benehmen zu mir eiskalt geworden; wenn ich das Wort an ihn richte, so antwortet er kaum, sondern wirft mir nur, von der Seite her, unendlich mißtrauische Blicke zu. Er scheint mir böse zu sein, weil ich nie vor der Schule auf ihn gewartet habe. Oder ist er wegen seines Entgegenkommens böse auf sich selbst?

Olivier bekomme ich fast nie zu sehen. Wenn ich bei seiner Mutter bin, so wage ich ihn nicht in dem Zimmer, wo er arbeitet, aufzusuchen. Begegne ich ihm jedoch einmal zufällig, so bin ich so verwirrt und ungeschickt, daß ich ihm nichts zu sagen weiß, und das quält mich so, daß ich seine Mutter lieber nur zu Stunden besuche, da er bestimmt nicht zu Hause ist.

12

Aus Edouards Tagebuch (Fortsetzung):

Den 2. November. – Langes Gespräch mit Douviers, den ich bei Lauras Eltern getroffen habe und der mich durch den Jardin du Luxembourg bis zum Odéon begleitet. Er ist mit seiner Doktorarbeit beschäftigt, die den Dichter William Wordsworth behandelt – aber an den wenigen Sätzen, die er darüber äußert, spüre ich deutlich, daß er für das innerste Wesen dieses Künstlers keinen Sinn hat. Er hätte sich lieber für Tennyson entscheiden sollen. Es liegt etwas Unzugängliches, Verblasenes und Einfältiges in Douviers' Weltauffassung. Er nimmt alle Dinge und Gestalten einfach so, wie sie sich geben: vielleicht, weil er selbst sich immer so gibt, wie er ist.

„Ich weiß", sagte er zu mir, „daß Sie Lauras bester Freund sind. Eigentlich müßte ich auf Sie wohl ein bißchen eifersüchtig sein. Aber ich vermag es nicht. Im Gegenteil, alles, was sie mir von Ihnen erzählte, hat mich Lauras eigenes Wesen besser verstehen lassen und zugleich den Wunsch in mir erweckt, Ihr Freund zu werden. Ich habe Laura neulich gefragt, ob Sie es mir nicht allzusehr verübeln, daß ich sie heirate? Darauf erwiderte sie: ganz im Gegenteil, Sie hätten ihr geraten, es zu tun." – (Ich glaube wirklich, daß er sich so plump ausgedrückt hat.) – Er fügte noch hinzu: „Dafür möchte ich Ihnen danken. Und das darf Ihnen nicht lächerlich erscheinen, denn ich tu's aus ehrlichem Herzen." Er versuchte zu lächeln, aber seine Stimme zitterte, und die Tränen stiegen ihm in die Augen.

Ich wußte nicht, was ich antworten sollte, denn ich fühlte mich viel weniger bewegt, als ich es hätte sein sollen, und keineswegs in der Lage, gleichwertige Vertraulichkeiten zu produzieren. Ich bin ihm wohl etwas trocken erschienen; aber seine Art war mir peinlich. Trotzdem drückte ich die Hand, die er mir reichte, so freundlich ich nur konnte. Solche Szenen, in denen der eine mehr, als gewünscht wird, von seinem Herzen offenbart, sind immer qualvoll. Douviers wollte meine Sympathie erzwingen. Wäre er scharfsichtiger gewesen, so hätte er sich gleich betrogen gefühlt. Aber schon sah ich ihn gerührt über seine eigene Hingebung, deren Abschein er in meinem Blicke zu entdecken glaubte. Da ich jedoch nichts sagte, so bemerkte er mit einer gewissen Verlegenheit: „Ich rechne darauf, daß der Luftwechsel, den ihr die Übersiedlung nach Cambridge bringt, Vergleichen vorbeugt, die zu meinen Ungunsten ausfallen müßten."

Was meinte er mit diesen Worten? Ich bemühte mich, sie nicht zu verstehen. Vielleicht erwartete er einen Protest von mir; aber dadurch wäre die Situation nur noch unangenehmer geworden. Es gibt solche Menschen, deren Schüchternheit das Schweigen nicht erträgt und die es durch ein übertriebenes Entgegenkommen ausführen zu müssen glauben. Solche Menschen sagen nachher zu einem: „Ich bin stets offen zu Ihnen gewesen." Ja, allerdings; aber es kommt nicht so sehr darauf an, daß einer offen ist, als vielmehr darauf, daß er dem andern ermöglicht, in derselben Weise zu reagieren. Douviers hatte keine Empfindung dafür, daß es gerade seine Offenheit war, durch die die meinige ertötet wurde.

Doch wenn ich auch sein Freund nicht werden kann, so glaube ich immerhin, daß er einen ausgezeichneten Ehemann für Laura abgeben wird (denn was ich ihm hier vorwerfe, sind im Grunde ja Vorzüge). – Dann redeten wir noch von Cambridge, und ich versprach, sie dort zu besuchen.

Welcher absurde Trieb hatte Laura veranlaßt, mit ihm über mich zu sprechen?

O der wunderliche Drang zur Hingebung bei der Frau! Der Mann, den sie liebt, ist für sie meist nur eine Art Kleiderhaken, an dem sie ihre Liebe aufhängt. Mit welch aufrichtiger Bequemlichkeit hat Laura den neuen Haken in Gebrauch genommen! Ich verstehe, daß sie Douviers heiratet: ich war ja einer der ersten, der ihr zu dieser Ehe geraten hat. Aber vielleicht hätte ich doch erwarten dürfen, sie werde ein klein wenig bekümmert sein? – Die Hochzeit findet in drei Tagen statt.

Einige Artikel über mein Buch. Die Qualitäten, die man mir am bereitwilligsten zuerkennt, sind gerade solche, die ich am heftigsten verabscheue . . . Hätte ich nicht lieber verhindern sollen, daß dieses alte Zeug neu herausgegeben wird? Es hat mit meiner heutigen Welt nichts mehr zu schaffen. Aber das merke ich erst jetzt. Ich habe mich wohl nicht eigentlich verändert; nur gewinne ich erst jetzt einen Überblick über mich selbst; bisher wußte ich nicht, wer ich war. Muß wirklich immer ein anderes Wesen da sein, durch dessen Vermittlung ich mir über mich selbst klar werde? Jenes Buch hatte sich nach Lauras Wesen kristallisiert, und das ist der Grund, weshalb ich mich jetzt nicht mehr darin erkenne.

Sollte uns ein aus Sympathie geborener Scharfsinn versagt sein, mittels dessen wir der Zeit vorauseilen könnten? Welche Probleme werden die kommende Generation beunruhigen? Für diese Kommenden will ich schreiben. Einer noch unbestimmten Neugier Nahrung liefern, einer Sehnsucht antworten, die noch nicht eingeordnet ist, so daß, wer heute noch ein Kind ist, morgen erstaunt sein wird, mich auf seinem Wege zu finden.

Mit welcher Freude entdeckte ich bei Olivier diesen geistigen Wagemut, diese ungeduldige Abwendung vom Gestrigen ...
Es scheint mir manchmal, als interessiere er sich nur für die Dichtkunst. Und indem ich, durch das Medium seines Wesens, die Werke unserer Dichter wieder lese, erkenne ich, wie selten sich unter ihnen einer findet, der sich mehr vom Kunstgefühl als vom Herzen oder vom Verstand hat leiten lassen. Das Seltsame ist, daß, als Oscar Molinier mir ein Gedicht seines Sohnes zeigte, ich diesem empfohlen habe, sich mehr vom Gang der Worte leiten zu lassen als sie einer Idee dienstbar machen zu wollen. Und jetzt scheint Olivier mir diese Lehre indirekt zurückzugeben.
Wie traurig, langweilig und lächerlich rationalistisch scheint mir heute alles, was ich bisher geschrieben habe!

Den 5. November. – Die Zeremonie hat stattgefunden. In der kleinen Kapelle der Rue Madame, die ich so lange nicht betreten hatte, war die Familie Vedel-Azaïs vollständig versammelt: Lauras Großvater, ihre Eltern, ihre beiden Schwestern und ihr jüngster Bruder, dazu eine Anzahl von Onkeln, Tanten und Vettern. Familie Douviers vertreten durch drei schwarzgekleidete Tanten, aus denen der Katho-

lizismus drei Nonnen gemacht hätte. Wie man mir sagt, wohnen diese drei Damen zusammen, und bei ihnen hat auch Douviers seit dem Tode seiner Eltern gelebt. Auf der Galerie die Schüler der Pension. Freunde der Familie füllten den Saal, in dessen Hintergrund ich mich hielt. Unweit von mir sah ich meine Schwester mit Olivier. Georges war wohl mit seinen Altersgenossen auf der Galerie. Am Harmonium der alte La Pérouse. Sein Gesicht gealtert, doch schöner und edler denn je; nur in seinem Auge nicht mehr jene Flamme der Begeisterung, die er mir einst mitteilte, in der Zeit, da ich Klavierstunden bei ihm nahm. Unsere Blicke begegneten sich, und ich spürte in seinem Lächeln so viel Kummer, daß ich mir vornahm, nachher beim Hinausgehen mit ihm zu sprechen. Da einige Personen gerade ihren Platz wechselten, wurde neben Pauline ein Sitz frei. Olivier gab mir gleich ein Zeichen und ließ seine Mutter etwas weiterrücken, damit ich mich neben ihn setzen konnte. Dann nahm er meine Hand und hielt sie lange in der seinen. Es war das erstemal, daß er sich so vertraut benahm. Fast während der ganzen, endlosen Ansprache des Pastors hielt er die Augen geschlossen, so daß ich ihn lange betrachten konnte. Er hat Ähnlichkeit mit jenem schlafenden Hirtenknaben auf einem Basrelief des neapolitanischen Museums, dessen Fotografie auf meinem Schreibtisch steht. Ohne das nervöse Zittern seiner Finger hätte ich geglaubt, daß auch er schlafe; seine Hand zuckte wie ein kleiner Vogel in der meinen.
Der alte Pastor glaubte einen Abriß der ganzen Familiengeschichte geben zu müssen, angefangen mit der Biographie des Großvaters Azaïs, dessen Schulkamerad er in Straßburg vor dem Kriege gewesen war und späterhin sein Universitätsfreund an der theologischen Fakultät. Er schien nie zu Ende kommen zu wollen und mit einem höchst komplizierten Satz, der ausdrücken sollte, daß sein Freund, indem er die Leitung einer Pension übernommen und sich der Erziehung junger Menschenkinder gewidmet habe, seinem seelsorgerischen Berufe innerlich durchaus treu geblieben sei. Darauf kam die nächste Generation an die Reihe. Ebenso erbaulich sprach er über die Familie Douviers, von der er freilich nicht besonders viel zu wissen schien. Das Pathos eines erhabenen Gefühls half ihm über alle rednerischen

Schwächen hinweg, und man hörte einige Zuhörer sich schneuzen. Ich hätte wissen mögen, was Olivier empfand. Der protestantische Kultus mußte ihm, der katholisch erzogen war, ja etwas ganz Ungewohntes sein, und vermutlich befand er sich zum erstenmal in diesem Tempel. Die merkwürdigen Fähigkeiten zum Verlassen meines Wesens, mittels welcher ich die Regungen eines andern wie meine eigenen empfinden kann, zwang mich geradezu, mich in Oliviers Gedanken hineinzufühlen: in die Gedanken, die er, wie ich mir vorstellte, haben mußte. Und obwohl er die Augen geschlossen hielt (oder vielleicht gerade deshalb), kam es mir vor, als sähe ich an seiner Statt zum erstenmal diese nackten Mauern, das kalte, grau zerrinnende Licht des Saales, das lieblose Abgesondertsein der Kanzel auf kalkigem Grund, die Rechtwinkligkeit der Linien, die Starrheit der Pfeiler unter den Galerien, diese ganze eckige, puritanische Architektur, deren abstoßende Häßlichkeit, Strenge und Dürftigkeit mich noch niemals so niedergedrückt hatte wie heute. Wenn ich bisher kein deutliches Gefühl dafür hatte, so sicherlich deshalb, weil ich daran gewöhnt gewesen war von Kindheit an ... Plötzlich mußte ich an die Zeit meiner religiösen Entflammung, meiner ersten Inbrunst denken; an Laura und an jene Sonntagsschule, in der wir uns damals zusammenfanden. Wir waren beide Vorzugsschüler, die das Gelernte als kleine Apostel alsbald weitergeben durften an die Mitschüler – beide voll brennenden Eifers, und in dieser Glut, die alles Unreine in uns verzehrte, kaum unterscheidend, was davon Gott zukam und was dem andern. Und sogleich ward ich traurig darüber, daß Olivier diese erste, sinnlich-übersinnliche Not, darin die Seele in so gefährliche Zauberwelten gerät, nicht auch hatte kennenlernen können, daß nicht auch er solche Erinnerungen hatte. Doch indem ich mir vergegenwärtigte, wie fremd diese Sphären ihm sein mußten, gelang es mir, mich selbst von ihnen zu befreien. Heftig drückte ich die Hand, die er immer noch in der meinen belassen hatte, aber gerade in diesem Augenblick schnell zurückzog. Er machte die Augen auf und sah mich an. Über sein ernsthaftes Gesicht huschte ein kindlich-schalkhaftes Lächeln, und während der Pastor nochmals dröhnend hervorhob, was aller guten Christen Pflicht sei, und das junge Paar mit Lehren, Rat-

schlägen und frommen Beschwörungen überschwemmte, flüsterte er mir zu: „Mir ist das völlig schnuppe: ich bin Katholik."
Alles an ihm zieht mich an und bleibt mir rätselhaft.

An der Tür der Sakristei traf ich den alten La Pérouse wieder. Mit einem Anflug von Trauer, doch nicht vorwurfsvoll, sagte er zu mir: „Sie scheinen mich ziemlich vergessen zu haben."
Ich schützte, zur Entschuldigung meines langen Ausbleibens, irgendwelche Arbeit vor und versprach ihm meinen Besuch für übermorgen. Gern hätte ich ihn zu den Azaïs mitgenommen, von denen ich nach der Feier zum Tee eingeladen war. Aber er sagte, er sei nicht in der Laune, mit all den Bekannten, die er dort treffen würde, zu plaudern.
Pauline nahm den kleinen Georges mit nach Hause. Beim Abschied sagte sie scherzend zu mir: „Olivier vertraue ich Ihrer Obhut an."
Diese Äußerung schien Olivier, der sich abwandte, nicht zu gefallen. Er zog mich mit auf die Straße und sagte: „Ich wußte gar nicht, daß Sie die Azaïs so gut kennen."
Ich setzte ihn sehr in Erstaunen durch die Mitteilung, daß ich zwei Jahre lang bei ihnen in Pension gewesen sei.
„Wie konnten Sie das nur einer freien Lebensform vorziehen?"
„Es war mir am bequemsten so", antwortete ich ausweichend. Ich konnte ihm doch nicht sagen, daß damals Laura alle meine Gedanken beherrschte und daß ich die schlimmsten Entbehrungen auf mich genommen hätte, nur um in ihrer Nähe sein zu dürfen.
„Sind Sie denn in der Stickluft dieser Bude nicht zugrunde gegangen?" Da ich nicht antwortete, fuhr er fort: „Übrigens begreife ich nicht, wie ich selbst es in dieser Atmosphäre aushalte und warum ich überhaupt da bin . . . Gott sei Dank ja nur als Halb-Pensionär. Doch das ist schon mehr als genug."
Ich mußte ihm also erklären, daß sein Großvater mit dem Direktor dieser „Bude" befreundet gewesen war und daß die Erinnerung an diese Freundschaft wohl maßgebend gewesen sei für die Wahl seiner Mutter.
„Übrigens", meinte er, „fehlt es mir an Vergleichsmaterial.

Wahrscheinlich taugen alle diese Kinderbewahranstalten gleich viel; ja nach allem, was man hört, will ich gern glauben, daß die meisten andern noch schlimmer sind. Trotzdem werd ich froh sein, wenn ich erst raus bin. Ich wäre überhaupt nicht reingegangen, wenn ich nicht die Zeit meiner Krankheit nachzuholen gehabt hätte. Und seit langem geh ich nur aus Freundschaft zu Armand noch hin."
Ich erfuhr sodann, daß dieser Bruder Lauras in dieselbe Klasse gehe wie er. Ich sagte zu Olivier, daß ich diesen Armand fast gar nicht kennengelernt hätte.
„Und doch ist er der Intelligenteste und Interessanteste von der ganzen Familie."
„Das will sagen: der, für den du dich am meisten interessierst."
„Nein, nein! Er ist wirklich ein sehr merkwürdiger Kerl. Wenn Sie wollen, gehen wir nachher ein bißchen auf sein Zimmer und plaudern mit ihm. Hoffentlich geniert er sich nicht vor Ihnen."
Wir waren in der Pension angelangt.
Die Vedel-Azaïs hatten das übliche Hochzeitsmahl durch einen einfachen Tee ersetzt, der weniger kostspielig war. Sprech- und Arbeitszimmer des Pastors Vedel standen der Menge der Gäste offen. Einige vertraute Freunde des Hauses hatten auch zu dem kleinen Privatsalon der Pastorin Zutritt. Um einer Überflutung auch dieses Salons vorzubeugen, hatte man die Tür zwischen ihm und dem Sprechzimmer verstellt, eine Tatsache, die Armand auf die Frage, wie man zu seiner Mutter gelangen könne, antworten ließ: „Durch den Kamin."
Es waren sehr viele Menschen da. Die Hitze war kaum erträglich. Abgesehen von einigen „Mitgliedern des Lehrkörpers", Amtsbrüdern von Douviers, eine fast ausschließlich protestantische Gesellschaft. Puritanisches Spezialparfüm. Sicherlich ist bei katholischen oder jüdischen Zusammenkünften die Ausdünstung, sobald die Anwesenden sich untereinander gehenlassen, nicht weniger stark, ja vielleicht noch penetranter; aber man findet bei Katholiken doch häufig eine kluge Selbstwertung, bei Juden eine Selbstentwertung – kurz: eine Selbstkritik, deren die Protestanten mir nur ganz selten fähig zu sein scheinen. Ist die jüdische Nase zu groß, so ist die protestantische Nase verstopft: das

ist eine physiologische Tatsache. Ich selbst habe die Eigentümlichkeit dieser Atmosphäre, solange ich in ihr zu Hause war, nicht bemerkt. Es steckt etwas unsagbar Älplerisches, Paradiesisches und Einfältiges darin.
Im Hintergrund des Saales war ein Tisch als Büfett hergerichtet. Rachel, Lauras ältere Schwester, und Sarah, die jüngere, reichten, unterstützt von einigen heiratsfähigen Freundinnen, den Tee ... Sowie Laura meiner ansichtig wurde, zog sie mich in ihres Vaters Arbeitszimmer, wo schon eine ganze Synode versammelt war. In einer Fensternische geborgen, konnten wir ungestört plaudern. Einst hatten wir unsere beiden Namen in eine Ecke des Gesimses geschrieben.
„Sehen Sie! Sie sind noch immer da", sagte sie; „niemand scheint sie entdeckt zu haben. Wie alt waren Sie damals?"
Unter die Namen hatten wir das Datum gesetzt. Ich rechnete nach: „Achtundzwanzig Jahre."
„Und ich sechzehn. Das ist nun zehn Jahre her."
Der Augenblick war nicht gut gewählt, Erinnerungen aufzurütteln. Ich bemühte mich, das Gespräch davon abzubringen, während sie mit nervöser Beharrlichkeit immer wieder darauf zurückkam. Dann, als ob sie ihre Erregung von sich abschütteln wolle, fragte sie mich plötzlich, ob ich mich noch an Strouvilhou erinnerte.
Strouvilhou war ein sogenannter „freier Pensionär" gewesen, der Lauras Eltern seinerzeit viel zu schaffen gemacht hatte. Er sollte gewisse Vorlesungen hören – aber wenn man ihn fragte, welche oder was für Examina er zu machen gedenke, so antwortete er nachlässig: „Das kommt ganz darauf an."
Zunächst suchte man seinen Frechheiten dadurch die Schärfe zu nehmen, daß man sie als spaßige Improvisationen hingehen ließ, zumal er selbst sie mit einem groben Lachen begleitete. Aber bald wurde dieses Lachen höhnischer, seine Ausfälle boshafter, und ich begriff nicht recht, warum der Pastor einen solchen Pensionär duldete, falls es nicht aus finanziellen Rücksichten geschah oder vielleicht auch deshalb, weil er diesen Strouvilhou, für den er eine Art halb mitleidiger Zuneigung gefaßt zu haben schien, doch noch bessern, das heißt bekehren zu können hoffte. Noch weniger aber verstand ich, warum Strouvilhou in der Pension wohnen blieb, während er doch völlige Freiheit

hatte, zu gehen, wohin er wollte. Durch irgendwelche Fesseln des Gefühls (wie es bei mir der Fall war) schien er jedenfalls nicht dort gehalten zu werden. Vielleicht bereiteten ihm die dialektischen Turniere mit dem armen Pastor, der sich schlecht verteidigte und ihm stets die dankbare Rolle überließ, ein so exquisites Vergnügen, daß er um ihretwillen blieb? . . .

„Erinnern Sie sich an den Tag, wo er Papa fragte, ob er während des Predigens das Jackett unter dem Talar anbehalte?“

„O ja! Er stellte diese Frage in so sanftem Ton, daß Ihr armer Vater den Spott gar nicht herausfühlte. Es war mittags bei Tisch; ich sehe alles noch so genau vor mir, als ob es heute wäre.“

„Und Papa antwortete ihm so treuherzig, der Talar halte nicht sehr warm und man könnte sich leicht erkälten, wenn man kein Jackett darunter trage . . .“

„Und die bekümmerte Miene, die Strouvilhou da aufsetzte! Und wie lange man erst auf ihn einreden mußte, bis er endlich äußerte, die Sache sei ja keineswegs von großer Bedeutung, aber wenn Ihr Vater auf der Kanzel weilte, pathetische Armbewegungen machte, so guckten ihm die Jackettärmel unter dem Talar hervor, und das störe etliche Gläubige in der Andacht!“

„Deshalb hielt der arme Papa dann während seiner ganzen nächsten Predigt die Arme krampfhaft an den Leib gepreßt und verfehlte alle seine rhetorischen Wirkungen.“

„Und das übernächste Mal holte er sich einen bösen Schnupfen, weil er sein Jackett ausgelassen hatte! . . . Und dann die Diskussion über den unfruchtbaren Feigenbaum des Evangeliums und über die Bäume, die nichts tragen . . . ‚Ich bin kein Obstbaum, Herr Pastor. Aber Schatten, den werfe ich: ich stelle Sie ganz in den Schatten!‘“

„Ja, das war auch bei Tisch, als er das sagte.“

„Natürlich; man sah ihn ja nur bei den Mahlzeiten.“

„Und das war so bissig gesagt! Aber diesmal war es doch des Guten zuviel gewesen, Großvater wies ihn zur Tür hinaus. Erinnern Sie sich noch, wie er, der gewöhnlich mit der Nase überm Tisch dasaß, sich plötzlich hoch aufrichtete und mit drohend ausgestrecktem Arm nur das eine Wort rief: ‚Hinaus!‘“

„Ja, damals sah er furchterregend aus; er war tief empört.

Ich glaube wahrhaftig, daß Strouvilhou Angst gekriegt hat vor ihm."

„Er warf seine Serviette auf den Tisch und verschwand für immer – übrigens, ohne zu bezahlen, was er uns schuldig war. Und seitdem hat man nie wieder etwas von ihm gehört."

„Es wäre ganz interessant, zu wissen, was aus ihm geworden ist."

„Armer Großvater!" sagte Laura mit einem Anflug von Traurigkeit. „Wie schön er aussah in jenem Augenblick! . . . Er hat Sie sehr gern, das wissen Sie ja. Sie sollten ein bißchen zu ihm hinaufgehen, das wäre ihm sicherlich eine große Freude." –

Ich schreibe alles dies schon heute abend nieder, da ich aus Erfahrung weiß, wie schwer es einem späterhin wird, den genauen Ton eines Gesprächs wiederzufinden. Doch von diesem Moment an hörte ich Laura nicht mehr so aufmerksam zu. Ich entdeckte nämlich – allerdings in ziemlicher Entfernung – Olivier, den ich, seit Laura mich in die Fensternische gezogen hatte, aus dem Blick verloren gehabt hatte. Seine Augen glänzten, er schien äußerst angeregt zu sein. Nachher erfuhr ich, daß Sarah sich den Spaß gemacht hatte, ihm in rascher Folge sechs Glas Champagner zu kredenzen, die er eins nach dem andern hinuntergestürzt hatte. Jetzt war Armand bei ihm, und die beiden Jünglinge tollten durch die Menge hindurch hinter Sarah und einer jungen Engländerin her, die, mit Sarah gleichaltrig, seit mehr als einem Jahr als Pensionärin bei den Azaïs lebte. Nun sah ich die beiden jungen Mädchen die Treppe hinaufeilen, während Armand und Olivier die Verfolgung mit neuem Eifer fortsetzten. Ich wollte auch meinerseits hinaufgehen, um den alten Azaïs zu begrüßen, doch Laura hielt mich zurück. „Hören Sie, Edouard, ich möchte Ihnen noch etwas sagen" – ihre Stimme wurde plötzlich ernst –, „wir werden uns vielleicht sehr lange nicht sehen. Ich möchte noch einmal von Ihnen hören . . . Ich möchte wissen, ob ich auf Sie . . . auf Ihre Freundschaft rechnen kann."

Niemals hatte ich ein größeres Verlangen empfunden, sie in die Arme zu schließen, als in diesem Augenblick. Doch ich küßte ihr nur zärtlich die Hand und flüsterte ungestüm:

„Was auch geschehen mag" – und um ihr meine aufsteigenden Tränen zu verbergen, riß ich mich los, ging auf die Suche nach Olivier.
Er saß jetzt mit Armand auf einer Treppenstufe, wo er auf mein Kommen gelauert zu haben schien. Er war offenbar etwas betrunken. Er stand auf und nahm meinen Arm. „Kommen Sie", sagte er. „Wir rauchen zusammen eine Zigarette in Sarahs Zimmer; sie wartet auf uns."
„Gleich! Ich muß vorher nur schnell ein paar Worte mit Azaïs reden. Allerdings weiß ich absolut nicht, wo Sarahs Zimmer ist!"
„Aber Sie kennen es doch ganz genau: es ist ja das frühere Zimmer von Laura!" rief Armand. „Da es eins der besten Zimmer im ganzen Hause war, hat man es der Pensionärin gegeben. Doch weil die nicht genug bezahlt, so muß sie das Zimmer mit Sarah teilen. Man hat ein zweites Bett hineingestellt, der Form halber; in Wirklichkeit war es durchaus nicht nötig . . ."
„Hören Sie nicht darauf, was er da verzapft", sagte Olivier lachend und seinen Freund mit Püffen traktierend; „er ist ja betrunken."
„Na, du mußt es ja wissen", entgegnete Armand. „Also Sie kommen dann, nicht wahr? Wir erwarten Sie."
Ich versprach es.

Seit er die Haare kurz trägt, hat der alte Azaïs gar keine Ähnlichkeit mehr mit Walt Whitman. Er hat der Familie seines Schwiegersohnes die erste und zweite Etage des Hauses überlassen. Vom Fenster seines Arbeitszimmers aus (Mahagoni, Rips und Plüsch) beherrscht er den Hof und überwacht von oben herab das Kommen und Gehen der Schüler.
„Sehen Sie, wie man mich verwöhnt", sagte er und wies auf einen großen Strauß Chrysanthemen, den die Mutter eines Zöglings, eine alte Freundin der Familie, ihm gebracht hatte. (Das Zimmer machte so sehr den Eindruck dumpfer Strenge, daß man unwillkürlich dachte, Blumen müßten darin sofort verwelken.) „Ich habe mich auf einen Augenblick von der Gesellschaft zurückgezogen. Ich werde alt, und das Durcheinander der Unterhaltung verwirrt mich. Aber diese Blumen sollen mir Gesellschaft leisten; sie reden

auf ihre eigene Weise und kündigen den Ruhm des Höchsten besser als Menschen!" (oder eine ähnliche Wendung von der gleichen Sorte).
Der würdige Mann hat keine Ahnung, wie sehr er die Knaben mit solchen Redensarten anödet. Und doch meint er sie so aufrichtig, daß jeder Spott verstummen muß. Mit solchen einfachen Seelen wie Azaïs kann ich am allerschwersten auskommen. Sobald man selbst etwas weniger einfach ist, sieht man sich ihnen gegenüber zu einer Komödie gezwungen, die nicht gerade sehr ehrenvoll ist. Aber was soll man sonst tun? Man kann nicht diskutieren, präzisieren: man ist gezwungen, zuzustimmen. Azaïs schafft um sich eine Atmosphäre der Heuchelei, falls man seinen Glauben nicht teilt. In der ersten Zeit meiner Anwesenheit in der Pension war ich entrüstet, zu sehen, wie seine Enkelkinder ihn belogen; späterhin habe ich es genauso machen müssen.
Der Pastor Prosper Vedel ist zu sehr beschäftigt. Madame Vedel, ziemlich unbedeutend, hat sich in eine poetisch-religiöse Traumwelt eingesponnen und jede Fühlung mit der Wirklichkeit verloren. Somit behält der Großvater Erziehung und Unterweisung der Kinder in seiner Hand. In der Zeit, da ich bei ihnen wohnte, kam es einmal monatlich zu einer Sturmszene, deren Ergebnis der Alte in die pathetischen Worte zusammenzufassen pflegte: „Hinfüro wollen wir uns alles sagen! Wir beginnen heute eine Ära der Offenheit und Aufrichtigkeit!" (Er gebrauchte gern mehrere Worte für ein und denselben Begriff, Gewohnheit von seiner Pastorenzeit her.) „Wir werden keine Hintergedanken mehr haben, nie wieder solche bösen Heimlichkeiten aus den Hintergründen des Empfindens! Wir werden uns stets frei ins Antlitz blicken, Aug in Auge, nicht wahr? – Also abgemacht!"
Woraufhin er dann noch tiefer in seine eitle Vertrauensseligkeit hineingeriet und die Kinder in ihre Verlogenheit.
Häufig waren solche Ergüsse speziell an einen von Lauras Brüdern gerichtet, der ein Jahr jünger war als sie und der damals, von seinen Jugendkräften gepeinigt, die ersten Liebesversuche unternahm. (Späterhin ist er Kaufmann in den Kolonien geworden, und ich habe ihn aus den Augen verloren.) Eines Abends, als der Großvater diese Predigt wieder einmal vom Stapel gelassen hatte, suchte ich ihn in seinem

Zimmer auf und bemühte mich, ihm klarzumachen, daß seine eigene Unduldsamkeit einer Aufrichtigkeit, wie er sie von seinem Enkel verlange, im Wege stehe. Da wurde der Alte fast wütend und sagte mit einer Schärfe, die keinen Einwand zuließ: „Er braucht ja einfach nichts zu tun, was zu bekennen er sich schämen müßte!"
Im übrigen ist Azaïs ein ausgezeichneter Mensch, ja noch mehr: ein Musterbeispiel der Tugend und, wie man sagt, ein goldenes Herz. Aber seine Anschauungen sind kindlich. Seine gute Meinung von mir rührt daher, daß ihm in bezug auf mich keine Liebesaffäre hinterbracht worden ist. Er hat mir nicht verhehlt, daß er Laura gern als meine Frau gesehen hätte; Douviers scheint ihm nicht ganz der passende Mann für sie zu sein. Wiederholt sagte er zu mir: „Lauras Wahl setzt mich in Erstaunen." Er fügte hinzu: „Schließlich glaube ich aber doch, daß er ein sehr anständiger Mensch ist. Was meinen Sie dazu?"
Ich antwortete: „Das ist er unbedingt."
... Je tiefer ein Mensch in Frömmigkeit versinkt, desto weniger fühlt, liebt, schmeckt, ja begehrt er noch die Wirklichkeit. Dasselbe habe ich an Vedel beobachtet, so selten es auch zu einem ausführlichen Gespräch zwischen uns gekommen ist. Das strahlende Licht ihres Glaubens macht diese Frommen blind für die Umwelt und für sich selbst. Mir hingegen ist nichts wichtiger, als klar zu erkennen, was ist, und ich stehe entsetzt vor der Undurchdringlichkeit der Lüge, in der ein Frommer sich wohl fühlen kann.
Ich hätte gern über Olivier gesprochen, doch Azaïs interessierte sich besonders für den kleinen Georges.
„Machen Sie ihm keinerlei Andeutung davon, daß Sie wissen, was ich Ihnen jetzt sagen werde", begann er. „Übrigens gereicht es nur zu seiner Ehre ... Denken Sie sich, Ihr kleiner Neffe und einige seiner Kameraden haben eine Art Vereinigung gegründet, eine kleine Liga gegenseitigen Wetteiferns ... Als Mitglied kann nur aufgenommen werden, wer einer solchen Auszeichnung für würdig erachtet wird und schon reale Beweise seines Wertes geliefert hat – also beinahe so etwas wie eine Ehrenlegion der Kinder! Finden Sie diesen Gedanken nicht wundervoll? Jedes Mitglied trägt ein winziges Bändchen im Knopfloch, ganz unauffällig, aber ich habe es doch bemerkt. Ich habe nun den klei-

nen Georges in mein Arbeitszimmer kommen lassen und ihn nach der Bedeutung dieses Abzeichens gefragt. Zunächst war er ganz verwirrt. Der arme Junge glaubte wohl, eines Verweises gewärtig sein zu müssen. Dann erzählte er mir, glühend vor Aufregung, wie dieser kleine Klub zustande gekommen ist. Sehen Sie, das sind so Dinge, über die man keinesfalls lächeln darf: man könnte sehr zarte Gefühle dadurch verletzen ... Ich habe ihn gefragt, warum er und seine Freunde das so geheimnisvoll betrieben und nicht lieber offen vor aller Welt; und ich habe ihm dargelegt, welch herrliche Kraft der Propaganda, der moralischen Werbung sie entfalten, welch erhabene Rolle sie spielen könnten ... Aber die Jugend liebt nun einmal ein gewisses romantisches Dunkel ... Um ihn zutraulich zu machen, habe ich ihm dann erzählt, daß ich selbst zu meiner Zeit, das heißt, als ich in seinem Alter war, einem ähnlichen Verbande angehörte, dessen Mitglieder den schönen Namen ‚Ritter der Pflicht' führten; jeder von uns erhielt vom Vorsitzenden ein kleines Notizbuch, in das er ohne Beschönigung alle seine Fehltritte und Verstöße eintragen mußte. Da lächelte Georges, und ich sah wohl, daß diese Sache mit dem Notizbuch ihm einen Gedanken eingab; ich ging zu einem andern Thema über, aber es sollte mich nicht wundern, wenn der Knabe seine Freunde veranlaßte, in ihrem Verein dasselbe System einzuführen! Sehen Sie, solche Kinder – die muß man zu nehmen wissen; und zuallererst muß man ihnen zeigen, daß man Verständnis hat für ihre Welt. Ich habe ihm versprochen, seinen Eltern von alledem kein Wort zu sagen. Allerdings habe ich ihm nahegelegt, es seiner Mutter selbst zu erzählen, die gewiß nur glücklich darüber sein würde. Aber es scheint, daß die Mitglieder der Liga einander auf Ehrenwort zum Schweigen verpflichtet haben. Somit wäre es ungeschickt von mir gewesen, allzusehr auf meiner Anregung zu bestehen. Doch bevor der Knabe von mir gegangen ist, haben wir gemeinsam zu Gott gebetet, er möge diesen Bund der Kinder segnen!"

Armer, lieber Großvater Azaïs! Ich bin überzeugt, daß Georges ihm einen gehörigen Bären aufgebunden hat und daß anders alledem kein wahres Wort ist. Aber wie hätte der Kleine anders antworten sollen? ... Wir werden zu ergründen versuchen, was dahintersteckt.

Zuerst erkannte ich Lauras Zimmer gar nicht wieder. Es war neu tapeziert und hatte sein Aussehen völlig verändert. Auch Sarah schien mir ganz unkenntlich. Und doch hatte ich sie früher gut zu kennen geglaubt. Sie hat immer Vertrauen zu mir gehabt; ich bin für sie stets ein Freund gewesen, dem man alles sagen kann. Aber seit vielen Monaten war ich nicht mehr bei den Vedels gewesen. Sarahs Kleid ließ Arme und Hals frei. Sie sah aus, als wäre sie größer, zuversichtlicher geworden. Sie saß auf einem der beiden Betten, gegen Olivier gelehnt, der sich seinerseits ungeniert ausgestreckt hatte und zu schlafen schien. Sicherlich war er betrunken, und sicherlich litt ich darunter, ihn so sehen zu müssen; doch fand ich ihn schöner denn je. Betrunken waren sie mehr oder weniger alle vier. Die kleine Engländerin brach bei Armands abgeschmacktesten Äußerungen in ein Gelächter aus, dessen Gellen mir in den Ohren schmerzte. Armand redete wild drauflos, erregt und geschmeichelt durch dieses Lachen, das ihn zu immer neuen Albernheiten anzureizen schien. Zum Beispiel tat er so, als wolle er seine Zigarette an den brennend roten Wangen seiner Schwester anzünden oder auch an Oliviers glühendem Gesicht oder als verbrenne er sich die Hände, wenn er ihre beiden Köpfe anpackte und frech aneinanderstupste. Olivier und Sarah schienen sich das gern gefallen zu lassen, und das gab mir einen Stich ins Herz. Doch ich greife vor . . .
Olivier stellte sich noch schlafend, als Armand plötzlich die Frage an mich richtete, was ich von Douviers dächte. Ich hatte mich in einem Sessel niedergelassen und fühlte mich durch die Trunkenheit und Unbefangenheit der andern amüsiert, erregt und beklommen. Auch schmeichelte es mir, daß diese Kinder mich gerade jetzt, wo mein Platz am wenigsten bei ihnen zu sein schien, in ihren Kreis gezogen hatten.
„Die hier anwesenden jungen Damen . . .“, fuhr Armand fort, da ich keine Antwort fand und mich mit einem Lächeln begnügte, das entgegenkommendes Verständnis ausdrücken sollte . . . In diesem Moment wollte die Engländerin ihn am Weitersprechen hindern und versuchte krampfhaft, ihm die Hand auf den Mund zu legen; doch er machte sich los und rief: „Diese jungen Damen sind entrüstet, wenn sie sich vorstellen sollen, daß Laura mit ihm zu Bett geht.“
Die Engländerin, ihn freigebend, mit erkünsteltem Unwil-

len: „Oh, Sie dürfen nichts von dem glauben, was er sagt; er lügt immer!“
„Ich habe versucht, ihnen klarzumachen“, sagte Armand ruhigeren Tones, „daß man für eine Mitgift von zwanzigtausend Franc kaum etwas Besseres verlangen könne, und ferner, daß es unserer Schwester Laura, einer wahren Christin, doch vor allem auf die Schönheit der Seele ankommen müsse, wie Papa Pastor sich ausdrücken würde. So ist es, meine Kinder! Und was sollte wohl aus der Bevölkerungsziffer werden, wenn man jeden zum Zölibat verurteilen wollte, der kein Adonis ist . . . oder kein Olivier, um unsere Beispiele auch jüngeren Epochen der Menschheitsgeschichte zu entnehmen!?“
„Was für ein idiotisches Geschwätz!“ murmelte Sarah. „Hören Sie doch gar nicht auf ihn; er weiß ja nicht mehr, was er sagt.“
„Ich sage die Wahrheit.“
Niemals hatte ich Armand in solcher Weise reden hören. Ich glaubte immer, er sei feinsinnig und empfindsam, und glaube das noch jetzt. Seine Keckheit schien mir ganz natürlich, dem Rausche entsprungen und mehr noch dem Wunsche, die Engländerin zu amüsieren. Diese, unleugbar hübsch, mußte ziemlich gewöhnlich sein, um an solchen Späßen Gefallen zu finden. Aber wie konnte Olivier sich dabei wohl fühlen? . . . Ich nahm mir vor, wenn ich mit ihm allein wäre, ihm mein Befremden offen auszusprechen.
„Aber Sie“, fing Armand, sich an mich wendend, wieder an. „Sie sehen ja nicht aufs Geld und haben außerdem genug, sich noble Gefühle leisten zu können; möchten Sie uns vielleicht gütigst mitteilen, warum Sie Laura nicht geheiratet haben? Denn Sie liebten sie ja doch wohl, und Laura – na, das konnte ja ein Blinder sehen, wie die nach Ihnen schmachtete!“
Olivier, der sich noch immer schlafend gestellt hatte, schlug die Augen auf. Unsere Blicke kreuzten sich; und wenn ich nicht errötete, so weil keiner der andern in der Lage war, mich zu beobachten.
„Armand, du bist unausstehlich!“ sagte Sarah, wie um mir aus der Verlegenheit zu helfen, denn ich wußte nicht, was ich antworten sollte. Darauf streckte sie sich (bisher hatte sie auf dem Bettrand gesessen) in ihrer ganzen Länge auf

dem Bette aus, so daß ihr Kopf den von Olivier berührte. Nun sprang Armand auf, bemächtigte sich eines großen Wandschirms, der zu Füßen des Bettes an die Wand gelehnt stand, klappte ihn mit der komischen Feierlichkeit eines Clowns auseinander und stellte ihn so auf, daß das Paar völlig von ihm verdeckt wurde. Dann rief er, zu mir gewandt, im Tone des Ausrufers einer Jahrmarktsbude: „Das hochverehrte Publikum weiß vielleicht noch gar nicht, daß mein Fräulein Schwester eine Hure ist?"

Das war zuviel. Ich erhob mich und stieß den Wandschirm, hinter dem Olivier und Sarah sich sofort aufrichteten, beiseite. Dem Mädchen waren die Haare aufgegangen. Olivier stand auf, ging zum Waschtisch und kühlte sich das Gesicht.

„Kommen Sie doch einen Augenblick mit hinaus; ich möchte Ihnen etwas zeigen", sagte Sarah zu mir und nahm mich am Arm. Dann öffnete sie die Tür und zog mich mit sich auf den Treppenflur.

„Ich habe mir gedacht, es müßte einen Romanschriftsteller interessieren. Es ist ein Notizbuch, das ich zufällig gefunden habe: ein geheimes Tagebuch meines lieben Papa. Ich verstehe nicht, wie man etwas Derartiges so herumliegen lassen kann; es hätte ja einem Wildfremden in die Hände fallen können! Ich habe es genommen, damit Armand es nicht in seine Klauen kriegt. Sagen Sie ihm nichts davon. Es steht nicht sehr viel darin; Sie können es in ein paar Minuten durchlesen und mir dann wiedergeben, bevor Sie gehen."

„Aber Sarah", sagte ich und sah sie scharf an, „ist das nicht abscheulich indiskret?"

Sie zuckte mit den Achseln. „Oh, wenn Sie das vermuten, so werden Sie sehr enttäuscht sein! Nur einmal wird die Sache interessant . . . und sogar mehr als das. Ich zeige Ihnen gleich, wo es anfängt."

Sie hatte aus ihrer Bluse einen Notizkalender sehr kleinen Formats hervorgezogen, der seinem Besitzer vor vier Jahren als Tagebuch gedient hatte. Sie blätterte einen Augenblick darin, gab mir das aufgeschlagene Büchlein in die Hand und wies auf eine Stelle. „Da, lesen Sie schnell."

Ich las zunächst, unterhalb eines Datums und in Gänsefüßchen, das Wort aus dem Evangelium: „Wer getreu ist im Kleinen, der wird es auch sein im Großen."

Dann weiter: „Warum den Entschluß, nicht mehr zu rauchen, den ich fassen will, immer wieder verschieben auf den folgenden Tag? Und wenn es nur wäre, um Mélanie keinen Kummer zu machen!“ (Mélanie ist der Name seiner Frau, der Pastorin.) „Mein Gott, gib mir die Kraft, das Joch dieser schmachvollen Knechtschaft abzuschütteln!“ (Ich glaube, ich zitiere wörtlich.) – Folgte die Notierung von Kämpfen, Gebeten, Verzweiflungsausbrüchen, Anspannungen, die alle vergeblich gewesen sein mußten, denn sie wiederholten sich von einem Tag zum andern. Schlug man dann noch ein Blatt um, so war mit einemmal von etwas ganz anderem die Rede.
„Das ist rührend, nicht wahr?“ fragte Sarah mit einer Andeutung von Spott, als ich die Lektüre beendet hatte.
„Die Sache ist noch merkwürdiger, als Sie denken“, konnte ich mich nicht enthalten zu sagen, obwohl ich mir innerlich deswegen Vorwürfe machte. „Denken Sie sich, vor ungefähr acht Tagen habe ich Ihren Vater gefragt, ob er nie versucht habe, sich das Rauchen abzugewöhnen. Ich war nämlich der Meinung, daß ich selbst zuviel rauchte, und . . . Kurz: wissen Sie, was er mir geantwortet hat? Er äußerte zunächst die Ansicht, daß man die verderblichen Wirkungen des Tabaks stark übertreibe, und erklärte dann, an sich selbst habe er nie irgendwelche ungünstigen Folgen verspürt. Und als ich meine Frage wiederholte, antwortete er schließlich: ‚Ja, zwei- oder dreimal habe ich beschlossen, das Rauchen für einige Zeit einzustellen.‘ – ‚Und ist es Ihnen gelungen?‘ – ‚Aber natürlich‘, sagte er, als ob es das Selbstverständlichste von der Welt wäre, ‚da ich es doch beschlossen hatte!‘ – Ist das nicht abenteuerlich? . . . Aber vielleicht hatte er seine Abstinenzversuche ganz vergessen“, fügte ich hinzu, da ich vor Sarah den ganzen Umfang der Heuchelei, die ich hier witterte, nicht merken lassen wollte.
„Oder diese mündliche Äußerung beweist“, meinte Sarah, „daß das Wort ‚rauchen‘ im Tagebuch etwas ganz anderes bedeuten sollte.“
War es wirklich Sarah, die so sprach? Ich fühlte mich wie vor den Kopf gestoßen. Ich sah sie an und wagte kaum zu begreifen.
In diesem Moment kam Olivier aus der Tür. Er schien sich gewaschen und gekämmt zu haben und in ruhiger Verfassung zu sein.

„Wollen wir nicht gehen?“ fragte er, ohne sich um Sarah zu kümmern. „Es ist spät geworden.“

Wir stiegen die Treppe hinunter. Draußen auf der Straße begann er: „Sie sollen es nicht falsch auffassen. Sie könnten glauben, ich liebte Sarah. So ist es nicht . . . Oh, sie ist mir auch nicht zuwider . . . Aber ich liebe sie nicht.“

Ich hatte seinen Arm genommen und hielt ihn fest, ohne ein Wort zu sagen.

„Sie dürfen auch Armand nicht nach seinem heutigen Verhalten beurteilen“, fügte er hinzu. „Es ist eine Art Rolle, die er spielt . . . im Gegensatz zu seinem eigenen Wesen. Im Grunde ist er ganz anders . . . Ich kann es Ihnen nicht so klarmachen. Er empfindet eine gewisse Lust daran, gerade das, was ihm das Liebste ist, zu zerstören. Er ist erst seit kurzem so. Ich glaube, daß er sehr unglücklich ist und daß diese Bosheitsallüren seinen Gram verdecken sollen. Er ist sehr stolz. Seine Eltern verstehen ihn absolut nicht. Sie hatten die Absicht, ihn zum Pastor zu machen.“

Motto für ein Kapitel der „Falschmünzer“:

„Die Familie . . ., diese soziale Zelle“
Paul Bourget (gelegentlich)

Überschrift des Kapitels: DIE ZELLENORDNUNG.

Gewiß, es gibt kein (geistiges) Zuchthaus, dem ein lebenskräftiges Hirn sich nicht entzöge; und nichts, was zur Revolte treibt, ist letzten Endes gefährlich – obwohl die Revolte den Charakter fälschen kann (sie biegt und wendet ihn oder bäumt ihn und rät zu böser List); und das Kind, das dem Einfluß der Familie nicht nachgibt, verbraucht, um ihm zu trotzen, die Frühlingskraft seiner Energie. Aber selbst eine Erziehung, die das Kind quält, stärkt gerade durch den Zwang seinen Widerstand. Die bedauernswertesten Opfer sind die der Verziehung, der Verzärtelung. Abzulehnen, was einem schmeichelt: welcher Charakterstärke bedarf es dazu! Wie viele Eltern (besonders Mütter) habe ich gesehen, denen es ein besonderes Vergnügen zu sein schien, ihre Kinder zu bestärken in den albernsten Antipathien, in den ungerechtesten Vorurteilen, im allerdümmsten Aberglauben! Mittags bei Tisch: „Das brauchst du nicht mitzuessen, das ist ja Fett ... Und das ist zäh und sehnig ... Und das da ist nicht gut durchgebraten ..." Draußen, abends: „Oh, eine Fledermaus! Setz schnell den Hut auf, sonst kommt sie dir ins Haar!" Und so weiter. Solche Eltern sind fest überzeugt, daß Maikäfer beißen, Grashüpfer stechen und Regenwürmer Pickel auf der Haut erzeugen. Ähnliche Torheiten auf allen Gebieten: im Geistigen, Moralischen und so weiter.

Im Coupé der Ringbahn, die mich vorgestern von Auteuil zurückbrachte, hörte ich eine junge Mutter ihrer zehnjährigen Tochter unter Liebkosungen zuflüstern: „Du und ich, ich und du; auf die andern pfeifen wir!"

(Ich weiß wohl, das waren Leute aus dem Volke; doch auch das Volk hat Anspruch auf unsere Entrüstung. Der Mann, in seiner Ecke, las die Zeitung, ruhig, gottergeben, vielleicht nicht einmal gehörnt.)

Kann man sich ein infameres Gift vorstellen?

Die Zukunft gehört den Bastarden. – Wie bedeutungsvoll der Ausdruck: „ein natürliches Kind"! Nur der Bastard hat ein Recht auf Natürlichkeit.

Der Familienegoismus – kaum weniger häßlich als der Egoismus des einzelnen.

Den 6. November. – Ich habe nie etwas erfinden können. Aber vor der Wirklichkeit stehe ich wie der Maler, der zu seinem Modell sagt: „Nehmen Sie die und die Haltung an, oder den und den Ausdruck – den brauche ich!" Die Modelle, die die menschliche Gesellschaft mir liefert – sobald ich ihre geheimen Triebfedern kenne, kann ich sie nach meinem Willen agieren lassen. Oder wenigstens kann ich ihrer Unentschlossenheit das und das Problem vorschlagen, das sie nach ihrer inneren Struktur lösen werden, so daß die Art ihres Reagierens mir alles Nötige sagt. Den Romanschreiber in mir reizt es dann, in ihr Schicksal einzugreifen, zu experimentieren. Hätte ich mehr Talent zum Fabulieren, so würde ich mir die Verwicklungen, die ich brauche, selbst ausdenken – jetzt provoziere ich sie, beobachte das Verhalten der Personen und arbeite dann nach ihrem Diktat.

Den 7. November. – An allem, was ich gestern geschrieben habe, ist kein wahres Wort. Es bleibt dieses: daß die Realität mich als plastischer Grundstoff interessiert und daß ich mehr, unendlich viel mehr Sinn habe für das, was sein könnte, als für das, was in Wirklichkeit gewesen ist. Wie gebannt beuge ich mich über die latenten Möglichkeiten eines Wesens und bin traurig über jeden Keim, den die Stickluft der Konvention absterben läßt. Als er so weit gekommen war, mußte Bernard seine Lektüre einen Augenblick unterbrechen. Sein Blick verwirrte sich. Der Atem ging ihm aus, ja ihm war, als hätte er während der ganzen Zeit des Lesens das Atmen völlig vergessen – so sehr hatte ihn das Gelesene in seinen Bann gezogen. Er öffnete das Fenster und ließ, bevor er sich von neuem in Edouards Aufzeichnungen versenkte, frische Luft einströmen . . .

Seine freundschaftlichen Gefühle für Olivier waren gewiß außerordentlich stark. Er hatte keinen besseren Freund auf der Welt und liebte, da er seine Eltern nicht lieben konnte, niemand so sehr wie Olivier. Ja, sein Herz klammerte sich einstweilen fast maßlos an dieses Gefühl. Immerhin schienen Olivier und er die Freundschaft nicht ganz auf dieselbe Weise zu verstehen. Je weiter Bernard in seiner Lektüre fortschritt, desto mehr staunte er darüber – bewundernd, doch auch etwas traurig –, welcher Veränderlichkeit des Wesens dieser Freund, den er so gut zu kennen glaubte, sich fähig zeigte. Von allem, was in diesem Tagebuch zu lesen war, hatte Olivier ihm nichts erzählt. Kaum, daß Bernard von der Existenz eines Armand, einer Sarah überhaupt eine Ahnung hatte! Wie anders sich Olivier doch mit ihnen gab als mit ihm selbst! . . . Hätte Bernard seinen Freund wiedererkannt in jenem Olivier, der auf Sarahs Bett hingestreckt lag? Das neugierige Interesse, das Bernards Lektüre beschleunigte, mischte sich mit wirrem Unbehagen, mit Ärger und Trotz. Es war derselbe Trotz, den er vorhin empfunden hatte beim Anblick von Olivier an Edouards Arm: der Trotz desjenigen, der nicht mit im Spiele ist. Ein solches Trotzgefühl kann weit führen und große Verkehrtheiten im Gefolge haben, wie übrigens auch die andern Sorten von Trotz, die es noch gibt.

Doch genug davon! Dies alles habe ich nur gesagt, um ein bißchen frische Luft zwischen die Seiten des *Tagebuchs* zu bringen. Jetzt, wo Bernard Atem geschöpft hat, wollen wir uns – gleich Bernard selbst – jenen Blättern wieder zuwenden.

13

Von alten Leuten hat man wenig Nutzen.

Vauvenargues

Aus Edouards Tagebuch (Fortsetzung):

Den 8. November. – Das alte Ehepaar La Pérouse ist wieder umgezogen. Die neue Wohnung (ich kannte sie noch nicht) liegt an der kleinen Einbuchtung, die die Rue du Faubourg Saint-Honoré bildet, bevor sie den Boulevard Haussmann schneidet. Ich stieg die Treppe zum Zwischenstock hinauf und läutete. La Pérouse öffnete mir. Er war in Hemdsärmeln und trug auf dem Kopfe eine Art Zipfelmütze, zu deren Herstellung ein alter Strumpf von Madame gedient zu haben schien; der Fuß war zu einem Knoten geschlungen und baumelte quastenartig herab. Der Feuerhaken, den der Alte in der Hand hielt, deutete darauf hin, daß er gerade mit Heizen beschäftigt war. Da er ein bißchen verlegen aussah, sagte ich: „Soll ich vielleicht später wiederkommen?"

„O nein! Kommen Sie bitte hier herein." Er führte mich in ein enges, längliches Gemach, dessen zwei Fenster auf die Straße gingen, genau in der Höhe der Gaslaternen. – „Ich erwartete gerade" (es war sechs Uhr) „eine Schülerin; aber sie hat mir telegraphiert, daß sie nicht kommt. Ich bin so froh, Sie zu sehen!"

Er legte den Schürhaken auf einen kleinen Tisch. Und, wie um sein Äußeres zu entschuldigen: „Die Aufwartefrau von Madame La Pérouse hat den Ofen ausgehen lassen; sie kommt immer nur vormittags; ich habe alle Kohlen wieder herausnehmen müssen ..."

„Kann ich Ihnen nicht helfen beim Feuermachen?"

„Nein, nein! Man wird so schmutzig davon ... Aber erlauben Sie mir, schnell eine Jacke anzuziehen."

Er trippelte davon und erschien gleich wieder, angetan mit einem dünnen Jackett aus Alpaka, das so abgetragen war – die Ärmel kaputt, die Knöpfe abgerissen –, daß man es keinem Bettler mehr hätte anbieten mögen. Wir setzten uns.

„Sie finden mich verändert, nicht wahr?"

Ich hätte gern protestiert. Aber der gequälte Ausdruck seines früher so schönen Gesichtes lähmte mich. Er fuhr fort:

„Ja, ich bin recht alt geworden in letzter Zeit. Manchmal läßt mich auch das Gedächtnis im Stich. Wenn ich eine Fuge von Bach spiele, so kann es mir passieren, daß ich aufs Notenblatt sehen muß ..."
„Ach, wie viele Jüngere wären glücklich, wenn sie nur annähernd soviel auswendig wüßten wie Sie!"
Er schüttelte den Kopf. „Es ist nicht allein das Gedächtnis, mit dem es hapert ... Sehen Sie, wenn ich auf der Straße gehe, so meine ich ja noch ganz gut vorwärts zu kommen; aber doch überholen mich seit einiger Zeit alle Leute!"
„Das kommt davon", sagte ich, „daß man heutzutage viel schneller geht als früher."
„Ja, nicht wahr? ... Und ganz ähnlich ist es mit den Stunden, die ich gebe. Die Schülerinnen finden, daß mein Unterricht sie zu langsam vorwärtsbringe; sie möchten rascher gehen als ich; sie laufen mir davon ... Alle haben es heute so furchtbar eilig ..."
Und ganz leise, kaum vernehmbar, fügte er hinzu: „Ich habe fast gar keine Schülerinnen mehr."
In seinem Wesen lag eine solche Traurigkeit, daß ich ihn nicht zu unterbrechen wagte. Er fuhr fort: „Madame La Pérouse kann das nicht verstehen. Sie meint, ich finge es falsch an; ich täte nichts, um sie mir zu erhalten, und noch weniger, um neue zu bekommen."
„Und diese Schülerin, die Sie erwarteten ...?" fragte ich schüchtern.
„O die – das ist eine, die ich fürs Konservatorium vorbereite. Sie kommt jeden Tag zur Arbeit hierher."
„Das bedeutet, daß sie Ihnen nichts bezahlt?"
„Madame La Pérouse wirft es mir oft genug vor. Sie begreift nicht, daß solche Talente mich interessieren, daß ich nur ihnen mit Freuden meine Unterweisung ... schenke. Seit einiger Zeit denke ich über mancherlei nach. Zum Beispiel ... ja, danach wollte ich Sie fragen: woher kommt es eigentlich, daß in den Büchern so selten von alten Leuten die Rede ist? ... Meiner Ansicht nach kommt es daher, daß die Alten selbst nicht imstande sind, über sich zu schreiben, und daß die Jüngeren keine Lust haben, sich mit ihnen zu beschäftigen. Greise sind nicht interessant ... Immerhin wären ziemlich merkwürdige Dinge über sie zu sagen. So beginne ich zum Beispiel erst jetzt, in meinem Alter, ge-

wisse Einzelheiten meines vergangenen Lebens zu verstehen. Erst jetzt erkenne ich, daß gewisse Tatsachen keineswegs den Sinn hatten, den ich ihnen beilegte, als sie geschahen ... Erst jetzt merke ich, daß ich in meinem ganzen Leben immer der Reingefallene gewesen bin. Madame La Pérouse hat mich reingelegt; mein Sohn hat mich reingelegt; alle haben mich reingelegt; der liebe Gott hat mich reingelegt ..."

Im Zimmer war es dunkel geworden. Kaum vermochte ich die Gesichtszüge meines alten Lehrers noch zu unterscheiden. Doch mit einemmal flammte draußen vorm Fenster die Laterne auf, und ich sah, daß seine Wangen feucht waren von Tränen. Auch vermeinte ich plötzlich auf seiner Stirn einen eigentümlichen Fleck zu bemerken, wie eine Höhlung oder ein Loch; aber bei einer zufälligen Bewegung, die er machte, verschob sich der Fleck, und ich erkannte, daß es nur ein Schatten vom Rankenwerk der Balustrade war, den der Laternenschein auf sein Gesicht warf.

Ich legte meine Hand auf seinen mageren Arm und spürte, daß ihn fröstelte.

„Sie werden sich erkälten", sagte ich. „Wollen wir nicht doch versuchen, den Ofen wieder in Gang zu bringen?"

„Nein, lieber nicht! Es ist besser, sich abzuhärten."

„Was? Sie folgen den Lehren der Stoiker?"

„Ein bißchen. Gerade weil mein Hals immer so empfindlich war, habe ich nie einen Schal getragen. Ich habe immer gegen mich selbst gekämpft."

„Das mag gut sein, solange man Sieger dabei ist; doch wenn der Körper unterliegt ..."

Er nahm meine Hand und sagte mit geheimnisvoller Stimme: „Dann wäre man erst recht der Sieger!" Darauf, meine Hand loslassend: „Ich war in Angst, Sie könnten abreisen, ohne mich aufgesucht zu haben."

„Abreisen – wohin?" fragte ich.

„Ich weiß nicht. Sie sind ja so oft unterwegs. Ich wollte Ihnen etwas sagen ... Auch ich gedenke bald abzureisen."

„Wie? Sie haben die Absicht zu reisen?" fragte ich törichterweise, als ob ich ihn trotz seines feierlich-schwermütigen Tones nicht verstanden hätte.

Er schüttelte den Kopf. „Sie verstehen ganz gut, was ich meine ... Ja, ich fühle, daß es bald Zeit ist. Schon beginne ich weniger zu verdienen, als ich koste, und das ist unerträglich. Ich habe mir einen bestimmten Punkt gesetzt, den ich nicht überschreiten will."

Er sprach in einem ziemlich erregten Ton, der mich beunruhigte: „Finden Sie, daß es eine Sünde ist? Ich habe nie begriffen, warum die Religion es verbietet. Ich habe viel nachgedacht in letzter Zeit. Als ich jung war, habe ich ein sehr strenges Leben geführt, und jedesmal, wenn ich einer Versuchung ausgewichen war, beglückwünschte ich mich zu meiner Charakterstärke. Ich merkte nicht, daß ich, im Wahne, mich zu befreien, mehr und mehr ein Sklave meines Stolzes wurde. Ein jeder dieser Triumphe über mich selbst bedeutete in Wahrheit, daß ich die Tür meines eigenen Kerkers immer fester verbarrikadierte. Das war es, was ich meinte, als ich vorhin sagte, Gott habe mich reingelegt. Ich habe mir meinen Stolz als Tugend vorgespielt, und der liebe Gott hat sich darüber lustig gemacht. Er amüsiert sich über uns. Er spielt mit uns wie die Katze mit der Maus. Er sendet uns Versuchungen, denen wir (das weiß er) nicht widerstehen können, und widerstehen wir ihnen doch, so rächt er sich nur noch mehr an uns. Warum ist er so böse auf uns? Und warum . . . doch sicherlich langweilen Sie sich bei diesen Betrachtungen eines Greises . . ."

Er stützte seinen Kopf in die Hände wie ein schmollendes Kind und blieb so lange Zeit stumm, daß ich schließlich dachte, meine Anwesenheit sei ihm ganz entschwunden. Ich fürchtete, ihn in seinen Gedanken zu stören, und rührte mich nicht. Trotz des Lärmes, der von der Straße hereindrang, schien mir dieses kleine Zimmer merkwürdig still; und trotz des Laternenscheins, der uns, wie das Rampenlicht einer Bühne, von unten her phantastisch beleuchtete, schien seitlich der Fenster das Schattendunkel sich zu verdichten, die Finsternis um uns zu erstarren, wie die Oberfläche eines Teiches bei starkem Frost, zu erstarren bis in mein Herz hinein. Ich versuchte meine Angst abzuschütteln. Ich seufzte laut auf. Ich wollte gehen, mich verabschieden, und nur aus Höflichkeit, um den Bann zu brechen, fragte ich noch: „Madame La Pérouse befindet sich wohl?"

Der Alte schien zu erwachen. Er wiederholte in fragendem Tonfall: „Madame La Pérouse . . .?" – Es klang, als hätten

diese Silben für ihn jede Bedeutung verloren. Dann plötzlich, sich zu mir hinneigend: „Madame La Pérouse macht eine schreckliche Krise durch . . . unter der ich sehr zu leiden habe."
„Was für eine Krise . . .?" fragte ich.
„Oh, eigentlich gar keine", sagte er und zuckte mit den Achseln. „Nur scheint sie jetzt ganz verrückt zu werden. Sie weiß gar nicht mehr, was sie sich noch ausdenken soll."
Schon seit langem vermutete ich eine tiefe Zerrüttung dieser Ehe, hatte aber nie geglaubt, näher darüber unterrichtet werden zu sollen.
„Mein armer Freund", sagte ich leise. „Und . . . seit wann?"
Er dachte einen Augenblick nach, als begriffe er den Sinn meiner Frage nicht.
„Oh! Schon seit langem . . . seit ich sie kenne." Dann raffte er sich zusammen. „Nein; in Wirklichkeit hat erst die Erziehung meines Sohnes alles zum Schlimmen gewandt."
Ich machte eine Bewegung des Erstaunens, denn ich hatte die Ehe der La Pérouse für kinderlos gehalten.
Er hob den Kopf, den er in den Händen gehalten hatte, und sagte ruhigeren Tones: „Habe ich Ihnen nie von meinem Sohn erzählt? . . . Hören Sie zu, ich will Ihnen alles sagen. Sie müssen heute alles erfahren. Ich kann es niemand sagen außer Ihnen . . . Ja, es kam mit der Erziehung meines Sohnes; Sie sehen, wie lange es schon her ist. Die erste Zeit unserer Ehe war wunderschön. Ich war sehr rein, als ich Madame La Pérouse heiratete. Ich liebte sie mit Unschuld . . . ja, das ist das richtige Wort, und ich fand keinerlei Fehl an ihr. Nur über Kindererziehung gingen unsere Ansichten auseinander. Sooft ich meinem Sohn irgendeine Zurechtweisung geben wollte, ergriff Madame La Pérouse seine Partei gegen mich. Wäre es nach ihr gegangen, so hätte man dem Jungen alles hingehen lassen müssen. Bald verschworen sich die beiden gegen mich; die Mutter lehrte den Sohn lügen . . . Kaum zwanzig Jahre alt, nahm er eine Mätresse. Es war eine Schülerin von mir, eine Russin, musikalisch sehr begabt, ein junges Mädchen, für das ich große Zuneigung gefaßt hatte. Madame La Pérouse war eingeweiht; aber mir verbarg man alles, wie gewöhnlich. Und natürlich habe ich nicht gemerkt, daß sie schwanger war. Ich ahnte absolut nichts, sage ich Ihnen. Eines schönen Tages teilt

man mir mit, meine Schülerin sei leidend und könne während einiger Zeit nicht kommen. Und da ich die Absicht äußere, sie zu besuchen, sagt man mir, sie habe ihre Wohnung gewechselt, sei verreist ... Erst viel später habe ich erfahren, daß sie sich nach Polen begeben hatte, um dort die Entbindung abzuwarten. Mein Sohn war ihr nachgereist ... Sie haben dann mehrere Jahre zusammen gelebt. Aber er ist gestorben, bevor es zur Heirat kam."
„Und ... die Russin, haben Sie sie wiedergesehen?"
Es war, als stieße er mit der Stirn gegen ein Hindernis. „Ich habe ihr nicht verzeihen können, daß sie mich hintergangen hat. Madame La Pérouse steht mit ihr in Korrespondenz. Als ich erfuhr, daß sie in großem Elend lebte, habe ich ihr Geld geschickt ... wegen des Kleinen. Aber davon weiß Madame La Pérouse nichts. Sie selbst, die andere, hat auch nie erfahren, daß das Geld von mir kam."
„Und Ihr kleiner Enkel?"
Ein seltsames Lächeln huschte über sein Gesicht. Er erhob sich.
„Warten Sie einen Augenblick, ich will Ihnen seine Fotografie zeigen." Und wieder trippelte er hinaus, den Kopf tief vornübergebeugt. Als er wiederkam, hielt er eine dicke Brieftasche in der Hand. Mit zitternden Fingern suchte er das Bild aus ihr hervor. Er beugte sich über mich, reichte es mir und sagte ganz leise: „Ich habe es Madame La Pérouse weggenommen, ohne daß sie eine Ahnung davon hat. Sie glaubt, es verloren zu haben."
„Wie alt ist er?" fragte ich.
„Dreizehn Jahre. Er sieht älter aus, nicht wahr? Er ist von sehr zarter Gesundheit."
Seine Augen hatten sich wieder mit Tränen gefüllt. Er streckte die Hand nach der Fotografie aus, als wolle er sie so rasch wie möglich wieder an sich nehmen. Ich hielt das Bild in den Lichtschein der Laterne; es schien mir, als habe der Knabe Ähnlichkeit mit seinem Großvater; ich fand die hochgewölbte Stirn und die träumerischen Augen des alten La Pérouse bei ihm wieder. Ich glaubte dem Alten eine Freude zu machen, indem ich ihm das sagte.
Doch er protestierte: „Nein, nein, mit meinem Bruder hat er Ähnlichkeit; mit meinem Bruder, den ich verloren habe ..."

Der Knabe auf dem Bilde trug eine russische Bluse, die mit Stickereien verziert war.
„Wo lebt er?" fragte ich.
„Aber wie soll ich das wissen?" schrie La Pérouse in einer Art Verzweiflung. „Ich sage Ihnen ja, daß man alles vor mir verheimlicht!"
Er hatte die Fotografie wieder an sich genommen. Er betrachtete sie einen Augenblick, tat sie wieder in die Brieftasche und barg diese im Innern seines Jacketts.
„Wenn seine Mutter nach Paris kommt, so trifft sie sich nur mit Madame La Pérouse, die ihrerseits auf alle meine Fragen antwortet: ‚Sie brauchen sich ja nur bei ihr zu erkundigen.' So sagt sie, aber sie wäre untröstlich, wenn ich die Mutter wirklich aufsuchte. Sie ist immer eifersüchtig gewesen; immer hat sie mir alles wegnehmen wollen, was sich an mich anschloß ... Der kleine Boris wird in Polen erzogen; er geht in Warschau aufs Gymnasium, glaube ich. Aber häufig ist er auch mit seiner Mutter auf Reisen." – Dann, in leidenschaftlicher Aufwallung: „Sagen Sie, können Sie sich vorstellen, daß man ein Kind liebt, das man nie gesehen hat? ... Dieses Kind ist jetzt mein höchster Schatz auf Erden ... Und es weiß nichts davon!"
Ein heftiges Schluchzen befiel ihn. Er erhob sich von seinem Stuhl und warf sich, fiel fast in meine Arme. Ich hätte alles darum gegeben, ihn irgendwie trösten zu können in seinem Jammer; aber was vermochte ich zu tun? Ich fühlte seinen mageren Körper an dem meinen herabgleiten und glaubte, er werde hinfallen. Ich hielt ihn und streichelte ihn wie ein Kind. Er faßte sich. Aus dem Nebenzimmer hörte man die Stimme von Madame La Pérouse.
„Sie kommt. Ihnen liegt nichts daran, mit ihr zu sprechen, nicht wahr? ... Übrigens ist sie völlig taub geworden. Gehen Sie rasch!"
Er begleitete mich auf den Treppenflur. Und mit einer Stimme, in der etwas Flehentliches lag, rief er mir nach: „Kommen Sie bald wieder! Adieu, adieu!"

Den 9. November. – Eine bestimmte Art von Tragik ist, wie mir scheint, der Literatur bisher beinahe völlig entgangen. Der Roman hat die Wechselfälle des Schicksals behandelt, die Irrwege von Glück und Unglück, die sozialen Beziehungen, den Konflikt der Leidenschaften und der Charaktere, aber keineswegs die Quintessenz des Wesens selbst. Allerdings war es das Streben des Christentums, die Handlung auf das Feld der Moral zu verpflanzen. Aber es gibt keine christlichen Romane im eigentlichen Sinne. Wohl existieren Romane zu Erbauungszwecken; doch das hat nichts mit dem zu tun, was ich meine. Die moralische Tragik – jene, die das Bibelwort so furchtbar macht: „Wenn aber das Salz dumm wird, womit soll man salzen?" – das ist die Tragik, auf die es ankommt.

Den 10. November. – Olivier macht nächstes Jahr sein Examen. Pauline möchte, daß er dann in die École normale eintritt. Seine Laufbahn ist genau vorgezeichnet ... Oh, warum ist er nicht ohne Eltern, ohne Beistand? Dann hätte ich ihn zu meinem Sekretär gemacht. Aber er denkt kaum an mich, bemerkt nicht einmal das Interesse, das ich ihm entgegenbringe; und ich würde ihn in Verlegenheit setzen, wenn ich es ihm deutlicher zeigte. Gerade um keinerlei Verlegenheit zwischen uns aufkommen zu lassen, spiele ich ihm gegenüber den Gleichgültigen, den Ironisch-Unbeteiligten. Nur wenn er meine Nähe gar nicht vermutet, wage ich ihn länger zu betrachten. Manchmal folge ich ihm auf der Straße, ohne daß er es ahnt. So ging ich auch gestern hinter ihm her. Da kehrte er plötzlich um, und ich konnte mich nicht schnell genug verbergen.
„Wohin gehst du denn so rasch?" fragte ich ihn.
„Ach, nirgendwohin. Ich gehe nie so rasch wie dann, wenn ich absolut nichts zu tun habe."
Wir gingen ein paar Schritte zusammen und wußten uns nichts zu sagen. Sicherlich war es ihm unangenehm, daß wir uns getroffen hatten.

Aus Edouards Tagebuch (Fortsetzung):
Den 12. November. – Er hat seine Eltern, seinen großen Bruder, seine Freunde ... Das wiederhole ich mir den ganzen Tag. Ich habe hier nichts zu suchen. Zwar könnte ich ihm für alles, was ihm fehlen würde, Ersatz bieten; aber ihm fehlt eben nichts. Er braucht nichts; und wenn seine Liebenswürdigkeit mich bezaubert, so erlaubt sie mir in keiner Weise, mich zu täuschen ... Ah, ein absurder Satz, den

ich wider Willen hinschreibe und in dem sich die Doppelzüngigkeit meines Herzens verrät ...
Morgen fahre ich nach London. Ganz plötzlich habe ich mich zu dieser Reise entschlossen. Es ist Zeit.
Wegreisen, weil man allzugern bleiben möchte! ... Ein gewisser Hang zum Schroffen, Angst vor jeder Nachgiebigkeit (ich meine: gegen mich selbst) – das sind vielleicht von meiner puritanischen Erziehung her die Gefahren, gegen die ich mich am wenigsten schützen kann.
Gestern bei Smith ein schon ganz englisches Heft gekauft, das diesem (in das ich nichts mehr schreiben will) folgen soll. Ein neues Heft ...
Ach, wenn ich mich selbst nicht mitzunehmen brauchte!

14

Man muß schon ein bißchen toll sein, um aus gewissen Situationen gut herauszukommen.

La Rochefoucauld

Lauras in Edouards Tagebuch hineingelegter Brief war das letzte, was Bernard las. In greller Erkenntnis wurde ihm klar, daß die Frau, die ihr Elend hier hinausschrie, keine andere sein konnte als jene verzweifelte Dulderin, von der Olivier ihm letzte Nacht erzählt hatte: Vincent Moliniers verlassene Geliebte. Und es kam ihm zum Bewußtsein, daß er selbst, Bernard, dank der doppelten Vertraulichkeit seines Freundes und des Tagebuchs, bisher der einzige war, der das doppelte Gesicht dieser Verwicklung kannte. Das war ein Vorsprung, den er nicht lange würde behaupten können. Somit kam alles darauf an, schnell und klug zu handeln. Seine Entscheidung war sofort getroffen; ohne übrigens etwas von dem zuerst Gelesenen zu vergessen, hatte Bernard von jetzt an nur noch Interesse für Laura.
Heute morgen war ich noch im ungewissen darüber, was ich zu tun hätte; aber jetzt ist kein Zweifel mehr möglich, dachte er beim Verlassen des Hotelzimmers. Der kategorische Imperativ lautet: rette diese Frau! Es war vielleicht nicht gerade meine Pflicht, mich der Reisetasche zu bemächtigen; aber nachdem ich sie genommen habe, scheine

ich ein sehr lebhaftes Pflichtgefühl aus ihr geschöpft zu haben ... Das Wichtigste ist, Laura zu überraschen, bevor Edouard bei ihr aufgetaucht ist, und mich ihr vorzustellen auf eine Art, die jeden Verdacht, ich könne ein Hochstapler sein, ausschließt. Alles übrige macht sich dann von selbst. Ich habe in meinem Portefeuille jetzt genügend Mittel, um jedes Unglück ebenso großzügig zu erleichtern wie nur der edelste und freigebigste Edouard. Zu erwägen bleibt nur die Manier meines Vorgehens. Denn diese geborene Vedel, wenn auch außerehelich schwanger, wird empfindsam sein. Ich denke sie mir als eine jener Frauen, die einem ihre Verachtung ins Gesicht spucken und alle Banknoten, die man ihnen wohlwollend, doch mangelhaft verpackt überreicht, in tausend Fetzen reißen. Wie soll ich ihr diese Banknoten nur präsentieren? Und wie soll ich mich selbst präsentieren? Das ist die Schwierigkeit. Sowie man die breite Straße der Gewöhnlichkeit verlassen hat: welch dorniges Gestrüpp! Um mich auf ein so verwickeltes Spiel einzulassen, bin ich sicherlich noch etwas jung. Doch, bei den Göttern, gerade das soll mir helfen! Erfinden wir noch ein naives Geständnis; eine Geschichte, die mich bemitleidenswert und interessant erscheinen läßt! Das Dumme ist, daß diese Geschichte gleichermaßen für Edouard dienen muß; da heißt es vorsichtig sein. Ach was, wir werden schon was finden! Verlassen wir uns auf die Eingebung des Moments ...
Er hatte in der Rue de Beaune die von Laura angegebene Hausnummer erreicht. Das kleine Hotel sah äußerst bescheiden aus, doch sauber und anständig. Er fragte den Portier nach dem Zimmer und stieg drei Treppen hinauf. Vor der Tür Nummer 16 blieb er stehen, wollte noch schnell die Art seines Eintretens bedenken, einen Begrüßungssatz vorbereiten. Aber es fiel ihm nichts ein. Da faßte er sich ein Herz und klopfte an. Eine sanfte und scheinbar etwas ängstliche Stimme rief: „Ja bitte!"

Laura war sehr einfach gekleidet, ganz in Schwarz, als wäre sie in Trauer. Seit sie in Paris war, erwartete sie unbestimmt, daß irgend etwas oder irgend jemand käme und sie aus ihrer unhaltbaren Lage befreite. Sie hatte einen falschen Weg eingeschlagen, daran war kein Zweifel; sie fühlte sich verirrt. Sie hatte die bedenkliche Gewohnheit, mehr auf die

Ereignisse als auf sich selbst zu vertrauen. Sie war nicht ohne inneren Mut, aber sie fühlte sich schwach und verlassen. Als Bernard eintrat, hob sie die Hand zum Gesicht, wie jemand, der einen Ausruf unterdrücken oder seine Augen vor grellem Licht schützen will. Sie hatte sich von einem Stuhl erhoben. Jetzt trat sie einen Schritt zurück, auf das Fenster zu, und griff mit der anderen Hand nach der Gardine.

Bernard wartete auf ein Wort von ihr. Doch sie schwieg, eine Erklärung von ihm erwartend. Er sah sie an; sein Herz klopfte, und er versuchte zu lächeln, aber er konnte es nicht.

„Verzeihen Sie, Madame", sagte er endlich, „daß ich so unangemeldet bei Ihnen eintrete. Edouard X, den Sie ja kennen, ist heute vormittag in Paris eingetroffen. Ich habe ihm etwas Dringendes mitzuteilen und dachte, Sie könnten mir vielleicht seine Adresse geben, und . . . Verzeihen Sie mir, daß ich so einfach komme und Sie darum bitte."

Wäre Bernard nicht so jung gewesen, so hätte Laura gewiß einen großen Schreck bekommen. Doch er war ja noch ein Kind; ein Kind mit so aufrichtigem Blick, so klarer Stirn, so unsicherer Stimme, so scheuem Benehmen, daß angesichts solchen Eindrucks die Furcht bereits der Neugier wich, dem wohlwollenden Interesse und jener unwiderstehlichen Anziehung, die ein naives, schönes Wesen ausübt. Immerhin hatte Bernards Stimme während des Sprechens ein wenig an Sicherheit gewonnen.

„Aber ich weiß seine Adresse gar nicht", sagte Laura. „Wenn er in Paris ist, so wird er, wie ich hoffe, bald zu mir kommen. Sagen Sie mir, wer Sie sind; ich will es ihm bestellen."

Dies ist der Augenblick, alles zu riskieren, dachte Bernard. Es flirrte ihm vor den Augen. Er sah Laura ins Gesicht. „Wer ich bin? . . . Ein Freund von Olivier Molinier . . ." Er zögerte noch; wie er sie aber bei diesem Namen erbleichen sah, fuhr er entschlossen fort: „. . . von Olivier, dem Bruder von Vincent, Ihrem Geliebten, der Sie infam im Stich gelassen hat . . ."

Er mußte innehalten: Laura schwankte; mit zuckenden Händen griff sie hinter sich und suchte krampfhaft nach einem Halt. Doch was Bernard am meisten erschütterte, war der Seufzer, den sie ausstieß: ein kaum noch menschlicher Klagelaut, ähnlich dem des verwundeten Rehs (und plötzlich schämt sich der Jäger seines Mördertums), ein Schrei, so seltsam, so verschieden von allem, was Bernard erwarten konnte, daß ein Schauder ihn packte. Mit einemmal begriff er, daß es hier um wirkliches Leben, um wahre Verzweiflung ging, und alles, was er bisher erlebt hatte, schien ihm plötzlich nur noch als Oberfläche und Spiel. Eine Erregung stieg in ihm auf, so ungewohnt, daß er sie nicht meistern konnte; sie stieg ihm in die Kehle ... Oh, ist er es, der da schluchzt? Ist so etwas denkbar? Er, Bernard?! ... Er eilt hinzu, um Laura zu stützen, wirft sich vor ihr auf die Knie und fleht unter Tränen: „Oh, Verzeihung, Verzeihung! ... Ich habe Sie verletzt ... Ich wußte, daß Sie ohne Hilfsmittel sind, und ... da wollte ich Ihnen gern helfen."

Laura atmet schwer und fühlt sich einer Ohnmacht nahe. Sie sucht mit den Augen, wohin sie sich setzen könnte. Bernard, der keinen Blick von ihr wendet, versteht die Bedeutung dieser suchenden Augen. Er springt auf und läuft zu einem kleinen Sessel, der zu Füßen des Bettes steht. Mit ungestümer Bewegung schiebt er ihn zu ihr hin. Laura läßt sich schwer auf ihn fallen.

Hier ereignete sich nun ein grotesker Zwischenfall, den ich am liebsten gar nicht erzählen möchte. Aber gerade er entschied, indem er ihnen unvermutet über alle Verlegenheit hinweghalf, über die weiteren Beziehungen zwischen Bernard und Laura. Somit suche ich diese Szene nicht zu idealisieren ...

Für den Pensionspreis, den Laura in dem kleinen Hotel bezahlte (genauer: für den, den der Hotelbesitzer von ihr verlangte), konnte man keine elegante Einrichtung erwarten; immerhin durfte man hoffen, daß sie solide wäre. Nun, der niedrige kleine Sessel, den Bernard Laura hinschob, wakkelte ein bißchen, das heißt: er hatte eine ausgeprägte Neigung, einen seiner Füße einzuziehen; etwa wie der Vogel einen Fuß unter seinen Flügel zieht. Das ist für den Vogel etwas ganz Natürliches, doch bei einem Sessel bleibt es abnorm und bedauerlich. Und so verheimlichte denn auch der Fauteuil, um den es sich hier handelt, sein Gebrechen, so gut er konnte, unter dichten Fransen. Laura kannte ihren Sessel und wußte, daß man sich seiner nur mit äußerster

Vorsicht bedienen durfte. Aber in ihrer Verwirrung dachte sie nicht daran. Erst als sie ihn unter sich schwanken fühlte, kam ihr des Fauteuils Eigenheit wieder zum Bewußtsein. Sie stieß einen kleinen Schrei aus (ganz verschieden von dem schrecklichen Klagelaut, den wir vorhin gehört haben), glitt seitlich von ihrem Sitze ab und fand sich im nächsten Moment auf dem Teppich wieder, in den Armen Bernards, der sich diensteifrig um sie bemühte. Erschrocken und doch amüsiert, hatte er sich, um ihr zu helfen, auf ein Knie niederlassen müssen, so daß Lauras Gesicht jetzt dem seinigen ganz nahe war. Er sah sie erröten. Sie suchte sich zu erheben. Er half ihr dabei.

„Haben Sie sich auch nicht weh getan?"

„Nein, gar nicht; dank Ihrer Hilfe ... Dieser Sessel ist lächerlich; er ist neulich schon repariert worden, aber es scheint nicht viel genützt zu haben ... Ich glaube, wenn man den Fuß recht gerade hinsetzt, so hält er."

„Ich will mal sehen, wie man es am besten macht", sagte Bernard. – „So! ... Wollen Sie's noch mal versuchen?" Dann, sich verbessernd: „Oder nein ... Es ist klüger, daß ich's zuerst versuche, wenn Sie erlauben ... Ja, jetzt scheint er zu halten; ich kann sogar mit den Beinen strampeln" (was er lachend tat). Dann, sich erhebend: „Wollen Sie sich nun wieder hinsetzen? Wenn ich noch einen Augenblick dableiben darf, so will ich mir einen Stuhl nehmen. Ich setze mich nicht weit von Ihnen und sorge dafür, daß Sie nicht wieder hinfallen; haben Sie keine Furcht ... Ich möchte gern auch anderes für Sie tun."

In seinen Äußerungen lag so viel Feuer, in seiner Haltung so viel Anstand, in seinen Bewegungen so viel Anmut, daß Laura nicht umhin konnte, zu lächeln.

„Sie haben mir noch gar nicht Ihren Namen genannt."

„Bernard."

„Ja; aber Ihren Familiennamen?"

„Ich habe keine Familie."

„Also den Namen Ihrer Eltern."

„Ich habe keine Eltern; das heißt, ich bin, was Ihr Kind auch sein wird: ein Bastard."

Das Lächeln verschwand von Lauras Zügen. Gereizt durch dieses Wort, mit dem Bernard erneut das Geheimnis ihres Lebens berührte, sagte sie: „Aber woher wissen Sie eigentlich ...? Wer hat Ihnen gesagt ...? Sie haben nicht das Recht, zu wissen ..."

Bernard war in Fahrt. Seine Stimme wurde klar und zuversichtlich. „Ich weiß sowohl das, was mein Freund Olivier weiß, wie auch gleichzeitig das, was Ihr Freund Edouard weiß. Jeder von diesen beiden kennt erst eine Hälfte Ihres Geheimnisses. Ich bin außer Ihnen vermutlich der einzige Mensch auf der Welt, der es ganz kennt ..." Und leiser fügte er hinzu: „Sie sehen wohl, daß ich Ihr Freund werden muß."

„Wie indiskret die Menschen sind", flüsterte Laura traurig. „Aber ... wenn Sie Edouard gar nicht gesehen haben, so hat er doch auch nicht mit Ihnen sprechen können. Hat er Ihnen also geschrieben? ... Ist er es, der Sie schickt?"

Bernard hatte sich vergaloppiert. Er hatte zu rasch gesprochen, sich ein wenig zur Prahlerei hinreißen lassen. Er schüttelte verneinend den Kopf. Lauras Blick verdüsterte sich immer mehr. In diesem Augenblick klopfte es an der Tür.

Mag man es wollen oder nicht: eine gemeinsame Erregung schafft etwas Verbindendes zwischen zwei Menschen. Bernard fühlte sich in der Schlinge gefangen, und Laura ärgerte sich, in Gesellschaft überrascht zu werden. Sie sahen sich an wie zwei Komplizen. Draußen klopfte es von neuem. Zwei Stimmen riefen gleichzeitig: „Herein!"

Schon seit einiger Zeit stand Edouard vor der Tür. Mit Verwunderung hatte er Stimmen in Lauras Zimmer vernommen. Er hörte alles, was gesprochen wurde. Die letzten Sätze Bernards machten ihm den Sachverhalt klar. Ihr Sinn war unverkennbar und ließ keinen Zweifel daran, daß der Sprecher der Dieb der Reisetasche sein müsse. Edouards Entschluß war sofort gefaßt. Denn er war eine jener Naturen, deren Fähigkeiten, im Einerlei des Alltags erschlaffend, sich angesichts des Unerwarteten alsbald spannen und beflügeln. Er öffnete die Tür, blieb an der Schwelle stehen und sah Bernard und Laura, die sich beide erhoben hatten, lächelnd an. „Verzeihen Sie, liebe Freundin", sagte er zu Laura mit einer Handbewegung, die alle Angelegenheiten des Gefühls auf später verschieben zu wollen schien; „ich habe zunächst einige Worte mit Monsieur zu reden, falls er gütigst einen Moment mit mir auf den Flur kommen will."

Als Edouard sich mit Bernard auf dem Korridor befand, war sein Lächeln noch ironischer.
„Ich dachte mir, daß ich Sie hier finden würde."
Bernard sah ein, daß er gestellt war. Aber vielleicht konnte ein kühner Zug sein Spiel noch retten? So spielte er denn seinen höchsten Trumpf aus: „Ich meinerseits hoffte ebenfalls, Sie hier zu treffen."
„Zunächst, falls Sie es noch nicht getan haben (denn ich will annehmen, daß Sie deswegen gekommen sind), gehen Sie ins Büro hinunter und regeln dort die Rechnung von Madame Douviers, mit dem Gelde, das Sie in meiner Reisetasche gefunden haben und das Sie sicherlich bei sich tragen. Kommen Sie erst in zehn Minuten wieder nach oben."
Dies wurde ziemlich ernst, doch keineswegs drohend gesagt.
Inzwischen hatte Bernard seine Sicherheit wiedergewonnen. „In der Tat bin ich deswegen gekommen. Sie haben sich nicht getäuscht. Und auch ich beginne zu glauben, daß ich mich nicht getäuscht habe."
„Was wollen Sie damit sagen?"
„Daß Sie wirklich der zu sein scheinen, für den ich Sie nahm."
Vergeblich suchte Edouard seine strenge Miene beizubehalten. Er amüsierte sich ungemein. Er verbeugte sich leicht. „Besten Dank! Bleibt noch die reziproke Frage zu prüfen. Ich vermute, da Sie hier sind, daß Sie meine Aufzeichnungen gelesen haben?"
Ohne mit der Wimper zu zucken, hielt Bernard Edouards Blick aus. Er lächelte mit heiterer Dreistigkeit und verneigte sich seinerseits. „Selbstverständlich. Ich bin gekommen, Ihnen meine Dienste anzubieten."
Und wie ein beschwingtes Wesen eilte er die Treppe hinunter.

Als Edouard wieder ins Zimmer trat, schluchzte Laura jämmerlich. Er näherte sich ihr. Sie lehnte ihren Kopf an seine Schulter. Ihr lauter Schmerzensausbruch genierte ihn, war ihm fast unerträglich. Unwillkürlich klopfte er ihr sanft den Rücken, wie einem hustenden Kinde.
„Meine arme Laura", sagte er, „nur den Mut nicht verlieren . . . seien Sie doch verständig."

„Ach, lassen Sie mich weinen, das tut mir wohl."
„Aber wir müssen doch überlegen, was Sie jetzt tun wollen."
„Was soll ich denn noch tun? Wohin soll ich gehen? Mit wem soll ich sprechen?"
„Mit Ihren Eltern . . ."
„Aber Sie kennen meine Eltern doch, sie würden in Verzweiflung geraten! Sie haben immer nur alles für mein Glück getan."
„Douviers . . .?"
„Dem wage ich nie wieder vor Augen zu treten! Er ist ein so guter Mensch! Sie dürfen nicht glauben, daß ich ihn nicht liebte . . . Wenn Sie wüßten! . . . Wenn Sie wüßten! . . . Ach, sagen Sie mir, daß Sie mich nicht ganz verachten!"
„Aber im Gegenteil, meine kleine Laura, ganz im Gegenteil! Wie können Sie nur so etwas denken?" Und er begann ihr wieder den Rücken zu klopfen.
„Wirklich, wenn Sie da sind, so schäme ich mich nicht mehr so entsetzlich!"
„Wie lange sind Sie schon hier?"
„Ich weiß nicht mehr. Ich habe nur noch gelebt, um Sie zu erwarten. Manchmal konnte ich nicht weiter. Ich glaube, ich kann keinen einzigen Tag mehr hier bleiben!"
Und sie schluchzte noch heftiger und begann zu wimmern.
„Nehmen Sie mich mit! Nehmen Sie mich mit!" rief sie mit erstickter Stimme.
Edouard fühlte sich immer genierter.
„Hören Sie, Laura . . . Beruhigen Sie sich doch! . . . Der . . . der andere . . . ich weiß nicht einmal seinen Namen . . ."
„Bernard", murmelte Laura.
„Bernard muß im Augenblick wieder hier sein! Also nehmen Sie sich doch zusammen! Er braucht Sie nicht in dieser Verfassung zu sehen. Fassen Sie doch ein bißchen Mut! Wir denken uns schon etwas aus, das verspreche ich Ihnen! Nun also! Trocknen Sie sich die Augen! Das Weinen hilft nichts. Sehen Sie sich nur mal im Spiegel an, wie rot und verweint Sie aussehen! Mit etwas kaltem Wasser geht alles wieder weg. Wenn ich Sie so weinen sehe, kann ich an gar nichts mehr denken . . . Hören Sie, da kommt er! Er ist schon auf dem Flur."

Er ging zur Tür und ließ Bernard eintreten. Und während Laura, der Szene den Rücken kehrend, am Waschtisch beschäftigt war, die Spuren des Weinens zu verwischen, sprach er ihn an: „Und nun, Monsieur, darf ich Sie vielleicht fragen, wann es mir vergönnt sein wird, wieder in den Besitz meiner Sachen zu gelangen?“
Dabei sah er Bernard mit dem gleichen ironischen Lächeln wie vorhin gerade ins Gesicht.
„Sobald es Ihnen belieben wird, Monsieur. Immerhin möchte ich Ihnen gestehen, daß Sie dieser Sachen, die Ihnen fehlen, gewiß viel weniger bedürftig sind als ich. Das würden Sie gleich einsehen, wenn Sie meine Geschichte kennten. Vernehmen Sie zunächst nur, daß ich seit heute früh ohne Obdach und ohne Familie bin und daß ich mich vielleicht heute ertränkt hätte, wenn ich Sie nicht getroffen hätte. Ich bin Ihnen heute vormittag lange gefolgt, während Sie mit meinem Freund Olivier plauderten. Oh, er hat mir so viel von Ihnen erzählt! Ich wollte Sie ansprechen. Ich suchte nach einem Vorwand, einem Ansatzpunkt . . . Als Sie dann Ihren Gepäckaufbewahrungsschein achtlos auf die Straße warfen, da segnete ich mein Schicksal! Oh, halten Sie mich nicht für einen Dieb! Wenn ich Ihre Reisetasche abgeholt habe, so geschah es vor allem, um in Beziehung zu Ihnen zu kommen.“
Bernard brachte das alles in fliegender Hast vor. Ein seltsames Feuer belebte seine Züge: war es die Flamme edler Gesinnung? Nach Edouards Lächeln zu urteilen, fand dieser ihn durchaus sympathisch.
„Und nun . . .?“ fragte er.
Bernard begriff, daß er an Terrain gewann.
„Und nun . . . könnten Sie nicht einen Sekretär brauchen? Ich kann mir nicht denken, daß ich diesen Posten schlecht ausfüllen würde, da es doch mit soviel Freude geschähe.“
Edouard mußte lachen. Laura sah die beiden belustigt an.
„Hm, Sie scheinen Ihre Zeit nicht zu verlieren! . . . Na, man kann ja sehen, wir wollen es überlegen. Falls Madame Douviers uns die Erlaubnis gibt, könnten wir uns morgen um dieselbe Stunde hier wiedertreffen . . . Inzwischen hätte ich auch mit Madame manches zu beraten. Sie sind vermutlich in einem Hotel? Oh, ich brauche nicht zu wissen, in welchem. Darauf kommt es nicht an. Also auf morgen!“

Er reichte ihm die Hand.
„Monsieur", sagte Bernard, „darf ich Sie, bevor ich mich verabschiede, vielleicht daran erinnern, daß im Faubourg Saint-Honoré ein armer alter Musikprofessor wohnt, namens La Pérouse, glaube ich, dem Sie durch Ihren Besuch eine sehr große Freude bereiten würden?"
„Alle Wetter, für ein Debüt ist das nicht übel! Sie nehmen Ihre Funktionen offenbar sehr ernst!"
„Sie wären also einverstanden?"
„Wir wollen morgen darüber sprechen. Adieu."
Edouard blieb noch etwas bei Laura und ging dann zu den Molinier. Er hoffte Olivier wiederzusehen, mit dem er gern über Bernard gesprochen hätte. Er traf aber, obwohl er verzweifelt lange dablieb, nur Pauline.
Olivier begab sich an diesem selben Nachmittag, jener dringenden Einladung folgend, die ihm sein Bruder übermittelt hatte, zum Autor des „Turnrecks", dem Grafen Passavant.

15

„Ich fürchtete schon, daß Ihr Bruder Ihnen die Bestellung nicht ausgerichtet hätte", sagte Robert de Passavant, als er Olivier eintreten sah.
„Habe ich mich verspätet?" fragte dieser, während er schüchtern, fast auf den Fußspitzen, näher kam. Er hielt seinen Hut in der Hand.
„Legen Sie doch den Hut irgendwohin. Und setzen Sie sich bitte. Da, in dem Fauteuil hätten Sie's, glaube ich, ganz bequem. – Nein Sie haben sich durchaus nicht verspätet; aber mein Wunsch, Sie zu sehen, eilte der Stunde voraus. Rauchen Sie?"
„Danke", sagte Olivier.
Seine Schüchternheit war schuld daran, daß er sich aus dem Etui, das Graf Passavant ihm hinhielt, nicht bediente, sosehr ihn der Ambraduft dieser feinen Zigaretten auch lockte.
„Ja, ich bin sehr froh, daß Sie gekommen sind. Ich fürchtete, daß Ihnen vielleicht die Vorbereitung zum Examen keine Zeit ließe. Wann soll es denn vonstatten gehen?"
„In zehn Tagen das Schriftliche. Doch ich arbeite nicht

mehr viel. Ich glaube, ich bin fertig, und hab nur Angst, an dem Schicksalstage in schlechter Form zu sein."
„Sie würden es aber ablehnen, sich schon jetzt mit etwas anderm zu befassen?"
„Nein ... wenn es nicht zu anstrengend wäre."
„Ich will Ihnen sagen, warum ich Sie um Ihren Besuch gebeten habe. Zunächst aus dem Wunsche heraus, Sie wiederzusehen. Wir haben ja neulich im Theater, während der Pause, eine kleine Diskussion miteinander begonnen ... Was Sie da gesagt haben, hat mich ungemein interessiert. Sie erinnern sich wohl gar nicht mehr daran?"
„O doch", sagte Olivier, der die Empfindung hatte, damals durchaus nichts gesagt zu haben, wovon irgendwie Aufhebens zu machen wäre.
„Außerdem habe ich Ihnen heute etwas Bestimmtes vorzuschlagen ... Sie kennen, glaube ich, einen gewissen Herrn namens Dhurmer?"
„Ich komme gerade von ihm."
„Ah, Sie sehen sich häufiger?"
„Wir hatten uns im Louvre verabredet, um von einer Zeitschrift zu sprechen, deren Direktor er sein wird."
Robert lachte gezwungen. „Oh, Direktor! Er drückt sich ein bißchen zu forsch aus! ... Hat er Ihnen das wirklich gesagt?"
„Er spricht schon seit langem davon."
„Ich denke allerdings schon ziemlich lange daran. Neulich habe ich ihn nebenbei einmal gefragt, ob er wohl Lust hätte, mit mir zusammen Manuskripte zu lesen. Das hat er dann gleich als ‚Chefredaktion' gedeutet. Ich hab aus Höflichkeit nichts dagegen eingewandt; aber jetzt nennt er sich nun gar ... Das ist so recht in seinem Stil, finden Sie nicht auch? Was für ein komischer Kerl er doch ist! Na, dem könnte eine kalte Dusche eigentlich nichts schaden ... Aber rauchen Sie wirklich nicht?"
„Doch", sagte Olivier, und diesmal bediente er sich; „danke!"
„Erlauben Sie mir, Ihnen zu sagen, Olivier ... darf ich Sie Olivier nennen? Ich kann doch nicht ‚Monsieur' zu Ihnen sagen; Sie sind viel zu jung, und ich bin mit Ihrem Bruder Vincent viel zu befreundet, als daß ich Molinier zu Ihnen sagen könnte. Also erlauben Sie mir, Olivier, Ihnen zu sa-

gen, daß ich zu Ihrem Geschmack unendlich viel mehr Vertrauen habe als zu dem von Sidi Dhurmer. Würden Sie die literarische Leitung der Revue übernehmen? Natürlich ein bißchen unter meiner Aufsicht, wenigstens in der ersten Zeit. Aber mir wäre es lieber, wenn mein Name gar nicht genannt würde. Warum, sage ich Ihnen später ... Nehmen Sie vielleicht ein Glas Portwein? Ich habe sehr guten da." Er griff nach einer Flasche, die, in Reichweite seiner Hand, auf einem kleinen Büfett stand, und goß zwei Gläser ein.

„Nun, was meinen Sie dazu?"

„Er ist wirklich ausgezeichnet."

„Ich rede nicht vom Portwein", sagte Robert lachend, „sondern von dem Vorschlag, den ich Ihnen soeben gemacht habe."

Olivier hatte nur so getan, als ob er die Frage mißverstanden hätte. Er wollte das Anerbieten nicht gar so rasch annehmen und auch seine Freude nicht allzu deutlich werden lassen. Verwirrt und errötend stammelte er: „Mein Examen erlaubt mir nicht ..."

„Soeben haben Sie mir doch gesagt, daß es Sie nicht mehr viel in Anspruch nehme", unterbrach Robert. „Außerdem ist es mit dem Erscheinen der Revue nicht so eilig. Ich habe mich sogar schon gefragt, ob man ihr Erscheinen nicht lieber bis zum Herbst verschieben sollte. Doch wie dem auch sei: es lag mir daran, mit Ihnen deswegen Fühlung zu nehmen. Das Material für mehrere Nummern müßte bis Anfang Oktober vorbereitet sein, und wir müßten uns in diesem Sommer oft sehen, um darüber zu beraten. Was gedenken Sie in den Ferien zu tun?"

„Oh, ich weiß noch nicht recht. Meine Eltern gehen wahrscheinlich in die Normandie, wie jeden Sommer."

„Und Sie müßten sie begleiten? ... Könnte man Sie da nicht ein bißchen loseisen?"

„Das würde meine Mutter nicht zulassen."

„Ich treffe Ihren Bruder heute abend; darf ich mit ihm darüber sprechen?"

„Oh, Vincent reist nicht mit uns!" – Doch weil dieser Satz ja keine Antwort auf die gestellte Frage war, fügte er hinzu: „Und das würde auch gar nichts nützen."

„Wenn man aber der Mama gute Gründe gäbe?"

Olivier antwortete nicht. Er liebte seine Mutter zärtlich,

und Roberts Ton mißfiel ihm. Der Graf sah ein, daß er zu rasch vorgegangen war.
„Also mein Portwein schmeckt Ihnen?" sagte er ablenkend. „Nehmen Sie noch ein Glas?"
„Nein, nein, danke! ... Aber er ist ausgezeichnet."
„Ja, ich war neulich abends ganz frappiert von der Reife und Sicherheit Ihres Urteils. Haben Sie nicht die Absicht, Kritiken zu schreiben?"
„Nein."
„Aber Gedichte? ... Ich weiß, daß Sie Gedichte machen."
Olivier errötete von neuem.
„Ja, Ihr Bruder hat es mir verraten. Und Sie kennen gewiß auch noch andere junge Leute, die Lust hätten mitzuarbeiten? ... Diese Revue soll ein Sammelplatz der Jugend werden. Darin liegt ihre Daseinsberechtigung. Ich möchte Sie bitten, mir zu helfen bei der Abfassung einer Art Prospekt oder Manifest, worin die neuen Tendenzen – übrigens ohne verletzende Schärfe – dargelegt werden sollen. Wir sprechen noch ausführlicher darüber. Wir müssen uns zwei oder drei programmatische Adjektive ausdenken: keine Neubildungen, sondern alte, abgenutzte Wörter, die wir mit neuem Sinn laden und so lancieren wollen. Nach Flaubert war es modern, zu sagen: ‚klangvoll und rhythmisch' nach Leconte de Lisle: ‚priesterlich und endgültig' ... Hm, was dächten Sie von dem Epitheton: ‚vital'? Was? ... ‚Nachtwandlerisch und vital'? ... Nein? ... Dann vielleicht: ‚aufgelockert, geballt und vital'?"
„Man könnte vielleicht noch etwas Passenderes finden", wagte Olivier zu sagen, mit einem Lächeln, das keine besondere Zustimmung ausdrückte.
„Also noch ein Glas Portwein ...!"
„Aber nicht ganz voll bitte!"
„Sehen Sie, die große Schwäche der symbolistischen Schule lag darin, daß sie nur ästhetische Errungenschaften brachte. Alle wirklich bedeutenden Dichterschulen aber haben außer dem neuen Stil auch eine neue Ethik geschaffen, einen neuen Moraltarif, neue Gesetzestafeln, eine Erneuerung der Ideen von Leben und Liebe. Der Symbolist machte sich die Sache bequem: er führte überhaupt kein Leben; er versuchte das Leben nicht einmal zu erfassen; er verneinte es, er kehrte ihm den Rücken. Das war sehr tö-

richt, nicht wahr? Diese Leute hatten keinen Appetit; sie waren nicht einmal Feinschmecker. Da sind wir andere Kerle, was . . ?“
Olivier hatte sein zweites Glas Portwein ausgetrunken und seine zweite Zigarette geraucht. Er schloß halb die Augen, und bequem hingestreckt in dem eleganten Fauteuil, deutete er sein Einverständnis durch leichtes Kopfnicken an. In diesem Augenblick hörte man draußen läuten. Gleich darauf erschien ein Diener und überreichte dem Grafen eine Visitenkarte. Robert nahm sie, warf einen Blick darauf und legte sie auf den Schreibtisch.
„Es ist gut. Bitten Sie den Herrn, einen Moment zu warten.“
Der Diener ging. – „Hören Sie, mein kleiner Olivier, ich mag Sie recht gern, und ich glaube, wir werden gut miteinander auskommen. Aber da ist jemand, der mich allein sprechen will und den ich unbedingt empfangen muß.“
Olivier hatte sich erhoben.
„Wenn Sie erlauben, so geleite ich Sie durch den Garten hinaus . . . Übrigens, da ich gerade daran denke: würde es Ihnen vielleicht Freude machen, mein neues Buch mitzunehmen? Ich habe hier gerade ein Exemplar auf Holland van Geldern zur Hand . . .“
„Ich habe nicht darauf gewartet, es von Ihnen zu erhalten, um es zu lesen“, sagte Olivier. Er liebte Passavants Buch nicht besonders und suchte sich nun ohne heuchlerische Bewunderung, doch auch ohne unhöflich zu werden, aus der Affäre zu ziehen.
Entdeckte Passavant im Tonfall dieses Satzes einen leisen Anklang von Geringschätzung? Dem mußte vorgebeugt werden. „Oh, sagen Sie mir kein Wort darüber! Falls Sie mir sagten, es gefalle Ihnen, so müßte ich entweder Ihren Geschmack oder Ihre Aufrichtigkeit anzweifeln. Nein, ich weiß ganz genau, woran es diesem Buch mangelt . . . Ich habe es viel zu rasch geschrieben. Während der ganzen Zeit, in der ich es schrieb, dachte ich schon an mein nächstes Buch. Oh, auf diesen nächsten Band lege ich großen Wert! Sie werden sehen, Sie werden sehen . . . Ich bin untröstlich, aber jetzt müssen Sie mich verlassen . . . Falls nicht etwa . . . Aber nein, nein, wir kennen uns noch nicht genügend, und Ihre Eltern erwarten Sie sicherlich zum Abendessen. Also auf Wiedersehen! Auf bald! . . . Warten

Sie, ich will Ihnen noch schnell Ihren Namen in das Buch schreiben. Einen Augenblick bitte."
Er trat an den Schreibtisch. Während er sich über die Tischplatte beugte, um eine Widmung in das Buch zu schreiben, näherte sich Olivier und sah verstohlen auf die Visitenkarte, die der Diener gebracht hatte:

VICTOR STROUVILHOU

Dieser Name sagte ihm nichts.
Passavant überreichte Olivier das Exemplar des „Turnrecks"; und als dieser die Widmung gleich lesen wollte, klappte er ihm das Buch vor der Nase zu und steckte es ihm unter den Arm.
„Sie sehen sich das lieber später an, nicht wahr?"
So nahm denn Olivier erst auf der Straße Kenntnis von dem (aus dem Werk selbst stammenden) Wortlaut des Autogramms, mit dem Graf Passavant den Band geziert hatte:

„Mit Vergunst, Orlando, einige Schritte
näher! Noch bin ich nicht sicher, ob ich
Sie ganz zu verstehen wage."

Und darunter stand:

Für OLIVIER MOLINIER
von seinem präsumtiven Freunde
ROBERT DE PASSAVANT

Lauter Zweideutigkeiten, die Olivier nachdenklich machten, die er sich aber schließlich auslegen konnte, wie es ihm beliebte.
Als Olivier nach Hause kam, war Edouard, der so lange vergeblich auf ihn gewartet hatte, gerade weggegangen.

16

Vincents positive Bildung hinderte ihn, ans Übernatürliche zu glauben. Das bot dem Dämon von vorherein einen günstigen Boden. Der Dämon griff Vincent nicht offen an, sondern auf gewundenen Schleichwegen. Einer seiner Kunstgriffe besteht ja darin, uns gerade unsere Niederlagen als Triumphe vorzuspiegeln. Und was Vincent geneigt machte, sein Verhalten gegen Laura als einen Sieg seines Willens über seine Sentimentalität zu betrachten, war die Tatsache, daß er, von Natur weich, sich mit Gewalt zur Härte gegen sie hatte zwingen müssen.

Um die Entwicklung von Vincents Charakter in dieser Affäre anschaulich zu machen, unterscheide ich in ihr fünf Stadien, die ich zur Erbauung des Lesers kennzeichnen will:

1. Periode des guten Motivs. Biederer Sinn. Gewissenhaftes Bedürfnis, einen begangenen Fehler wiedergutzumachen. Im vorliegenden Falle: moralischer Drang, die von den Eltern mühselig zur Unterstützung seiner ärztlichen Anfänge zusammengesparte Summe für Laura zu verwenden. Heißt das nicht: sich opfern? Ist dieses Motiv nicht edel, hochherzig, altruistisch?

2. Periode der Unruhe. Bedenklichkeit. – Erwägen, ob die zu opfernde Summe wohl ausreichend sein werde, ist das nicht schon soviel wie: ins Wanken geraten, sobald der Dämon einem die Möglichkeit, sie zu vergrößern, vorgaukelt?

3. Seelenstärke und Beharrung. Tendenz, sich, nach dem Verlust der Summe, „dem Mißgeschick überlegen" zu fühlen. Diese „Seelenstärke" gibt Vincent die Kraft, Laura seine Spielverluste einzugestehen und bei dieser Gelegenheit mit ihr zu brechen.

4. Verzicht auf das gute Motiv, das nun, im Lichte der neuen Moral, die Vincent sich zur Rechtfertigung seines Verhaltens ausdenken mußte, als Ausfluß von Trottelhaftigkeit erscheint. Immerhin bleibt Vincent (weil er nicht ganz ohne Moral leben könnte) ein moralisches Wesen, und der Teufel hat nur dadurch Macht über ihn, daß er ihm die Gesichtspunkte für seine Selbstbilligung liefert. Theorie der Immanenz, der dem Augenblick innewohnenden Totalität; der Lust um ihrer selbst willen, des unmittelbaren, unmotivierten Genusses.

5. Rausch des Gewinnenden. Verachtung innerer Vorbehalte. Überlegenheit.

Ist dieses Stadium erreicht, so hat der Teufel gewonnenes Spiel. Von nun an ist ein Mensch, der sich für einen Freigeist par excellence hält, nur noch ein Werkzeug in Luzi-

fers Diensten. Und der Dämon ruht nicht eher, als bis Vincent seinen eigenen Bruder jenem Satanskinde, das sich Passavant nennt, in die Hände geliefert hat.
Bei alledem ist Vincent kein böser Mensch. Dies alles, so verlockend es scheinen mag, läßt ihn unbefriedigt, unbehaglich. – Noch eine Bemerkung:
„Exotismus" nennt man, glaube ich, Mayas bunte Scheinwelt, von der gebannt unsere Seele sich fremd fühlen soll, die uns des geistigen Haltes berauben will. Manche Tugend würde widerstehen, wenn der Teufel, bevor er sie angreift, sie nicht aus ihrer heimatlichen Sphäre löste. Hätten sie sich nicht unter fremdem Himmel getroffen, fern jeder Erinnerung an Kindheit und Elternhaus, fern von allem, was ihren Sinn in der Konsequenz ihres eigentlichen Wesens erhalten haben würde: niemals hätte Laura sich von Vincent verführen lassen, und nie auch hätte Vincent sie zu verführen versucht. Doch in jenen sonnigen Gefilden erlagen sie der Illusion, eine solche Liebessache werde ihnen gar nicht mehr angerechnet werden ... Es wäre in dieser Hinsicht noch mancherlei zu erwähnen; aber das Gesagte ist wohl ausreichend, um uns Vincents Verhalten einigermaßen verständlich zu machen.

Auch bei Lilian fühlte Vincent sich aus seiner Sphäre gelöst.
„Lache nicht über mich, Lilian", sagte er an diesem selben Abend zu ihr, „ich weiß, daß du mich nicht verstehen wirst, und doch muß ich so mit dir sprechen, als wenn du mich verständest. Denn von jetzt an kann ich dich nicht mehr ausschließen aus meinem Denken."
Lilian lag auf dem niedrigen Diwan, Vincent halb ausgestreckt auf dem Teppich, den Kopf an ihre Knie gelehnt. Sie streichelte sanft seine Haare.
„Was mich heute früh unruhig machte ..., ja, das war vielleicht Angst. Kannst du einen Augenblick ernsthaft bleiben? Kannst du mir zuliebe einen Augenblick vergessen, nicht, was du glaubst, denn du glaubst an nichts, sondern gerade, daß du an nichts glaubst? Auch ich glaube an nichts, das weißt du; ich glaubte, daß ich an nichts mehr glaubte, an nichts mehr als an uns selbst, an dich und mich, und was ich sein kann mit dir, was ich sein werde durch dich ..."

„Robert kommt um sieben Uhr", unterbrach ihn Lilian. „Ich sage das nicht, um dich zu drängen; aber wenn du nicht schneller vorwärtskommst, so wird er gerade in dem Moment eintreten, wo du vielleicht interessant werden wirst. Denn ich nehme an, daß du in seiner Gegenwart nicht weitersprechen magst. Komisch, wieviel Vorsichtsmaßregeln du heute für nötig erachtest! Du benimmst dich wie ein Blinder, der jede Stelle, wohin er seinen Fuß setzen will, vorher mit dem Stocke abtastet. Und dabei siehst du doch ganz genau, daß ich ernst bleibe! Warum hast du kein Vertrauen?"
„Ich habe, seit ich dich kenne, ein außerordentliches Vertrauen", entgegnete Vincent. „Ich vermag viel, ich fühle es, und wie du siehst, gelingt mir alles. Aber gerade das erschreckt mich. Nein, sei jetzt still ... Ich habe den ganzen Tag an das gedacht, was du mir heute morgen vom Schiffbruch der *Bourgogne* erzählt hast und von den Händen, die man denen, die ins Boot klettern wollten, abhackte. Und es ist mir, als wolle etwas in mein Boot steigen – ich gebrauche dein Bild, um dir die Sache zu veranschaulichen –, etwas, was ich hindern will, einzusteigen ..."
„Und was zu ertränken ich dir helfen soll, du alter Feigling!"
Er fuhr fort, ohne sie anzusehen: „Etwas, was ich zurückstoße, aber dessen Stimme ich höre ... eine Stimme, die du nie gehört hast; die ich in meiner Kindheit hörte ..."
„Und was sagt sie, diese Stimme? Du wagst es nicht zu wiederholen! Das wundert mich nicht. Ich wette, es klingt nach Katechismus – habe ich recht?"
„Aber Lilian, versteh mich doch! Das einzige Mittel, mich von diesen Gedanken zu befreien, ist, sie dir zu sagen. Wenn du darüber spottest, so behalte ich sie in Zukunft für mich. Und dann vergiften sie mich."
„Also sprich!" sagte sie resigniert. Und da er schwieg und sein Gesicht wie ein Kind in den Falten ihres Kleides barg: „Na, worauf wartest du denn noch?"
Sie nahm seinen Kopf bei den Haaren und zog ihn hoch. „Er nimmt das wirklich tragisch, der dumme Junge! Er ist ja ganz käseweiß im Gesicht! ... Hör mal, mein Lieber, wenn du hier das Baby spielen willst, so paßt mir das absolut nicht! Man muß wollen, was man will! Und dann, weißt du:

ich mag Betrüger nicht. Wenn du hinterlistig in dein Boot etwas hineinziehst, was nichts darin zu suchen hat, so betrügst du! Ich will gern gemeinsames Spiel machen mit dir, aber ehrliches Spiel; und, damit du's weißt, es handelt sich darum, daß du hochkommst! Ich glaube, daß etwas Bedeutendes aus dir werden kann; ich spüre eine große Intelligenz und Kraft in dir. Ich will dir helfen. Es gibt Frauen genug, die ihren Geliebten die Laufbahn verderben, bei mir soll es gerade umgekehrt sein! Du hast mir schon gesprochen von deinem Wunsche, die Medizin aufzugeben zugunsten der Naturwissenschaften; aber du meintest, deine Mittel seien dazu nicht ausreichend . . . Nun, zunächst hast du am grünen Tisch gewonnen; fünfzigtausend Franc, das ist schon etwas! Doch versprich mir, nicht wieder zu spielen. Ich werde dir jede Summe, die du brauchst, zur Verfügung stellen, unter der Bedingung, daß du, falls jemand behauptet, du ließest dich aushalten, die Überlegenheit hast, mit den Achseln zu zucken."

Vincent hatte sich erhoben. Er trat ans Fenster.

Lilian fuhr fort: „Um zunächst die Sache mit Laura zu erledigen, so finde ich, daß man ihr die fünftausend Franc, die du ihr versprochen hast, recht gut schicken könnte. Warum solltest du jetzt, wo du Geld hast, dein Wort nicht halten? Aus dem Hange, dich in noch höherem Grade gegen sie schuldig zu fühlen? Das würde mir durchaus nicht gefallen! Ich hasse jede Unsauberkeit. Du scheinst nicht das Talent zu haben, Hände säuberlich abzuhacken . . . Wenn das erledigt ist, reisen wir weg und verbringen den Sommer da, wo es für deine Arbeiten am vorteilhaftesten ist. Du hast mir von der Bretagne gesprochen, von Roscoff und dem dortigen zoologischen Laboratorium; ich persönlich würde Monaco vorziehen, weil ich mit dem Fürsten bekannt bin, der dich an seinem ozeanographischen Institut anstellen und uns mitnehmen könnte, wenn er wieder eine Kreuzfahrt macht."

Vincent schwieg. Er mochte Lilian nicht erzählen (und gab ihr erst viel später Kenntnis davon), daß er vorhin, bevor er zu ihr gekommen war, das Hotel aufgesucht hatte, in dem Laura ihn so lange und so verzweifelt erwartet hatte. Um sich endlich von seiner Schuld frei fühlen zu können, hatte er die Banknoten, auf die sie nicht mehr rechnete, in ein

Kuvert getan und den Hoteldiener damit in Lauras Zimmer hinaufgeschickt. Er selbst war inzwischen unten im Vestibül geblieben, um die Gewißheit zu erhalten, daß die Summe zu Lauras eigenen Händen übergeben worden sei. Nach kaum einer Minute war der Diener wieder unten und brachte das Kuvert ungeöffnet zurück. Laura hatte querhinüber darauf geschrieben: *„Zu spät!“*

Lilian klingelte und sagte zu dem eintretenden Mädchen: „Meinen Mantel bitte.“ Als das Mädchen wieder gegangen war: „Ach ja, ich wollte dir, bevor Robert kommt, noch sagen: falls er dir eine Anlage für deine fünfzigtausend vorschlägt, sei vorsichtig! Er ist sehr reich, aber er braucht immer Geld ... Da, ist das nicht schon die Hupe seines Autos? Er ist eine halbe Stunde zu früh da ... Na, um so besser ... Und das, worüber wir gesprochen haben ...“

„Ich komme so früh“, sagte Robert, als er das Zimmer betrat, „weil ich dachte, es müßte hübsch sein, heute abend in Versailles zu speisen. Wäre Ihnen das recht?“

„Nein“, antwortete Lady Griffith; „diese ‚mondänen‘ Restaurants sind mir tödlich langweilig. Gehen wir doch lieber nach Rambouillet; wir haben ja Zeit. Wir werden dort weniger gut essen, aber netter plaudern. Ich möchte, daß Vincent dir seine Fischgeschichten erzählt. Sie sind erstaunlich, und wenn auch vielleicht nicht alles wahr ist, was er sagt, so ist es doch interessanter als die schönsten Romane der Welt.“

„Das wäre vielleicht nicht die Ansicht eines Romanciers“, meinte Vincent.

Robert de Passavant hielt eine Abendzeitung in der Hand. „Wißt ihr, daß Brugnard Kabinettchef im Justizministerium geworden ist? ... Das wäre der rechte Moment, Ihrem Vater eine Dekoration zu verschaffen“, sagte er, sich an Vincent wendend. Dieser zuckte mit den Achseln.

„Mein lieber Vincent“, fuhr Passavant fort, „erlauben Sie mir, Ihnen zu sagen, daß Sie ihn sehr kränken würden, wenn Sie ihn nicht um diesen kleinen Dienst bäten – den er beglückt sein wird, Ihnen ... abzuschlagen.“

„Möchten Sie ihn nicht lieber für sich selbst darum bitten?“ gab Vincent zurück.

Robert machte ein verkniffenes Gesicht. „Ich? Nein; meine

Koketterie besteht darin, niemals erröten zu wollen, und wär's auch nur im Knopfloch."
Dann, zu Lilian gewandt: „Wirklich, heutzutage ist es selten, daß einer ohne Syphilis und Ordensbändchen die Vierzig erreicht!"
Lilian lächelte. „Um ein Bonmot anzubringen, macht er sich sogar älter, als er ist! ... Sagen Sie, lieber Freund, war das vielleicht ein Zitat aus Ihrem nächsten Buche? Das scheint ja 'ne etwas bedenkliche Geschichte zu werden ... Aber geht nun schon hinunter; ich nehme nur meinen Mantel und komme euch sofort nach."
„Ich dachte, Sie wollen nichts mehr mit ihm zu tun haben?" fragte Vincent Robert auf der Treppe.
„Mit wem? Brugnard?"
„Sie fanden ihn so dumm ..."
„Lieber Freund", antwortete Passavant, seine Worte möglichst dehnend und Molinier auf einer Treppenstufe zurückhaltend, denn er sah Lady Griffith kommen und wünschte, daß sie ihn höre, „vernehmen Sie, daß unter meinen Freunden kein einziger ist, der mir nicht bei etwas längerer Bekanntschaft unwiderlegliche Beweise von Schwachsinn gegeben hätte. Ich kann Ihnen bezeugen, daß Brugnard der Probe länger widerstanden hat als mancher andere."
„Als zum Beispiel ich?" fragte Vincent.
„Was mich nicht hindert, Ihr bester Freund zu bleiben; Sie sehen es ja!"
„Und das nennt man in Paris Geist!" rief Lilian. „Sie sollten sich in acht nehmen, Robert: nichts welkt so schnell wie das!"
„Haben Sie keine Furcht, meine Liebe: Worte verwelken erst, wenn sie gedruckt werden!"
Sie stiegen ins Auto und fuhren davon. Da ihre Unterhaltung auch weiterhin sehr geistreich verlief, so brauch ich hier nichts darüber zu berichten. In Rambouillet angelangt, nahmen sie auf einer Hotelterrasse Platz, mit dem Blick auf einen Garten, den die sinkende Nacht mit ihrem Schatten füllte. Je mehr die Dunkelheit zunahm, desto müder ward ihr Geplauder. Schließlich war's, von den beiden andern getrieben, nur noch Vincent, der sprach.

17

„Für Tiere würde ich mich mehr interessieren, wenn ich mich weniger für Menschen interessierte", hatte Robert gesagt.

Und Vincent erwiderte: „Vielleicht glauben Sie, die Menschen seien so sehr verschieden von den Tieren! Aber es gibt keine große Entdeckung in der Wissenschaft von der Tierzucht, die nicht ihren Widerhall fände in der Erkenntnis des menschlichen Wesens. Alles das berührt und trägt sich gegenseitig, und ich glaube, daß kein Romanschreiber, der als Seelenkenner gelten möchte, ungestraft sein Auge abwendet vom Schauspiel der Natur und von den Gesetzen, nach denen es sich vollzieht. Im Tagebuch der Brüder Goncourt, das Sie mir zu lesen gegeben haben, habe ich die Erzählung eines Besuches in den naturwissenschaftlichen Sammlungen des Jardin des Plantes gefunden. Da klagen diese famosen Literaten darüber, daß der Natur – oder: dem lieben Gott – gar so wenig Erfindungsgabe zu eigen sei. In dieser elenden Lästerung verrät sich die ganze Verständnislosigkeit ihrer dürftigen Hirne. Gerade im Gegenteil: wie unendlich mannigfaltig ist die Natur! Man erhält den Eindruck, als habe sie nach und nach sämtliche Möglichkeiten, sich zu formen und zu entwickeln, versucht, als habe sie alle aus Kraft und Stoff resultierenden Denkbarkeiten erschöpft. Welch bedeutsamer Wink liegt zum Beispiel in dem schrittweise erfolgten Preisgeben gewisser paläontologischer Experimente, die sich als unpraktisch und wenig elegant erwiesen haben! Welche Verwaltungsklugheit hat das Überdauern gewisser Formen ermöglicht! Ihre Betrachtung erklärt mir den Verzicht auf die andern. Auch die Pflanzenkunde kann uns belehren. Wenn ich einen Obstbaumzweig untersuche, so entdecke ich, daß er an der Achsel jedes seiner Blätter ein Auge trägt, das imstande ist, sich im nächsten Jahr seinerseits zu entfalten. Wenn ich nun beobachte, daß von so viel Augen sich höchstens zwei entwikkeln und, durch eben dieses Wachstum, alle andern zum Absterben verurteilen, so drängt sich mir der Gedanke auf, daß es bei den Menschen wohl ebenso bestellt sein möge. Die Augen, die sich so spontan entwickeln, sind immer die der Endsprossen, das heißt: diejenigen, die von der Mitte des Familienstammes am weitesten entfernt sind. Nur das Beschneiden oder Umbiegen der Zweige zwingt den Saft, indem es ihn zurückstaut, die dem Stamme näheren Keime, die sonst unentwickelt geblieben wären, zu beleben. Und auf solche Weise erhält man Früchte von den widerspenstigsten Sorten, die, hätte man sie nach Belieben treiben lassen, bestimmt nur Blätter hervorgebracht hätten. Oh, welch gute Schule ist so ein Fruchtgarten, eine Obstwiese! Und welch trefflichen Pädagogen gäbe so mancher Gärtner ab! Wer zu beobachten versteht, der erfährt von einem Hühnerhof, einer Hundehütte, einem Fischbehälter, einem Kaninchengehege, einem Viehstall wichtigere Dinge als aus den Büchern der Gelehrten oder sogar aus der menschlichen Gesellschaft selbst, in der doch alles mehr oder weniger spitzfindig verdreht ist."

Dann kam Vincent auf die Selektion zu sprechen. Er veranschaulichte die Methoden der Blumenzüchter zur Erzielung des besten Samenflors; er schilderte die Auslese der widerstandsfähigsten Exemplare; und er sprach von der gewagten Neugier jenes abenteuerlustigen Gärtners, der sich, aus Abneigung gegen das Hergebrachte, ja man könnte sagen: aus Trotz, darauf verlegte, gerade die schwächsten, zartesten Individuen auszuwählen – und von der unvergleichlichen Blütenpracht, die er erzielte.

Robert, der, trockenste Gelehrsamkeit befürchtend, anfangs nur mit halbem Ohr hingehört hatte, ward immer aufmerksamer. Sein Interesse erschien Lilian wie eine Huldigung an ihren Geliebten und machte sie glücklich.

„Du sollst uns", sagte sie zu Vincent, „auch etwas erzählen von dem, was du mir neulich über die Fische gesagt hast und über ihre Anpassung an die verschiedenen Grade des Salzgehalts im Meere ... So war es doch, nicht?"

„Abgesehen von bestimmten Regionen", nahm Vincent wieder das Wort, „ist der Salzgehalt des Meeres ziemlich konstant; und die Meeresfauna erträgt im allgemeinen nur ganz geringe Schwankungen in der Dichtigkeit des Salzes. Dennoch sind die Regionen, von denen ich sprach, keineswegs unbewohnt. Es handelt sich da einerseits um Gebiete, die starken Verdunstungen unterworfen sind (wodurch die Wassermenge im Verhältnis zum Salz vermindert wird), und andererseits um jene Bereiche, wo – im Gegensatz

dazu – eine beständige Süßwasserzufuhr das Salz weiter verteilt und das Meer sozusagen entsalzt: die Mündungsgebiete der großen Flüsse und so gewaltige Strömungen wie etwa der Golfstrom. In diesen Gegenden werden die Meerestiere, die man *stenohalin* – ‚engsalzig' – nennt, widerstandsunfähig und matt; und da sie sich gegen die andern, die *euryhalinen* – die ‚weitsalzigen' –, nicht mehr verteidigen können, sondern unfehlbar deren Beute werden, so leben die ‚Weitsalzigen' mit Vorliebe gerade in den Randbezirken der großen Strömungen, da, wo die Wasserdichtigkeit wechselt und wo die ‚Engsalzigen' dem Verderben geweiht sind. Ihr habt erkannt, nicht wahr, daß die ‚Eng . . .' die sind, die einer immer gleichen Proportion von Salz und Wasser bedürfen, während die ‚Weit . . .'"
„. . . die mit allen Wassern Gewaschenen sind", unterbrach Robert, der an jeder Theorie sofort das herausfand, was er auf sich selbst beziehen und für seine persönlichen Zwecke verwenden konnte.
„Die meisten von ihnen sind wilder Natur", fügte Vincent ernsthaft hinzu.
„Ich sagte dir doch, das sei interessanter als Kriminalromane!" rief Lilian begeistert.
Vincent, der wie umgewandelt war, achtete gar nicht auf seinen Erfolg. Es lag etwas Feierliches in seinem Wesen, und leiseren Tones, als spräche er zu sich selbst, fuhr er fort: „Die erstaunlichste Entdeckung der letzten Zeit – wenigstens die, der ich die größte Belehrung verdanke – ist die der lichterzeugenden Organe der Tiefseetiere."
„Ach ja, erzähl uns das", bat Lilian, die ihre Zigarette ausgehen und das Eis, das serviert war, schmelzen ließ.
„Das Licht der Sonne dringt, wie euch vielleicht bekannt ist, nicht sehr tief in den Ozean hinein. Seine Abgründe sind dunkel: unendliche Tiefen, die man lange für unbewohnt gehalten hat. Dann haben Versuche mit dem Schleppnetz eine Anzahl seltsamer Lebewesen aus jenen Höllen zutage gefördert. Diese Tiere waren blind, so dachte man. Wozu hätten sie auch eines optischen Sinnes bedurft in ewiger Finsternis? Sicherlich hatten diese Tiere keine Augen; sie konnten, sie durften keine haben! Immerhin untersucht man sie näher und entdeckt fast mit Schrecken, daß einige von ihnen doch Augen haben; ja, daß sie fast alle

Augen haben, noch außer ihren mit schärfster Empfindlichkeit ausgestatteten Fühlfäden. Man zweifelt noch; man steht vor einem Wunder: wozu Augen, wenn nichts zu sehen ist? . . . Des Sehens fähige Augen; aber: was zu sehen fähig? . . . Und da findet man endlich, daß ein jedes dieser Tiere, die man sich zunächst als Dunkelwesen vorgestellt hatte, ein Licht entsendet, sein privates Licht, das es vor sich hinwirft, um sich herum verbreitet. Jedes dieser Wesen leuchtet, strahlt aus, erhellt. Als man diese Geschöpfe des finstersten Abgrundes bei Nacht aufs Schiffsdeck hinschüttete, da erglänzte die Nacht in blendender Illumination. Zitternde, glitzernde, schimmernde Flammen, bunt aufzuckende Leuchtfeuer, ein Glühen, Blitzen, Funkeln von Sternen und Edelsteinen, deren Pracht – so berichten die, die es gesehen haben – ohnegleichen sei auf Erden!"
Vincent schwieg. Lange Zeit sprach niemand ein Wort.
„Gehen wir, mir ist kalt", sagte Lilian plötzlich.

Lady Lilian setzte sich neben den Chauffeur. Die Glasscheibe bot einigen Schutz gegen den Wind. Im Fond des offenen Wagens unterhielten sich die beiden Männer. Robert hatte fast während der ganzen Mahlzeit stumm zugehört; aber jetzt war die Reihe an ihm.
„Fische wie wir, mein lieber Vincent, gedeihen nicht in ruhigem Wasser", sagte er und gab seinem Partner einen freundschaftlichen kleinen Rippenstoß. Er erlaubte sich mit Vincent öfter solche Vertraulichkeiten, hätte aber das Umgekehrte nicht ertragen; übrigens war Vincent auch gar nicht dazu geneigt. – „Wissen Sie, daß Sie aufregend gut gesprochen haben? Sie müßten wissenschaftliche Vorträge halten, da würden Sie großen Erfolg haben! In der Tat, Sie sollten die Medizinerei aufgeben! Es kann doch wirklich nicht Ihr Ideal sein, an Krankenbetten zu sitzen und Abführmittel zu verschreiben! Ein Lehrstuhl für vergleichende Biologie oder etwas Derartiges, das wäre schon eher in Ihrem Genre . . ."
„Daran habe ich auch schon gedacht", sagte Vincent.
„Lilian müßte das für Sie erreichen können, indem sie ihren Freund, den Fürsten von Monaco, der ja wohl von derselben Fakultät ist, für Ihre Forschungen interessierte . . . Ich will mit ihr darüber sprechen."

„Sie hat schon mit mir darüber gesprochen."
„Dann kann man Ihnen also in keiner Weise dienlich sein?" sagte Robert und setzte eine bekümmerte Miene auf. „Gerade wo ich Sie meinerseits um etwas zu bitten hätte!"
„Als ob ich nicht ohnehin in Ihrer Schuld wäre! Sie müssen mich für recht vergeßlich halten!"
„Oh, Sie denken immer noch an die fünftausend Franc? Aber Sie haben sie mir doch zurückgegeben, mein Lieber! Sie schulden mir gar nichts mehr . . . höchstens vielleicht ein ganz klein bißchen Freundschaft." Diese letzten Worte sagte er in fast zärtlichem Tone, eine Hand auf Vincents Arm gelegt. „Und an diese möchte ich appellieren."
„Ich höre", sagte Vincent.
Da rief Passavant, seine eigene Ungeduld dem andern zuschiebend: „Wie Sie kurz angebunden sind, lieber Freund! Bis Paris haben wir doch Zeit genug, sollte ich denken!"
Passavant war besonders geschickt darin, eine Erregung, eine mißliche Laune, zu der er selbst sich nicht bekennen wollte, andern zu unterstellen. Er schien seinen bisherigen Gedankengang nunmehr ganz fallenzulassen und sagte – so wie Forellenfischer, um ihre Beute nicht scheu zu machen, den Köder zunächst recht weit entfernt werfen und ihn dann unmerklich näher kommen lassen –: „Übrigens danke ich Ihnen, daß Sie mir Ihren Bruder geschickt haben. Ich dachte schon, Sie hätten es ganz vergessen."
Vincent machte eine Geste.
Robert fuhr fort: „Haben Sie ihn seitdem schon wiedergesehen? . . . Keine Zeit gehabt also? . . . Na, da finde ich es aber ziemlich merkwürdig, daß Sie mich noch gar nicht nach dem Verlauf unseres Gesprächs gefragt haben! Im Grunde scheint Ihnen das alles ganz gleichgültig zu sein! Sie interessieren sich absolut nicht für Ihren Bruder! Was Olivier denkt und fühlt, was er ist und was er werden möchte, das kümmert Sie alles in keiner Weise . . ."
„Sollen das Vorwürfe sein?"
„Zum Teufel, ja! Ich kann mir diese Interesselosigkeit gar nicht erklären! Als Sie krank im Süden waren, na ja: da dachten Sie natürlich nur an sich selbst; Egoismus gehört zur Kur. Aber jetzt! . . . Da entfaltet sich nun in Ihrer unmittelbaren Nähe solch eine zitternde Jugend, eine hoff-

nungsvoll aufblühende Intelligenz, die nur auf Rat und Führung wartet ..."

Robert hatte in diesem Augenblick ganz vergessen, daß er selbst einen Bruder hatte.

Vincent war jedoch keineswegs dumm. Die Übertriebenheit dieser Tiraden verriet ihm, daß sie nicht besonders aufrichtig waren und daß die Empörung etwas anderes, Kommendes, maskieren sollte. Er schwieg und wartete. Aber Robert hielt plötzlich inne. Er hatte, beim Glimmen von Vincents Zigarette, einen seltsamen, vielleicht spöttischen Zug um dessen Mund zu bemerken geglaubt. Und von allen Dingen der Welt konnte er Spott am wenigsten vertragen. Aber war es wirklich das, was ihn so plötzlich den Ton ändern ließ? Ich frage mich, ob nicht vielmehr das jähe Gefühl von einer Art Komplizentum zwischen Vincent und ihm ... Im Tone völliger Natürlichkeit und mit der Nuance „Man braucht sich Ihnen gegenüber ja nicht zu verstellen" fuhr er fort: „Also ich habe mich mit Olivier ganz ausgezeichnet unterhalten; er gefällt mir ungemein, dieser Junge!"

Passavant versuchte (die Nacht war nicht sehr dunkel), Vincents Blick zu erhaschen. Aber Vincent sah starr vor sich hin.

„Und das, mein lieber Molinier, wäre nur der kleine Dienst, um den ich Sie zu bitten hätte ..."

Aber noch an diesem Punkt empfand er das Bedürfnis, eine Kunstpause einzulegen oder aus seiner Rolle für einen Augenblick herauszutreten, wie ein Schauspieler, der sein Publikum gut in der Gewalt hat und den es lockt, sich zu beweisen und ihm zu beweisen, daß er es in der Gewalt hat. Er beugte sich also zu Lilian vor und rief mit sehr lauter Stimme, als wollte er durch den Kontrast die Vertraulichkeit des bisher Gesagten und des noch zu Sagenden besonders wirksam werden lassen: „Liebe Freundin, werden Sie sich auch nicht erkälten da vorne? Wir haben hier Überfluß an Decken, darf ich Ihnen eine reichen ..." Dann, ohne die Antwort abzuwarten, wieder in den Fond zurückgelehnt, abermals gedämpften Tones zu Vincent: „Also, ich möchte Ihren Bruder diesen Sommer mit auf die Reise nehmen. Ja, das sage ich Ihnen so schlechtweg; wozu viele Umschweife zwischen uns beiden? ... Ich habe nicht die Ehre, von Ihren Eltern gekannt zu werden, die natürlich, falls Sie sich

nicht energisch ins Mittel legen, Olivier nicht mit mir reisen lassen würden. Wollen Sie also zu meinen Gunsten intervenieren? Sie wissen ja am allerbesten, wie Ihre Eltern zu nehmen sind, und werden schon die richtigen Worte finden. Wollen Sie das freundlicherweise für mich tun?"
Er wartete einen Augenblick. Da Vincent schwieg, fuhr er fort: „Hören Sie, Vincent . . . Ich verlasse Paris binnen kurzem . . ., weiß noch nicht, wohin ich reise. Ich muß unbedingt einen Sekretär mitnehmen . . . Sie wissen, daß ich eine Zeitschrift gründe. Ich habe mit Olivier darüber gesprochen. Er scheint mir alle erforderlichen Eigenschaften zu haben . . . Doch ich will mich nicht nur auf meinen egoistischen Standpunkt stellen: ich denke auch, daß seine Fähigkeiten hier am besten aufgehoben wären! Ich habe ihm den Posten des Chefredakteurs angeboten . . . Chefredakteur einer Zeitschrift, in seinem Alter! . . . Geben Sie zu, daß das etwas Besonderes ist!"
„Es ist etwas so Besonderes, daß ich fürchte, es wird meine Eltern ein bißchen erschrecken", sagte Vincent, sich endlich Robert zuwendend und ihn scharf ansehend.
„Ja, Sie mögen recht haben. Es ist vielleicht besser, ihnen gar nichts davon zu sagen. Dann müßten Sie also einfach das Interesse und den Nutzen der Reise, die er mit mir machen würde, hervorheben, nicht wahr? Ihre Eltern werden einsehen, daß man in seinem Alter etwas von der Welt sehen muß. Na, Sie werden die Sache schon gut machen, was?"
Er zündete sich eine neue Zigarette an. Dann fuhr er in ganz demselben Tone fort: „Und da Sie also nett zu mir sein wollen, so möchte ich auch etwas für Sie tun. Ich glaube, ich kann Sie profitieren lassen an gewissen Vergünstigungen, die man mir ganz ausnahmsweise bietet . . . Es handelt sich da um spezielle Vorteile, die ein Freund von mir aus der hohen Bankwelt einigen Bevorzugten reserviert hat. Aber das muß ganz unter uns bleiben; kein Wort davon zu Lilian bitte! Ich kann nämlich nur über eine sehr beschränkte Zahl von Anteilen disponieren, so daß ich höchstens einem von Ihnen beiden vorschlagen könnte zu zeichnen . . . Also Ihre fünfzigtausend von gestern abend . . .?"
„Ich habe schon darüber verfügt", antwortete Vincent etwas schroff, denn er dachte an Lilians Warnung.
„Na gut . . ." sagte Robert schnell, als fühle er sich verletzt;

„reden wir nicht mehr davon!" Dann, im Tone von „ich bin Ihnen deswegen nicht böse": „Sollten Sie sich's noch anders überlegen, so geben Sie mir morgen rasch Nachricht ... weil morgen nachmittag um fünf Uhr die Frist abläuft." Seit Vincent nicht mehr an den Grafen Passavant glaubte, bewunderte er ihn um so mehr.

18

Aus Edouards Tagebuch:

2 Uhr. – Meine Reisetasche verloren. Gut so! Von allem, was sie enthielt, war mir nur mein Tagebuch wertvoll. Allzu wertvoll. Im Grunde amüsiert mich dieses Abenteuer. Allerdings möchte ich meine Aufzeichnungen wiederhaben. Wer wird sie lesen? ... Vielleicht übertreibe ich mir ihre Wichtigkeit, seit ich sie verloren habe. Jenes Tagebuch schloß mit meiner Abreise nach England. Dort drüben habe ich alles in ein anderes Heft notiert, das ich jetzt, da ich wieder in Frankreich bin, aufgebe. Das neue, in das ich dies schreibe, soll mich nicht so bald verlassen. Es ist der Spiegel, den ich stets mit mir führe. Was mir auch begegnet: es gewinnt seine wahre Existenz für mich erst, wenn ich es da gespiegelt sehe. Doch seit ich zurück bin, ist es mir, als ginge ich in einem Traum ... Wie peinlich dies Gespräch mit Olivier doch war! Und ich hatte mich so darauf gefreut ... Möge es ihn ebenso unbefriedigt gelassen haben wie mich; ebenso unbefriedigt von sich selbst und von mir! Ich habe gar nichts sagen und ebensowenig ihn zum Sprechen bringen können. Ach, wie doch das kleinste Wort einem schwer wird, wenn das völlige Einverständnis des ganzen Wesens dazu erforderlich ist! Sobald das Herz sich einmischt, erlahmt das Gehirn elendiglich.

7 Uhr. – Meine Reisetasche ist wiedergefunden; oder wenigstens der, der sie mir genommen hat. Daß es gerade Oliviers intimster Freund ist, das knüpft zwischen uns ein Netz, dessen Maschen ich nach Belieben enger ziehen kann. Doch liegt eine Gefahr darin, daß ich an jedem unerwarteten Ereignis soviel Vergnügen empfinde, daß ich das zu erreichende Ziel darüber völlig aus den Augen verliere.

Laura wiedergesehen. Meine Hilfsbereitschaft pflegt um so hartnäckiger zu werden, je mehr Schwierigkeiten auftauchen, je mehr man gegen Gewohntes, Banales, Konventionelles ankämpfen muß.
Den alten La Pérouse besucht. Diesmal war es Madame de la Pérouse, die kam und mir aufmachte. Wir hatten uns seit mehr als zwei Jahren nicht gesehen. Trotzdem erkannte sie mich sofort. (Ich glaube, sie bekommen nur selten Besuch.) Übrigens hat auch sie sich kaum verändert. Aber (kam es daher, daß ich gegen sie eingenommen war?) ihre Züge schienen mir noch schärfer als früher, ihr Blick, ihr Lächeln falscher.
„Ich fürchte, Monsieur de la Pérouse ist nicht in der Lage, Sie zu empfangen", sagte sie gleich, offenbar in der Absicht, mich ganz für sich zu beschlagnahmen. Dann, unter dem Deckmantel ihrer Schwerhörigkeit auf eine nicht gestellte Frage antwortend: „Aber nein, Sie stören mich in keiner Weise! Treten Sie nur bitte ein."
Sie führte mich in das nach dem Hofe gelegene Zimmer, in dem La Pérouse seine Stunden gibt. Sowie ich Platz genommen hatte: „Ich bin so glücklich, einen Augenblick mit Ihnen unter vier Augen sprechen zu können! Ich weiß ja, was für ein treuer alter Freund von Monsieur de la Pérouse Sie sind. Nun, sein Zustand macht mir die größten Sorgen! Auf Ihren Rat gibt er viel: möchten Sie ihm nicht zureden, daß er sich besser pflegt? Was mich betrifft, so kann ich ihm sagen, was ich will, es ist alles in den Wind geredet!"
Und sie verlor sich in endlosen Klagen: der Alte vernachlässige seine Gesundheit, aus reiner Freude, sie zu quälen, er tue alles, was er nicht dürfe, und nichts von dem, was er solle; er gehe bei jedem Wetter aus, ohne einen Schal umzubinden; bei den Mahlzeiten esse er nicht – „Monsieur hat zu den Mahlzeiten keinen Hunger" –, und sie wisse nicht, mit welchen Mitteln sie seinen Appetit noch anstacheln solle; aber bei nachtschlafender Zeit, da stehe er auf, schleiche sich leise in die Küche und stelle alles auf den Kopf, um sich irgendwas zusammenzukochen.
Sicherlich war nichts von dem, was die Alte sagte, erfunden. Während sie sprach, wurde ich mir darüber klar, daß es allein ihre Art der Auslegung war, die den harmlosesten Dingen einen bösen Sinn verlieh. Wie entstellt zeichnete

sich die Wirklichkeit in diesem engen Hirne ab! Aber mißdeutete der Alte nicht auch seinerseits die fürsorgliche Beflissenheit dieser Frau, die sich für eine Dulderin hielt, während seine Phantasie sie zur Henkerin machte? ... Ich gebe es auf, die beiden richten oder auch nur verstehen zu wollen; oder, besser (wie es ja immer geht): je mehr ich sie verstehe, desto milder gestaltet sich mein Urteil. Bestehen bleibt die Tatsache, daß hier zwei Wesen, die fürs Leben aneinander gebunden sind, einander entsetzlich quälen. Ich habe bei Eheleuten vielfach beobachtet, welche unerträgliche Gereiztheit bei dem einen Teil der geringste Auswuchs am Charakter des andern erzeugt, weil, infolge des „gemeinsamen Lebens", sich dieser Auswuchs immer wieder an derselben Stelle scheuert. Und wenn dieses Sichscheuern gegenseitig ist, so wird das eheliche Dasein zur Hölle. Madame de la Pérouse, mit ihrer schwarzbebänderten Perücke, die das fahle Gesicht noch härter scheinen ließ, mit ihren langen, fingerlosen Handschuhen, aus denen spitzige Krallen hervorsprangen, ward dem Schreckensbild einer Harpyie immer ähnlicher.

„Er wirft mir vor, daß ich ihn belauere", fuhr sie fort. „Er hat immer viel Schlaf gebraucht. Aber des Nachts tut er oft nur so, als ob er schliefe, und wenn er dann glaubt, daß ich nichts merke, so steht er auf und geht in sein Zimmer, wo er in alten Papieren stöbert und manchmal bis zum Morgengrauen über den Briefen seines verstorbenen Bruders hockt. Dabei weint und schluchzt er jämmerlich. Und all das soll ich mit ansehen, ohne ein Wort zu sagen!"

Darauf vertraute sie mir an, Monsieur de la Pérouse habe die Absicht, sie in einem Altersheim unterzubringen – ein Gedanke, der sie um so mehr erschrecke, als Monsieur de la Pérouse im Leben höchst unbeholfen sei und ohne ihren Beistand sicherlich ganz verkommen werde. Dies wurde in einem gerührten, nach Heuchelei schmeckenden Tone vorgebracht.

Während sie dermaßen perorierte, öffnete sich hinter ihr leise die Tür, und La Pérouse trat ein, ohne daß sie es merkte. Bei den letzten Worten seiner Gemahlin sah er mich ironisch lächelnd an und fuhr sich mit der Hand an die Stirn, um anzudeuten, sie sei verrückt. Dann sagte er mit einer nervösen Brutalität, deren ich ihn nicht für fähig gehalten hätte und die den Anklagen der Alten recht zu geben schien (die aber vielleicht auch von dem Stimmaufwand herrührte, dessen es gegenüber der Schwerhörigen bedurfte): „Madame, fühlen Sie denn gar nicht, daß Sie Monsieur langweilen mit Ihrem Gerede? Mein Freund wünscht mich zu besuchen und nicht Sie! Lassen Sie uns allein!"

Worauf die Alte erklärte, der Fauteuil, auf dem sie sitze, gehöre ihr, und sie gedenke darauf sitzen zu bleiben.

„In diesem Fall", erwiderte La Pérouse höhnisch, „sind wir es, die mit Ihrem gütigen Einverständnis das Zimmer verlassen werden!" Und, zu mir gewandt, plötzlich ganz sanften Tones: „Kommen Sie, lassen wir Madame allein!"

Ich brachte eine gezwungene Verbeugung zustande und folgte ihm ins Nebenzimmer, dasselbe, in dem er mich das vorige Mal empfangen hatte.

„Es freut mich, daß Sie ein Probelied von ihr zu hören bekommen haben", sagte er, „und so geht es nun den lieben langen Tag!"

Er schloß die Fenster, die offengestanden hatten.

„Bei diesem entsetzlichen Straßenlärm versteht man ja sein eigenes Wort nicht! Ich verbringe meine gesamte Zeit damit, diese Fenster zu schließen, die Madame de la Pérouse, mit noch größerer Beharrlichkeit, immer wieder öffnet. Sie behauptet, sonst ersticken zu müssen. Sie übertreibt, wie gewöhnlich. Sie will absolut nicht zur Kenntnis nehmen, daß es draußen wärmer ist als hier im Zimmer. Und wenn ich ihr das am Thermometer demonstrieren will, so erklärt sie, Zahlen ermangelten für sie jeder Beweiskraft. Sie will recht behalten, selbst wo sie weiß, daß sie unrecht hat! Und ihre einzige Freude ist, mich zu ärgern!"

Während er so sprach, hatte ich den Eindruck, als sei er selbst geistig nicht mehr ganz normal. In wachsender Erregung fuhr er fort: „Alles, was sie im Leben falsch macht, legt sie mir zur Last. Alle ihre Meinungen sind verdreht. Wie könnte ich Ihnen das nur schnell veranschaulichen? Ja, etwa so: Sie wissen, daß die optischen Eindrücke von außen umgekehrt auf unsere Netzhaut gelangen, wo sie durch eine Funktion des Nervensystems wieder zurechtgerückt werden. Nun, bei Madame de la Pérouse fehlt diese berichtigende Funktion; bei ihr bleibt alles verkehrt auf der

Netzhaut stehen. Sie können sich denken, wie peinlich das ist."

Es schien ihm Erleichterung zu gewähren, daß er sich aussprechen konnte, und ich hütete mich wohl, ihn zu unterbrechen.

Er fuhr fort: „Madame de la Pérouse hat immer viel zuviel gegessen. Dabei behauptet sie, ich sei es, der zuviel esse! Sieht sie mich mal mit einem Stückchen Schokolade in der Hand (darin besteht nämlich meine Hauptnahrung), gleich brummelt sie los: den ganzen Tag müsse ich was zu schlekken haben! ... Sie paßt auf mich auf wie ein Schießhund. Sie beschuldigt mich allen Ernstes, ich stünde des Nachts auf, um heimlich zu schlemmen, weil sie ein einziges Mal dazugekommen ist, wie ich mir in der Küche eine Tasse Schokolade kochen wollte! ... Wie soll ich's denn anders machen? Es bei Tisch mit ansehen zu müssen, wie sie sich gierig und schmatzend über die Teller hermacht, das nimmt mir den letzten Appetit! Sie aber behauptet, ich täte aus Trotz so, als ob ich bei keiner Mahlzeit Hunger hätte, nur um sie zu quälen!"

Nach einer Pause, wie in lyrischer Steigerung: „Wahrlich, die Vorwürfe, die sie gegen mich erhebt, sind bewundernswert! ... Neulich hatte sie ihr Hüftweh. Ich wollte mein Mitgefühl äußern. Aber sie ließ mich nicht ausreden: ‚Heucheln Sie doch nicht eine Empfindung, die Sie nie gehabt haben!' ... Und so scheint alles, was ich tue oder sage, nur zu ihrer Qual dienen zu sollen!"

Wir hatten uns gesetzt. Er stand auf, setzte sich wieder. Eine kranke Unrast war in ihm.

„Können Sie sich denken, daß in jedem Zimmer bestimmte Möbel ihr gehören und andere mir? Sie haben vorhin selbst gesehen, welchen Hokuspokus sie machte mit ‚ihrem' Fauteuil! Morgens beim Reinemachen sagt sie zu der Aufwartefrau: ‚Nein, dieser Stuhl gehört Monsieur; lassen Sie die Hand davon!' Neulich hatte ich aus Versehen ein gebundenes Notenheft auf einen kleinen runden Tisch gelegt, der Madame gehört ... Nun, da hat Madame das Heft mit aller Gewalt zu Boden geschleudert! Die Ecken sind noch ganz verbogen ... Oh, so kann es nicht weitergehen ... Also hören Sie ..."

Er faßte mich am Arm und fuhr mit gesenkter Stimme

fort: „Ich habe meine Maßnahmen getroffen. Sie droht mir unaufhörlich, falls ich ‚nicht anders würde', so werde sie sich in ein Altersheim zurückziehen. Nun, ich habe eine gewisse Summe beiseite gelegt, die für ihre Pension in Sainte-Périne ausreichen wird; man hat mir gesagt, das sei die beste Anstalt dieser Art. Die paar Musikstunden, die ich noch gebe, bringen mir fast gar nichts mehr ein. In kurzem werde ich mit meinen Mitteln ganz zu Ende sein. Dann wäre ich gezwungen, jene Summe für meine Bedürfnisse anzubrechen. Das will ich aber nicht. Und so habe ich denn einen Entschluß gefaßt ... Das wird in etwas über drei Monaten sein ... Ja, ich habe das Datum angestrichen. Ach, wenn Sie wüßten, wie mich der Gedanke erleichtert, daß nun jede einzelne Minute mich der Erlösung näherbringt!"

Er hatte sich zu mir hingebeugt. Jetzt sprach er fast an meinem Ohr: „Ich habe auch einen Rententitel beiseite gelegt. Oh, es ist nicht sehr viel; nur gerade soviel, wie ich vermochte. Madame de la Pérouse weiß nichts davon. Das Papier befindet sich in meinem Schreibtisch, in einem Kuvert mit Ihrem Namen, das auch die nötigen Anweisungen enthält. Kann ich auf Ihre Hilfe rechnen? Ich verstehe nichts von Geschäften, aber ein Notar, mit dem ich gesprochen habe, hat mir gesagt, die Zinsen davon könnten regelmäßig direkt an meinen Enkel ausgezahlt werden bis zu seiner Großjährigkeit und dann könne er in den Besitz des Titels selbst eintreten. Ich habe mir gedacht, daß Sie als mein Freund vielleicht darüber wachen würden, daß alles korrekt ausgeführt werde? Ich habe solches Mißtrauen gegen Notare! ... Und möchten Sie vielleicht gar, zu meiner Beruhigung, die große Güte haben und das Kuvert gleich mitnehmen? .. Ja? ... Oh, dann hole ich es Ihnen schnell!"

Er ging trippelnd hinaus. Als er wieder eintrat, hielt er ein großes Kuvert in der Hand.

„Verzeihen Sie, daß ich es versiegelt habe; nur der Form wegen! Nehmen Sie es."

Ich warf einen Blick darauf und las, unterhalb meines Namens, in sorgfältig hingemalten Schriftzeichen: „NACH MEINEM TODE ZU ÖFFNEN."

„Stecken Sie es schnell in Ihre Tasche, damit ich's in Sicher-

heit weiß! Danke ... Oh, ich habe so sehnlich auf Sie gewartet ...!"
Ich habe oft empfunden, daß in feierlichen Momenten jede menschliche Erregung in mir einer sozusagen mystischen Verzauberung weicht, einer Ekstase, durch die mein ganzes Wesen sich erhöht fühlt, oder genauer: befreit von seinen egoistischen Schnüren und Bändern, entrückt aus sich selbst, entpersönlicht. Wer das nicht aus eigener Erfahrung kennt, wird mich nicht verstehen. Aber ich fühlte, daß La Pérouse mich verstand. Jegliche Beteuerung wäre mir überflüssig und unpassend vorgekommen, und so begnügte ich mich mit einem langen, festen Händedruck. Seine Augen leuchteten in einem seltsamen Glanz. Nun zeigte er mir noch ein Stück Papier, das er zusammen mit dem Kuvert aufbewahrt hatte.
„Hier habe ich seine Adresse aufgeschrieben. Denn ich weiß, wo er jetzt ist. ‚Saas-Fee'. Kennen Sie den Ort? Er liegt in der Schweiz. Ich habe ihn auf der Karte gesucht, aber nicht gefunden."
„Ja", sagte ich, „das ist ein kleines Dorf in der Nähe des Matterhorns."
„Ist es sehr weit dahin?"
„Nicht so weit, daß ich nicht vielleicht hinkönnte."
„Oh, das würden Sie tun? ... Wie gütig Sie sind! Ich selbst bin zu alt. Und ich könnte ja auch der Mutter wegen nicht ... Aber es scheint mir, als ob ich ..." Er zögerte und suchte nach einem Wort: „... als ob ich leichter von dannen ginge, wenn ich ihn noch hätte sehen dürfen ..."
„Mein armer Freund ... Alles, was ein Mensch vermag, um Ihnen das Kind zu bringen, das will ich tun. Sie sollen den kleinen Boris sehen, das verspreche ich Ihnen."
„Dank, Dank! ..." Er umarmte mich krampfhaft.
„Aber Sie müssen mir dafür versprechen, gar nicht mehr zu denken an ..."
„Oh, das ist eine andere Sache!" unterbrach er mich schroff. Und als wolle er meine Aufmerksamkeit ablenken, fuhr er fort: „Denken Sie, neulich – vor ungefähr einem Monat – hat die Mutter einer früheren Schülerin mich ins Theater mitgenommen! Es war eine Nachmittagsvorstellung in der Comédie-Française. Ich hatte seit länger als zwanzig Jahren kein Schauspielhaus mehr betreten. Man spielte ‚Hernani'

von Victor Hugo. Kennen Sie das Stück? Wahrscheinlich wurde sehr gut gespielt, denn das Publikum war begeistert. Ich meinerseits habe unsagbar gelitten. Hätte die Höflichkeit mich nicht zurückgehalten, ich wäre davongelaufen ... Wir waren in einer Loge. Man suchte mich zu beruhigen. Fast hätte ich eine Ansprache an das Publikum gehalten. Oh, wie ist so etwas nur denkbar!?"

Ich verstand nicht gleich, wo er hinauswollte, und fragte: „Sie fanden die Schauspieler verabscheuungswürdig?"

„Natürlich! Wie kann man es nur wagen, solche Schändlichkeiten auf der Bühne darzustellen?! Und die Zuschauer applaudierten! Und es waren Kinder im Saal: Kinder, von ihren Eltern, denen das Stück bekannt war, dorthin mitgebracht! ... Das ist unverantwortlich! Und das in einem Theater, das vom Staate subventioniert wird!"

Des trefflichen Mannes Entrüstung begann mich zu amüsieren. Beinahe wäre ich in Lachen ausgebrochen. Ich suchte ihm auseinanderzusetzen, keine dramatische Kunst vermöge auf die Darstellung von Leidenschaften zu verzichten. Darauf erwiderte er, die Darstellung von Leidenschaften biete unabwendbarerweise ein böses Beispiel für die Zuschauer. So ging die Diskussion eine Zeitlang hin und her. Im Laufe des Gesprächs verglich ich dies pathetische Element des Dramas mit der Entfesselung der Blechinstrumente in einem Orchester: „Zum Beispiel mit dem Einsetzen der Posaunen, das Sie in Beethovenschen Symphonien so sehr bewundern ..."

„Aber ich bewundere es absolut nicht, dieses Einsetzen der Posaunen!" rief er mit ungewöhnlicher Heftigkeit. „Warum wollen Sie mich bewundern lassen, was mich quält?!"

Er zitterte am ganzen Leibe. Der fast feindselige Klang seiner Stimme überraschte mich und schien ihm selbst verwunderlich zu sein, denn er fuhr in ruhigerem Tone fort: „Haben Sie darauf geachtet, daß alles Bemühen der modernen Musik dahin geht, uns gewisse Akkorde, die bisher als disharmonisch galten, nunmehr als erträglich, ja sogar als angenehm hinzustellen?"

„Ganz recht!" antwortete ich. „Alles muß sich schließlich fügen und bequemen zur Harmonie."

„Zur Harmonie?" wiederholte er achselzuckend. „Ich sehe darin nur Anpassung an das Böse, an die Sünde! Abgestumpft ist heutzutage jede Feinfühligkeit; getrübt die Reinheit, zermürbt die Widerstandsfähigkeit; man duldet, man nimmt hin . . .“

„Wenn man Sie hört, dürfte man ja kaum noch wagen, die Kinder zu entwöhnen!“

Doch er fuhr unbeirrt fort: „Falls man die Intransigenz seiner Jugend zurückgewinnen könnte: worüber wäre man wohl am meisten empört? Über das, was aus einem geworden ist!“

Es war zu spät geworden, um noch eine teleologische Kontroverse anzuspinnen. So versuchte ich ihn auf sein Spezialgebiet zurückzuführen: „Aber Sie wollen doch die Musik nicht beschränken auf den einzigen Ausdruck klarer Ruhe? Dann freilich würde ein einziger Akkord genügen: ein in sich vollendeter, forttönender Akkord.“

Er ergriff meine Hände, und schwärmerisch-verzückten Blickes wiederholte er mehrmals: „Ja, das wäre das schönste: ein in sich vollendeter, forttönender Akkord . . .!“ Gleich darauf, in schon erneuter Trauer: „Aber unser ganzes Weltall ist von falschen Klängen überflutet!“

Ich verabschiedete mich. Er begleitete mich an die Tür, umarmte mich und sagte leise: „Ach, wie lange muß man sich gedulden bis zur Auflösung des Akkords!“

Zweiter Teil

Saas-Fee

1

Bernard an Olivier:

Mein Lieber,

Montag

Also vernimm zunächst, daß ich das Examen geschwänzt habe. Doch das hast Du Dir gewiß schon selbst gesagt, als Du mich bei jener Prozedur nicht erblicktest. Ich steige nun erst im Oktober hinein. Es hat sich mir eine unwiederbringliche Gelegenheit geboten, auf Reisen zu gehen. Die hab ich ergriffen und bereue es nicht. Ich mußte mich sofort entscheiden; und so fand ich nicht mal die Zeit, Dir adieu zu sagen. Und ich soll Dir das aufrichtige Bedauern meines Reisegefährten übermitteln darüber, daß ich so ohne Abschied davongegangen bin. Weißt Du, wer es ist, der mich mitgenommen hat? Du vermutest es schon ... Es ist Edouard, Dein trefflicher Onkel, den ich am selben Tage, an dem er in Paris angekommen war, kennengelernt habe – unter höchst ungewöhnlichen und sensationellen Umständen, die ich Dir später einmal erzählen will. Das Ganze war so abenteuerlich, daß sich mir noch heute alles im Kopfe dreht, wenn ich es wieder überdenke. Immer noch frage ich mich, ob ich vielleicht nicht alles nur geträumt habe und ob es wirklich Dein Freund Bernard ist, der Dir diese Zeilen schreibt, und zwar aus der Schweiz, wo er sich in Gesellschaft von Edouard befindet und von ...

Doch ich sehe schon, ich muß Dir alles sagen, aber behalt es für Dich und zerreiß diesen Brief, gleich nachdem Du ihn empfangen hast, hörst Du?

Also denke Dir: jene unglückliche, von Deinem Bruder Vincent im Stiche gelassene Frau, die Du damals in der Nacht vor Deiner Tür weinen gehört hast (ohne ihr aufzumachen, Du Idiot!), ist, seltsamerweise, eine Freundin von Edouard und eine leibhaftige Tochter des Pastors Vedel, also eine Schwester Deines Freundes Armand! Ich sollte Dir das eigentlich nicht mitteilen, denn es geht um die Ehre einer Frau, aber ich würde zerplatzen, wenn ich es niemand er-

zählte ... Nochmals: behalte alles für Dich! Du weißt schon, daß sie erst seit kurzem verheiratet war. Du weißt vielleicht auch, daß sie bald nach der Hochzeit krank wurde und zur Erholung in den Süden mußte. Dort, in Pau, hat sie Deinen Bruder, der ja auch zur Kur da war, kennengelernt. Soweit bist Du vielleicht orientiert. Was Du aber nicht weißt, ist, daß dieses Zusammensein Folgen gehabt hat. Ja, dieser verdammte Tölpel von Liebhaber hat ihr ein Kind gemacht! Sie ist schwanger wieder in Paris angekommen, wo sie nicht gewagt hat, sich bei ihren Eltern sehen zu lassen. Noch viel weniger wagte sie, ins eheliche Heim nach England zurückzukehren. Inzwischen ließ Dein Herr Bruder sie sitzen, wie es Dir ja des genaueren bekannt ist. Ich erspare Dir den Kommentar und bemerke nur, daß Laura Douviers nie ein Wort des Vorwurfs oder des Grolls gegen Vincent geäußert hat, die sein Verhalten entschuldigen könnten. Oh, sie ist eine ausgezeichnete Frau, eine ganz wundervolle Natur! Und jemand, der sicherlich auch ein ausgezeichneter Kerl ist, das ist Edouard! Da Laura nicht mehr aus noch ein wußte, machte er ihr den Vorschlag, mit ihm in die Schweiz zu reisen. Gleichzeitig forderte er mich auf, ihnen Gesellschaft zu leisten, weil es ihm peinlich sei, mit Laura, für die er nur Freundschaft empfinde, allein zu reisen. So sind wir drei denn zusammen auf Reisen gegangen. Alles ergab sich blitzschnell. Ich hatte kaum die Zeit, mich ein bißchen auszustaffieren, denn ich war ja mit nichts von Hause weg. Wie liebenswürdig Edouard sich in jeder Einzelheit erwiesen hat, davon machst Du Dir keinen Begriff! Und dabei wiederholte er mir immer wieder, ich sei es, dem er zu Dank verpflichtet sei! Wirklich, mein guter Olivier, Du hast neulich den Mund nicht zu voll genommen: Dein Onkel ist ein fabelhafter Kerl!

Die Reise war recht beschwerlich, weil Laura sich sehr erschöpft fühlte und weil ihr Zustand (sie ist im dritten Monat) die größte Schonung erforderte. Außerdem ist der Ort, für den wir uns – aus Gründen, die ich Dir später erzähle – entschieden hatten, ziemlich schwer erreichbar. Und Laura komplizierte alles noch dadurch, daß sie absolut nicht auf ihre Gesundheit achten wollte. Wir mußten sie dazu zwingen; sie sagte immer wieder, ein Unfall wäre das Beste, was ihr passieren könne! Du kannst Dir vorstellen, wie besorgt wir um sie waren! Oh, was ist das für eine herrliche Frau! Ich bin nicht mehr derselbe, seit ich sie kenne! Gewisse Gedanken wage ich nicht mehr zu denken, gewisse Regungen nicht mehr zu empfinden, aus Furcht, dadurch ihrer unwürdig zu werden! Wirklich, in ihrer Nähe wird man in ein edleres Wesen verzaubert! Was nicht hindert, daß

die Gespräche unter uns dreien sehr frei sind, denn Laura ist keineswegs prüde; wir reden von allem möglichen. Aber ich sage Dir, daß mir die Lust vergangen ist, viele Dinge, über die ich früher spottete, ihr gegenüber auch nur mit einer Silbe lächerlich zu machen!
Nun wirst Du glauben, ich sei in sie verliebt. Und mit dieser Vermutung hättest Du recht, mein Lieber! Ist das nicht verrückt? Kannst Du Dir denken, daß ich verliebt bin in eine schwangere Frau, die ich selbstverständlich respektiere, ja, die ich nicht einmal mit der Fingerspitze anzurühren den Mut hätte? Du siehst, daß kein Wüstling aus mir wird . . .
Als wir in Saas-Fee anlangten, nach unendlichen Schwierigkeiten (wir hatten für Laura eine Sänfte nehmen müssen, denn Wagen kommen nicht bis hierher), hatte man uns im Hotel nur zwei Zimmer anzubieten: ein großes mit zwei Betten und ein kleines, das, zum Schein, für mich bestimmt wurde – denn Laura, die ihre Identität nicht angeben will, gilt hier als Edouards Frau. Aber jede Nacht nimmt sie das kleine Zimmer, während ich zu Edouard in das seinige hinübergehe. Und das gibt dann jeden Morgen ein großes Geschleppe hin und her, wobei man sehr darauf achten muß, daß das Personal nichts merkt! Glücklicherweise gehen die beiden Zimmer ineinander, was die Sache vereinfacht.
Wir sind schon seit sechs Tagen hier. Ich schreibe Dir erst heute, weil ich mich innerlich zunächst gar nicht zurechtfinden konnte. Erst ganz allmählich komme ich wieder zu mir.
Edouard und ich haben schon einige recht hübsche kleine Bergtouren gemacht. Aber dieses Land gefällt mir eigentlich nicht besonders, Deinem Onkel Edouard ebensowenig. Er findet die Landschaft „hochtrabend". Das ist das richtige Wort. Das Beste, was es hier gibt, ist die Luft, die man atmet: eine unendlich reine Luft, die einem die Lungen prickelnd erfrischt.
Natürlich lassen wir Laura nicht gerne lange allein; an unseren Ausflügen kann sie ja nicht teilnehmen. – Die Gesellschaft im Hotel ist ganz amüsant. Es sind Gäste da von jeder Nationalität. Besonders bekannt geworden sind wir mit einer polnischen Ärztin, die hier mit ihrer Tochter und einem ihr anvertrauten Knaben ihre Ferien verbringt. Übrigens war die Absicht, diesen Knaben aufzusuchen, das eigentliche Motiv unserer Reise. Er hat eine Art nervöses Leiden, das die Doktorin nach einer ganz neuen Methode behandelt. Was aber dem (äußerst sympathischen) Kleinen offenbar am wirksamsten zur Heilung verhilft, ist der Umstand, daß er sich sterblich verliebt hat in das Töchterlein der Doktorin, ein Mädchen, das

einige Jahre älter ist als er: wirklich das reizendste Geschöpf, das man sich denken kann! Vom Morgen bis zum Abend lassen die beiden Kinder sich nicht aus den Augen. Und sie benehmen sich so reizend zueinander, daß niemand etwa auf die Idee verfiele, sich über sie lustig zu machen.

Ich habe nicht viel gearbeitet, ja seit meiner Abreise kaum ein Buch aufgeschlagen; aber viel nachgedacht. Die Unterhaltung mit Edouard ist ungemein interessant. Er spricht nicht gerade viel direkt mit mir, obwohl er mich sozusagen als seinen Sekretär gelten läßt; aber ich höre ihn mit den anderen sprechen, besonders mit Laura, der er gern seine Gedanken mitteilt. Du kannst Dir wohl denken, wieviel ich dabei profitiere! Manchmal sage ich mir, ich sollte eigentlich alles, was ich zu hören kriege, notieren; aber ich glaube, daß ich es auch so behalte. Manchmal habe ich eine tolle Sehnsucht nach Dir! Dann kommt mir der Gedanke: wenn es mit rechten Dingen zugegangen wäre, müßtest Du hier sein anstatt meiner; aber ich kann das Geschehene nicht bedauern oder ändern wollen. Doch eines sollst Du wissen: ich werde nie vergessen, daß Du es bist, dem ich die Bekanntschaft mit Edouard und mein Glück verdanke! Wenn wir uns wiedersehen, wirst Du mich wohl verändert finden; doch unwandelbar und inniger denn je bin ich Dein Freund

Bernard.

Nachschrift. – Mittwoch. Soeben kommen wir von einer gewaltigen Tour zurück. Besteigung des Allalinhorns – Führer, angeseilt mit uns, Gletscher, Abgründe, Lawinen usw. Geschlafen in einer Hütte inmitten des ewigen Schnees, zusammengepfercht mit andern Touristen. Natürlich haben wir die ganze Nacht kein Auge zugetan. Aufbruch vor Sonnenaufgang ... Wirklich, mein Lieber, ich sage nichts Böses mehr über die Schweiz: wenn man da oben ist, so hoch über aller Vegetation und Kultur, über aller Habsucht und Torheit der Menschen, so möchte man aufjubeln, lachen, weinen, fliegen, sich in den Himmel stürzen oder auf die Knie werfen! Sei tausendmal gegrüßt! –

Bernard war eine viel zu einfache und spontane Natur, und er kannte Olivier viel zuwenig, als daß er hätte ahnen können, welche Flut schlimmer Gefühle dieser Brief bei seinem Freund erwecken sollte: eine wahre Springflut von Unwillen, Qual und Erbitterung. Olivier fühlte sich verdrängt und verstoßen aus den Herzen von Bernard und Edouard zugleich. Der Freundschaftsbund, den seine beiden Freunde miteinander geschlossen hatten, untergrub seine eigene Freundschaft mit ihnen. Besonders eine Stelle in Bernards Brief peinigte ihn, ein Satz, den Bernard niemals geschrieben hätte, wenn er hätte ahnen können, was Olivier alles aus ihm herauslesen würde: „Im selben Zimmer", murmelte Olivier immer wieder, und die abscheuliche Schlange der Eifersucht krümmte sich in seinem Herzen, „sie schlafen im selben Zimmer . . .!" Was dachte er sich nicht alles aus! Sein Hirn füllte sich mit schlimmen Visionen, die er nicht einmal zu vertreiben suchte. Er war weder speziell auf Edouard noch auf Bernard eifersüchtig, sondern auf beide zusammen. Er stellte sie sich vor, einen nach dem andern, oder simultan, und er beneidete sie gemeinsam. Es war um die Mittagsstunde, daß er den Brief erhalten hatte. „Aha, so steht die Sache . . .!" Diese Worte wiederholte er sich in quälender Eintönigkeit während des ganzen übrigen Tages. Nachts folterten ihn alle Dämonen der Hölle. Wie von Furien gepeitscht, stürzte er am nächsten Morgen zum Grafen Robert de Passavant. Der erwartete ihn.

2

Aus Edouards Tagebuch:

Es war nicht schwer, den kleinen Boris ausfindig zu machen. Gleich am Morgen nach unserer Ankunft erschien er auf der Terrasse des Hotels und unterhielt sich damit, durch ein Fernrohr, das dort für die Gäste aufgestellt ist, auf die Berge zu sehen. Ich erkannte ihn sofort. Bald darauf kam ein Mädchen, etwas größer als er, und leistete ihm Gesellschaft. Ich war den Kindern ganz nahe: in dem zur Terrasse führenden Salon, dessen Glastüren weit offenstanden. So ging mir kein Wort ihrer Unterhaltung verloren. Ich hätte die größte Lust gehabt, gleich mit Boris zu sprechen, doch hielt ich es für klüger, zunächst die Bekanntschaft der Mutter des Mädchens zu suchen, einer polnischen Ärztin, in deren Obhut Boris sich hier befindet. Die kleine Bronja ist entzückend. Sie muß etwa fünfzehn Jahre alt sein. Sie hat üppiges blondes Haar, das ihr in dicken Zöpfen bis auf die Hüften fällt. Ihr Blick aber und ihre Stimme scheinen

eher einem Engel anzugehören als einem Menschen. Ich notiere das Gespräch der beiden Kinder:
„Boris, Mama hat es nicht gern, daß wir das Fernrohr anfassen. Wollen wir nicht lieber spazierengehen?"
„Ja, meinetwegen. Nein, ich will nicht."
Diese beiden entgegengesetzten Antworten wurden im selben Atemzug vorgebracht. Bronja nahm nur auf die zweite Bezug und fragte: „Warum nicht?"
„Es ist zu warm, es ist zu kalt." Er hatte inzwischen von dem Fernrohr abgelassen.
„Aber Boris, sei lieb! Du weißt, wie Mama sich freut, wenn wir zusammen spazierengehen! ... Wo hast du nun wieder deinen Hut hingelegt?"
„Vibroskomenopatof. Blaf blaf."
„Was bedeutet das?"
„Nichts."
„Warum sagst du es dann?"
„Damit du es nicht verstehen sollst."
„Wenn es nichts bedeutet, so ist es mir ganz egal, ob ich's verstehe oder nicht."
„Wenn es aber etwas bedeutete, so würdest du's auch nicht verstehen."
„Aber man spricht doch, um verstanden zu werden!"
„Willst du, wir wollen spielen Worte machen, allein für uns beide zu verstehen?"
„Gib dir lieber erst Mühe, gut Französisch zu lernen!"
„Meine Mama, die spricht französisch, englisch, römisch, russisch, türkisch, polnisch, italoskopisch, spanisch, Zopfsprache und Xixitu." (Dies alles sprudelte er mit einer Art Leidenschaft hervor.)
Bronja lachte. „Boris, warum erzählst du die ganze Zeit Dinge, die nicht wahr sind?"
„Warum glaubst du nie, was ich dir erzähle?"
„Ich glaube es nur dann, wenn es wahr ist."
„Wie kannst du denn wissen, wann es wahr ist? ... Ich habe dir neulich ganz fest geglaubt, als du mir von den Engeln erzählt hast! Sag, Bronja: glaubst du, daß ich die Engel auch sehen könnte, wenn ich sehr beten würde?"
„Du wirst sie vielleicht zu sehen bekommen, wenn du aufhörst zu lügen und wenn der liebe Gott sie dir zeigen will; aber der liebe Gott zeigt sie dir gewiß nicht, wenn du nur

aus diesem Grunde zu ihm betest. Es gibt viele herrliche Dinge, die wir mit Augen sehen könnten, wenn wir nicht so böse wären."

„Bronja, du bist nicht böse! Deshalb kannst du auch die Engel sehen! Aber ich werde immer ein Bösewicht bleiben."

„Warum versuchst du nicht, nicht mehr böse zu sein? Willst du, daß wir zusammen nach (hier nannte sie einen mir unbekannten Ort) gehen und da zusammen Gott und die Heilige Jungfrau bitten, daß sie dir helfen, nicht mehr böse zu sein?"

„Ja. Nein. Hör: wir wollen uns einen Stock suchen. Du nimmst das eine Ende und ich das andere. Ich schließe die Augen und verspreche dir, daß ich sie nicht eher wieder aufmache, als bis wir da angekommen sind, wo wir hinwollen."

Sie entfernten sich etwas. Als sie dann die Stufen hinabgingen, hörte ich Boris noch sagen: „Ja. Nein, nicht dieses Ende! Wart, ich will's erst abwischen!"

„Warum?"

„Ich hab's angefaßt."

Madame Sophroniska kam auf mich zu, während ich, ganz allein, noch am morgendlichen Kaffeetisch saß und eben darüber nachdachte, auf welche Weise ich wohl am besten ihre Bekanntschaft machen könne. Ich war überrascht zu sehen, daß sie mein neuestes Buch in der Hand hielt. Liebenswürdig lächelnd fragte sie, ob sie sich nicht täusche in der Annahme, den Autor dieses Bandes vor sich zu haben. Und sogleich ließ sie sich auf eine ausführliche Würdigung meines Buches ein. Ihr Urteil schien mir, in Lob und Tadel, klüger als die Äußerungen, die ich gewöhnlich zu hören bekomme, obwohl ihr Standpunkt keineswegs literarisch war. Sie sagte, sie interessiere sich fast ausschließlich für psychologische Fragen und für die Probleme der modernen Seelenforschung. Aber wie selten, fügte sie hinzu, finde sich – sei es in der Lyrik, im Drama oder im Roman – ein Schriftsteller, der sich in Bereiche jenseits der traditionellen Psychologie vorwage (der einzigen, warf ich ein, von der die Leser befriedigt seien).

Der kleine Boris ist ihr, für die Dauer der Ferien, von seiner Mutter anvertraut worden. Ich hütete mich, die Gründe durchblicken zu lassen, aus denen ich mich für ihn interessierte. Er sei ein sehr zartes Kind, sagte Madame Sophroniska. „Die Gesellschaft der Mutter ist nicht gut für ihn", fügte sie hinzu. „Die Mutter hatte ursprünglich die Absicht, mit uns hierher nach Saas-Fee zu kommen; doch ich habe die Pflege des Knaben nur unter der Bedingung übernommen, daß er mir ganz allein überlassen werde, andernfalls könne ich den Erfolg meiner Behandlung nicht garantieren. Denn stellen Sie sich vor, mein Herr: dieses Kind ist von seiner Mutter in einem Zustand dauernder Überreizung gehalten worden, in einem Zustand, der den Ausbruch schlimmer nervöser Störungen geradezu provoziert! Diese Frau ist, seit der Vater des Knaben nicht mehr am Leben ist, gezwungen, ihren Unterhalt selbst zu verdienen. Zuerst war sie Pianistin, und ich muß sagen: eine Meisterin in ihrem Fach! Aber ihr Spiel war allzu sublim, als daß es dem großen Publikum hätte gefallen können. Infolgedessen entschloß sie sich, als Sängerin in Konzertsälen und Music-Halls aufzutreten, auf die Bretter zu steigen. Den kleinen Boris nahm sie abends in die Theatergarderobe mit. Ich glaube, diese unnatürliche Atmosphäre hat viel dazu beigetragen, den Knaben aus dem Gleichgewicht zu bringen. Gewiß, die Mutter hat ihn sehr lieb; aber es wäre im höchsten Grade wünschenswert, wenn er ihr Leben in Zukunft nicht mehr teilte."

„Was fehlt ihm denn eigentlich?" fragte ich.

Sie brach in Lachen aus.

„Den Namen seiner Krankheit wollen Sie wissen? Kann es Ihnen wirklich etwas nützen, wenn ich Ihnen einen schönen wissenschaftlichen Ausdruck vorsetze?"

„Sagen Sie mir doch einfach, woran er leidet!"

„Er leidet an einer Menge kleiner Störungen, Ticks und Manien, deren Gesamtbild das Bild des nervösen Kindes ergibt und denen man gewöhnlich mit Ruhe, frischer Luft und hygienischer Lebensweise abzuhelfen sucht. Sicherlich würde ein kräftiger Organismus derartige Störungen überhaupt nicht aufkommen lassen. Aber mag körperliche Schwäche diese Erscheinungen begünstigen, ihre eigentliche Ursache ist sie darum nicht. Ich glaube, man muß den Ursprung in einer primären Erschütterung des ganzen Wesens suchen, und es kommt nur darauf an, das Geheimnis zu entdecken, dem diese Erschütterung zuzuschreiben ist.

Sobald der Kranke sich dieser Ursache bewußt wird, ist er schon fast geheilt. Aber in den meisten Fällen ist ihm diese Ursache längst aus der Erinnerung entschwunden, sie verbirgt sich gewissermaßen im Schatten der Krankheit. In diesem Versteck nun suche ich sie auf, um sie ins volle Licht des Tages, der bildhaften Anschaulichkeit emporzuheben. Denn ein klarer Einblick reinigt das Bewußtsein, wie ein Lichtstrahl fauliges Wasser."

Ich erzählte Sophroniska das Gespräch, das ich gestern mit angehört hatte und wonach es mir schien, als sei Boris vom Geheiltsein noch weit entfernt.

„Ja, weil ich meinerseits noch weit entfernt bin, aus der Vergangenheit des Knaben alles zu wissen, was ich unbedingt wissen müßte! Es ist ja auch noch gar nicht lange her, daß ich mit der Behandlung angefangen habe."

„Worin besteht denn die Behandlung?"

„Oh, einfach darin, ihn sprechen zu lassen! Ich verbringe jeden Tag eine oder zwei Stunden mit ihm allein. Ich befrage ihn, aber nur sehr wenig. Das wichtigste ist, sein Vertrauen zu erwerben. Ich weiß schon allerlei von ihm. Und manches andere vermute ich. Doch der Kleine sträubt sich noch; er empfindet Scham. Ginge ich nun aber zu rasch und gewaltsam vor und suchte sein Vertrauen zu erzwingen, so würde ich niemals das erreichen, was ich erreichen möchte: ein völlig ungehemmtes Sichaussprechen. Er würde sich dann nur immer mehr gegen mich sperren. Solange ich noch nicht gesiegt habe über seine Zurückhaltung, über seine Schamhaftigkeit . . ."

Die Inqusition, von der sie da sprach, schien mir so verletzend und indiskret, daß ich Mühe hatte, eine Bewegung des Protestes zu unterdrücken. Doch meine Neugier behielt die Oberhand.

„Wollen Sie damit andeuten, daß Sie von dem Kleinen gewisse unkeusche Enthüllungen erwarten?"

Jetzt war sie es, die protestierte: „Unkeusche? Es ist nicht mehr Unkeuschheit dabei als etwa beim Abhorchen der Brust! Ich muß alles wissen, und besonders das, was man am ängstlichsten zu verheimlichen pflegt. Ich muß den kleinen Boris zum rückhaltlosen Geständnis bringen; vorher kann ich ihn nicht gesund machen!"

„Sie hegen also den Verdacht, daß er etwas zu gestehen

habe. Aber – pardon! – sind Sie auch sicher, daß Sie ihm das, was Sie aus ihm herauskriegen wollen, nicht selbst suggerieren?"

„Dieser Gefahr muß man sich allerdings stets bewußt bleiben. Deshalb gehe ich ja so vorsichtig und langsam zu Werke. Ich habe ungeschickte Untersuchungsrichter an der Arbeit gesehen, die, ohne es zu wollen, einem Kinde Aussagen einbliesen, die in allen Punkten erfunden waren: unter dem Drucke des Verhörs log das Kind im besten Glauben und hielt eingebildete Missetaten für reale Geschehnisse. Meine Rolle aber ist, alles von selbst kommen zu lassen und keinesfalls etwas zu suggerieren. Dazu gehört freilich eine außerordentliche Geduld."

„Mir scheint, die Methode ist hier soviel wert wie derjenige, der sie anwendet."

„Ich wagte nicht, das zu sagen. Aber Sie können mir glauben, nach einiger Zeit der Praxis erlangt man eine ganz merkwürdige Geschicklichkeit, eine Art von Ahnungsvermögen oder, wenn Sie lieber wollen: von Intuition. Trotzdem kann man natürlich auch einmal auf eine falsche Fährte geraten, dann muß man nur möglichst schnell wieder von ihr ablassen ... Wissen Sie übrigens, welchen Ausgangspunkt alle meine Gespräche mit Boris haben? Ich lasse ihn erzählen, was er des Nachts geträumt hat."

„Wie können Sie aber beurteilen, ob er nichts erfindet?"

„Und wenn er etwas erfände!? ... Jede Erfindung einer krankhaften Phantasie ist verräterisch."

Sie schwieg einige Augenblicke und fuhr dann fort: *„Erfindung, krankhafte Phantasie ...* Nein, das sind doch nicht die richtigen Ausdrücke. Hier lassen uns die Worte im Stich. Wenn ich frühmorgens mit Boris allein bin, so träumt er sozusagen mit sprechendem Munde weiter. Jeden Morgen bleibt er etwa eine Stunde lang in diesem halbschlafartigen Zustande, in dem die auftauchenden Bilder sich der Kontrolle der Vernunft entziehen. Nicht nach logischen Gesetzen gruppieren und verbinden sich dann die Vorstellungen, sondern nach anderen, höchst überraschenden Assoziationen; sie gehorchen einem geheimnisvollen inneren Gebot, eben dem, auf dessen Entdeckung es ankommt. Und dies zerfließende Gerede eines Kindes liefert mir ein weit brauchbareres Material, als die intelligenteste Selbstzerglie-

derung des bewußtesten Patienten es zu tun vermöchte. Dem rationalen Denken entgeht eben so manches, und wer, das Leben zu erkennen, nur die Vernunft zu Hilfe riefe, der wäre ebenso unvernünftig wie jemand, der eine Flamme mit der Feuerzange fassen wollte: schließlich bliebe ihm nur ein verkohltes, längst nicht mehr loderndes Scheit Holz."
Sie hielt abermals inne und blätterte in meinem Buche.
„Wie wenig ihr doch vordringt in die menschliche Seele!" rief sie aus. Doch lächelnd fuhr sie gleich fort: „Oh, ich spreche nicht speziell von Ihnen, sondern von den Romanschriftstellern im allgemeinen! Fast alle eure Personen sind wie auf Pfählen errichtet, sie haben weder Fundament noch Kellergeschoß unter sich. Bei lyrischen Dichtern fände man vielleicht ein größeres Maß von Wahrheit; doch alles, was nur der Intelligenz seine Entstehung verdankt, ist unwahr ... Aber ich rede da von Dingen, die mich nichts angehen ... Wissen Sie übrigens, was mich im Falle des kleinen Boris manchmal ganz irremacht? Die Vermutung, daß er ein völlig reines Wesen ist."
„Warum sagen Sie, das mache Sie irre?"
„Weil ich dann nicht mehr wüßte, wo ich die Quelle des Übels zu suchen hätte. In neunzig Fällen von hundert findet man am Ursprung solcher krankhaften Zustände ein Geheimnis, dessen der Patient sich zu schämen hat."
„Das fände man vielleicht bei jedem von uns", sagte ich; „aber, Gott sei Dank, läßt es uns nicht alle krank werden."
In diesem Augenblick erhob sich Madame Sophroniska; sie hatte draußen auf der Terrasse Bronja vorbeigehen sehen.
„Sehen Sie", sagte sie, auf ihre Tochter weisend, „Bronja – die ist das beste Heilmittel für Boris! ... Sie scheint mich zu suchen; ich muß gehen. Aber wir sehen uns bald wieder, nicht wahr?"
Ich verstehe recht gut, welche Unterlassungen Madame Sophroniska der Romanliteratur vorwirft. Aber es kommen da künstlerische Motive, Probleme höherer Art in Frage, für die sie kein Verständnis hat und die mich vermuten lassen, daß, wer ein ausgezeichneter Forscher auf dem Gebiete der Psychopathologie sein mag, darum noch kein guter Romancier zu sein braucht.
Ich habe Laura und Madame Sophroniska miteinander be-

kannt gemacht. Die beiden scheinen sich gut zu verstehen, was mir sehr willkommen ist. Wenn ich weiß, daß sie miteinander plaudern, so empfinde ich weniger Gewissensbisse dafür, daß ich für mich allein bleibe. Dagegen ist es schade, daß Bernard hier gar keine Altersgenossen gefunden hat. Immerhin nimmt ihn die Vorbereitung auf sein Examen täglich mehrere Stunden in Anspruch. Ich habe mich meinem Roman wieder zuwenden können.

3

Obwohl sich alles leidlich anzulassen schien und jeder „sein Bestes tat“, ging die Sache zwischen Onkel Edouard und Bernard doch nur zur Hälfte gut. Auch Laura fühlte sich nicht eben behaglich. Und wie hätte sie es auch können? Die Umstände drängten ihr eine Rolle auf, für die sie keineswegs geschaffen war: die Ehrbarkeit ihres Charakters war ihr durchaus im Wege. Wie alle diese liebenden und anschmiegsamen Geschöpfe, die vorzügliche Ehefrauen abgeben, brauchte sie zu ihrer Selbstbehauptung eine konventionelle Luft, außerhalb deren sie jegliche Kraft einbüßte. Ihre Situation gegenüber Edouard kam ihr von Tag zu Tag unnatürlicher vor. Worunter sie besonders litt und was ihr, je mehr sie darüber nachdachte, immer unerträglicher wurde, war, daß sie völlig auf Kosten ihres Beschützers lebte; oder, besser: daß sie ihm keinerlei Gegenleistung bot; oder, noch genauer: daß Edouard keinerlei Gegenleistung von ihr verlangte, während sie sich doch bereit gefühlt hätte, ihm alles zu gewähren. „Wohltaten“ – sagt Montaigne, frei nach Tacitus – „sind nur dann angenehm, wenn man sich für sie erkenntlich zeigen kann.“ Das gilt freilich nur für edle Seelen; aber Laura war unbedingt eine solche. Während sie hätte geben mögen, mußte sie ohne Unterlaß nehmen, und das brachte sie gegen Edouard auf. Außerdem hatte sie, Früheres sich vergegenwärtigend, die Empfindung, als ob Edouard sie betrogen habe, indem er einen Liebesdrang, der noch längst nicht erloschen war, in ihr entfacht und dann, achselzuckend, ohne Verwendung gelassen habe. Lag darin nicht die geheime Ursache aller ihrer Verwirrungen, ihrer Heirat mit Douviers, zu der sie sich her-

beigelassen, zu der Edouard sie hingeleitet hatte; und dann, so bald darauf, ihres Erliegens vor den Lockungen des südlichen Frühlings? Denn noch in den Armen Vincents – das mußte sie sich nunmehr eingestehen – war es Edouard gewesen, nach dem sie sich gesehnt hatte. Und da sie sich die Zurückhaltung dessen, den sie liebte, nicht zu erklären vermochte, so schob sie sich selbst die Verantwortung zu und kam zu dem Schlusse, daß sie, wäre sie nur schöner oder mutiger gewesen, über diese Zurückhaltung hätte triumphieren können; und da es ihr nicht gelang, Edouard zu hassen, so beschuldigte sie sich selbst, sprach sich allen Reiz und Wert ab, ja leistete innerlich auf jegliche Glücksfähigkeit und Daseinsberechtigung Verzicht.
Hinzugefügt sei noch: der etwas zigeunerhafte Anstrich des Kampierens im Hotel, wie er sich aus Beschaffenheit und Lage der beiden Zimmer ergab und wie er ihren Gefährten vielleicht amüsant scheinen mochte, verletzte Lauras Zartgefühl des öfteren. Und aus dieser kaum noch haltbaren Situation sah sie keinen Ausweg.
Etliche Ermutigung und Freude schöpfte Laura nur daraus, daß sie sich gegenüber Bernard immer neue Mutter- und Schwesternpflichten ausdachte. Sie war keineswegs unempfänglich für den Kultus, den der liebenswürdige junge Mann mit ihr trieb; und die Anbetung, die ihr von dieser Seite zuteil wurde, bewahrte sie vielleicht vor den letzten Stadien eines Überdrusses, einer Selbstverachtung, wie sie gerade schwankenden Naturen zu den äußersten Entschlüssen führen können. Jeden Vormittag verbrachte Bernard, falls nicht ein Ausflug in die Berge ihn vor Tagesanbruch entführte (er stand gern früh auf), zwei volle Stunden bei ihr. Sie beschäftigten sich mit englischer Lektüre. Das Examen, das Bernard im Oktober machen sollte, bot einen bequemen Vorwand. Daß seine Stellung als Edouards Sekretär ihm viel Zeit geraubt hätte, konnte man beim besten Willen nicht behaupten. Seine Funktionen waren ganz ungenügend präzisiert. Als Bernard diesen Posten übernahm, sah er sich im Geiste schon an einem großen Schreibtisch sitzen, an dem er allerhand Manuskripte ins reine zu bringen oder Edouards Diktate entgegenzunehmen hätte. Aber Edouard diktierte gar nichts; die Manuskripte (falls überhaupt welche vorhanden waren) blieben im Koffer, und zu

jeder Tagesstunde durfte Bernard sich seiner Freiheit uneingeschränkt erfreuen. Doch da es nur an Edouard gelegen hätte, einen Eifer, der sich recht gern betätigen wollte, besser auszunutzen, so ließ Bernard es sich nicht übertrieben zu Herzen gehen, daß er so unbeschäftigt blieb und den angenehmen Aufenthalt, den Edouards Freigebigkeit ihm bot, in keiner Weise „verdiente". Er war fest entschlossen, sich durch bängliche Zweifel nicht beirren zu lassen. Er glaubte, wenn nicht an die Vorsehung, so doch an seinen Stern und – wie jeder Atmende sein Quantum Luft beanspruchen darf – an sein Recht auf ein Quantum Glück. Edouard war dieses Glückes Spender, wie, nach Bossuet, der Kanzelredner ein Spender göttlicher Weisheit ist. Übrigens sagte sich Bernard, daß der gegenwärtige Zustand der Dinge kaum von langer Dauer sein werde; und er glaubte durchaus, eines Tages seine Schuld abtragen zu können, sowie nur erst die Fülle seines inneren Reichtums sich in klingende Münze umgewandelt haben werde. Was ihn hingegen ernstlich verdroß, war, daß Edouard niemals an gewisse Gaben appellierte, die er – Bernard – ebenso deutlich in sich fühlte, wie er sie bei Edouard vermißte. Er weiß mich nicht zu verwenden, sagte Bernard zu sich. Und eine aufkeimende Bitterkeit schnell bezwingend, fügte er hinzu: Dumm genug von ihm!
Aber woher stammte eigentlich das Mißbehagen zwischen Edouard und Bernard? Bernard scheint mir zu jenen Naturen zu gehören, die ihren geistigen Halt nur in der Opposition finden. Er konnte es nicht ertragen, daß Edouard Einfluß auf ihn zu gewinnen begann, und so nahm er bald ein trotziges, widerspenstiges Wesen an. Edouard, der gar nicht daran dachte, ihn irgendwie beugen zu wollen, ward über diese hartnäckige Verteidigungs- und Abwehrstellung seines Sekretärs allmählich ganz verzweifelt. Und schließlich vermochte er sich der Überlegung nicht mehr zu entziehen, daß er vielleicht eine eminente Ungeschicklichkeit begangen habe, indem er zwei Geschöpfe mit auf Reisen nahm, die nur darauf gewartet zu haben schienen, sich gegen ihn zu verbünden. Unfähig, Lauras geheimes Fühlen zu erkennen, nahm er ihre scheue Einsilbigkeit für Kälte. Er wäre äußerst betreten gewesen, wenn er hätte klarsehen können. Und das begriff Laura. Und ihre verschmähte Liebe ver-

zehrte sich nur noch mehr im Verheimlichen und Entsagen.

Die Teestunde vereinte sie gewöhnlich alle drei im großen Zimmer. Häufig (besonders wenn Boris und Bronja zusammen ausgegangen waren) fand sich, auf ihre Einladung, auch Madame Sophroniska zu ihnen. Die Kinder genossen, so jung sie waren, viel Freiheit. Madame Sophroniska setzte volles Vertrauen in ihre Bronja, die es denn auch, als Hüterin des ihr gegenüber besonders fügsamen Boris, niemals an der nötigen Umsicht fehlen ließ. Das Land war sicher. Natürlich durften die Kinder sich nicht bis in die Berge wagen, ja nicht einmal auf den Felsen beim Hotel herumklettern. Eines Tages, die Kinder hatten die Erlaubnis erhalten, bis an den Fuß des Gletschers zu gehen, unter der Bedingung, sich auf keinen Fall von der Landstraße zu entfernen, faßte sich beim Tee Madame Sophroniska, von Bernard und Laura ermutigt, ein Herz und bat Edouard, falls es ihm nicht unangenehm wäre, ihnen etwas von seinem in der Entstehung begriffenen Roman mitzuteilen.

„Unangenehm? Durchaus nicht! Aber ich kann Ihnen den Inhalt nicht erzählen."

Jedoch schien er fast böse zu werden, als Laura (eine offensichtlich ungeschickte Frage) sich erkundigte, „womit sein neues Buch denn Ähnlichkeit haben werde".

„Mit nichts!" schrie er. Und fuhr, als habe er auf diese Gelegenheit nur gewartet, aufgeregt fort: „Warum sollte ich noch einmal machen, was andere schon gemacht haben, oder was ich selbst schon gemacht habe, oder was andere ebensogut machen könnten wie ich?"

Kaum hatte Edouard dies gesagt, als ihm zum Bewußtsein kam, wie unpassend, übertrieben und abgeschmackt seine Worte wirken konnten. Auf ihn selbst jedenfalls wirkten sie leider so. Und er fürchtete, daß sie auch dem Urteile Bernards sich so darbieten müßten.

Edouard war sehr reizbar. Wenn man zu ihm über seine Arbeit sprach oder wenn man ihn gar verleitete, sich selbst darüber zu äußern, so schien er plötzlich alle Besonnenheit zu verlieren.

Gewiß, er verachtete die herkömmliche Selbstgefälligkeit der Literaten, er unterdrückte die seinige nach bestem Vermögen; aber er suchte gern einen Halt für seine Bescheidenheit in der Achtung der andern, fehlte es einmal an dieser Achtung, so war es auch mit der Bescheidenheit schnell vorbei. Nun, an Bernards guter Meinung war ihm außerordentlich viel gelegen. Um diese zu gewinnen, gab er also seinem Pegasus die Sporen, sowie nur Bernard in der Nähe war? Das wäre gerade das sicherste Mittel gewesen, dieser guten Meinung ein für allemal verlustig zu gehen! Das fühlte Edouard durchaus und sagte sich's immer wieder. Doch allen Vorsätzen zum Trotz handelte er, sobald Bernard anwesend war, ganz anders, als er gewollt hätte, und sprach auf eine Weise, die er schon während des Sprechens als lächerlich empfand (und die es in der Tat war). Woraus man hätte schließen können, daß er ihn liebte? . . . Aber nein; das glaube ich nicht. Um erkünstelte Manieren von uns zu erreichen, genügt, wie große Liebe, auch schon ein wenig Eitelkeit.

„Von allen literarischen Gattungen", so ließ Edouard sich vernehmen, „bietet der Roman die freieste, am wenigsten durch Regeln eingeengte Form. Ist nun vielleicht gerade das – oder am Ende gar die Furcht vor dieser Freiheit selbst (denn die Künstler, sosehr sie nach Freiheit gieren, wissen meistens nichts mit ihr anzufangen) – der Grund, warum der Roman sich stets so ängstlich an die Wirklichkeit geklammert hat? Ich spreche nicht nur vom französischen Roman, auch der englische, selbst der russische Roman, so zwanglos er sich gebärdet, dient der Realität. Sein ganzes Streben geht ja auf eine immer größere Annäherung an das Natürliche. Doch niemals hat der Roman jene gewaltige Verwitterung der Konturen gekannt, von der Nietzsche spricht, niemals jene gewollte Abkehr vom Leben, die dem griechischen Drama oder den Tragödien des französischen siebzehnten Jahrhunderts ihren erhabenen Stil verliehen haben! Gibt es etwas Vollkommeneres, etwas zutiefst Menschlicheres als diese Schöpfungen? Menschlich allerdings sind sie nur in ihrer Tiefe: sie wollen es nicht scheinen, und noch weniger wollen sie realistisch sein. Denn es sind Werke der Kunst."

Edouard hatte sich erhoben. Um nicht den Anschein zu erwecken, als gefalle er sich darin, eine akademische Vorlesung zu halten, ging er während des Sprechens hin und her, goß Tee ein, träufelte sich Zitronensaft in die Tasse und fuhr indessen fort: „Weil Balzac ein Genie war und weil jedes Genie eine endgültige, maßgebende Lösung seiner Kunstform zu bringen scheint, so hat man proklamiert, das Wesen des Romans bestehe darin, ‚den Zivilstandsregistern Konkurrenz zu machen'. Gewiß, Balzac hatte sein Werk errichtet. Doch niemals hat er den Anspruch erhoben, dem Roman damit unabänderliche Gesetze gegeben zu haben. Das ergibt sich aus seinem Artikel über Stendhal mit hinreichender Deutlichkeit. Den Zivilstandsregistern Konkurrenz machen! Als gäbe es nicht schon genug aufgeblasene Hohlköpfe auf Erden! Was habe ich mit den Zivilstandsregistern der Staatsschreibereien zu tun? Der Staat: das bin ich, der Künstler! Und zivil oder nicht: mein Werk zieht andere Register auf und macht keinem erdenklichen Stande Konkurrenz!"

Edouard hatte sich in eine vielleicht etwas künstliche Hitze hineingeredet. Jetzt nahm er seinen Platz am Teetisch wieder ein. Auf Bernard schien er gar nicht zu achten. In Wirklichkeit aber sprach er nur für ihn. Wäre er mit ihm allein gewesen, so hätte er nichts zu sagen gewußt: er war den beiden Damen dankbar für ihre Anwesenheit.

„Manchmal glaube ich, daß ich in der gesamten Literatur nichts so sehr bewundere wie zum Beispiel bei Racine die Auseinandersetzung zwischen Mithridates und seinen Söhnen. Gewiß haben niemals irgendwelche Väter und Söhne so miteinander sprechen können – und trotzdem (oder gerade um deswillen) werden alle Väter, alle Söhne sich in dieser Szene wiedererkennen. Wer lokalisiert und spezifiziert, der engt ein. Allerdings gibt es psychologische Wahrheiten nur im Einzelfall, doch die Kunst formt sie ins Allgemeine. Und das ganze Problem besteht darin, das Allgemeine durch das Besondere auszudrücken, durch das Besondere das Allgemeine aussprechen zu lassen. Darf ich mir meine Pfeife anzünden?"

„Aber bitte gern", sagte Sophroniska.

„Nun, ich strebe einen Roman an, der so wirklich und zugleich so wirklichkeitsfern, so besonders und zugleich so allgemein, so menschlich und zugleich so erdichtet wäre wie ‚Athalie', ‚Tartuffe' oder ‚Cinna'."

„Und . . . das Thema dieses Romans?"

„Er hat keins", antwortete Edouard brüsk. „Ja, das ist viel-

leicht das Merkwürdigste: mein Roman hat kein Thema. Oh, ich weiß wohl, es klingt töricht, was ich da sage. Also präzisieren wir: es handelt sich in ihm nicht um ein einziges, spezielles Thema ... Einen ‚Ausschnitt aus dem Leben' wollte der naturalistische Roman geben. Der große Fehler dieser Schule bestand darin, diese programmatische Schnitte vom Brote der Realität in einer stets gleichbleibenden Dimension, nämlich der Zeit nach, der Länge nach, schneiden zu wollen. Warum nicht auch einmal der Breite nach? Oder der Tiefe nach? Was mich betrifft, ich möchte überhaupt nicht schneiden! Verstehen Sie mich: ich möchte eine Totalität von Erscheinungen in meinen Roman eintreten lassen; nichts soll weggeschnitten, der andrängenden Fülle nirgends Einhalt geboten werden! Seit mehr als einem Jahr arbeite ich daran, und alles, was mir seitdem begegnet ist, alles, was ich sehe und erkenne, was das Leben der andern und mein eigenes mich lehrt: das alles möchte ich in dieses Buch hineingießen ..."
„Und all das mit der Tendenz zu einer höheren Bedeutsamkeit?" fragte Sophroniska mit scheinbar liebenswürdigstem, aber vielleicht doch etwas ironisch gefärbtem Interesse. Laura vermochte ein Lächeln kaum zu unterdrücken. Edouard antwortete achselzuckend: „Nicht eigentlich so. Was mir vorschwebt, ist, einerseits die Realität zu schildern und andererseits jene formende Anspannung darzustellen, mittels welcher sie universelle Geltung gewinnt, jene Stilisierung, von der ich vorhin gesprochen habe."
„Mein armer Freund, dabei werden Ihre Leser sterben vor Langeweile!" rief Laura aus. Sie konnte ihr Lächeln nicht mehr verbergen und zog es vor, richtig zu lachen.
„Keineswegs. Um diesen Zweck zu erreichen, erfinde ich die Person eines Romanschriftstellers, den ich als Zentralfigur des Buches hinstelle. Und das Thema des Romans, wenn Sie wollen, besteht nun in dem Kampfe zwischen dem, was die Wirklichkeit diesem Romancier bietet, und dem, was er seinerseits daraus zu machen bestrebt ist."
„Oh, ich glaube zu verstehen", sagte Sophroniska höflich, obwohl Lauras Gelächter sie beinahe angesteckt hätte. „Das könnte vielleicht, als Idee, ganz nett sein. Aber, wissen Sie, es ist doch immer sehr bedenklich, in einem Roman Literaten auftreten zu lassen! Diese Leute infizieren das Publi-

kum mit ihrer eigenen Unbehaglichkeit. Es scheint unmöglich zu sein, ihnen etwas anderes als Flachheiten in den Mund zu legen, und sie verdünnen alles, was mit ihnen in Berührung kommt, zu nebelhafter Abstraktion."

„Und außerdem sehe ich ganz deutlich, wie es kommen wird", sagte Laura; „in der Gestalt dieses Romanschreibers müssen Sie notgedrungen sich selbst darstellen!"

Seit einiger Zeit hatte sie, wenn sie zu Edouard sprach, einen spöttischen Ton angenommen, über den sie sich selbst zu wundern schien und dem Edouard um so wehrloser gegenüberstand, als er in Bernards boshaftem Blick eine Gutheißung dieses Spottes zu entdecken glaubte.

Edouard beteuerte: „Nein, wirklich nicht! Ich werde mich bemühen, diese Figur recht unsympathisch zu machen."

Laura war im Zuge. „Ja, eben: jedermann wird Sie darin erkennen!" rief sie mit einem so aufrichtigen Lachen, daß die drei andern mit einstimmen mußten.

„Und der Plan dieses Buches steht bereits fest?" fragte, mit einem Versuch, wieder ernst zu werden, Sophroniska.

„Natürlich nicht!"

„Wie das: ‚natürlich nicht'?"

„Sie müssen doch einsehen, daß bei einem solchen Buche ein Plan ganz undenkbar wäre! Alles würde ja falsch werden, wenn ich irgend etwas von vornherein festlegen wollte! Ich warte, daß die Wirklichkeit mir einen Plan diktiere."

„Aber ich dachte, Sie wollten sich von der Wirklichkeit entfernen?"

„Mein Romanschreiber möchte sich von ihr entfernen; ich aber stoße ihn immer wieder darauf zurück. Und dieses wird das eigentliche Thema des Romans sein: der Widerstreit zwischen den Tatsachen, die von der Realität vorgeschlagen werden, und der idealen Realität."

Das Unlogische dieser Darlegungen war unverkennbar, ja, es sprang auf eine geradezu peinliche Art in die Augen. Und klar zutage trat, daß Edouard zwei unvereinbare Absichten in seinem Hirne barg und sich damit zermarterte, sie in Einklang bringen zu wollen.

„Und es ist schon weit gediehen?" fragte Sophroniska höflich.

„Das kommt darauf an, was Sie darunter verstehen! Von

dem Buche selbst habe ich noch keine Zeile geschrieben. Aber ich habe schon sehr viel daran gearbeitet. Ich denke beständig daran. Ich arbeite an diesem Buch auf eine ziemlich sonderbare Manier, die ich Ihnen verraten will: in einem Heft notiere ich mir täglich den Stand des Romans in meinem Geiste ... Es ist eine Art professionelles Tagebuch, das ich führe, so, wie eine Mutter das Tagebuch ihres kleinen Kindes führen mag ... Das bedeutet, daß ich mich nicht damit begnüge, jede Schwierigkeit, je nachdem, wie sie auftaucht, zu lösen (und jedes Kunstwerk ist nur die Summe oder das Produkt der Lösungen einer Menge kleiner, aufeinanderfolgender Schwierigkeiten), sondern daß ich jede einzelne Schwierigkeit in ihrem besonderen Wesen ausführlich darstelle und analysiere. Dieses Heft enthält somit, wenn Sie wollen, die fortlaufende Kritik meines Romans; oder besser, des Romans im allgemeinen. Stellen Sie sich vor, wie interessant es für uns sein müßte, wenn Dikkens oder Balzac solche Tagebücher geführt hätten; oder wenn Tagebücher der ‚Education sentimentale' oder der ‚Brüder Karamasow' vorhanden wären: Entstehungsgeschichten dieser Werke, Notizkalender ihres Reifwerdens! Das müßte aufregend interessant sein ..., interessanter als die Werke selbst ..."

Edouard hoffte im stillen, man werde ihn bitten, seine Notizblätter vorzulesen. Aber niemand von den dreien bekundete die geringste Neugier.

Statt dessen äußerte Laura in fast schmerzlichem Ton: „Mein armer Freund, ich sehe schon, daß Sie diesen Roman nie schreiben werden!"

„Nun, ich will Ihnen etwas sagen", erwiderte Edouard heftig, „das ist mir egal! Falls ich nicht dazu komme, es zu schreiben, dies Buch, so wird es deswegen sein, weil die Geschichte des Buches mich mehr interessiert haben wird als das Buch selbst; weil sie seinen Platz eingenommen haben wird; und das sollte mir nur lieb sein!"

„Fürchten Sie denn nicht, daß Sie sich, bei solcher Abwendung vom wirklichen Leben, in die Eisregionen der Abstraktion verlieren und einen Roman zustande bringen werden nicht realer Wesen, sondern erklügelter Begriffe?" fragte Sophroniska ewas bekümmert.

„Und wenn dem so wäre!" rief Edouard mit verdoppeltem

Ungestüm. „Sollen wir den Ideen-Roman in Bausch und Bogen verdammen, weil einige Tölpel sich an dieser Gattung die Finger verbrannt haben? Unter der Etikette des Ideen-Romans hat man uns bisher nur erbärmliche Thesen-Romane serviert! ... Aber darum handelt es sich natürlich nicht. Ideen ..., ja, Ideen, ich gestehe es, interessieren mich mehr als Menschen; interessieren mich über alles. Ideen leben, kämpfen und sterben, ganz wie die Menschen. Freilich kann man sagen, daß wir sie nur durch die Menschen kennenlernen, gleicherweise wie man das Wehen des Windes an der Bewegung des Schilfrohrs erkennt, das er niederbeugt; aber der Wind ist von größerer Bedeutung als das Schilf."

„Der Wind existiert unabhängig vom Schilf", warf Bernard ein.

Diese längst erwartete Intervention ließ Edouard auffahren: „Ja, ich weiß – und die Ideen existieren nur durch die Menschen. Aber gerade darin liegt das Pathetische: sie leben auf Kosten der Menschen, durch die sie existieren."

Bernard hatte alles aufmerksam mit angehört. Doch in seinem Innern erhoben sich tausend Zweifel und Einwände, und fast wäre ihm Edouard als ein widerspruchsvoller Phantast und Spintisierer erschienen. Immerhin, in den letzten Momenten hatte Edouards Beredsamkeit ihn mitgerissen. Unter dem Hauche dieser Beredsamkeit fühlte er seinen widerstrebenden Sinn sich beugen. Aber, so dachte er, mein Sinn richtet sich sofort wieder auf, wie das Schilf, wenn der Wind vorbei ist! Und er rief sich die Schulweisheit zurück: „Leidenschaften, nicht Ideen lenken den Menschen." Inzwischen fuhr Edouard fort: „Was ich machen möchte, verstehen Sie, wäre so etwas wie die *Kunst der Fuge*. Ich sehe nicht ein, warum, was in der Musik möglich gewesen ist, in der Literatur nicht möglich sein sollte!"

Darauf erwiderte Sophroniska, die Musik sei eine mathematische Kunst, und überdies habe Bach, alles Pathos, alles Menschliche aus diesen Kompositionen verbannend und nur noch die Zahl gelten lassend, höchstens das abstrakte Meisterwerk der Langenweile geschaffen, eine Art astronomischen Tempel, in dem sich nur wenige Adepten zurechtfänden. Umsonst beteuerte Edouard, er finde diesen Tempel bewundernswert und sehe in ihm Ziel und Gipfel allen

Schaffens von Johann Sebastian Bach. – Jetzt war es Laura, die opponierte: „Inzwischen ist die Menschheit von der Kunst der Fuge geheilt worden, und hoffentlich dauernd! Die menschliche Seele, die in jenem Tempel keine Zuflucht mehr fand, hat sich andere Wohnstätten gesucht."

Das Gespräch verlor sich in Spitzfindigkeiten. Bernard, der bis jetzt geschwiegen hatte, begann auf seinem Stuhl ungeduldig zu werden, und schließlich konnte er sich nicht länger halten. Mit jener äußersten, ja übertriebenen Ehrerbietung, die er jedesmal, wenn er das Wort an Edouard richtete, zur Schau trug, der er jedoch einen Unterton des Spielerischen und Fragwürdigen beizumischen liebte, sagte er: „Rechnen Sie mir's, bitte, nicht übel an, mein Herr, daß ich – infolge einer Indiskretion, über die Sie, glaube ich, gütigerweise den Schleier der Vergessenheit gebreitet haben – den Titel Ihres Buches kenne. Dieser Titel schien aber doch auf eine Handlung hinzudeuten ...?"

„Oh, sagen Sie uns den Titel!" bat Laura.

„Wenn Sie es wünschen, liebe Freundin ... Aber ich sage Ihnen gleich dabei, daß ich ihn vielleicht noch ändern werde. Ich fürchte, er ist ein bißchen trügerisch ... Na, sagen Sie unsern Freundinnen den Titel, Bernard!"

„Sie erlauben es? ... ‚Die Falschmünzer'", sagte Bernard. „Doch nun sagen Sie uns Ihrerseits: wer sind diese Falschmünzer?"

„Davon weiß ich nichts", antwortete Edouard.

Bernard und Laura sahen sich an. Dann sahen beide Sophroniska an. Man hörte einen langen Seufzer. Ich glaube, es war Laura, die ihn ausstieß.

Die Sache verhielt sich so, daß Edouard bei dem Begriff „Falschmünzer" zunächst an gewisse Kollegen gedacht hatte, und zwar in erster Linie an den Vicomte de Passavant. Doch alsbald hatte sich ihm der Sinn des Wortes beträchtlich erweitert; und je nachdem der geistige Wind von Rom oder anderswoher blies, wurden seine Helden abwechselnd Priester oder Freimaurer. Sein Hirn, nur einen Augenblick sich selbst überlassen, geriet unaufhaltsam ins Relative, ins Abstrakte, Ideen über Wechselkurse, Geldentwertung, Inflation überfluteten allmählich sein Buch, wie Theorien über das Bekleidungswesen den *Sartor resartus* von Carlyle – und diese usurpierten den Platz der Personen. Da

Edouard hiervon nicht sprechen konnte, so schwieg er auf die ungeschickteste Art, und sein Schweigen, das ein Geständnis der Armut zu sein schien, begann den drei andern peinlich zu werden.

„Haben Sie schon einmal falsches Geld in Händen gehabt?" fragte er endlich.

„Ja", sagte Bernard. Aber das „nein" der beiden Frauen übertönte seine Stimme.

„Nun, so denken Sie sich ein goldenes Zehnfrancstück, das falsch wäre. In Wirklichkeit ist es nur zwei Sou wert. Aber solange man nicht merkt, daß es gefälscht ist, wird es überall für zehn Franc angenommen werden. Gehe ich also von der Idee aus, daß . . ."

„Aber warum von einer Idee ausgehen?" unterbrach ihn Bernard ungeduldig. „Wenn Sie von einer anschaulichen Tatsache ausgingen, so käme die Idee von selbst und erfüllte den Tatbestand mit ihrem Sinn. Wenn ich die ‚Falschmünzer' zu schreiben hätte, ich finge damit an, das falsche Goldstück zu präsentieren, dieses kleine Goldstück, von dem Sie eben sprachen . . . und das hier zur Stelle ist!"

Mit diesen Worten zog er ein goldenes Zehnfrancstück aus seiner Westentasche hervor und warf es auf den Tisch.

„Hören Sie, wie gut es klingt? Fast genauso wie die echten Goldmünzen! Man möchte darauf schwören, daß es aus Gold wäre! Ich bin heute morgen selbst darauf hereingefallen, und auch der Krämer, der es mir gegeben hat, hatte sich täuschen lassen, wie er sagt. Es hat nicht ganz das Gewicht, glaube ich; aber es hat den Glanz und annähernd den Ton eines echten Stückes; seine Hülle ist aus Gold, so daß es immerhin etwas mehr wert ist als zwei Sou; aber es ist aus Quarz. Im Gebrauch würde es durchscheinend werden . . . Nein, reiben Sie es nicht so; Sie verderben es mir noch! Man kann ja schon beinahe hindurchsehen."

Edouard hatte das Goldstück genommen und betrachtete es mit neugierigem Interesse.

„Aber von wem hat es denn der Krämer bekommen?"

„Das weiß er selbst nicht mehr. Er meint, es müsse sich schon mehrere Tage in seiner Ladenkasse befunden haben. Es machte ihm Spaß, es mir beim Herausgeben hinzuschieben, um zu sehen, ob ich wohl darauf hereinfiele. Und wirklich, ich wollte es schon annehmen! Da er aber ein ehr-

licher Kerl ist, so hat er mir dann gesagt, daß es falsch sei; und dann hat er es mir für fünf Franc überlassen. Eigentlich hat er's behalten wollen, um es gelegentlich einem ‚Liebhaber', wie er sich ausdrückte, zu zeigen. Doch ich dachte mir, es könne in aller Welt keinen würdigeren Liebhaber dafür geben als den Mann, der die ‚Falschmünzer' schreibt! Und um es Ihnen zu zeigen, hab ich es also erworben. Aber jetzt, wo Sie es untersucht haben: geben Sie es mir wieder! Denn ich sehe ja leider, daß die Wirklichkeit Sie nicht interessiert!"
„Doch!" sagte Edouard. „Aber sie geniert mich."
„Schade", meinte Bernard.

Aus Edouards Tagebuch:
(Am selben Abend.) – Sophroniska, Bernard und Laura haben mich über meinen Roman ausgefragt. Ich habe nichts als Dummheiten vorgebracht, und es wäre viel besser gewesen, wenn ich den Mund gehalten hätte. Dann wurden wir glücklicherweise durch die Rückkehr der Kinder unterbrochen. Mit geröteten Gesichtern und ganz außer Atem kamen sie an. Bronja warf sich gleich stürmisch in die Arme ihrer Mutter; sie schien in Weinen ausbrechen zu wollen.
„Mama", rief sie, „du mußt Boris schelten! Er wollte sich nackt in den Schnee legen!"
Sophroniska sah Boris an, der, mit gesenktem Kopf und einem starren, fast feindseligen Blick, an der Tür stehengeblieben war. Sie schien das sonderbare Wesen des Kindes nicht bemerken zu wollen, sondern sagte mit bewundernswürdiger Ruhe: „Hör, Boris, des Abends darf man so etwas auf keinen Fall tun! Wenn du willst, gehen wir morgen früh wieder dorthin. Und dann kannst du erst einmal versuchen, ein bißchen barfuß im Schnee zu gehen . . ."
Sie streichelte ihrer Tochter sanft das Haar. Doch plötzlich fiel Bronja zu Boden und wälzte sich in Zuckungen. Wir erschraken sehr. Sophroniska hob sie auf und bettete sie auf den Diwan. Regungslos, mit großen, leeren Augen sah Boris alles mit an.

Ich halte Sophroniskas Erziehungsmethode in der Theorie für ausgezeichnet, aber vielleicht zieht sie den Widerstandsgeist der Kinder nicht genügend in Betracht.

„Sie handeln, als ob das Gute stets über das Böse triumphieren müßte", sagte ich, als ich nach dem Abendessen mit ihr allein war. Ich hatte mich nach dem Befinden Bronjas, die früh zu Bett gegangen war, erkundigen wollen.
„Allerdings", antwortete sie; „ich glaube fest daran, daß das Gute in der Welt triumphieren muß. Dies Vertrauen lasse ich mir nicht nehmen."
„Immerhin könnten Sie, aus übertriebenem Vertrauen, vielleicht einmal einen Fehler begehen . . ."
„Fehler begangen habe ich immer nur dann, wenn mein Vertrauen nicht groß genug war! Als ich heute die Kinder allein spazierengehen ließ, vermochte ich eine gewisse Unruhe nicht ganz zu unterdrücken. Das haben sie gemerkt. Und davon ist alles gekommen!"
Sie nahm meine Hand. „Sie allerdings erwecken nicht den Eindruck, als ob Sie an die schöpferische Macht des Vertrauens glaubten!"
„In der Tat", sagte ich lachend, „ich bin kein Mystiker."
„Ich aber glaube von ganzer Seele", rief sie leidenschaftlich, „daß hienieden nichts Schönes und Großes geschehen kann ohne das Wirken mystischer Kräfte!"
Im Fremdenbuch den Namen „Victor Strouvilhou" entdeckt. Nach den Angaben des Wirtes muß er Saas-Fee ein paar Tage nach unserer Ankunft verlassen haben. Er scheint ungefähr einen Monat hier gewesen zu sein. Es hätte mich interessiert, ihn wiederzusehen. Ich will Sophroniska fragen, ob sie mit ihm bekannt geworden ist.

4

„Ich wollte eine Frage an Sie richten, Laura", sagte Bernard; „glauben Sie, daß es auf dieser Erde irgend etwas gibt, was nicht in Zweifel gezogen werden darf? . . . Mit mir ist es so weit gekommen, daß ich mich frage, ob nicht vielleicht der Zweifel selbst den einzigen Halt in unserem Dasein bieten könnte, denn seine Realität wird sich doch kaum leugnen lassen! Ich kann zweifeln an der Wirklichkeit von allem, aber nicht an der Wirklichkeit meines Zweifelns selbst. Ich möchte . . . Doch verzeihen Sie bitte, falls ich mich pedantisch ausdrücken sollte; von Natur bin ich nicht pedantisch, aber ich komme ja aus der ‚philosophischen‘ Oberprima, und Sie können sich kaum vorstellen, wie dieses ständige Diskutieren den Geist beeinflußt; ich will mich wieder davon losmachen, das schwöre ich Ihnen!“

„Wozu diese Zwischenbemerkung? Was wollten Sie also sagen: Sie möchten . . .?“

„Ich möchte die Geschichte eines Mannes schreiben, der, wie der brave Panurg bei Rabelais, jeden Menschen, der ihm begegnet, nach seiner Meinung fragt. Wenn er dann im Laufe der Zeit erfahren hat, daß die Meinungen der Menschen sich in jeder Einzelheit gegenseitig aufheben, so beschließt er zu guter Letzt, nur noch auf sich selbst zu hören, wodurch er mit einemmal sehr stark wird.“

„Was ist das für ein greisenhaftes Projekt!“ rief Laura aus.

„Oh, ich bin reifer, als Sie glauben! Seit einigen Tagen führe ich ein Notizheft, wie Edouard eines hat. Auf die rechte Seite schreibe ich eine Meinung, doch immer erst dann, wenn ich auf die linke Seite, genau gegenüber, die entgegengesetzte Meinung setzen kann. Zum Beispiel . . . ja, neulich abends sagte Sophroniska doch, sie lasse Boris und Bronja immer bei weit offenem Fenster schlafen. Und alle hygienischen Gründe, die sie dafür anführte, erschienen uns durchaus vernünftig und überzeugend, nicht wahr? Aber gestern habe ich unten im Rauchzimmer mit angehört, wie der deutsche Professor, der seit ein paar Tagen hier ist, eine völlig entgegengesetzte Ansicht verfocht, und zwar mit Gründen, die mir noch vernünftiger und noch überzeugender zu sein schienen. Das zu erstrebende Ziel, sagte er, bestehe darin, daß während des Schlafes der Aufwand jenes Tauschhandels, den man ‚Leben‘ nennt – er sprach von einem Verbrennungsprozeß –, möglichst eingeschränkt werde; erst dadurch gewinne der Schlaf seinen vollen Wert als Wiederhersteller der Kräfte. Er wies dabei auf die Vögel hin, die beim Schlafen den Kopf unter die Flügel stecken, und auf alle die Tiere, die sich während des Schlafes zusammenkauern, dermaßen, daß sie kaum noch atmen. Ähnlicherweise, sagte er, sperrten sich die der Natur nächststehenden Menschen, die am wenigsten zivilisierten Bauern, in Alkoven ein, und die Araber, gezwungen, unter freiem Himmel zu nächtigen, zögen sich wenigstens die Kapuze ihres Burnus übers Gesicht. Was nun jedoch Sophroniska betrifft, so bin ich geneigt, zu glauben, daß sie in bezug auf die beiden Kinder mit ihrer Methode trotzdem recht hat, weil das, was für andere gut sein mag, für Boris und Bronja wahrscheinlich sehr wenig gut wäre, denn wenn ich recht begriffen habe, tragen sie beide den Keim der Tuberkulose in sich. Kurz, ich sage mir . . . Doch ich langweile Sie gewiß?!“

„Wie kommen Sie auf die Vermutung? . . . Also: was sagten Sie sich . . .?“

„Ich weiß nicht mehr!“

„Aber warum schmollen Sie denn plötzlich so? So sprechen Sie Ihre Gedanken doch aus!“

„Ich sagte mir, daß nichts für alle gut ist, sondern daß alles nur für bestimmte Menschen gut sein kann; daß nichts für alle wahr ist, sondern alles nur für den, der daran glaubt, daß es keine Methode und keine Theorie gibt, die unterschiedslos auf jeden einzelnen anwendbar wäre, daß wir, wenn wir somit wählen müssen, um zu handeln, also wenigstens freie Wahl haben; daß, falls wir keine freie Wahl haben, die Sache sich eben noch vereinfacht, daß aber letzten Endes dasjenige für mich wahr wird, freilich nicht absolut wahr, sondern relativ, in bezug auf mich, was mir den besten Gebrauch meiner Kräfte, die Verwirklichung meiner Fähigkeiten ermöglicht. Denn in letzter Entscheidung kann ich meinen Zweifel nicht beibehalten, und ich hasse die Unentschlossenheit. Das ‚lieblich-weiche Ruhekissen‘, von dem Montaigne spricht, ist nicht für mich gemacht, denn ich bin noch nicht müde und bedarf keiner Ruhe. Doch weit ist der Weg, der von dem, was ich zu sein glaubte, hinführt zu dem, was ich vielleicht bin. Manchmal hab ich Angst, daß ich zu früh aufgestanden bin.“

„Sie haben Angst?“

„Nein, ich habe vor nichts Angst! Aber wissen Sie, daß ich mich schon sehr verändert habe? Jedenfalls ist meine innere Landschaft durchaus nicht mehr die gleiche wie an dem Tage, als ich von Hause weggegangen bin. Denn inzwischen habe ich Sie getroffen. Und sofort habe ich aufgehört, meine Freiheit höher zu schätzen als alles andere. Vielleicht haben Sie nicht recht begriffen, daß ich Ihnen zu Diensten stehe . . .?“

„Was soll dieser Ausdruck bedeuten?"
„Oh, das wissen Sie ganz genau! Warum wollen Sie, daß ich es Ihnen sage? Erwarten Sie Geständnisse von mir? ... Nein, nein, bitte nicht dieses verdächtige Lächeln; oder ich spreche kein Wort mehr!"
„Aber, mein kleiner Bernard, Sie wollen doch nicht etwa behaupten, daß Sie anfangen, mich zu lieben?"
„Oh, ich fange nicht erst an!" erwiderte Bernard. „Vielleicht fangen aber Sie allmählich an, es zu merken! Auf jeden Fall können Sie mich nicht daran hindern."
„Ach, es war bisher so entzückend für mich, daß ich kein Mißtrauen gegen Sie zu haben brauchte! Und jetzt sollte ich Ihnen nur noch mit Vorsicht nahe kommen dürfen, wie einer Sache, die leicht explodiert? ... Aber stellen Sie sich nur das häßlich aufgeschwollene Wesen vor, daß ich bald sein werde: mein bloßer Anblick wird Sie gründlich kurieren!"
„Als wenn ich von Ihnen nur den äußeren Anblick liebte! ... Außerdem bin ich nicht krank; oder, falls es Krankheit bedeutet, daß ich Sie liebe, so wünsche ich niemals kuriert zu werden!"
Das alles sagte er in fast traurigem Tone. Er sah sie zärtlicher an, als es Edouard oder Douviers je getan hatten, doch zugleich so voller Ehrfurcht, daß sie darüber nicht ungehalten sein konnte. In der Hand hatte sie ein englisches Buch, dessen Lektüre sie unterbrochen hatte. Mit zerstreuter Miene blätterte sie darin. Sie schien gar nicht mehr hinzuhören, so daß Bernard ohne sonderliche Verlegenheit fortfahren konnte: „Ich dachte mir die Liebe als etwas Vulkanisches; wenigstens die Liebe, die zu erfahren mir bestimmt sein würde. Wirklich, ich glaubte, nur auf eine wilde, zerstörerische Art lieben zu können, etwa so, wie Lord Byron geliebt hat! Wie ich mich doch schlecht kannte! Ihnen, Laura, verdanke ich es, daß ich mich selbst kennengelernt habe; so verschieden von dem, der ich zu sein glaubte! Ich spielte eine abscheuliche Figur und bemühte mich, ihr zu gleichen. Wenn ich an den Brief denke, den ich an meinen Schein-Vater geschrieben habe, bevor ich das Haus verließ, so schäme ich mich sehr, das kann ich Ihnen sagen! Ich hielt mich für einen Empörer, einen Outsider der bürgerlichen Gesellschaft, für einen Stürmer, der alles, was seinen

Wünschen hinderlich ist, hinwegfegt; und jetzt, in Ihrer Nähe, habe ich gar keine Wünsche mehr! Ich strebte nach Freiheit, als dem höchsten Gute, und kaum war ich frei, da habe ich mich Ihnen unterworfen ... Ach, wenn Sie wüßten, wie entsetzlich es ist, eine Unzahl von Aussprüchen berühmter Dichter im Kopfe zu haben, die einem unwiderstehlich auf die Lippen kommen, wenn man ein ehrliches Gefühl ausdrücken will! Das Gefühl, das ich Ihnen gegenüber empfinde, ist für mich so neu, daß es sich noch keine Sprache hat schaffen können. Sagen wir, daß es keine Liebe sei, da dies Wort Ihnen mißfällt; sagen wir, daß es Ergebenheit sei. Jener Freiheit, die ich bisher im Grenzenlosen suchte, haben Ihre Gebote Grenzen gezogen. Mir ist, als ob alles Fratzenhaft-Verworrene, das in mir tobte, sich nun in harmonischen Kreisen um Sie als Zentrum bewege. Wenn irgendein Gedanke, den ich habe, sich von Ihnen entfernen will, so verabschiede ich ihn ... Laura, ich bitte Sie nicht, mich zu lieben, ich bin ja noch ein Schüler, ich verdiene Ihre Aufmerksamkeit noch nicht; aber alles, was ich von jetzt an tun will, soll dem Ziele dienen, ein wenig Ihre ... (oh, das Wort klingt häßlich) ... Ihre Achtung zu erringen!“

Er hatte sich vor ihr auf die Knie geworfen, und obwohl sie ihren Stuhl etwas weggerückt hatte, berührte Bernard ihr Kleid mit seiner Stirn. Er hielt die Arme zurückgestreckt, wie zum Zeichen der Anbetung. Doch als er fühlte, wie sich Lauras Hand leise auf sein Haar legte, ergriff er diese Hand und preßte seine Lippen darauf.

„Was für ein Kind Sie doch sind, Bernard! ... Ich meinerseits bin ebensowenig frei“, sagte sie und zog ihre Hand zurück. „Da, lesen Sie das!“

Sie zog einen zerknitterten Brief aus ihrer Bluse hervor und reichte ihn Bernard.

Bernard sah zuerst nach der Unterschrift. Wie er fürchtete, lautete sie: Félix Douviers. Einen Augenblick behielt er das Blatt in der Hand, ohne zu lesen. Er sah Laura an: sie weinte. Da spürte Bernard, wie sich in seinem Herzen noch eine dieser geheimen Fesseln löste, die jeden von uns mit sich selbst, mit seiner egoistischen Vergangenheit verbinden. Dann las er:

Meine innigst geliebte Laura,
Im Namen des kleinen Wesens, das geboren werden wird und das ich genauso lieben will, als wäre ich sein Vater (das schwöre ich Dir), flehe ich Dich an zurückzukehren. Glaube nicht, daß der geringste Vorwurf Dich hier erwarte. Gib Dir nicht zuviel Schuld, denn gerade das würde mich am meisten betrüben. Zögere nicht länger. Ich harre Deiner mit meiner ganzen Seele, die Dich anbetet und sich demütig vor Dir niederwirft.

Bernard saß vor Laura auf dem Fußboden, und ohne den Blick zu ihr zu heben, fragte er: „Wann haben Sie diesen Brief erhalten?"
„Heute morgen."
„Ich dachte, er wüßte von nichts? Sie haben ihm also geschrieben?"
„Ja, ich habe ihm alles eingestanden."
„Weiß Edouard etwas davon?"
„Nein, er weiß nichts davon."
Bernard schwieg, gesenkten Kopfes. Dann fragte er: „Und . . . was wollen Sie jetzt tun?"
„Das fragen Sie ernstlich? . . . Ich kehre zu ihm zurück! An seiner Seite ist mein Platz. Bei ihm muß ich sein. Das wissen Sie!"
„Ja", sagte Bernard.
Sie schwiegen lange. Bernard begann wieder: „Glauben Sie, daß man das Kind eines andern wirklich so lieben kann wie sein eigenes?"
„Ich weiß nicht, ob ich es glaube; aber ich hoffe es."
„Was mich betrifft: ich glaube es. Dagegen glaube ich nicht an das, was man so abgeschmackt die ‚Stimme des Blutes' zu nennen pflegt. Diese berühmte Stimme halte ich für etwas Legendäres. Ich habe gelesen, daß es bei gewissen Völkern der Südsee-Inseln Sitte ist, die Kinder von andern zu adoptieren, und daß diese adoptierten Kinder den eigenen vielfach vorgezogen werden. In dem Buche lautete der Ausdruck, ich erinnere mich genau: ‚mehr gehätschelt'. Wissen Sie, was ich jetzt denke? . . . Ich denke, daß der, der Vaterstelle an mir vertreten hat, niemals das geringste gesagt oder getan hat, was hätte vermuten lassen können, ich sei nicht sein wahres Kind, und daß ich gelogen habe, als ich ihm schrieb, ich hätte den Unterschied stets empfunden;

daß er mir im Gegenteil stets eine Art Vorliebe erwiesen hat, für die ich durchaus empfänglich war, so daß also meine Undankbarkeit gegen ihn nur noch abscheulicher ist; kurz, daß ich sehr häßlich gegen ihn gehandelt habe. Laura, meine Freundin, ich wollte Sie etwas fragen ... Glauben Sie, ich sollte seine Verzeihung erflehen und zu ihm zurückkehren?"

„Nein", sagte Laura.

„Warum nein? Wenn Sie Ihrerseits zu Douviers zurückkehren ...?"

„Sie haben vorhin selbst gesagt: was für den einen wahr ist, gilt darum nicht auch für den andern. Ich fühle mich schwach; Sie sind stark. Es ist möglich, daß Monsieur Profitendieu Sie liebt; aber nach allem, was Sie mir von ihm erzählt haben, seid ihr beide nicht geschaffen, einander zu verstehen ... Oder warten Sie wenigstens noch eine Zeitlang! Kehren Sie nicht in unklarem Zustande zu ihm zurück! ... Soll ich Ihnen genau sagen, was ich denke? ... Um meinetwillen, nicht Ihres Vaters wegen sind Sie auf die Idee gekommen, zu ihm zurückzukehren, um das zu gewinnen, was Sie vorhin nannten: meine Achtung! Sie wird Ihnen nur dann zuteil werden, Bernard, wenn ich fühle, daß Sie sich nicht darum bewerben. Ich kann Sie nur lieben, wenn Sie nicht gegen Ihre Natur handeln. Überlassen Sie mir das Bereuen: es ist keine Beschäftigung für Sie, Bernard!"

„Ich werde meinen Vornamen fast noch liebgewinnen, wenn ich ihn aus Ihrem Munde höre! ... Wissen Sie, was mich dort, zu Hause, am meisten empört hat? Der Überfluß, der Komfort, die allzu große Bequemlichkeit! ... Ich fühlte mich zum Anarchisten werden. Jetzt dagegen neige ich vielleicht mehr zu konservativen Ideen. Das kam mir neulich plötzlich zum Bewußtsein, als ich in der Eisenbahn einen Mitreisenden sagen hörte, es bereite ihm jedesmal eine ganz besondere Freude, an der Grenze die Zollbeamten zu betrügen. ‚Den Staat bestehlen heißt: niemand bestehlen', sagte er. Dagegen protestierte mein ganzes Fühlen, und mit einem Male verdeutlichte sich mir das Wesen des Staates. Ich begann sogar, ihn zu lieben, einzig deshalb, weil man ihm Unrecht tat. Über diese Dinge hatte ich bisher niemals nachgedacht. ‚Der Staat ist ja nur eine Konvention', hatte der Reisende noch gesagt. Oh, was für eine gute Sache das doch sein müßte: eine Konvention, die auf dem Vertrauen von allem Volk beruhte ... vorausgesetzt allerdings, daß es nur rechtschaffene Leute gäbe! Übrigens, falls man mich heute fragen sollte, welche Tugend mir als die höchste erscheine, so würde ich unbedenklich antworten: die Rechtschaffenheit! Oh, Laura, während meines ganzen Lebens möchte ich, bei der leisesten Berührung, einen reinen, redlichen, echten Ton geben! Fast alle Menschen, die ich kennengelernt habe, klingen falsch. Genausoviel wert sein, wie man scheint; nicht mehr scheinen wollen, als man wert ist ... Man sucht sich und den andern alles mögliche vorzuspiegeln, und man denkt soviel daran, was man scheinen möchte, daß man schließlich selbst nicht mehr weiß, was man ist ... Bitte verzeihen Sie diese Formulierungen: sie sind das Ergebnis meiner nächtlichen Meditationen."

„Den Anlaß zu solchen Gedanken bot wohl das falsche kleine Goldstück, das Sie uns gestern gezeigt haben? ... Bernard, wenn ich nun abreise ..."

Sie konnte den Satz nicht vollenden. Tränen stiegen ihr in die Augen. Sie wollte sich bezwingen. Bernard sah ihre Lippen zittern.

„Sie werden also abreisen, Laura ..." sagte er traurig. „Ach, wenn Sie nicht mehr in meiner Nähe sind, so werde ich wohl gar nichts mehr wert sein, oder doch nur noch ganz wenig! ... Doch ich wollte Sie etwas fragen ... Würden Sie auch abreisen, und hätten Sie den Brief an Douviers auch geschrieben, wenn Edouard ... ich weiß nicht, wie ich mich ausdrücken soll ... wenn Edouard mehr wert wäre? Oh, widersprechen Sie mir nicht: ich weiß so gut, was Sie von ihm denken!"

„Das sagen Sie, weil Sie gestern mein Lächeln beobachtet haben, während er sprach! Da waren Sie sogleich überzeugt, daß wir beide dasselbe Urteil über ihn hätten! Aber darin täuschen Sie sich! Wenn ich es mir ganz genau überlege, so weiß ich eigentlich gar nicht, was ich von ihm denke. Er bleibt sich selbst nie lange Zeit ähnlich. Von nichts läßt er sich fesseln; aber nichts ist fesselnder als sein Ausweichen. Sie kennen ihn noch nicht lange genug, um ihn zu beurteilen. Unaufhörlich zersetzt sich sein Wesen und bildet sich neu. Man glaubt ihn zu fassen ... er ist Proteus! Er nimmt die Form dessen an, was er liebt. Und um ihn zu verstehen, muß man ihn lieben."

„Sie lieben ihn! Oh, Laura, nicht auf Douviers bin ich eifersüchtig und nicht auf Vincent, sondern auf Edouard!"

„Warum eifersüchtig? Ich liebe Douviers, ich liebe Edouard; doch auf verschiedene Weise. Falls ich Sie lieben müßte, wäre es wieder auf eine andere Art."

„Laura, Laura, Sie lieben Douviers nicht, Sie empfinden Zuneigung, Mitleid, Achtung für ihn; aber das ist keine Liebe! Ich glaube, das Geheimnis Ihrer Trauer (denn Sie sind traurig, Laura) liegt darin, daß das Leben Sie gespalten hat. Nie hat die Liebe Ihr ganzes Wesen gepackt, und Sie mußten auf mehrere verteilen, was Sie einem einzigen hätten geben wollen. Ich dagegen fühle mich unteilbar; ich kann mich nur mit meinem ganzen Wesen geben."

„Sie sind noch zu jung, um so sprechen zu dürfen. Sie können noch nicht wissen, ob das Leben nicht auch Sie spalten wird, wie Sie sagen. Ich kann von Ihnen nur diese . . . Ergebenheit annehmen, die Sie mir bieten; der Rest wird seine Ansprüche haben, die sich anderwärts Genüge suchen müssen."

„Oh, Laura, wollen Sie mich mit Ekel erfüllen vor mir selbst und vor dem Leben, das mich erwartet?"

„Sie wissen nichts vom Leben! Sie können alles von ihm erhoffen! Wissen Sie, was mein großer Fehler gewesen ist? Nichts mehr zu erhoffen! Weil ich meinte, daß für mich auf Erden nichts mehr zu erhoffen sei, habe ich, diesen Frühling in Pau, so gehandelt, wie ich es nie hätte tun dürfen. Ich habe diesen Frühling so verlebt, als sollte es mein allerletzter sein, als gäbe es für mich nichts Wichtigeres mehr auf der Welt. Bernard, jetzt, wo ich dafür bestraft bin, kann ich es Ihnen sagen: man darf niemals an seinem Dasein verzweifeln!"

Was hat es für einen Sinn, so zu einem leidenschaftlichen jungen Menschen zu sprechen? Eigentlich richtete sich das, was Laura sagte, auch gar nicht an Bernard. Von ihrer Sympathie hingerissen, dachte sie in seiner Gegenwart unwillkürlich mit lauter Stimme. Sie verstand weder zu heucheln noch sich zu beherrschen. Und wie sie vorhin jenem Rausch nachgegeben hatte, der sie befiel, sooft sie an Edouard dachte, und in dem sich ihre Liebe verriet, so überließ sie sich jetzt einem gewissen Hang zu salbungsvoller Rede, den sie offenbar von ihrem Vater geerbt hatte. Doch Bernard verabscheute alle Ratschläge und Verhaltensmaßregeln, sogar wenn sie von Laura kamen. Sein Lächeln schien das anzudeuten, und so sagte Laura in ruhigem Tone: „Gedenken Sie Edouards Sekretär zu bleiben, wenn Sie mit ihm wieder in Paris sind?"

„Ja, falls er mich wirklich beschäftigen will! Aber er gibt mir ja nichts zu tun! Wissen Sie, was mir Spaß machen würde? Mit ihm dieses Buch zu schreiben, das er allein nie schreiben wird; Sie haben es ihm gestern ja selbst gesagt! Ich halte die Arbeitsmethode, die er uns geschildert hat, geradezu für absurd. Ein guter Roman schreibt sich viel naiver als auf solche Manier. Man muß doch vor allen Dingen an das, was man zu erzählen hat, glauben, nicht wahr? Und dann ganz einfach drauflos erzählen! Ich dachte zuerst wirklich, daß ich ihm helfen könnte. Wenn er einen Detektiv gebraucht hätte, dann hätte ich ihm sicherlich von Nutzen sein können. Er hätte auf Grund der Tatsachen gearbeitet, die mein Spürsinn entdeckt hätte ... Aber mit einem Ideologen: nichts zu machen! Neben ihm komme ich mir vor wie ein Zeitungsreporter. Wenn er sich auf seine Weltfremdheit versteift, so werde ich mir bald eine andere Stelle suchen. Ich muß mir mein Brot verdienen. Ich werde mich einer Redaktion anbieten. Zwischendurch werde ich Gedichte machen."

„Denn bei den Zeitungsreportern werden Sie sich als lyrischer Dichter fühlen!"

„Ach, spotten Sie nicht über mich! Ich weiß ja, wie lächerlich ich bin; lassen Sie mich's nicht allzusehr empfinden!"

„Bleiben Sie bei Edouard; helfen Sie ihm, und lassen Sie sich helfen von ihm! Er ist ein guter Mensch."

Es läutete zum Mittagessen. Bernard erhob sich. Laura nahm seine Hand.

„Sagen Sie mir noch: dieses kleine Goldstück, das Sie uns gestern gezeigt haben ... möchten Sie mir das, wenn ich nun abreise" – sie gab sich einen Ruck, und diesmal konnte sie den Satz vollenden –, „möchten Sie mir das zum Andenken geben?"

„Da ist es; nehmen Sie es", sagte Bernard.

So ist es fast mit allen Krankheiten des menschlichen Geistes, die man sich schmeichelt geheilt zu haben: man treibt sie, medizinisch gesprochen, nur zurück und setzt andere an ihre Stelle.

Sainte-Beuve (Lundis I, pag. 19)

Aus Edouards Tagebuch:

Ich beginne allmählich zu erkennen, was das „innere Thema" meines Romans sein wird: offenbar die Rivalität der wirklichen Welt und der Vorstellung, die wir uns von ihr machen. Die Art, in der die Erscheinungswelt sich uns darstellt und in der wir versuchen, der äußeren Welt unsere private Deutung aufzuerlegen, macht das Drama unseres Lebens aus. Das Widerstreben des Tatsächlichen gibt Anlaß, unsere Idealvorstellung in den Traum zu verweisen, ins Reich der Hoffnung, ins künftige Leben, an das zu glauben die irdischen Enttäuschungen uns bestärken. Realisten gehen vom Tatbestand aus, dem sie ihre Ideen anpassen. Bernard ist Realist. Ich fürchte, ich kann mich schwer mit ihm verständigen.

Wie konnte ich nur zustimmen, als Sophroniska sagte, ich hätte in meinem Wesen nichts von einem Mystiker? Ich teile durchaus ihre Meinung, daß der Mensch ohne Mystizismus nichts Großes erreichen kann. Ist es aber nicht gerade mein Mystizismus, den Laura angreift, wenn ich von meinem Buch spreche? ... Überlassen wir diesen Widerspruch den beiden Damen.

Sophroniska hat mit mir wieder über Boris gesprochen, den sie zu einem völligen Geständnis gebracht zu haben meint. Das arme Kind hat in seinem Innern nicht mehr den kleinsten Winkel, wo es sich vor den Blicken der Doktorin verstecken könnte; es ist nun aus dem letzten Zufluchtsort verdrängt worden. Sophroniska hat das gesamte Räderwerk seines geistigen Organismus auseinandergenommen und im hellsten Lichte ausgebreitet, wie ein Uhrmacher die einzelnen Teile des Uhrwerks, das er reinigen will, auf seinem Arbeitstisch ausbreitet. Wenn der Knabe, nach so viel forschender Bemühung, nicht „richtig geht", so wäre es allerdings mit Sophroniskas Latein wohl zu Ende ... Sie hat mir folgendes erzählt:

Als Boris etwa neun Jahre alt war, kam er aufs Gymnasium nach Warschau. Dort schloß er sich besonders an einen Mitschüler aus derselben Klasse an, einen gewissen Baptistin Kraft, der ein oder zwei Jahre älter war als er selbst. Dieser Baptistin weihte ihn in geheime Praktiken ein, in „magische" Künste, wie die Knaben es nannten. Als „Magie" empfanden die naiv verzauberten Kinder ihr Laster, weil sie gehört oder gelesen hatten, die Magie erlaube, auf geheimnisvolle Weise in den Besitz dessen zu gelangen, was man begehrte, sie verleihe unbegrenzte Kraft und so weiter. Sie glaubten wirklich, ein Geheimnis entdeckt zu haben, das über ein reales Fernsein durch imaginäre Gegenwart hinwegtröstete; sie schwelgten in Selbsttäuschung und berauschten sich an einem Vakuum, das einer überreizten, lustgenährten Phantasie tausend märchenhafte Visionen bot. – Natürlich hat Sophroniska sich dieser Ausdrücke nicht bedient; ich hätte gewünscht, daß sie mir die Äußerungen des Knaben wörtlich berichtet hätte, aber sie behauptet, daß sie das Mitgeteilte (für dessen unbedingte Richtigkeit sie jedoch einstehen könnte) erst aus einem Knäuel von Verheimlichung, Verstellung und Verwischung habe herauswinden müssen.

„Ich habe damit endlich die langgesuchte Erklärung gefunden", fügte sie hinzu, „für die Bedeutung des Stückes Pergament, das Boris (neben heiligen Medaillen, die seine Mutter ihm umgehängt hat) in einem seidenen Täschchen stets auf der Brust trug und auf das mit sorgfältiger Kinderhand folgende Worte, nach deren Sinn ich ihn vergebens fragte, geschrieben waren:

> GAS – TELEPHON – HUNDERTTAUSEND
> RUBEL

‚Das bedeutet gar nichts; das ist Magie', antwortete er jedesmal, wenn ich ihn drängte. Mehr konnte ich aus ihm nicht herausbringen. Jetzt weiß ich, daß diese rätselhafte Inschrift von der Hand jenes Baptistin Kraft, Großmeisters und Professors der Magie, herrührt und daß die scheinbar sinnlosen Worte für die Knaben gleichsam eine Beschwörungsformel darstellten, das ‚Sesam öffne dich' des schändlichen Paradieses, in das die Lust sie entführte. Boris nannte dies Stück

Pergament: seinen *Talisman*. Nur mit größter Mühe habe ich ihn bewegen können, es mir zu zeigen; und noch größerer Überredung hat es bedurft, bis er es von sich abtat (das war zu Beginn unseres hiesigen Aufenthaltes). Denn ich wollte, daß er es ablegte, gleichwie er sich – das weiß ich jetzt auch – schon früher von seinen schlechten Gewohnheiten befreit hatte. Ich hegte die Hoffnung, daß mit diesem ‚Talisman' auch die Ticks und Manien, an denen er leidet, verschwinden würden. Doch er krampfte sich daran fest, und auch die Krankheit hielt sich daran geklammert wie an eine letzte Zuflucht."

„Sie sagten aber doch, er habe sich von seinen Gewohnheiten befreit . . ."

„Das nervöse Leiden hat erst in der Folge eingesetzt. Höchstwahrscheinlich ist es entstanden aus dem Zwange, den Boris auf sich selbst hat ausüben müssen, um frei zu werden. Ich habe von ihm erfahren, daß seine Mutter ihn eines Tages bei der ‚Magie' überrascht hat. Warum hat sie nie mit mir darüber gesprochen? . . . Aus Scham? . . ."

„Offenbar auch, weil sie wußte, daß er es nicht mehr tat."

„Jedenfalls war es sehr töricht von ihr . . . Und deshalb habe ich so lange im dunkeln tappen müssen! Ich habe Ihnen ja gesagt, daß ich Boris für durchaus rein hielt."

„Sie haben mir sogar gesagt, gerade das sei Ihnen unbequem."

„Sie sehen, ob ich recht hatte! . . . Die Mutter hätte mir einen Wink geben müssen. Boris wäre schon gesund, wenn ich von Anfang an hätte klarsehen können."

„Sie sagten, dieser krankhafte Zustand habe erst in der Folge eingesetzt . . ."

„Ich sagte, er sei gewissermaßen aus Protest entstanden. Ich denke es mir so, daß die Mutter den Knaben wahrscheinlich gescholten, ermahnt, angefleht hat. In diese Zeit fiel der Tod des Vaters. Boris redete sich ein, seine geheimen Gewohnheiten, die man ihm als so lasterhaft hinstellte, hätten ihre Strafe empfangen; er hielt sich für schuldig am Tode seines Vaters, er hielt sich für einen Verbrecher, einen Verdammten. Er bekam Angst. Und da hat, einem gehetzten Tiere gleich, sein schwacher Organismus diese Unzahl kleiner Ausflüchte erfunden, in denen sein innerer Schmerz sich läuterte und die ebenso viele Geständnisse sind."

„Wenn ich Sie recht verstehe, meinen Sie, es wäre für Boris weniger schädlich gewesen, wenn er sich der Ausübung seiner ‚Magie' ruhig weiter hingegeben hätte?"
„Ich meine, es wäre, um ihn davon zu heilen, nicht nötig gewesen, ihn zu ängstigen. Die Änderung der Lebensweise, die der Tod seines Vaters mit sich bringen mußte, hätte zweifellos genügt, um ihn auf andere Gedanken zu bringen, und die Abreise von Warschau entzog ihn auch dem Einfluß jenes gefährlichen Freundes. Durch Schrecken erreicht man nichts Gutes. Als ich sah, wie die Sache stand, habe ich ihm, auf Vergangenes zurückgreifend, gesagt, es sei wenig ehrenvoll, daß man den Besitz eingebildeter Dinge dem der wahren Güter vorziehe, welche sich nur als Belohnung einer Mühe einstellten. Ich habe sein Laster durchaus nicht übertrieben schwarz gemalt, sondern es ihm als eine Form der Faulheit dargestellt; und ich glaube in der Tat, daß es eine solche ist: die raffinierteste und perfideste Form der Faulheit . . ."
Bei diesen Worten erinnerte ich mich einiger Sätze; von La Rochefoucauld, die ich Sophroniska sagen wollte. Und obwohl ich sie aus dem Gedächtnis hätte zitieren können, so ging ich doch und holte den kleinen Band „Maximen", ohne den ich niemals reise. Ich las ihr die Stelle vor:
„Von allen Leidenschaften ist die Faulheit diejenige, die uns selbst am unbekanntesten bleibt. Sie ist die glühendste und böseste von allen, obgleich ihre Heftigkeit unmerklich ist und der Schaden, den sie anrichtet, sehr geheim . . . Die Ruhe in der Faulheit ist ein heimliches Glück der Seele, die mit einemmal alles Leid des Verfolgtseins, jeden Zwang zur Entscheidung von sich weisen darf. Um ein wahres Bild von dieser Leidenschaft zu geben, muß man erwähnen, daß die Faulheit geradezu eine Seligkeit des Herzens darstellt, es über alle Verluste hinwegtröstet und ihm alle Güter ersetzt."
„Meinen Sie", fragte Sophroniska, „daß La Rochefoucauld, als er diese Sätze schrieb, das, wovon wir eben sprachen, andeuten wollte?"
„Möglich, doch nicht wahrscheinlich. Unsere klassischen Autoren sind so reich wie alle Deutungen, die sie zulassen. Ihre Präzision ist um so wunderbarer, als sie keinen denkbaren Fall ausschließt."

Ich bat sie, mir den „Talisman“ zu zeigen, den Boris auf der Brust getragen hatte. Sie sagte, sie habe ihn nicht mehr, sie habe ihn jemand gegeben, der sich für Boris interessierte und sie, zum Andenken, um dies seltsame Stück Pergament gebeten habe. – „Einem gewissen Strouvilhou, den ich hier, einige Zeit vor Ihrer Ankunft, kennengelernt habe.“
Ich sagte Sophroniska, daß ich diesen Namen im Fremdenbuch des Hotels gelesen hätte; daß ich seinerzeit einen Strouvilhou gekannt hätte und neugierig wäre, ob es wohl derselbe sei. Nach der Beschreibung, die sie mir dann von ihm entwarf, konnte daran kein Zweifel bleiben. Im übrigen aber wußte sie mir nichts zu berichten, was meine Neugier befriedigt hätte. Ich erfuhr nur, daß er sehr liebenswürdig und zuvorkommend sei, daß er auch äußerst intelligent zu sein scheine, dabei jedoch wohl ein bißchen faul, „falls ich dieses Wort noch anwenden darf“, fügte sie lachend hinzu. Ich meinerseits teilte ihr meine Erinnerungen an Strouvilhou mit, und das führte mich dazu, ihr allerlei von der Pension, in der wir uns kennengelernt hatten, zu erzählen, von Lauras Eltern (die ihr übrigens auch schon manches berichtet hatte), schließlich vom alten La Pérouse, von seiner verwandtschaftlichen Beziehung zu Boris und von dem Versprechen, das ich ihm beim Abschied gegeben hatte, ihm sein Enkelkind zuzuführen. Und da Sophroniska mir ja gesagt hatte, es scheine ihr nicht wünschenswert, daß Boris noch fernerhin bei seiner Mutter lebe, fragte ich: „Warum geben Sie ihn nicht zu den Azaïs in Pension?“ Indem ich ihr diesen Gedanken eingab, dachte ich besonders daran, wie unendlich der Großvater sich freuen würde, den kleinen Boris ganz in seiner Nähe zu haben, bei guten Freunden, wo er ihn beliebig oft würde besuchen können; und ich kann nicht glauben, daß der Knabe selbst sich dort nicht auch wohl fühlen würde. Sophroniska sagte, sie wolle sich die Sache überlegen. Übrigens war sie ungemein interessiert an allem, was ich ihr mitteilte.

Sophroniska beteuert, der kleine Boris sei nunmehr geheilt. Diese Kur wird sie in ihrer Methode wohl noch bestärken. Dennoch fürchte ich, daß sie der Wirklichkeit etwas voraus eilt. Natürlich will ich ihr nicht widersprechen. Ich erkenne an, daß die Ticks, die unsicheren Gesten des Zurücknehmens, des Bereuens, das verstockte Abbrechen mitten im Satz so ziemlich verschwunden sind. Aber er kommt mir vor, als habe die Krankheit, wie um dem forschenden Blick des Arztes auszuweichen, sich einfach in tiefere Regionen des Seins zurückgezogen und als sei nunmehr die Seele selbst angegriffen. Ebenso wie der Masturbation die nervösen Erscheinungen gefolgt waren, so räumen diese jetzt irgendeiner unsichtbaren Entrücktheit das Feld. Allerdings ist Sophroniska selbst beunruhigt darüber, daß Boris, unter Bronjas Einfluß, einer Art von kindlichem Mystizismus verfallen zu sein scheint. Sophroniska ist zu intelligent, um nicht einzusehen, daß die neue „Seligkeit des Herzens", der Boris sich jetzt ergeben hat, alles in allem nicht sehr verschieden ist von der, die er früher künstlich hervorrief, und daß die neue Verzauberung, mag auch der Organismus weniger gefährdet sein, ihn darum nicht minder ablenkt von jeglichem Willen zur Realisierung. Doch wenn ich mit ihr darüber spreche, so erklärt sie, Naturen wie Boris und Bronja könnten eine gewisse chimärische Nahrung nicht entbehren, und nähme man sie ihnen weg, so würde Bronja in Hoffnungslosigkeit versinken und Boris einem niedrigen Materialismus anheimfallen. Übrigens meint Sophroniska, sie habe nicht das Recht, die religiöse Zuversicht der Kinder zu erschüttern; obwohl sie ihren Glauben für trügerisch hält, will sie doch eine Verfeinerung der Instinkte in ihm sehen, eine sittliche Erhebung, einen Aufschwung, einen Schutz, und was weiß ich noch! ... Sophroniska glaubt, ohne an die Dogmen der Kirche zu glauben, an die Wirksamkeit des Gläubigseins. Mit Bewegung spricht sie von der Frömmigkeit der beiden Kinder, die zusammen die Offenbarung Johannis lesen und in gemeinsame Ekstase geraten und mit den Engeln reden und ihre Seelen in himmlische Gewandung kleiden. Wie alle Frauen ist sie voll von Widersprüchen. Aber darin hat sie recht: ich bin sicherlich kein Mystiker ... und ebensowenig ein Anhänger der Faulheit. Ich rechne stark auf die Atmosphäre der Pension Azaïs und der großen Stadt, um aus Boris ein arbeitsames Kind zu machen und ihn endlich von seinem Trieb zum Imaginären zu befreien. Dort liegt für ihn die Rettung! Sophroniska scheint sich allmählich mit dem Gedanken zu befreunden, mir den Knaben anzuvertrauen. Aber sie wird ihn gewiß selbst nach Paris begleiten, um seiner Aufnahme in die Pension beizuwohnen und auf Grund dessen die Mutter beruhigen zu können, auf deren Einwilligung sie mit Bestimmtheit zählt.

6

> Es gibt gewisse Fehler, die, vom Juwelier kunstvoll gefaßt, heller glänzen als der Edelstein der Tugend selbst.
>
> *La Rochefoucauld*

Olivier an Bernard:

Mein Lieber,
also vernimm zunächst, daß ich mein Examen bestanden habe. Doch das ist ohne Bedeutung. Es hat sich mir eine unwiederbringliche Gelegenheit geboten, auf Reisen zu gehen. Ich schwankte noch; aber nachdem ich Deinen Brief gelesen hatte, hab ich zugegriffen. Zunächst ein leichter Widerstand meiner Mutter. Doch den hat Vincent rasch überwunden, der sich diesmal so hilfsbereit erwiesen hat, wie ich ihn noch gar nicht kannte. Ich mag nicht glauben, daß er sich in der Angelegenheit, auf die Dein Brief anspielt, wie ein gewöhnlicher Flegel benommen habe. In unserem Alter hat man eine fatale Neigung, die Menschen zu streng zu beurteilen, sie unwiderruflich zu verdammen. Manche Handlungen scheinen uns tadelnswert und sogar häßlich, einfach weil wir ihre Motive nicht genügend erkennen. Vincent hat nicht . . .
Doch das würde zu weit führen, und ich habe Dir zuviel anderes zu erzählen.
So wisse denn, daß es der Chefredakteur der neuen Zeitschrift Avant-Garde ist, der diese Zeilen schreibt. Nach einiger Überlegung habe ich diesen Posten, dessen der Graf Robert de Passavant mich für würdig erachtet hat, angenommen. Er finanziert die Zeitschrift, aber es liegt ihm nichts daran, daß man das allgemein wisse; und so wird auf dem Titelblatt mein Name allein zu lesen sein. Ab Oktober werden wir erscheinen. Sieh doch, daß Du mir für die erste Nummer etwas schicken kannst; es würde mich betrüben, wenn Dein Name sich nicht neben dem meinigen unter den Autoren dieses Heftes befände. Passavant wünscht, daß in der Eröffnungsnummer etwas sehr Freies und Gepfeffertes enthalten sei, weil er den Vorwurf

der Prüderie für den schlimmsten hält, dem eine junge Zeitschrift sich aussetzen könne; ich bin ziemlich seiner Meinung. Wir unterhalten uns oft darüber. Er hat mich gebeten, diesen Beitrag zu schreiben, und hat mir den ziemlich gewagten Stoff zu einer kleinen Novelle geliefert. Das ist mir etwas unangenehm wegen meiner Mutter, die vielleicht bekümmert darüber sein wird; doch das läßt sich nun einmal nicht ändern. Wie Passavant sagt: je jünger man ist, desto weniger kompromittierend ist der Skandal.

Der Ort, wo ich dies schreibe, heißt Vizzavone. Das ist ein kleines Nest am Abhang eines der höchsten Berge von Korsika, eingebettet in tiefe Wälder. Das Hotel, in dem wir wohnen, liegt ziemlich weit vom Dorfe ab und dient den Touristen als Ausgangspunkt für ihre Unternehmungen. Wir sind erst seit wenigen Tagen hier. Zuerst hatten wir uns in einer Herberge unweit der entzückenden, völlig einsamen Bucht von Porto einquartiert, in der wir schon früh am Morgen badeten und wo man den ganzen Tag ohne Kleider sein kann. Das war herrlich, doch es wurde zu heiß, und wir mußten ins Gebirge hinauf.

Passavant ist ein wundervoller Reisegefährte. Auf seinen Titel gibt er gar nichts; er will, daß ich ihn Robert nenne, und für mich hat er sich den Namen Olive ausgedacht. Ist das nicht reizend? Er tut alles, um mich sein Alter vergessen zu lassen, und das gelingt ihm auch vollständig. Meine Mutter war ja zuerst ein bißchen erschrocken, als ich so einfach mit ihm auf Reisen gehen wollte, denn sie kannte ihn doch kaum dem Namen nach. Auch ich zögerte noch, aus Furcht, ihr Kummer zu bereiten. Bevor ich Deinen Brief erhielt, hatte ich sogar beinahe auf den ganzen Plan verzichtet. Vincent hatte Mamas Bedenken zerstreut, und Dein Brief hat mir plötzlich wieder Mut gegeben. Die letzten Tage vor der Abreise haben wir mit Einkäufen verbracht. Passavant ist so freigebig, daß er mir am liebsten alles gekauft hätte, was überhaupt zu kaufen war, so daß ich nur immer um Einhalt bitten mußte. Aber er fand meinen bisherigen Kram abscheulich, meine Hemden, Krawatten, Strümpfe – alles mißfiel ihm, und er behauptete, falls ich einige Zeit bei ihm bliebe, würde er unsäglich darunter leiden, mich nicht chic (das bedeutet: nach seinem Geschmack) gekleidet zu sehen. Natürlich ließen wir, um Mama nicht zu beunruhigen, alle Einkäufe in seine Wohnung schicken. Er selbst kleidet sich ungemein elegant; sein Geschmack ist untadelig, und manche Dinge, die mir bisher ganz annehmbar zu sein schienen, sind mir schon unerträglich geworden. Du kannst Dir nicht denken, wie amüsant er sich bei allen unseren Besorgungen zu geben wußte!

Er ist ja so geistreich! Dafür nur ein Beispiel. Wir waren bei Brentano, wohin er seinen Füllfederhalter zur Reparatur gegeben hatte. Hinter ihm stand ein enorm großer Engländer, der bedient sein wollte, bevor er an der Reihe war, und der, als Robert ihn etwas schroff zurückdrängte, allerlei unverständliche Drohungen an ihn zu richten begann. Robert wandte sich um und sagte in größter Ruhe: „Das lohnt sich nicht. Ich verstehe kein Englisch."
Der andere, voller Wut, entgegnete auf französisch: „Sie sollten es verstehen, Monsieur!"
Darauf Robert mit höflichem Lächeln: „Sie sehen, daß es sich nicht lohnt ...!"
Der Engländer kochte, wußte aber nichts mehr zu sagen. Das war zum Schreien komisch.
Ein andermal waren wir im Olympia. Während der Pause gingen wir in die Hall, wo eine Unzahl von Huren umherschlenderten. Zwei von ihnen, ziemlich dürftiger Sorte, sprachen ihn an: „Spendierst du uns ein Helles, Liebling?"
Wir setzten uns mit ihnen an einen Tisch.
„Kellner! Zwei Helle für die Damen!"
„Und für die Herren?"
„Für uns? ... Oh, wir trinken Champagner", sagte er nachlässig. Und er bestellte eine Flasche Moët, die wir beide allein ausgetrunken haben. Du hättest die Gesichter der armen Mädchen sehen sollen! ... Ich glaube, er hat einen Ekel vor Huren. Er hat mir anvertraut, er sei niemals in einem Bordell gewesen, und mir dabei zu verstehen gegeben, er würde mir sehr böse sein, wenn ich in solche Häuser ginge. Du siehst, er ist äußerst ehrbar, trotz seiner zynischen Manieren und Aussprüche – wie, zum Beispiel, der Behauptung, auf Reisen erscheine ihm ein Tag, an dem er nicht before lunch mindestens fünf Personen getroffen habe, mit denen er schlafen möchte, als ein „trübsinniges Kapitel". (Bei dieser Gelegenheit möchte ich Dir übrigens sagen, daß ich noch nicht wieder ... Du weißt, was ich meine.)
Er hat eine sehr lustige und ungewöhnliche Art, moralisierende Betrachtungen anzustellen. Neulich sagte er zu mir: „Siehst du, mein Kleiner, im Leben kommt alles darauf an, sich zu nichts hinreißen zu lassen. Eine Sache zieht immer die andere nach sich, und schließlich weiß man nicht mehr, wohin man gerät. So habe ich einen jungen Mann aus bestem Hause gekannt, der die Tochter meiner Köchin heiraten mußte. Eines Nachts trat er zufällig bei einem kleinen Juwelier ein. Er hat ihn getötet. Und dann hat er gestohlen. Und

dann hat er den Hehler gemacht. Du siehst, wohin das führt. Das letzte Mal, das ich ihn gesehen habe, war er zum Lügner geworden. Nimm dich in acht!
So ist er die ganze Zeit. Ich langweile mich also nicht. Als wir die Reise antraten, hatten wir die Absicht, viel zu arbeiten, aber bisher haben wir kaum etwas anderes getan als gebadet, uns in der Sonne getrocknet und geplaudert. Er hat höchst originelle Gedanken und Meinungen über die entlegensten Dinge. Ich suche ihn, soweit ich es vermag, zum Niederschreiben gewisser, völlig neuartiger Theorien zu bewegen, die er mir über Tiefseetiere entwickelt hat und über das „persönliche Licht" dieser Tiere, das ihnen das Sonnenlicht entbehrlich macht (welch letzteres er, symbolisch, mit dem Licht der Gnade und der Offenbarung vergleicht). Wenn ich das so in wenigen Worten andeute, so sagt es Dir sicherlich nichts; aber wenn er davon spricht, dann klingt es so interessant wie der spannendste Roman! Man weiß ja gewöhnlich gar nicht, daß er auch in naturwissenschaftlichen Dingen so bewandert ist; er kokettiert geradezu damit, seine Kenntnisse (er nennt sie: seine geheimen Kleinodien) zu verbergen. Er sagt, nur Hochstapler pflegen ihre Brillanten öffentlich zu zeigen, zumal wenn sie imitiert seien.
Er versteht es außerordentlich, Ideen, Bilder, Menschen, Dinge für seine Zwecke zu verwenden. Er sagt, die große Kunst des Lebens bestehe weniger im Genuß als in der Nutzanwendung der Dinge.
Ich habe ein paar Gedichte gemacht, finde sie aber nicht gut genug, um sie diesen Zeilen beizulegen.
Also auf Wiedersehen im Oktober! Du wirst auch mich verändert finden. Jeden Tag gewinne ich etwas mehr Sicherheit. Lieber Bernard, ich bin froh, Dich in der Schweiz zu wissen, aber Du siehst, daß ich Dich um nichts zu beneiden habe.

Olivier

Bernard reichte diesen Brief dem Onkel Edouard, der ihn las, ohne von den Gefühlen, die er in ihm erregte, etwas verlauten zu lassen. Alles, was Olivier in so schwärmerischen Worten von Robert erzählte, empörte ihn und vollendete seine tiefe Abneigung gegen den Grafen. Besonders zu Herzen ging es ihm, daß er selbst in dem ganzen langen Brief nicht einmal erwähnt war: Olivier schien ihn durchaus vergessen zu haben. Vergeblich mühte er sich, die vier Zeilen zu entziffern, die Olivier als Nachschrift hinzugefügt, dann aber so dick durchgestrichen hatte, daß sie völlig unleserlich geworden waren: „Sag dem Onkel Edouard, daß ich beständig an ihn denke; daß ich ihm seine Unzuverlässigkeit nicht vergeben kann und eine tödliche Wunde darob im Herzen trage."

Diese Zeilen waren die einzigen aufrichtigen in dem ganzen, von trotziger Verbitterung eingegebenen Paradebrief. Olivier hatte sie mit der schwärzesten Tinte unkenntlich gemacht ...

Wortlos gab Edouard dem Adressaten den schlimmen Brief zurück, wortlos nahm Bernard ihn wieder an sich.

Ich habe schon erwähnt, daß Edouard und Bernard nicht viel miteinander sprachen. Eine Art unerklärlichen Zwanges lastete auf ihnen, sobald sie miteinander allein waren. (Ich liebe das Wort: „unerklärlich" nicht und lasse es hier so lange stehen, bis mir ein bezeichnenderes Epitheton einfällt.) Doch als sie sich an diesem Abend in ihr Zimmer begeben hatten und sich zum Schlafengehen rüsteten, überwand Bernard sein Widerstreben und fragte mit gepreßter Stimme: „Hat Laura Ihnen den Brief gezeigt, den sie von Douviers bekommen hat?"

„Ich habe nicht daran gezweifelt, daß Douviers die Sache so nehmen würde, wie sie genommen werden muß", antwortete Edouard, im Begriff, sich niederzulegen. „Er ist ein anständiger Mensch. Vielleicht etwas schwach; aber doch ein sehr guter Kerl. Gewiß wird er Lauras Kind vergöttern, und dies Baby wird vermutlich robuster ausfallen, als er selbst es zuwege gebracht hätte, denn besonders stämmig sieht er mir nicht aus."

Bernard liebte Laura viel zu sehr, als daß er durch Edouards derbe Ausdrucksweise nicht verletzt gewesen wäre. Aber er ließ es sich nicht anmerken.

„Na", fuhr Edouard fort und blies seine Kerze aus, „ich bin froh, daß diese Geschichte, die sich ja fast ins Tragische zu entwickeln schien, einen so guten Ausgang nimmt ... Einen falschen Anlauf kann im Leben jeder einmal nehmen; man darf sich nur nicht darauf versteifen ..."

„Zweifellos!" sagte Bernard entgegenkommend, in dem Bestreben, diese Gedankenkette möglichst abzuschneiden.

„Ja, ich kann leider die Besorgnis nicht unterdrücken, mein lieber Bernard, daß ich meinerseits mit Ihnen ..."

„Einen falschen Anlauf genommen habe?"

„Allerdings: ja! Trotz aller Zuneigung, die ich für Sie empfinde, habe ich seit einigen Tagen das Gefühl, daß wir beide nicht füreinander geschaffen sind und daß ..." – er zögerte und suchte nach dem entsprechenden Wort –, „und daß es Sie irreführen müßte, wenn Sie mich noch weiterhin begleiteten."

Bernard war, bevor Edouard dies gesagt hatte, ganz derselben Ansicht gewesen. Dennoch hätte Edouard nichts sagen können, was geeigneter gewesen wäre, Bernard von neuem an ihn zu fesseln, der Widerspruchsgeist gewann die Oberhand, und Bernard protestierte: „Sie kennen mich noch nicht genau, und ich selbst kenne mich ebensowenig. Sie haben mich noch nicht auf die Probe gestellt. Falls Sie keinen anderen Einwand gegen mich haben: darf ich Sie bitten, es noch eine Weile mit mir zu versuchen? Ich gebe zu, daß wir sehr verschiedene Naturen sind; aber muß es uns nicht geradezu erwünscht sein, daß wir einander so wenig gleichen? Ich dachte mir, daß ich Ihnen vielleicht gerade durch meine Andersartigkeit und durch das, was ich Ihnen Neues brächte, nützlich sein könnte. Sollte ich mich in Ihrem Dienste rasch verbrauchen, so wäre es ja immer noch Zeit, mir einen Wink zu geben. Mit keiner Silbe würde ich dann widersprechen oder lamentieren. Doch hören Sie bitte, was ich Ihnen vorschlagen möchte. Es ist vielleicht ganz dumm von mir ... Wenn ich recht verstanden habe, soll der kleine Boris in die Pension Vedel-Azaïs kommen. Hat Sophroniska Ihnen nicht die Besorgnis ausgesprochen, er werde sich da ziemlich vereinsamt fühlen? Wenn ich mich nun selbst, mit Empfehlungen von Laura, der Pension als aufsichtsführenden Lehrer, als Repetenten oder dergleichen anböte, könnte ich nicht hoffen, dort eine Anstellung zu erhalten? Ich muß mir meinen Unterhalt verdienen. Für das, was ich der Pension leistete, würde ich nur Nahrung und Wohnung verlangen ... Sophroniska hat Vertrauen zu mir, und auch mit Boris vertrage ich mich gut. Ich würde ihn beschützen, ihm helfen, würde ihm Lehrer und Freund sein. Dabei bliebe ich zu Ihrer Verfügung, arbeitete zwischendurch für Sie und wäre beim leisesten Ruf zur Stelle. Was denken Sie von dieser Möglichkeit?"

Und als wolle er „dieser Möglichkeit" ein größeres Gewicht verleihen, fügte er hinzu: „Ich denke schon seit zwei Tagen darüber nach."

Das entsprach nicht der Wahrheit. Hätte er diesen schönen Plan nicht gerade eben erst erfunden, so hätte er sicherlich schon mit Laura darüber gesprochen. Allerdings lag die Sache so (aber davon erwähnte er nichts), daß er seit seiner indiskreten Lektüre von Edouards Tagebuch und seit seiner Bekanntschaft mit Laura viel an die Pension Vedel dachte; er wünschte Armand kennenzulernen, diesen Freund Oliviers, den Olivier ihm gegenüber kaum je genannt hatte, und noch mehr wünschte er Sarah, Lauras jüngere Schwester, kennenzulernen; aber diese Neugier blieb geheim: mit Rücksicht auf Laura gestand er sie nicht einmal sich selbst ein.
Edouard antwortete nicht. Immerhin gefiel ihm der Plan, den Bernard ihm unterbreitete, insofern, als er dem jungen Mann ein Unterkommen bot. Es machte ihm wenig Sorgen, die Kosten des Quartiers zu tragen. Bernard löschte seine Kerze aus. Dann begann er wieder: „Glauben Sie bitte nicht etwa, ich hätte nichts verstanden von dem, was Sie über Ihr Buch sagten und über den Konflikt, den Sie sich denken zwischen der brutalen Wirklichkeit und . . .“
„Ich denke ihn mir nicht“, unterbrach Edouard, „er existiert.“
„Na ja; wäre es dann nicht gerade gut, daß ich Ihnen einige Tatsachen zuschanzte, um Ihnen zu ermöglichen, dagegen anzukämpfen? Ich würde für Sie beobachten!“
Edouard legte sich die Frage vor, ob der andere sich nicht über ihn lustig machte. Er fühlte sich gedemütigt durch Bernard. Dieser junge Mann fand überraschend treffende Worte . . .
„Wir wollen darüber nachdenken“, sagte Edouard.
Eine lange Zeit verging. Bernard suchte vergeblich einzuschlafen. Oliviers Brief quälte ihn. Schließlich hielt er sich nicht länger. Da auch Edouard in seinem Bette noch wachzuliegen schien, sagte er leise: „Falls Sie nicht schlafen, möchte ich Sie noch etwas fragen . . . Was denken Sie vom Grafen Passavant?“
„Na darüber können Sie doch kaum im Zweifel sein“, antwortete Edouard. Dann fragte er schnell: „Und Sie?“
„Ich“, sagte Bernard wild, „ich könnte ihn töten!“

7

Der Wanderer, auf der Höhe angelangt, setzt sich nieder und blickt um sich, bevor er seinen nun absteigenden Weg wieder aufnimmt. Er sucht zu erkennen, wohin ihn sein verschlungener Pfad endlich führt, dieser Pfad, der sich, denn der Abend sinkt, in Schatten und Nacht zu verlieren scheint. So macht der Autor, der nichts im voraus weiß, ein wenig Rast, schöpft Atem und fragt sich unruhig, wohin seine Erzählung ihn führen soll.

Ich fürchte, Edouard begeht eine Unklugheit, indem er den kleinen Boris den Azaïs anvertraut. Doch wie ihn daran hindern? Ein jeder handelt seinem Wesen gemäß, und Edouards inneres Gesetz treibt ihn unaufhaltsam zum Experimentieren. Gewiß hat er ein gutes Herz, aber es wäre mir, um der anderen willen, manchmal lieber, ihn egoistisch als ihn selbstlos handeln zu sehen; denn die Hilfsbereitschaft, die seine Handlungen bestimmt, ist oft nur die Begleiterin einer geistigen Neugier, die verhängnisvoll werden kann. Edouard kennt die Pension Azaïs; er weiß, welch verpestete Luft dort herrscht unter dem gefährlichen Anschein von Religion und Moral; er kennt auch den kleinen Boris, seine Zartheit und Anfechtbarkeit: er müßte voraussehen, welchen Möglichkeiten er ihn aussetzt. Aber er mag nichts in Betracht ziehen als den schützenden Halt, den die prekäre Reinheit des Kindes in der Sittenstrenge des alten Azaïs finden könnte. Welchen Sophismen leiht er sein Ohr? Sicherlich ist es der Teufel, der es ihm einbläst; denn kämen sie von anderer Seite, so würde er nicht auf sie hören.

Ich habe Edouard mehr als einmal (zum Beispiel, wenn er von Douviers spricht) mit recht gemischten Gefühlen betrachtet, ja ich habe ihn manchmal empörend gefunden. Ich hoffe, dies nicht allzusehr verraten zu haben; aber jetzt kann ich es offen sagen. Sein Verhalten gegen Laura, mitunter so hochherzig, ist mir des öftern infam vorgekommen.

Was mir an Edouard nicht gefällt, das sind seine inneren Rechtfertigungsversuche. Warum sucht er sich jetzt einzureden, er handle zum Besten des kleinen Boris? Andere Menschen zu belügen: das mag noch hingehen; aber sich selbst!? Will der reißende Bach, der ein Kind ertränkt, es tränken? . . . Ich leugne nicht, daß es in der Welt edle, großmütige und sogar uneigennützige Handlungen geben kann; ich sag nur, daß hinter den schönsten Beweggründen sich oft ein listiger Dämon verbirgt, der gerade aus dem, was man ihm zu entreißen trachtet, seinen Vorteil zu ziehen weiß.

Benutzen wir die Sommerferien, die unsere Personen in alle Winde zerstreut haben, uns in aller Muße über sie klarzuwerden. Wir befinden uns ja im Mittelpunkt unserer Geschichte, wo ihr Gang langsamer geworden ist und wo sie neue Kräfte zu sammeln scheint, um alsbald ein desto rascheres Tempo nehmen zu können . . . Bernard ist offenbar noch viel zu jung, als daß er die Schicksale anderer entscheidend beeinflussen könnte. Er traut sich zu, Boris in seinen Schutz zu nehmen; aber er wird ihn höchstens beobachten können. Wir haben bereits gesehen, wie sehr Bernard sich gewandelt hat; aufwühlende Erfahrungen können ihn noch mehr verändern. In einem meiner Notizbücher finde ich einige Sätze, in denen ich meine bisherige Meinung über ihn präzisiert habe:

„Ich hätte Mißtrauen hegen sollen gegen eine so übertriebene Handlungsweise wie die Bernards zu Beginn seiner Geschichte. Nach seinem späteren Verhalten zu urteilen, scheint er in diesem einen gewaltsamen Entschluß seinen ganzen Vorrat an Anarchie ausgegeben zu haben. Hätte er dagegen, wie es sich ziemt, unter dem Druck seiner Familie weitergelebt, so würden sich seine oppositionellen Reserven zweifellos immer wieder erneuert haben. Seit er von Hause weg ist, hat Bernard mit einem fortwährenden inneren Protest gegen jene radikale Initiative reagiert. Gerade weil er sich an Widerspruch und Empörung gewöhnt hatte, war es ihm beschieden, sich gegen seine eigene Empörung empören zu müssen. Sicherlich hat keiner meiner Helden mich tiefer enttäuscht, denn wohl auf keinen hatte ich größere Hoffnungen gesetzt. Vielleicht hat er sein virtuelles Wesen zu früh realisieren wollen."

Aber diese Betrachtungen scheinen mir schon nicht mehr ganz zutreffend zu sein. Ich meine, man sollte doch noch Geduld mit ihm haben. Es steckt viel Edles in ihm, eine herbe Energie und Fähigkeit zur Kritik. Vielleicht hört er sich allzugern reden; aber er spricht ja auch wirklich gut.

Allerdings mißtraue ich Gefühlen, die gar so rasch ihren Ausdruck finden. Bernard war stets ein guter Schüler, doch neue Gefühle strömen nicht so willig in erlernte Formen. Etwas mehr Willen zur Phantasie: und er müßte stammeln ... Er hat schon zu viel gelesen und zu viel behalten und viel mehr aus Büchern gelernt als aus dem Leben.

Gar nicht trösten kann ich mich über den Rollentausch, der Bernard bei Edouard den Platz Oliviers hat einnehmen lassen. Die Geschehnisse haben sich schlecht arrangiert. Es war doch Olivier, den Edouard liebte! Mit welcher Sorglichkeit hätte er dessen Entfaltung bewacht! Mit welch zärtlicher Scheu hätte er ihn geführt, aufrechtgehalten, zu sich selbst hingelenkt! Passavant wird ihn verderben, das ist sicher. Nichts kann für ihn schädlicher sein als diese gewissenlose Umgarnung. Ich hatte gehofft, Olivier werde sich besser dagegen wehren, doch er ist eine zu weiche Natur und für Schmeicheleien sehr empfänglich. Alles steigt ihm gleich zu Kopfe. Auch aus gewissen Wendungen seines Briefes an Bernard schließe ich, daß er ein bißchen eitel ist. Sinnlichkeit, Trotz, Eitelkeit: oh, das bietet viele Angriffsmöglichkeiten gegen ihn! Wenn Edouard ihn später wiedertrifft, dann wird es wohl zu spät sein. Doch er ist ja noch jung, und man braucht vielleicht noch nicht alle Hoffnung aufzugeben.

Passavant ... am besten kein Wort von dem, nicht wahr? Nichts ist gefährlicher und zugleich beliebter als Männer seiner Art, falls nicht etwa Frauen von der Art der Lady Griffith. Auch mir hat diese Frau ursprünglich ein bißchen imponiert, das gebe ich zu. Aber ich bin schnell von meinem Irrtum abgekommen. Derartige Geschöpfe sind aus einem Stoff gemacht, der keine innere Dichtigkeit hat. Amerika exportiert zahlreiche solche Exemplare; übrigens, ohne ein Monopol auf ihre Produktion zu haben. Reichtum, Intelligenz, Schönheit: alles scheint diesen Wesen zuteil geworden zu sein; aber sie haben keine Seele. Das wird Vincent bald genug spüren. Auf diesen Naturen lastet keinerlei Vergangenheit, keinerlei Zwang, sie haben keine Gesetze, keine Gebieter und keine Bedenken, frei und autonom, machen sie die Verzweiflung des Romanschriftstellers aus, der von ihnen nur Reaktionen ohne Wert erhält. Ich will hoffen, daß Lady Griffith nicht so bald wieder in meinen Ge-

sichtskreis tritt. Leid tut es mir, daß sie uns Vincent entführt hat, der mich seinerseits zunächst mehr interessiert hat, der aber im Verkehr mit Lilian zusehends banaler wird; unter ihren Händen verliert er die Kanten seines Wesens, und er hatte sehr hübsche.
Fall es mir je wieder passieren sollte, einen Roman zu schreiben, so werde ich ihn nur mit „gebrannten" Charakteren bevölkern, die vom Leben nicht abgestumpft, sondern zugespitzt werden. Laura, Douviers, La Pérouse, Azaïs ... was soll ich mit all diesen Leuten machen? Ich habe sie nicht gesucht; sie sind mir, während ich Bernard und Olivier folgte, unterwegs begegnet. Aber da hilft nichts: jetzt komme ich nicht mehr von ihnen los.

Dritter Teil Paris

> Erst wenn wir noch einige gute Spezialwerke über bestimmte Provinzen haben werden – dann, aber wirklich erst dann, wird man, das von diesen Arbeiten herbeigebrachte Material ordnend, vergleichend, sorgsam zueinander in Beziehung setzend, die Gesamtfrage wieder aufnehmen und entscheidend fördern können. Auf andere Weise vorgehen hieße soviel wie: ausgerüstet mit zwei oder drei primitiven Ideen, eine übereilte Expedition unternehmen und dabei, zuallermeist, das Besondere, Individuelle, Unregelmäßige, kurz: das Interessanteste außer acht lassen.
>
> *Lucien Febvre: Die Erde und die Entwicklung der Menschheit*

1

> Seine Rückkehr nach Paris brachte ihm nichts Angenehmes.
>
> *Flaubert: L'Education sentimentale*

Aus Edouards Tagebuch:

Den 22. September. – Hitze, Unbehagen. Acht Tage zu früh nach Paris zurückgekehrt. Ich kann nie den rechten Moment abwarten. In dieser Hast liegt mehr Neugier als Eifer; Trieb zum Vorwegnehmen, Unfähigkeit zu einem Kompromiß mit der Langeweile.

Boris zu seinem Großvater gebracht. Sophroniska, die den Alten am Tage zuvor benachrichtigt hatte, teilte mir mit, Madame de la Pérouse habe sich in ein Altersheim aufnehmen lassen. Na, Gott sei Dank!

Ich hatte mich, nachdem ich an der Wohnungstür geläutet, von dem Kleinen auf dem Treppenflur verabschiedet, weil ich der ersten Begegnung lieber nicht beiwohnen wollte. Ich fürchtete auch die Dankesäußerungen des Großvaters. Später habe ich Boris dann gefragt, wie es gewesen sei. Doch der Knabe war merkwürdig schweigsam. Sophroniska, die ich am Abend wiedersah, erklärte, auch ihr gegenüber habe Boris fast kein Wort geäußert. Als sie, der Verabredung gemäß, nach einer Stunde gekommen war, um Boris abzuholen, ward ihr von einem Dienstmädchen geöffnet; und im Zimmer saß der Alte vor einer Partie Domino, während das Kind schmollend in einem Winkel hockte.
„Es ist komisch", sagte La Pérouse, scheinbar noch ganz benommen; „zuerst schien er Freude daran zu finden, und dann machte es ihm plötzlich keinen Spaß mehr. Der Knabe scheint leicht ungeduldig zu werden . . ."
Es war ein Fehler, die beiden so lange allein zu lassen.

Den 27. September. – Heute vormittag unter den Arkaden des Odéon Molinier getroffen. Pauline und Georges kommen erst übermorgen aus den Ferien zurück. Molinier ist schon seit vorgestern hier und scheint sich ebensosehr zu langweilen wie ich. Oder aus welchem anderen Grunde eilte er mit so besonderer Herzlichkeit auf mich zu? Wir gingen in den Luxembourg und setzten uns auf eine Bank, um nachher gemeinsam zu Mittag zu essen.
Molinier bedient sich mir gegenüber einer launigen, manchmal sogar gewagten Redeweise. Er denkt wohl, im Verkehr mit einem Literaten sei das der gegebene Ton. Auch spielt ein gewisses Bestreben mit, sich noch frisch zu zeigen.
„Im Grunde bin ich eine leidenschaftliche Natur", offenbarte er mir. Ich verstand, daß das bedeuten sollte: eine sehr sinnliche Natur. Ich lächelte so, wie wenn mir eine Dame gesagt hätte, sie habe auffallend schöne Beine, ein Lächeln, das besagt: Aber daran habe ich doch nie im geringsten gezweifelt! – bisher hatte ich nur den Beamten Molinier kennengelernt: jetzt legte der Mann, der er war, die Toga ab.
Ich wartete, bis wir im Restaurant des Hotels Foyot Platz genommen hatten, um das Gespräch auf Olivier zu bringen. Ich erzählte, ich hätte jüngst durch einen seiner Freunde er-

fahren, daß er auf Korsika sei, und zwar in Gesellschaft des Grafen Passavant.

„Ja, Graf Passavant, der mit Vincent befreundet ist, hat ihn zu dieser Reise eingeladen. Und da Olivier sein Abiturientenexamen sozusagen glänzend bestanden hatte, so glaubte seine Mutter, ihm diese Freude nicht verweigern zu dürfen ... Er ist Schriftsteller, dieser Passavant: Sie kennen ihn vermutlich?"

Ich machte kein Hehl daraus, daß mir weder die Werke noch die Person des Grafen Passavant besonders sympathisch seien.

„Unter Kollegen beurteilt man sich wohl manchmal etwas hart", meinte er. „Ich habe versucht, seinen letzten Roman zu lesen, von dem einige Kritiker ja soviel Aufhebens machten, und habe allerdings auch nichts Besonderes daran entdecken können – aber ich bin ja nicht vom Metier ..."

Als ich dann meine Befürchtungen äußerte über den Einfluß, den Passavant auf Olivier ausüben könnte, sagte er mit einer gewissen Umständlichkeit: „Die Wahrheit zu gestehen, habe ich persönlich diese Reise nicht gebilligt. Doch darf man auch nicht vergessen, daß die Kinder einmal flügge werden. Das ist so der Lauf der Welt, und niemand kann etwas daran ändern. Pauline möchte sie am liebsten ewig im Neste behalten! Darin ist sie wie alle Mütter. Ich sage manchmal zu ihr: ‚Aber du machst sie ja ganz verrückt, deine Söhne! Laß sie doch ein bißchen in Ruhe! Mit deinem vielen Gefrage bringst du sie ja erst auf die schlimmen Ideen.' Ich persönlich halte es für ganz unnütz, die Kinder so lange zu überwachen. Wichtig ist nur, daß man ihnen im frühen Alter eine Anzahl guter Grundsätze einimpft. Und das allerwichtigste ist, daß die Kinder einen angeborenen sittlichen Halt haben! Wissen Sie, mein Lieber, die Vererbung – die triumphiert über alles andere! Es gibt Kinder, die von Natur aus böse und keiner Besserung zugänglich sind; wir nennen sie: die Prädestinierten. Die muß man natürlich dauernd scharf im Zaume halten. Doch wenn man's mit gut veranlagten Wesen zu tun hat, so kann man die Zügel schon etwas lockerlassen!"

„Sie sagten vorhin", bemerkte ich, „diese Entführung Oliviers habe Ihre Zustimmung nicht gefunden ..."

„Oh, meine Zustimmung ... meine Zustimmung", antwortete er, die Nase tief über seinem Teller, „man kommt gelegentlich auch ohne meine Zustimmung aus! Bedenken Sie, bitte, daß in einer Ehe, und sei sie die einträchtigste, die Entscheidung nicht immer dem Manne zufällt. Doch Sie sind ja nicht verheiratet, und diese Dinge interessieren Sie nicht . . .“

„Oh, bitte“ sagte ich lachend, „ich bin Romanschreiber!“

„Dann haben Sie sicherlich auch schon die Beobachtung gemacht, daß es nicht immer Charakterschwäche zu sein braucht, die einen Mann veranlaßt, seiner Frau die Führung zu überlassen?“

„In der Tat gibt es“, räumte ich höflich ein, „energische, ja sogar furchtgebietende Männer, die sich zu Hause so fügsam zeigen wie sanfte Lämmlein.“

„Und wissen Sie auch, woher das kommt?“ fragte er. „In neun Fällen von zehn hat der Ehemann, der seiner Frau nachgibt, sich von ihr irgend etwas verzeihen zu lassen . . . Oh, eine tugendhafte Frau, mein Lieber, die zieht ihren Vorteil aus allem! Wenn der Mann sich nur einen Augenblick bückt: gleich springt sie ihm auf den Rücken! Ach, lieber Freund, die Ehemänner sind oft recht bedauernswerte Geschöpfe! Sind wir jung, so wünschen wir uns keusche Eheweiber, ohne zu bedenken, wie teuer uns diese Keuschheit später einmal zu stehen kommen kann!“

Ich hatte meine Ellbogen auf den Tisch und das Kinn in die Hände gestützt und betrachtete Molinier. Der arme Mann ahnte nicht, wie sehr das Bücken, von dem er soeben gesprochen hatte, der Natur seines Rückgrats entsprach. Seine Stirn war voll Schweiß, und weniger feinschmeckerisch als gefräßig, schlang er große Quantitäten hinunter. Auch dem alten Burgunder, den wir bestellt hatten, sprach er eifrig zu. Selig, jemand gefunden zu haben, der ihm verständnisvoll zuhörte und (so dachte er gewiß) auch zustimmte, floß er über von Vertraulichkeit.

„In meiner Eigenschaft als Beamter“, fuhr er fort, „habe ich Ehefrauen kennengelernt, die sich ihrem Manne nur widerwillig, sozusagen ‚widersinnlich‘ hingaben . . . und die sich doch empören, wenn der arme Verschmähte sein Futter dann anderswo sucht.“

Der Beamte hatte den Relativsatz im Imperfektum begonnen: im Präsens vollendete ihn der Ehemann, unleugbar ins eigene Privatleben geratend. Und zwischen zwei gewaltigen Happen formte sich ihm der Aphorismus: „Wer selbst keinen Hunger hat, ekelt sich leicht vor anderer Leute Appetit." Dann, nach einem großen Schluck Wein: „Und das erklärt Ihnen, lieber Freund, wie ein Mann die Herrschaft in seiner Ehe verlieren kann."

Ich hörte genau zu und entdeckte hinter der scheinbaren Zusammenhanglosigkeit seiner Äußerungen eine wohlberechnete Absicht, die Tugendhaftigkeit seiner Frau für seine eigenen Schwächen verantwortlich zu machen. Solche auseinanderfallenden Geschöpfe wie dieser Hampelmann, sagte ich mir, brauchen den ganzen Aufwand ihrer Selbstsucht, um die disparaten Elemente ihres Wesens einigermaßen zusammenzuhalten. Vergäßen sie einmal sich selbst: gleich gingen sie in Fetzen.

Molinier schwieg. Ich spürte das Bedürfnis, einige Überlegungen einzuschieben, wie man das Räderwerk einer Maschine, die pausiert, mit neuem Öl versieht. Und um ihn zum Weitersprechen zu veranlassen, warf ich hin: „Glücklicherweise ist Pauline eine intelligente Frau."

Er gab ein „ja" von sich – so langgedehnt, daß es bis zur Andeutung des Zweifels ging – und fuhr dann fort: „Immerhin gibt es Dinge, die sie nicht versteht. Eine Frau mag so intelligent sein, wie sie will, wissen Sie . . . Übrigens erkenne ich an, daß ich mich in dem fraglichen Falle nicht besonders geschickt benommen habe. Ich hatte mich anfänglich verleiten lassen, ihr von einem kleinen Abenteuer zu erzählen . . . Das war in einem Stadium, als ich selbst noch glaubte, ja absolut davon überzeugt war, daß die Geschichte sich nicht weiter entwickeln werde. Sie hat sich aber weiter entwickelt . . . und der Verdacht meiner Frau ebenfalls! Es war eine große Dummheit von mir, ihr, wie man sagt, damals einen Floh ins Ohr zu setzen. Was habe ich seitdem alles lügen und verheimlichen müssen! . . Aber das kommt davon, wenn man nicht von Anfang an den Mund hält! Ach, ich bin eben eine zu vertrauensselige Natur! . . . Aber Pauline ist schrecklich eifersüchtig, und Sie können sich kaum vorstellen, welch raffinierte Kniffe ich mir habe ausdenken müssen!"

„Ist das schon lange her?" erkundigte ich mich.

„Oh, die Sache geht seit ungefähr fünf Jahren. Pauline hatte sich schon völlig darüber beruhigt, vermute ich. Doch jetzt wird wohl, leider Gottes, die ganze Qual wieder von vorne anfangen! Denn stellen Sie sich vor: als ich vorgestern von der Reise zurückkomme ... Aber wir nehmen noch eine zweite Pommard, was?"

„Für mich nicht, bitte!"

„Na, dann gibt es vielleicht halbe Flaschen. Ich leg mich dann nachher zu Hause ein bißchen hin. Man wird ja so müde von der Hitze ... Also, als ich vorgestern wieder in unsere Wohnung komme, öffne ich meinen Schreibtisch, um einige Papiere hineinzulegen. Ich zieh die Schublade auf, in der ich die Briefe von ... von der betreffenden Person aufbewahrt hatte. Nun denken Sie sich mein Entsetzen, lieber Freund: die Schublade war leer! Oh, ich kann mir ganz genau erklären, wie das gekommen ist! Vor ungefähr vierzehn Tagen war Pauline mit Georges ein paar Tage in Paris, um die Hochzeit der Tochter eines Kollegen mitzufeiern, zu der ich nicht hatte kommen können. Sie wissen, daß ich in Holland war ... und außerdem sind solche Feierlichkeiten auch mehr eine Sache der Frauen, nicht wahr? Nun, Pauline hatte wohl gerade nichts Besonderes zu tun, und da hat sie denn wohl, mit der innerlichen Begründung, in der leeren Wohnung alles ein bißchen in Ordnung bringen zu wollen ... und Sie wissen, wie die Frauen sind: immer ein bißchen neugierig, da hat sie denn wohl angefangen, so ein bißchen herumzustöbern ... natürlich, ohne sich irgend etwas Böses dabei zu denken! Ich beschuldige sie ja in keiner Weise! Aber Pauline hat immer so einen unseligen Drang zum Ordnungmachen gehabt! Na, was soll ich ihr also noch sagen, jetzt, wo sie die Beweise in den Händen hat!? Wenn die Kleine mich wenigstens nicht mit meinem richtigen Namen anredete! Eine so harmonische Ehe! Wenn ich denke, was mir bevorsteht ...!"

Der arme Mann watete elend umher im Sumpfe seiner Geständnisse. Er wischte sich den Schweiß von der Stirn, fächelte sich Luft zu. Ich hatte viel weniger getrunken als er. Das menschliche Herz liefert kein Mitgefühl auf Bestellung: ich empfand nur Widerwillen gegen ihn. Ich akzeptierte ihn als Familienvater (obwohl mir der Gedanke, Olivier sei ein Sohn von ihm, peinlich war), als gesetzten, ehrbaren, wohlbestallten Beamten; als Liebhaber schien er mir höchstens lächerlich. Besonders irritierte mich die plumpe Gewöhnlichkeit seiner Ausdrucksweise. Auch schienen weder sein Mienenspiel noch seine Stimme fähig zu sein, die Gefühle, von denen die Rede war, wiederzugeben. Es war so, als ob ein Kontrabaß die Wirkungen der Bratsche hätte erzielen wollen: sein Instrument gab nur falsche Töne.

„Sie sagten, Georges sei mit ihr gewesen . . .?“

„Ja, sie hatte ihn nicht allein lassen wollen. Aber natürlich, hier in Paris blieb er trotzdem nicht immer in seinem Bettchen liegen . . . Wenn ich Ihnen sage, mein Lieber, daß ich in einer sechsundzwanzigjährigen Ehe nie die geringste Szene, nie den kleinsten Streit gehabt habe! Und wenn ich an das Theater denke, auf das ich jetzt gefaßt sein muß! Denn Pauline kommt übermorgen zurück . . . Na, sprechen wir lieber von etwas anderem! Was sagen Sie denn von Vincent? Der Fürst von Monaco, eine Forschungsreise zur See . . . alle Wetter! Wie, das wußten Sie gar nicht? Ja, Vincent beaufsichtigt jetzt Peilungen und Fischzüge bei den Azoren! Na, um den braucht man keine Sorge zu haben! Der macht seinen Weg allein, das kann ich Ihnen sagen!“

„Und seine Gesundheit . . .?“

„Völlig wieder in Ordnung! Intelligent, wie er ist, glaube ich, daß er geradenwegs auf den Ruhm losmarschiert! Der Graf Passavant hat mir unverhohlen gesagt, er halte Vincent für einen der bedeutendsten Menschen, denen er je begegnet sei. Er sagte sogar: für den bedeutendsten . . . doch da hat er aus Höflichkeit wohl etwas übertrieben . . .“

Die Mahlzeit ging zu Ende. Molinier zündete sich eine Zigarre an.

„Darf ich Sie fragen“, nahm er wieder das Wort, „wer dieser Freund von Olivier ist, durch den Sie von ihm gehört haben? Ich muß sagen, daß es mich immer im höchsten Grade beschäftigt hat, mit wem meine Kinder verkehren. Diese Frage des Umgangs ist ja so eminent wichtig! Meine Kinder haben, Gott sei Dank, stets eine angeborene Neigung bewiesen, sich nur mit den allerbesten Elementen zu befreunden. Sie sehen es ja: Vincent mit seinem Fürsten, Olivier mit dem Grafen Passavant . . . Und was Georges betrifft, so hat der in Houlgate einen Schulfreund getroffen, namens Adamanti, der übrigens, ebenso wie er selbst, auch wieder in die Pension Vedel-Azaïs gehen wird: einen ausgezeichneten Jungen, dessen Vater für Korsika in den Senat gewählt ist. Aber hören Sie, wie man andererseits doch auch wieder gar nicht vorsichtig genug sein kann: da hatte Olivier einen Freund, der aus sehr guter Familie zu sein schien, einen gewissen Bernard Profitendieu. Sie müssen wissen: der Vater Profitendieu ist ein Kollege von mir, ein außerordentlich tüchtiger Mann, den ich besonders hochschätze. Aber (doch das bleibt ganz unter uns, nicht wahr?) da erfahre ich nun mit einemmal, daß er gar nicht der Vater ist von dem jungen Mann, der seinen Namen trägt! Was sagen Sie nun dazu?"

„Gerade dieser junge Bernard Profitendieu ist es, durch den ich Nachricht von Olivier bekommen habe", sagte ich.

Molinier sog heftig an seiner Zigarre und spannte die Augenbrauen so hoch, daß seine Stirn sich in dichte Falten legte.

„Es wäre mir lieb, wenn Olivier sich von diesem jungen Herrn etwas mehr fernhielte. Ich habe allerlei Schlimmes über ihn erfahren, was mich übrigens nicht sonderlich verwundert hat. Denn kann man von einem Geschöpf, das unter so traurigen Umständen geboren ist, etwas anderes erwarten? Damit will ich nicht in Abrede stellen, daß ein natürliches Kind auch große Fähigkeiten, sogar edle Eigenschaften haben könne; aber bei alledem trägt eine solche Frucht der Ausschweifung die Keime der Anarchie notgedrungen in sich . . . Jawohl, mein Lieber, auch in diesem Falle ist es so gekommen, wie es kommen mußte. Der junge Bernard hat den häuslichen Herd, an den er sich nie hätte setzen dürfen, ganz plötzlich verlassen! Er ist auf und davon gegangen, um, wie Emile Augier es nannte, ‚sein Leben zu leben', es zu leben, man weiß nicht, wie, und man weiß nicht, wo. Der arme Profitendieu, der mich selbst von dieser Geschichte in Kenntnis gesetzt hat, schien davon zunächst ganz gebrochen zu sein. Ich habe ihm klargemacht, daß er sich die Sache nicht so sehr zu Herzen gehen lassen dürfe, denn wenn man alles genau betrachte, so bringe doch das Verschwinden des jungen Mannes eine ungeregelte Situation wieder in Ordnung."

Ich beteuerte, daß ich Bernard gut genug kennte, um mich für eine anständige, ehrenhafte Gesinnung verbürgen zu können (wobei ich mich natürlich hütete, die Affäre mit der Reisetasche zu erwähnen). Aber Molinier fiel mir ins Wort: „Na, ich sehe schon, daß ich Ihnen noch mehr erzählen muß!"

Und er neigte sich vor und berichtete gedämpften Tones: „Vor einiger Zeit ist meinem Kollegen Profitendieu die Untersuchung eines recht heiklen Falles übertragen worden, einer Sache, die peinlich ist sowohl ihrem Wesen nach wie auch wegen der Folgen, die sie haben kann. Es ist eine Skandalgeschichte, die man am liebsten für ganz unglaublich halten möchte ... Es handelt sich da, mein Lieber, um ein richtiges Prostitutionsunternehmen, um ein ... doch ich will kein unziemliches Wort gebrauchen; also sagen wir: um ein Teehaus, dessen spezielle Anstößigkeit darin besteht, daß die Gäste, die seine Salons regelmäßig besuchen, hauptsächlich, ja fast ausschließlich Gymnasiasten sehr junger Jahresklassen sind. Ich sage Ihnen ja, es ist einfach nicht zu glauben! Offenbar haben diese Schulkinder gar kein Gefühl dafür, wie ungeheuerlich ihr Treiben ist, denn sie geben sich nicht einmal besondere Mühe, es zu verheimlichen. Wenn die Schule zu Ende ist, geht man hin. Man trinkt seinen Tee, man plaudert, man amüsiert sich mit den Damen; und in den Nebenräumen nimmt die Sache dann ihren Fortgang. Selbstverständlich hat nicht jeder beliebige Zutritt: man muß empfohlen, man muß eingeführt sein. Wer bestreitet nun die Kosten dieser Orgien? Wer bezahlt die Miete für die Räume? Dies Rätsel wäre wohl interessant zu lösen. Aber bei den Ermittlungen war äußerste Behutsamkeit geboten, weil man sonst wahrscheinlich mehr erfahren hätte, als man zu erfahren wünschte. Und das hätte zu immer weiteren Nachforschungen und Verhören führen müssen, wodurch schließlich ehrenwerte Familien, deren Söhne man unter den regelmäßigen Besuchern jenes Hauses vermutete, hätten kompromittiert werden können. Ich habe deshalb alles getan, was ich zu tun vermochte, um den Eifer des Kollegen Profitendieu zu mäßigen, der sich wie ein Stier auf diese Sache stürzte, ohne zu ahnen, daß er dabei in Gefahr geriet, mit dem ersten Stoß seines Hornes (oh, pardon, das habe ich nicht mit Absicht gesagt; ha, ha, das ist aber komisch: der Ausdruck ist mir ganz zufällig entschlüpft) seinen Sohn Bernard aufzuspießen! Glücklicherweise sind die Ferien dazwischengekommen, und dadurch wurde der Fall zunächst auf die lange Bank geschoben; die Gymnasiasten haben sich in alle Windrichtungen zerstreut, und ich hoffe, daß die ganze Affäre – nach einigen unauffälligen Verwarnungen und Maßregeln – zu guter Letzt vertuscht werden und sich in nichts auflösen wird."

„Sind Sie ganz sicher, daß Bernard Profitendieu in die Sache verwickelt ist?"

„Nicht absolut sicher, aber . . ."

„Was veranlaßt Sie, es zu glauben?"

„Erstens die Tatsache, daß er ein natürliches Kind ist. Sie können sich wohl denken, daß ein junger Mann seines Alters nicht von Hause wegläuft, ohne mit allen Hunden gehetzt zu sein . . . Und ferner habe ich den Eindruck, als ob Profitendieu selbst einen gewissen Verdacht geschöpft habe, denn sein Eifer hat ganz plötzlich nachgelassen. Ja, er scheint geradezu Gegendampf angeordnet zu haben, und als ich ihn das letztemal nach dem Stande der Dinge fragte, antwortete er ziemlich verlegen: ‚Ich glaube, es kommt schließlich überhaupt nichts dabei heraus', und dann ging er schnell auf ein anderes Thema über. Armer Profitendieu! Er verdient sein Mißgeschick wirklich nicht! Er ist grundehrlich und, was vielleicht noch seltener ist, ein herzensguter Charakter! Übrigens, seine Tochter hat sich recht gut verheiratet. Bei der Hochzeit konnte ich allerdings nicht dabeisein, weil ich in Holland war, aber Pauline und Georges sind extra auf ein paar Tage nach Paris gekommen, um an der Feier teilzunehmen . . . So, das hab ich Ihnen schon erzählt? Na, nun muß ich auch bald an mein Mittagsschläfchen denken . . . Aber was machen Sie denn da? Sie wollen für mich mitbezahlen?! Aber das geht doch wirklich nicht, lieber Freund! Unter Kameraden, unter Junggesellen, pflegt man doch zu teilen, nicht wahr? . . . Also man kann Sie nicht davon abbringen? . . . Na, dann adieu! Vergessen Sie nicht, daß Pauline übermorgen zurückkommt, und besuchen Sie uns recht bald! Und außerdem nennen Sie mich doch bitte von jetzt an nicht mehr Molinier; sagen Sie ganz einfach Oscar zu mir! . . . Darum hatte ich Sie übrigens schon längst bitten wollen."

Abends erhielt ich ein paar Zeilen von Rachel, Lauras Schwester: „Ich habe Ihnen etwas Wichtiges zu sagen.

Wenn es Ihnen nicht allzu unbequem ist, so kommen Sie doch bitte morgen nachmittag auf einen Augenblick in die Pension. Sie würden mir einen großen Dienst erweisen!"
Wenn es wäre, um mit mir über Laura zu sprechen, so hätte sie nicht so lange gewartet. Übrigens das erstemal, daß sie mir schreibt.

2

Aus Edouards Tagebuch (Fortsetzung):
Den 28. September. – Ich fand Rachel auf der Schwelle des großen Arbeitssaals, im Erdgeschoß der Pension. Zwei Mägde waren eifrig beschäftigt, den Fußboden zu waschen und zu scheuern. Sie selbst trug eine Schürze, wie die Dienstmädchen, und hielt einen Scheuerlappen in der Hand.
„Ich wußte, daß ich auf Sie rechnen konnte", sagte sie und reichte mir die Hand. In ihrem Wesen lag eine sanfte, demütige Trauer. Dabei lächelte sie, und von diesem Lächeln fühlte man sich mehr ergriffen, als wenn sie eine schöne Frau gewesen wäre. – „Falls Sie es nicht gar zu eilig haben, so wäre es vielleicht das beste, Sie gingen zuerst hinauf und machten dem Großvater einen kleinen Besuch und dann der Mama. Es würde die beiden sehr bekümmern, zu erfahren, daß Sie da waren, ohne ihnen guten Tag gesagt zu haben. Aber behalten Sie auch für mich noch ein bißchen Zeit übrig; ich muß unbedingt mit Ihnen sprechen! Kommen Sie dann bitte wieder hierher: Sie sehen, ich muß auf die Arbeit aufpassen."
In einer Art von Scham sagt sie nie: ich arbeite. Während ihres ganzen Lebens ist Rachel im Schatten geblieben, und nichts kann zurückhaltender, bescheidener sein als ihre Tapferkeit. Die Entsagung ist ihr etwas so Natürliches geworden, daß niemand aus der Familie ihr für diese beständige Aufopferung noch den geringsten Dank weiß. Sie ist die schönste Seele, die ich kenne.
Ich ging in den zweiten Stock hinauf, zu Azaïs. Der Greis verläßt seinen Lehnstuhl nur noch selten. Er hieß mich Platz nehmen und begann sofort von La Pérouse zu sprechen.
„Es macht mir Sorge, ihn jetzt so allein zu wissen, und ich

möchte gern, daß er bei uns in der Pension Wohnung nähme. Wir sind ja alte Freunde, und neulich habe ich ihn einmal wieder besucht. Er leidet offenbar sehr darunter, daß seine liebe Frau sich in eine Anstalt zurückgezogen hat. Die Dienstmagd sagte mir, seitdem esse er so gut wie gar nichts mehr. Nun bin ich ja auch der Ansicht, daß wir Menschen im allgemeinen zuviel essen; doch alles muß seine Grenzen haben, und auch in der Enthaltsamkeit kann man des Guten zuviel tun. Er meint, es lohne sich nicht, daß für ihn allein gekocht werde. Doch wenn er bei uns wäre, so würde der gute Appetit, den alle andern bei Tisch entwickeln, wohl auch den seinigen anreizen! Außerdem wäre er hier unter einem und demselben Dach mit seinem Enkel, dem liebenswerten Boris, den er sonst wohl kaum zu sehen bekäme, denn von der Rue Vavin bis zum Faubourg Saint-Honoré ist's ja eine ganze Tagesreise. Obendrein lasse ich den Knaben hier in Paris nicht gern allein ausgehen. Ich kenne Anatole de la Pérouse seit langen Jahren. Er ist immer ein Original gewesen. Das soll absolut kein Vorwurf sein; aber er ist von Natur ein bißchen stolz, und er würde die Gastfreundschaft, die ich ihm gewähren möchte, vermutlich nicht annehmen, ohne mit seiner Person eine gewisse Gegenleistung dafür bieten zu wollen. So habe ich denn daran gedacht, daß er vielleicht die Aufsicht in den Arbeitsklassen führen könnte, was ihn kaum anstrengen würde und obendrein die Wirkung hätte, ihn ein bißchen zu zerstreuen und von seinem Kummer abzulenken. Er ist ein guter Mathematiker und könnte im Notfalle Nachhilfestunden in Geometrie und Algebra geben. Da er jetzt keine Musikschülerinnen mehr hat, so haben die eigenen Möbel und das Piano ja keinen Wert mehr für ihn: er könnte kündigen; und da seine Übersiedlung zu uns ihm dann die Miete ersparen würde, so habe ich daran gedacht, daß wir obendrein einen bescheidenen kleinen Pensionspreis vereinbaren könnten, damit er sich hier ganz ungezwungen und nicht allzusehr in meiner Schuld fühle. Sie, lieber Freund, sollten ihm die Sache plausibel machen, und zwar so bald wie möglich, denn sonst kommt er uns, bei seiner elenden Ernährungsweise, noch völlig auf den Hund! Obendrein fängt die Schule übermorgen wieder an, und es wäre gut, zu wissen, woran man sich zu halten hat und ob

man auf ihn rechnen kann . . ., wie er seinerseits allezeit auf uns rechnen kann!"
Ich versprach, La Pérouse schon morgen aufzusuchen. Worauf der Alte, sichtlich erleichtert, fortfuhr: „Ja, sagen Sie mal . . . dieser Bernard, Ihr Schützling, das ist ja ein ganz ausgezeichneter junger Mensch! In freundlichster Weise hat er sich bereit erklärt, bei uns Hilfsarbeit zu leisten. Er meinte, er könne vielleicht die Schularbeiten der unteren Klassen beaufsichtigen; doch ich fürchte, daß er selbst noch ein bißchen jung ist und sich bei den Kindern vielleicht nicht so ohne weiteres in Respekt setzen könnte. Ich habe mich lange mit ihm unterhalten und ihn sehr sympathisch gefunden. Aus Naturen solchen Schlages bildet man Christi eifrigste Rekruten! Allerdings bleibt bedauerlich, daß die elterliche Erziehung versäumt hat, diese Seele auf den rechten Weg zu leiten. Bernard hat mir gestanden, daß er nicht gläubig sei; aber der Ton, in dem er mir das sagte, hat mich doch zuversichtlich gestimmt! Ich habe ihm erwidert, daß ich in ihm alle Eigenschaften zu erkennen glaubte, deren es bedarf, um ein braver Jünger unseres himmlischen Herrn zu werden; er möge von jetzt an nur noch darauf bedacht sein, die ihm von Gott verliehenen Gaben zur Geltung zu bringen. Dann haben wir gemeinsam in den Sprüchen Salomonis gelesen, und ich glaube, daß die gute Saat nicht auf steinigen Boden gefallen ist. Der junge Mann war tiefbewegt und versprach, über alles ernstlich nachzudenken."
Bernard hatte mir von diesem Gespräch mit dem alten Azaïs schon erzählt. Ich wußte, was er darüber dachte, und so ward es mir immer peinlicher, dem Alten zuzuhören. Ich erhob mich, um Abschied zu nehmen, doch er hielt meine Hand fest.
„Oh, sagen Sie mal: ich habe inzwischen ja unsere Laura wiedergesehen! Ich wußte schon, daß dies teure Kind einen ganzen Monat mit Ihnen in den schönen Bergen verbracht hat, was ihr ja außerordentlich gut bekommen zu sein scheint. Nun bin ich froh, daß sie wieder bei ihrem Manne ist, den ihre lange Abwesenheit doch schließlich betrüben mußte. Schade, daß seine Verpflichtungen ihm nicht erlaubt haben, zu euch in die Berge zu kommen."
In steigender Verlegenheit suchte ich mich loszureißen,

denn ich wußte nicht, was Laura ihm erzählt haben mochte; aber mit einem herrischen Ruck zog er mich nahe zu sich heran und sprach, fast an meinem Ohr, weiter: „Laura hat mir anvertraut, daß sie guter Hoffnung sei. Doch kein Wort davon! . . . Sie möchte nicht, daß man es schon erführe. Mit Ihnen kann ich ja darüber sprechen, weil ich weiß, daß Sie unterrichtet sind, und weil wir beide diskrete Leute sind. Die liebe Laura wurde ganz rot und verlegen, als sie es mir sagte; sie ist ja immer so scheu gewesen! Aber plötzlich warf sie sich vor mir auf die Knie, und gemeinsam haben wir dann Gott dafür gedankt, daß er diesem Ehebund seinen Segen geschenkt hat."

Mir scheint, Laura hätte eine Mitteilung, die ihr Zustand noch nicht erforderte, lieber hinausschieben sollen. Hätte sie mich gefragt, so würde ich ihr geraten haben, vor ihrem Wiedersehen mit Douviers nichts zu sagen. Azaïs freilich hat keinerlei Verdacht; aber es fragt sich, ob die ganze Familie ebenso vertrauensselig ist wie er.

Der Alte produzierte noch einige Variationen über pastorale Themen, dann sagte er, seine Tochter würde sich ebenfalls freuen, mich zu sehen, und so stieg ich denn in die Etage der Vedel hinunter.

Ich lese das bisher Geschriebene wieder durch. Indem ich in dieser Weise von Azaïs spreche, setze ich mich selbst in ein häßliches Licht. So will ich es auch aufgefaßt wissen, und ich mache diese nachträgliche Bemerkung nur zum Privatgebrauch von Bernard, falls dessen reizende Indiskretion ihn wieder einmal treiben sollte, seine Nase in dies Tagebuch zu stecken. Wenn er erst etwas näher mit dem Alten bekannt ist, wird er bald einsehen, wie ich es meine. Ich mag Azaïs sehr gern, und „obendrein" (um sein Lieblingswort zu gebrauchen) habe ich Respekt vor ihm. Aber kaum bin ich in seiner Nähe, so kann ich mich selbst nicht mehr ausstehen; und das ist es, was mir seine Gesellschaft so peinlich macht.

Ich mag auch seine Tochter, die Pastorin, sehr gern. Madame Vedel hat Ähnlichkeit mit Lamartines Elvire: eine Elvire in vorgeschrittenem Alter. Ihre Unterhaltung ist nicht ohne Reiz. Es passiert ihr ziemlich häufig, daß sie ihre Sätze nicht vollendet, und das gibt ihren Äußerungen eine Art lyrischer Weichheit. Das Unausgesprochene, Undeutli-

che ihrer Redeweise scheint zu bedeuten: Unendlichkeit. Von einem künftigen Leben erwartet sie alles, was ihrem gegenwärtigen versagt ist, und so kann sie jeglicher Hoffnung freien Lauf lassen. Je enger das bißchen Erdreich ist, auf dem sie steht, desto weiter spannt sie ihre Flügel. Da sie ihren Mann nur sehr wenig sieht, kann sie sich einbilden, sie liebe ihn. Der würdige Pastor ist fortwährend unterwegs, von tausend Pflichten und Sorgen in Anspruch genommen, von Predigten, Kongressen, von Besuchen bei Kranken und Notleidenden. Er pflegt einem die Hand nur im Vorbeigehen zu drücken, dann aber um so herzlicher.
„Hab's heute zu eilig, um zu plaudern!"
„Oh, wir sehn uns ja wieder: im Himmel!" erwidere ich. Aber er hat keine Zeit, auf mich zu hören.
„Keine Minute mehr für sich selbst!" seufzt Madame Vedel. „Wenn Sie wüßten, was er sich alles aufhalsen läßt, seit ... Da jedermann weiß, daß er absolut nichts abschlagen kann, so lädt ... Kommt er dann abends nach Hause, ist er manchmal so müde, daß ich fast kein Wort mit ihm zu sprechen wage, weil er sonst ... Er gibt sich dermaßen für andere aus, daß ihm für seine Familie nichts mehr übrigbleibt."
Bei diesen Worten erinnerte ich mich – aus der Zeit, als ich selbst in der Pension gewohnt hatte – an so manchen Abend, wenn der Pastor nach Hause kam. Er nahm dann seinen Kopf zwischen die Hände und schrie nach ein bißchen Ruhe. Aber schon damals war ich auf den Verdacht gekommen, daß er diese Ruhe vielleicht mehr fürchte als wünsche, ja daß ihm im Grunde nichts unerwünschter sein könne als irgendwelche Gelegenheit zur Selbstbestimmung.
„Sie trinken eine Tasse Tee mit mir, nicht wahr?" fragte Madame Vedel, während das Dienstmädchen ein Tablett mit Kanne und Tassen hereintrug.
„Madame, es ist kein Zucker mehr da!"
„Aber ich habe Ihnen doch gesagt, daß Sie sich wegen solcher Dinge an Mademoiselle Rachel wenden müssen! Gehen Sie rasch! ... Und haben Sie den jungen Herren Bescheid gesagt?"
„Monsieur Bernard und Monsieur Boris sind ausgegangen."
„So? ... Und Monsieur Armand? ... Beeilen Sie sich!"

Dann, ohne zu beachten, daß das Mädchen mit dem Hinausgehen zögerte: „Dies arme Geschöpf kommt direkt aus Straßburg. Es hat keinerlei ... Man muß ihm alles sagen ... Na, worauf warten Sie denn noch?“
Das Mädchen schnellte zurück wie eine Schlange, der man auf den Schwanz getreten war. „Der Repetent ist unten, er wollte heraufkommen! Er sagt, er ginge nicht eher wieder aus dem Hause, als bis er sein Geld bekommen hätte!“
Madame Vedels Züge drückten betrübte Mißbilligung aus. „Wie oft soll ich Ihnen noch sagen, daß diese Zahlungsangelegenheiten mich nicht das geringste angehen! Sagen Sie ihm, er möge sich an Mademoiselle wenden. Schnell! ... Ach, niemals eine ruhige Stunde! Ich weiß wirklich manchmal nicht, wo Rachel mit ihren Gedanken bleibt!“
„Wollen wir nicht auf sie warten mit dem Tee?“
„Sie kommt nie zum Tee ... Oh, diesmal bringt der Schulbeginn lauter Sorgen mit sich! Die Repetenten, die sich anbieten, verlangen enorme Honorare; oder, falls ihre Forderungen einmal annehmbar sind, sind sie selbst es um so weniger! Der letzte hat besonderen Grund zur Klage gegeben; Papa hat sich ihm gegenüber viel zu schwach gezeigt, und nun kommt er ins Haus und droht. Sie haben ja gehört, was die Kleine gesagt hat ... Ach, alle diese Leute denken nur ans Geld! ... Als gäbe es nicht so unendlich viel Wichtigeres auf der Welt! ... Vorläufig sind wir uns noch im unklaren darüber, wie wir den Mann ersetzen sollen ... Prosper, ja, der meint, man brauche nur zu beten, dann werde der liebe Gott schon alles zum besten wenden ...“
Das Mädchen erschien wieder und brachte den gewünschten Zucker.
„Haben Sie Monsieur Armand Bescheid gesagt?“
„Ja, Madame, er wird gleich da sein.“
„Und Sarah?“ fragte ich.
„Die kommt erst übermorgen von der Reise zurück. Sie ist in England, bei einer befreundeten Familie, bei den Eltern des jungen Mädchens, das Sie bei uns kennengelernt haben. Alle sind furchtbar liebenswürdig zu ihr gewesen, und ich bin sehr froh, daß Sarah sich ein bißchen ... Ganz wie Laura. Die sieht ja auch bedeutend besser aus! Der Aufenthalt in der Schweiz, nach der Kur im Süden, hat ihr sehr gut getan, und es war nett von Ihnen, daß Sie sie dazu be-

stimmt haben. Von allen Kindern ist nur der bedauernswerte Armand während der ganzen Ferien in Paris geblieben."

„Und Rachel?"

„Ja, das ist wahr: die auch. Sie war zwar von verschiedenen Seiten eingeladen, ist aber doch lieber zu Hause geblieben. Außerdem bedurfte Großvater ihrer Hilfe. Und man kann ja auch im Leben nicht immer alles tun, was man wohl möchte. Das muß ich den Kindern leider immer wieder sagen! Man muß doch auch an die andern denken! Glauben Sie, daß ich nicht auch gern ein bißchen in Saas-Fee spazierengegangen wäre? Und rackert Prosper sich etwa zu seinem Privatvergnügen so schrecklich ab? . . . Armand, du weißt doch, daß du nicht ohne Kragen zum Tee kommen sollst!" fügte sie hinzu, als sie ihren Sohn eintreten sah.

„Meine geliebte Mutter, Sie haben mich frommerweise gelehrt, dem irdischen Aussehen keinerlei Wert beizumessen", erwiderte er und reichte mir die Hand; „und diese Lehre war zugleich von höchster Zweckmäßigkeit, denn die Wäsche kommt erst am Dienstag zurück, und meine andern Kragen sind alle zerrissen."

Mir kam in den Sinn, was Olivier mir von Armand gesagt hatte. In der Tat schien sich hinter seinem spöttischen Benehmen ein tiefer Kummer zu verbergen. Armands Gesichtszüge waren spitzer geworden; seine Nase, über schmalen, blassen Lippen, sprang scharf hervor. Er fuhr fort: „Haben Sie Ihrem hochwohlgeborenen Herrn Besucher schon erzählt, daß wir unsere ständig engagierte Truppe zum Beginn der Wintersaison um einige sensationelle Nummern vermehrt haben, als da sind: der Sohn eines leibhaftigen, loyal denkenden Senators und der junge Vicomte de Passavant, Bruder des Verfassers hochbedeutsamer Werke? Dazu kommen jene beiden Adepten, die unserm Gaste schon bekannt, aber darum nur noch schätzbarer sind: der Prinz Boris und der Marquis de Profitendieu; endlich noch einige andere, deren Titel und Talente sich erst offenbaren müssen."

„Sie sehen, er bleibt immer der gleiche", sagte die arme Mutter, zu den Possen ihres Sohnes lächelnd.

Ich hatte so große Angst, er könne anfangen, von Laura zu

sprechen, daß ich meinen Besuch schnell beendete, um Rachel wieder aufzusuchen, unten im Erdgeschoß.
Sie hatte die Ärmel aufgekrempelt, um beim Zurechtrücken der Möbel im Arbeitssaal mit anpacken zu können. Doch wie sie mich kommen sah, streifte sie sie schnell wieder herunter.
„Es ist mir äußerst peinlich, Sie um Hilfe angehen zu müssen", sagte sie und zog mich in einen zur Erteilung von Privatstunden dienenden Nebenraum. „Ich hätte mich eigentlich an Douviers wenden sollen, der es mir für solche Fälle nahegelegt hatte. Doch seit ich Laura wiedergesehen habe, ist es mir klargeworden, daß das nicht mehr möglich ist . . ."
Sie war sehr blaß, und bei den letzten Worten wurde ihr Gesicht von einem krampfhaften Zucken ergriffen, so daß sie nicht weitersprechen konnte. Ich wandte den Blick von ihr ab, damit sie Zeit gewinne, sich zu fassen. Sie stand gegen die Tür gelehnt. Ich wollte ihre Hand ergreifen, aber sie entriß sie mir. Endlich sagte sie, mit einer Stimme, die wie gelähmt war von Qual und Zwang: „Können Sie mir zehntausend Franc leihen? Die neue Schulzeit scheint sich günstig anzulassen, und ich hoffe, daß ich sie Ihnen bald zurückgeben kann."
„Wann brauchen Sie das Geld?"
Sie antwortete nicht.
„Ich habe etwas über tausend Franc bei mir", sagte ich. „Morgen vormittag kann ich die volle Summe besorgen . . . Oder schon heute abend, falls es nötig ist."
„Nein, morgen ist es früh genug. Aber wenn es Ihnen nichts ausmachen würde, mir tausend Franc gleich zu geben . . ."
Ich nahm sie aus meiner Brieftasche und reichte sie ihr. „Wollen Sie vierzehnhundert?"
Sie senkte den Kopf und sagte leise, kaum hörbar: „Ja." Schwankend erreichte sie eine Schulbank, auf die sie sich fallen ließ. Dort blieb sie still sitzen, die Ellbogen aufgestützt, das Gesicht in den Händen vergraben. Ich dachte, sie weine; aber als ich ihr die Hand auf die Schulter legte, hob sie den Blick, und ich sah, daß ihre Augen trocken waren.
„Rachel", sagte ich, „lassen Sie sich die Sache doch nicht so

sehr zu Herzen gehen! Ich bin ja froh, wenn ich Ihnen dienlich sein kann!"
Traurig sah sie mich an. „Das Peinlichste ist mir, daß ich Sie bitten muß, weder mit Großpapa noch mit Mama darüber zu sprechen. Seit sie mir die Buchführung der Pension anvertraut haben, lasse ich sie glauben, daß . . . Kurz, sie wissen nicht. Sagen Sie ihnen nichts, ich flehe Sie darum an. Großvater ist alt, und Mama arbeitet sich so sehr ab!"
„Rachel, nicht Ihre Mutter arbeitet sich ab, sondern Sie selbst!"
„Mama hat sich abgearbeitet, jetzt ist sie müde, und die Reihe ist an mir. Ich habe nichts anderes zu tun."
Sie sagte diese einfachen Worte ganz schlicht. Keinerlei Bitternis schien in ihrer Resignation zu liegen, vielmehr eine Art stiller Zufriedenheit.
„Aber Sie dürfen nicht etwa denken, die Lage sei verzweifelt", hob sie wieder an; „sie ist nur momentan schwierig, weil einige Gläubiger drängen."
„Ich hörte vorhin, wie das Dienstmädchen sagte, es sei ein Repetent da, der bezahlt sein wolle?"
„Ja, er hat dem Großvater eine abscheuliche Szene gemacht, die ich leider nicht habe verhindern können. Es ist ein roher, niedriger Mensch. Ich muß ihm gleich geben, was er zu verlangen hat."
„Soll ich es für Sie erledigen?"
Sie zögerte einen Augenblick und versuchte zu lächeln, doch es gelang ihr nicht.
„Danke! Aber es ist doch wohl besser, wenn ich es selbst tue! . . . Doch gehen Sie bitte mit mir zu ihm hinaus. Ich habe ein bißchen Angst vor ihm . . . Wenn er Sie sieht, wagt er gewiß nicht, unhöflich zu werden."
Der Hof der Pension liegt um einige Stufen höher als der Garten, der ihn fortsetzt und durch ein Säulengeländer von ihm getrennt ist. Nachlässig gegen diese Balustrade gelehnt, stand der Repetent da und rauchte seine Pfeife. Auf dem Kopfe trug er einen Künstlerhut mit enorm breitem Rand. Während Rachel sich mit ihm auseinandersetzte, trat Armand auf mich zu.
„Rachel hat Sie angepumpt, was?" fragte er zynisch. „Sie sind gerade recht gekommen, sie aus einer verdammten Klemme zu befreien. Mein Bruder Alexandre, das Schwein,

hat wieder mal Schulden gemacht, da unten in den Kolonien, die er mit seiner Gegenwart beehrt! ... Rachel will den Eltern alles verheimlichen. Sie hatte ja schon, um Laura etwas reichlicher ausstatten zu können, auf die Hälfte ihrer eigenen Mitgift verzichtet; und jetzt ist auch der ganze Rest zum Teufel gegangen. Davon hat sie Ihnen gewiß nichts gesagt, was? Ihre Bescheidenheit ist einfach empörend! Das ist wirklich einer der infamsten Späße auf dieser Welt: wenn sich mal einer aufopfert, so ist er sicherlich tausendmal mehr wert als jene Herrschaften, denen das Opfer zugute kommt ... Was hat sie nicht alles für Laura getan! Na, die hat es ihr hübsch vergolten, dies Dämchen ...!"
„Armand", sagte ich entrüstet, „Sie haben kein Recht, so von Ihrer Schwester zu sprechen!"
Doch er fuhr mit schneidender Stimme fort: „Gerade, weil ich selbst nicht besser bin als sie, nehme ich mir das Recht, so von ihr zu sprechen! Ich kenne mich ja aus. Rachel, die erlaubt sich freilich kein Urteil über uns. Die sagt ja über niemand etwas ... Ja, Laura: die Dirne, die elende Dirne! Ich hab ihr alles ins Gesicht gesagt, was ich über sie denke, das schwöre ich Ihnen ... Und Sie, der Sie das alles bemäntelt und beschönigt haben! Sie, der Sie wußten! ... Großvater, na, der merkt ja nichts. Und Mama gibt sich Mühe, nichts zu merken. Und Papa: der stellt alles dem lieben Gott anheim; das ist ja auch das Bequemste. Bei jeder Schwierigkeit, die auftaucht, sinkt er auf die Knie und überläßt es Rachel, uns aus der Patsche zu ziehen. Er hat nur den einen Wunsch: über alles im unklaren zu bleiben. Er läuft in den Straßen umher, er hetzt sich ab, er ist fast nie zu Hause. Ich begreife es ja, daß er hier erstickt; ich selbst krepiere in dieser Atmosphäre! Papa rennt vor seinen eigenen Gedanken davon, ist das nicht eigentlich amüsant? Inzwischen schreibt Mama Gedichte. Oh, darüber sage ich nichts: ich mache ja selbst welche! Aber wenigstens weiß ich doch, daß ich nur ein Dreckvieh bin: ich hab nie für etwas anderes gelten wollen ... Finden Sie es übrigens nicht auch ekelhaft, wie heuchlerisch Großvater gegenüber La Pérouse den barmherzigen Samariter spielt, weil er gerade einen Repetenten braucht? ..." Dann, ganz plötzlich: „Was erlaubt sich das Schwein da, meiner Schwester Frechheiten zu sagen!? Wenn der Kerl sich nicht sofort verzieht und

wenn er sie nicht äußerst höflich grüßt, so hau ich ihm eins in die Fresse, daß er lang hinschlägt . . .!"
Er stürzte auf den Bohèmien los, und ich glaubte schon, es werde sich eine Schlägerei entwickeln. Doch wie der andere ihn kommen sah, lüftete er mit theatralischer Umständlichkeit seinen breiten Hut, verneigte sich gravitätisch-spöttisch und schritt dem Ausgang zu. In diesem Moment öffnete sich das Haustor, und der Pastor erschien auf der Schwelle. Er war im Überrock, trug Zylinder und schwarze Handschuhe, als käme er von einer Taufe oder einer Beerdigung. Der Exrepetent und er wechselten einen formvollendeten Gruß.
Rachel und Armand eilten auf den Pastor zu, der mir die Hand entgegenstreckte. Rachel sagte: „Alles ist in Ordnung, Vater."
Er küßte sie auf die Stirn. „Na, hab ich es dir nicht gesagt, mein Kind? Wer sich Gott anheimgibt, den läßt er nicht im Stich!" Dann, schon im Weiterschreiten, zu mir: „Oh, Sie gehen schon? . . . Na, auf bald, nicht wahr?"

3

Aus Edouards Tagebuch (Fortsetzung):

Den 29. September. – Den alten La Pérouse besucht. Das Dienstmädchen zögerte, mich eintreten zu lassen. „Monsieur will niemand sehen." Doch ich ließ mich nicht abweisen, und schließlich führte sie mich in den Salon. Die Fensterläden waren geschlossen, und nur mit Mühe vermochte ich in dem Halbdunkel meinen alten Lehrer zu erkennen, der in einem riesigen Lehnstuhl ganz zu versinken schien. Ohne sich zu erheben und ohne mich anzusehen, reichte er mir, von der Seite her, eine schlaffe Hand, die, nachdem ich sie gedrückt, wie tot zurückfiel. Ich setzte mich neben ihn, so daß ich ihn im Profil sehen konnte. Seine Züge waren hart und starr. Manchmal bewegten sich seine Lippen, aber er sagte nichts. Ich begann zu zweifeln, ob er mich überhaupt erkannt habe. Da schlug die Uhr vier, und er, wie durch das Räderwerk in Gang gesetzt, wandte langsam den Kopf und sagte mit feierlicher Stimme, die doch tonlos und wie von jenseits des Grabes klang: „Warum hat man Sie eintreten lassen? Die Magd war beauftragt, einem jeden, der nach mir fragen sollte, zu erklären: Monsieur de la Pérouse ist gestorben."

Was mich bekümmerte, waren nicht so sehr diese aberwitzigen Worte als der Ton, in dem sie gesagt wurden: ein theatralischer, unsäglich affektierter Ton, den ich bei meinem alten Lehrer, der sich mir gegenüber sonst so natürlich und vertrauensvoll gab, nicht gewöhnt war.

„Das arme Mädchen hat aber nicht lügen wollen", brachte ich endlich hervor. „Schelten Sie sie darum nicht: ich bin froh, Sie wiederzusehen!"

Er wiederholte mit dumpfer Stimme: „Monsieur de la Pérouse ist gestorben." Dann versank er wieder in Schweigen. Eine Regung des Mißbehagens packte mich, und ich erhob mich, um zu gehen: vielleicht würde es mir ein andermal gelingen, die Ursache dieser traurigen Komödie zu ergründen. Doch in diesem Augenblick trat das Mädchen wieder ein, eine Tasse dampfender Schokolade in der Hand. „Will Monsieur sich nicht ein bißchen zwingen? Er hat heute noch nichts zu sich genommen!"

La Pérouse fuhr unwillig auf, wie ein Schauspieler, dem ein ungeschickter Statist seinen Effekt verdirbt: „Nachher! Wenn ich keinen Besuch mehr habe!"

Doch kaum hatte die Magd das Zimmer verlassen, bat er mich: „Lieber Freund, wollen Sie die Güte haben, mir ein Glas Wasser zu holen? Ein einfaches Glas Wasser. Ich sterbe vor Durst."

Im Eßzimmer fand ich Glas und Karaffe und brachte sie. Er goß sich ein, leerte das Glas in einem Zug und wischte sich die Lippen mit dem Ärmel seiner zerschlissenen Alpakajacke.

„Haben Sie Fieber?" fragte ich.

Dieser Satz rief ihm seine Rolle zurück.

„Monsieur de la Pérouse hat kein Fieber. Er hat nichts mehr! Seit Mittwoch abend weilt Monsieur de la Pérouse nicht mehr unter den Lebenden."

Ich überlegte, ob es nicht das beste sei, auf sein Spiel einzugehen. „War es nicht gerade Mittwoch, als der kleine Boris bei Ihnen war?"

Er wandte mir sein Gesicht zu. Bei dem Namen Boris huschte ein Schatten seines einstigen Lächelns über seine

Züge, und die düstere Verstellung aufgebend, sagte er: „Mein Freund, Ihnen kann ich es ja anvertrauen: Mittwoch war der letzte Tag, der mir geschenkt war ...“; er hielt inne; dann leiser: „... der letzte Tag, den ich mir zugebilligt hatte, bevor ich ... ein Ende machen wollte.“

Mit Schrecken sah ich La Pérouse auf jenen düsteren Gedanken zurückkommen. Es ward mir bewußt, daß ich seine früheren Äußerungen darüber eigentlich nie recht ernst genommen, ja daß ich sie fast ganz aus dem Gedächtnis verloren hatte. Das warf ich mir jetzt vor. Und plötzlich erinnerte ich mich an alles. Auch daran erinnerte ich mich, daß er mir damals von einem weiter entfernten Termin gesprochen hatte. Als ich ihn darauf hinwies, gestand er mir, in einem nicht mehr erkünstelten, sondern sogar fast launigen Tone, in bezug auf das Datum habe er mich damals absichtlich irregeführt: er habe es mir gegenüber ein wenig weiter hinausgeschoben, aus Furcht, daß ich sonst versuchen würde, ihn an seinem Vorhaben zu hindern, oder daß ich etwa meine Rückkehr deswegen überstürzen würde – aber er habe sich, mehrere Abende nacheinander, auf die Knie geworfen und Gott angefleht, ihn vor seinem Tode den kleinen Boris noch sehen zu lassen.

„Ja, ich war sogar mit Gott übereingekommen“, fügte er hinzu, „daß ich im Notfalle meinen Abschied noch um ein paar Tage hinauszögern dürfe ... wegen der bestimmten Zusicherung, die Sie mir gegeben hatten, mir das Kind zu bringen, erinnern Sie sich?“

Ich nahm seine Hand. Sie war eisig. Ich wärmte sie in der meinen. Er fuhr mit eintöniger Stimme fort: „Als ich dann sah, daß Sie das Ende der Ferien gar nicht abwarteten, um zurückzukehren, und daß ich meinen Enkel zu Gesicht bekommen würde, ohne deswegen ein späteres Datum für meinen Abschied wählen zu müssen, da glaubte ich, daß ... da schien es mir, als ob Gott mein Gebet erhört habe. Ich glaubte, er gebe meinem Plan seine Zustimmung. Ja, das glaubte ich. Ich verstand nicht gleich, daß er sich über mich lustig machte, wie immer und überall!“

Er entzog mir seine Hand und fuhr lebhafter fort: „Also am Mittwoch abend wollte ich ein Ende machen, so hatte ich es mir vorgenommen. Und im Laufe desselben Tages haben Sie Boris zu mir gebracht. Ich habe im Zusammenhang mit ihm nicht ganz die Freude empfunden, die ich erwartet hatte, das muß ich gestehen. Ich habe darüber dann nachgedacht. Natürlich hatte ich auch gar kein Recht, zu hoffen, der Knabe werde besonders glücklich darüber sein, mich kennenzulernen. Seine Mutter hatte ja nie mit ihm über mich gesprochen!"

Er stockte. Seine Lippen zitterten. Ich glaubte, er werde weinen.

„Es ist der innige Wunsch Ihres Enkels, Sie liebhaben zu dürfen; er muß nur erst etwas näher mit Ihnen vertraut werden", sagte ich ohne allzu große Zuversicht.

„Als der Kleine mich verlassen hatte", hob La Pérouse wieder an, ohne auf meine Worte einzugehen, „und als ich mich nun abends mit mir allein befand, denn Madame de la Pérouse ist ja nicht mehr hier, sagte ich zu mir: ‚Nun ist der Moment gekommen!' Sie müssen wissen, daß mein verstorbener Bruder mir ein paar Pistolen hinterlassen hat, die immer in einem Etui am Kopfende meines Bettes liegen. Dies Etui holte ich also und setzte mich in einen Lehnstuhl: denselben, in dem Sie mich jetzt sehen. Und lud die eine Pistole . . ."

Er wandte sich mir zu und wiederholte, jäh aufbrausend, als hätte ich an seinen Worten gezweifelt: „Ja, ich habe sie geladen! Sie können sich überzeugen: sie ist auch jetzt noch geladen! Was ist geschehen? Ich verstehe es immer noch nicht ganz . . . Ich hob die Pistole an meine Stirn. Ich hielt sie lange gegen meine Schläfe. Aber ich habe nicht losgedrückt. Ich hab es nicht können. Im letzten Augenblick, es ist schmählich zu sagen, hab ich nicht den Mut gehabt, loszudrücken!"

Während des Sprechens war er immer aufgeregter geworden. Seine Augen glänzten, und ein schwaches Rot färbte seine Wangen. Er sah mich an und schüttelte den Kopf: „Können Sie sich das erklären? Eine Sache, die so fest beschlossen war! An die ich seit Monaten unaufhörlich gedacht hatte! . . .Oder sollte es vielleicht gerade daher kommen?! Sollte vielleicht gerade dieses lange Vorausbedenken meinen Mut gelähmt haben?"

„Genauso wie Sie alle Freude des Zusammenseins mit Boris in Gedanken vorweggenommen hatten!" bemerkte ich.

Doch er fuhr fort: „Lange Zeit habe ich so dagesessen, mit

der Pistole gegen die Schläfe. Den Finger hielt ich am Drükker. Ich drückte auch ein wenig; aber nicht stark genug. Ich sagte mir: In einigen Sekunden werde ich stärker drücken, und dann wird der Schuß losgehen. Ich spürte die Kälte des Metalls an meiner Schläfe und sagte mir: In einigen Sekunden werde ich nichts mehr spüren; aber vorher werde ich einen schrecklichen Knall hören. Bedenken Sie doch: so nahe am Ohr! ... Ja, das war es besonders, was mich zurückgehalten hat: die Angst vor dem Knall! ... Das ist lächerlich, nicht wahr? Denn wenn man erst tot ist ... Ja, aber der Tod sollte ein Schlaf für mich sein, so hatte ich es gehofft; und ein Knall, der schläfert nicht ein: der weckt auf! Ja, sicherlich war es das, was mich so entsetzt hat: ich hatte Angst, daß ich, anstatt einzuschlafen, mit einem jähen Ruck aufwachen würde!"

Er schien sich erst wieder fassen oder besser: sammeln zu müssen, und während einiger Augenblicke bewegten sich seine Lippen lautlos. Dann begann er von neuem: „Alles das hab ich mir erst später zum Bewußtsein zu bringen gesucht. Im Grunde liegt die Sache so, daß, wenn ich mich nicht getötet habe, ich eben nicht die Freiheit des Willens gehabt habe, es zu tun. Ich sage jetzt: ich habe Angst gehabt. Aber es war nicht eigentlich das ... Etwas meinem Willen Fremdes, etwas Stärkeres als mein Wille hat mich zurückgehalten ... Es ist, als habe Gott mir nicht die Erlaubnis zum Weggehen erteilt ... Stellen Sie sich eine Marionette vor, die die Szene vor dem Ende des Spiels verlassen wollte ... ‚Halt, was machen Sie denn da!? Man braucht Sie noch für das Finale! Oh, Sie dachten wohl, Sie könnten weggehen, wann es Ihnen beliebt ...!' Ja, es ist mir klargeworden, daß das, was wir unseren Willen nennen, die Drähte sind, die uns Marionetten bewegen und an denen der liebe Gott zieht. Sie verstehen noch nicht ganz, was ich meine? So will ich Ihnen ein Beispiel geben. Ich sage jetzt zu mir: ‚Ich werde meinen rechten Arm hochheben.' Und ich hebe ihn hoch." (Er tat es.) „Aber ich konnte das nur, weil der Draht schon gezogen war, um mich denken und sagen zu lassen: ‚Ich werde meinen rechten Arm hochheben' ... Und der Beweis dafür, daß ich nicht frei bin, besteht darin, daß, wenn ich den andern Arm hätte hochheben müssen, ich zu Ihnen gesagt hätte: ‚Ich will meinen linken Arm hochheben' ... Nein, ich sehe, daß Sie mich nicht verstehen! Sie sind eben nicht frei, mich zu verstehen ... Oh, jetzt ist mir so recht anschaulich geworden, wie Gott sich mit uns amüsiert! Es macht ihm Spaß, uns glauben zu lassen, daß wir, was er uns tun läßt, selbst hätten tun wollen. Darin liegt für ihn ein böser Reiz ... Oh, Sie glauben, daß ich wahnsinnig werde!? ... Na, stellen Sie sich vor, daß Madame de la Pérouse – Sie wissen, daß sie sich in ein Altersheim zurückgezogen hat – also daß Madame de la Pérouse sich steif und fest einbildet, es sei ein Irrenhaus, in dem sie sich befinde, und ich hätte sie dort einsperren lassen, um sie, als eine unheilbar Wahnsinnige, für immer loszuwerden! Ist es nicht immerhin merkwürdig: jeder beliebige Mensch von der Straße würde einen besser verstehen als die Frau, mit der man sein ganzes Leben verbracht hat! ... In der ersten Zeit besuchte ich sie jeden Tag. Doch sowie sie meiner ansichtig wurde: ‚Ah, da sind Sie ja wieder! Wollen mich wohl wieder 'n bißchen belauern, was?!' Deshalb habe ich schließlich auf diese Besuche, die sie nur noch gehässiger stimmten, verzichten müssen. Ach, wozu soll man noch weiterleben, wenn man keinem Menschen mehr etwas Gutes tun kann!?"

Schluchzen hinderte ihn fortzufahren. Er barg den Kopf in den Händen. Schon fürchtete ich, er werde in seine frühere Erstarrung zurückfallen, da belebte er sich von neuem.

„Wissen Sie, was sie getan hat, bevor sie aus dem Hause gegangen ist? Sie hat meine Schublade erbrochen und alle Briefe meines verstorbenen Bruders verbrannt! Auf meinen Bruder ist sie immer eifersüchtig gewesen; besonders nach seinem Tode. Jedesmal, wenn sie mich nachts beim Lesen seiner Briefe fand, machte sie mir eine gräßliche Szene ... Dann pflegte sie zu sagen: ‚Ah, Sie haben also gewartet, bis ich eingeschlafen bin, um sich wieder heimlich zu Ihrem Bruder zu schleichen! ... Aber Sie sollten doch lieber zu Bett gehen, denn dieses nächtliche Lesen verdirbt Ihnen nur die Augen!' Das sollte klingen, als ob sie um meine Gesundheit besorgt wäre ... Aber ich kannte sie besser: es war nichts als Eifersucht! Sie hat mich eben nicht allein lassen wollen mit meinem Bruder!"

„Weil sie Sie liebte! Es gibt keine Eifersucht ohne Liebe."

„Nun, so ist es desto grauenvoller, daß die Liebe nicht das

Glück, sondern das Martyrium des andern im Gefolge haben soll! Gottes Liebe zu den Menschen ist vermutlich von ähnlicher Art."

Er war beim Sprechen wieder lebhaft geworden. Plötzlich sagte er: „Ich habe Hunger. Wenn ich mal was essen will, so bringt mir dieses Dienstmädchen immer nur Schokolade! . . . Offenbar hat Madame de la Pérouse ihr gesagt, ich nähme nie etwas anderes zu mir. Wollen Sie vielleicht so liebenswürdig sein und in die Küche gehen – die zweite Tür rechts im Korridor – und nachsehen, ob Eier da sind? Ich glaube, sie hat mir gesagt, daß welche da wären."

„Soll sie Ihnen ein Spiegelei machen?"

„Ich glaube, ich äße gern zwei! Wollen Sie die große Freundlichkeit haben? Mir selbst gelingt es ja nie, mich dem Mädchen verständlich zu machen."

„Lieber Freund", sagte ich, als ich wieder eintrat, „Ihre Eier werden gleich fertig sein! Wenn Sie erlauben, bleibe ich noch da, während Sie sie verzehren. Ja, es wird mir wirklich Freude machen, Ihnen zuzusehen! . . . Es war mir vorhin besonders schmerzlich, Sie sagen zu hören, Sie könnten keinem Menschen mehr Gutes erweisen. Dabei scheinen Sie den kleinen Boris ganz vergessen zu haben. Nun, Ihr Freund Azaïs macht Ihnen den Vorschlag, in die Pension überzusiedeln und dort in nächster Nähe Ihres Enkels zu leben. Er hat mich beauftragt, Ihnen das zu sagen. Er meint, daß jetzt, wo Madame de la Pérouse nicht mehr hier ist, eigentlich nichts dagegen spräche."

Ich hatte mich auf einigen Widerstand gefaßt gemacht, doch er fragte kaum nach den Bedingungen der neuen Existenz, die sich ihm so unerwartet bot.

„Wenn ich mich auch nicht getötet habe, so bin ich darum doch nicht weniger tot . . . Hier oder dort, das bedeutet für mich nicht mehr viel", sagte er; „Sie können mich mitnehmen."

Wir verabredeten, daß ich ihn übermorgen abholen solle. Inzwischen würde ich ihm für seine Kleidungsstücke, und was er sonst noch einzupacken wünsche, zwei von meinen Koffern zur Verfügung stellen.

„Da Sie übrigens diese Wohnung doch bis zum Ablauf der Mietzeit behalten", sagte ich, „so kann man ja gelegentlich wieder herkommen und holen, was noch fehlen sollte." –

Das Mädchen brachte die Eier, die er verschlang. Mit Befriedigung sah ich, wie die Natur endlich ihre Rechte geltend machte, und gab dem Mädchen Anweisung, für ein ordentliches Abendessen Sorge zu tragen.
„Ich mache Ihnen soviel Mühe!“ sagte er. „Sie sind gut zu mir.“
Ich hätte gewünscht, daß er mir seine Pistolen anvertraute, die ihm ja, sagte ich zu ihm, nunmehr völlig entbehrlich geworden seien; aber er ließ sich nicht dazu bestimmen, sie mir zu geben.
„Sie brauchen keine Angst mehr zu haben! Was ich damals nicht getan habe, das werde ich niemals tun können, das ist sicher! Aber sie sind das einzige Andenken, das ich jetzt noch von meinem Bruder habe, und außerdem muß ich sie behalten, um mich stets daran zu erinnern, daß ich nur ein Spielzeug in den Händen Gottes bin.“

4

Es war sehr heiß an diesem Tag. Durch die offenen Fenster der Pension Vedel sah man auf die Baumgipfel des Jardin du Luxembourg, über dem noch ein gewaltiger Vorrat an Sommer brütete.
Dieser erste Tag nach den Ferien bot dem alten Azaïs Gelegenheit zu einer Ansprache. Er stand zu Füßen des Katheders, aufrecht, Aug in Auge mit den Schülern, wie es sich geziemt. Auf dem Katheder selbst thronte der alte La Pérouse. Beim Eintreten der Schüler hatte er sich erhoben; doch ein freundschaftlicher Wink von Azaïs hatte ihn aufgefordert, wieder Platz zu nehmen. Sein unruhiger Blick ließ sich gleich auf Boris nieder, und dieser Blick genierte den Knaben um so mehr, als Azaïs in der Rede, die die Kinder mit ihrem neuen Lehrer bekannt machte, auf dessen Verwandtschaft mit einem der Schüler angespielt hatte. La Pérouse fühlte sich recht enttäuscht, weil Boris seinen suchenden Blick nicht erwiderte; Gleichgültigkeit und Kälte! dachte er.
Oh, dachte Boris, wenn er mich nur in Ruhe lassen wollte, damit den andern nichts auffällt! Seine Kameraden erschreckten ihn. Vorhin, als die Stunden im Gymnasium zu

Ende gewesen waren, hatte er sich ihnen anschließen und während des ganzen Weges von der Schule bis zur „Bewahranstalt" ihre Unterhaltung mit anhören müssen. Sein großes Sympathiebedürfnis trieb ihn zu dem Versuch, es ihnen gleichzutun: doch seine empfindliche Natur widerstrebte. Die Worte wollten ihm nicht über die Lippen. Seine Verlegenheit machte ihn wütend auf sich selbst; er quälte sich ab, sich nichts merken zu lassen, und zwang sich, um jeglichem Spott zuvorzukommen, sogar zum Lachen. Aber es half alles nichts: inmitten der andern machte er den Eindruck eines Mädchens, fühlte es und verzweifelte darüber.

Fast im ersten Augenblick hatten sich Gruppen gebildet. Ein gewisser Léon Ghéridanisol übernahm die Führung und flößte bereits Respekt ein. Etwas älter als die andern, übrigens auch im Wissen weiter vorgeschritten, schwarzhaarig, schwarzäugig, von bräunlicher Gesichtsfarbe, war er weder sehr groß noch besonders stark, verfügte jedoch über ein enormes Maß von Unverschämtheit. Selbst der kleine Georges Molinier mußte eingestehen, daß Ghéridanisol ihm gleich zu Anfang imponiert habe; „und, weißt du, damit mir einer imponiert, da muß es schon toll kommen"! War er nicht heute morgen Zeuge einer ganz unglaublichen Szene gewesen? Ghéridanisol hatte sich auf der Straße einer jungen Frau, die ein Kind auf den Armen trug, genähert und sie, nach höflichem Gruße, mit den Worten angesprochen: „Gehört Ihnen dies Kind, Madame? . . . Gar nicht so häßlich, das Baby! Aber beruhigen Sie sich: es wird nicht am Leben bleiben!"

Georges hatte sich immer noch nicht von seinem Entzükken erholt.

„Nee, wirklich?" fragte Philippe Adamanti, sein Freund, dem er die Geschichte erzählte.

Diese absurde Frechheit versetzte sie in hellen Jubel; sie meinten, auf der ganzen Welt könne es nichts Geistreicheres geben. Daß Léon den schon recht abgenutzten Bluff aus dem Repertoire seines Vetters Strouvilhou übernommen hatte, diesen Umstand brauchte der kleine Georges natürlich nicht zu wissen.

In der Pension gelang es Molinier und Adamanti, Plätze auf derselben Bank wie Ghéridanisol zu bekommen: der fünften, um dem überwachenden Pauker nicht allzu nahe zu sein. Molinier hatte Adamanti zu seiner Linken; zu seiner Rechten Ghéridanisol, genannt Ghéri; am Ende der Bank saß Boris. Hinter diesem hatte Passavant seinen Platz.

Gontran de Passavant hat seit dem Tode seines Vaters ein trauriges Leben geführt; und das, das er vordem führte, war ja auch schon nicht sehr lustig gewesen. Längst hat Gontran begriffen, daß er von seinem Bruder weder Sympathie noch Schutz zu erwarten hat. Die Ferien hat er in der Bretagne verbracht bei den Verwandten der guten alten Séraphine, der getreuen Hüterin seiner Kindertage. Gontran hat sich ganz in sich selbst zurückgezogen: er arbeitet. Ein geheimer Ehrgeiz stachelt ihn an, seinem Bruder zu beweisen, daß er ihm an Wert überlegen sei. Aus eigenem Antrieb und freier Wahl hat er sich in die Pension aufnehmen lassen; geleitet auch von dem Wunsche, nicht bei seinem Bruder wohnen zu müssen, in jenem weitläufigen alten Haus in der Rue de Babylone, das für ihn nur niederdrückende Erinnerungen hat. Séraphine, die sich nicht ganz von ihm trennen mag, hat in der Nähe des Löwen von Belfort eine bescheidene Wohnung gemietet; die kleine Rente, die ihr nach der ausdrücklichen testamentarischen Bestimmung des verstorbenen Grafen regelmäßig ausgezahlt wird, ermöglicht ihr diese anspruchslose Selbständigkeit. Gontran hat dort ein eigenes Zimmer, in dem er es sich an den Tagen, da er Ausgang hat, behaglich macht; er hat es ganz nach seinem Geschmack ausstaffiert. Zweimal in der Woche bleibt er bei Séraphine zum Abendessen. Die Alte kümmert sich um sein Wohlergehen und um alles, was er braucht. Gontran plaudert gern mit ihr, obwohl sie von den meisten Dingen, die ihn interessieren, nichts versteht. In der Pension läßt er sich von den Kameraden in keiner Hinsicht beeinflussen; zerstreut hört er ihren Großsprechereien zu; an ihren Spielen nimmt er selten teil. Am liebsten ist er in seinem Zimmer allein und liest. Aber er treibt gern Sport in freier Luft; viele Arten von Sport, besonders die, bei denen man einsam sein kann. Denn er ist auch stolz und verkehrt nicht mit jedermann. An den Sonntagen, je nach der Jahreszeit, läuft er Schlittschuh, schwimmt, rudert oder macht weite Ausflüge aufs Land. Er hat ganz bestimmte Abneigungen und sucht sie nicht zu bekämpfen; wie er denn sein geistiges Gebiet weniger auszudehnen als vielmehr zu befestigen sucht. Er ist vielleicht von Charakter nicht so einfach, wie er es von sich selbst glaubt und wie er es sein möchte. Wir haben ihn am Totenbette seines Vaters gesehen: doch allem Mysteriösen fühlt er sich fremd. Wenn er der Primus der Klasse ist, so verdankt er das seinem Fleiß, nicht spielender Überlegenheit. Bei ihm könnte der kleine Boris Schutz finden, falls er diesen Schutz nur suchte; aber leider hat sein Bankgenosse Georges größere Anziehungskraft für Boris. Georges seinerseits interessiert sich nur für Ghéri, der sich für niemand zu interessieren scheint.

Georges hatte Philippe Adamanti wichtige Neuigkeiten mitzuteilen. Am Morgen dieses ersten Schultages, eine Viertelstunde bevor der Unterricht begann, hatte er vor der Tür des Gymnasiums auf ihn gewartet, jedoch vergeblich. Während er auf dem Trottoir auf und ab ging, hatte er mit angehört, wie Léon Ghéridanisol jene Frau so geistreich ansprach. Nach dieser Szene waren die beiden jungen Tugendritter ins Gespräch geraten, und dabei hatte es sich zu Georges Moliniers großer Freude herausgestellt, daß sie Pensionskameraden sein würden. Erst als die Schule zu Ende war, konnten Georges und Phiphi miteinander reden. Sie machten den Weg vom Gymnasium zur Pension Azaïs gemeinsam mit den andern Pensionären, doch immerhin abseits genug, um von ihnen nicht belauscht werden zu können.

„Du tätest auch gut, das da abzunehmen", begann Georges und wies mit dem Finger auf die kleine gelbe Rosette, die in Phiphis Knopfloch zu bemerken war.

„Warum?" fragte Philippe, erst jetzt innewerdend, daß Georges die seine nicht mehr trug.

„Weil du sonst leicht ins Loch fliegen könntest, mein Kleiner! Das wollte ich dir schon heute früh sagen; du hättest nur ein bißchen zeitiger da zu sein brauchen! Ich hab vor der Tür auf dich gewartet, um dir einen Wink zu geben."

„Aber ich wußte nicht . . .", sagte Phiphi.

„Ich wußte nicht! Ich wußte nicht!" äffte Georges ihn nach. „Du hättest dir doch denken können, daß ich dir allerlei mitzuteilen haben würde, da man sich in Houlgate ja nicht mehr zu sehen bekam!"

Die ständige Sorge dieser beiden Knaben ist, sich einer dem andern überlegen zu zeigen. Phiphi verdankt der Stellung und dem Reichtum seines Vaters gewisse Vorteile, die aber Georges durch Keckheit und Zynismus mehr als wettmacht. Phiphi muß aufpassen, daß er nicht ins Hintertreffen gerät. Er ist kein böser Junge; aber er ist lau.
„Na, dann laß deine Neuigkeiten nur los!" sagte er.
Léon Ghéridanisol, der sich den beiden genähert hatte, hörte mit zu. Das mißfiel Georges keineswegs; hatte Léon ihn vorhin verblüfft, so konnte er nun auch seinerseits mit sensationellen Dingen aufwarten. Und so hatte er mit gespielter Nachlässigkeit zu Phiphi gesagt: „Die kleine Praline ist ins Kittchen gekommen."
„Praline!" entsetzte sich Phiphi, von der Kaltblütigkeit des Freundes ganz überwältigt. Und da Léon eine fragende Miene zu machen schien, so erkundigte er sich zögernd: „Darf ich's ihm sagen?"
„Oh, bitte!" machte Georges achselzuckend. Darauf Phiphi zu Ghéri, auf Georges deutend: „Das ist nämlich sein Liebchen!"
Dann, zu Georges: „Woher weißt du's denn?"
„Von Germaine, der ich auf der Straße begegnet bin."
Und er erzählte Phiphi, daß er vor zwölf Tagen, als er vorübergehend in Paris gewesen sei, eine gewisse Lokalität (die der Präsident Molinier jüngst als das „Theater dieser Orgien" bezeichnete) wieder habe aufsuchen wollen, aber die Tür verschlossen gefunden habe. Bald darauf habe er, in der Nähe umherschlendernd, Germaine – Phiphis Liebchen – getroffen, die ihm erzählt habe, zu Beginn der Ferien sei eine polizeiliche Haussuchung vorgenommen worden, die zur Schließung des Etablissements geführt habe. Was aber die jungen Mädchen ebensowenig wußten wie ihre frühreifen Liebhaber, war, daß Profitendieu die Aushebung des Nestes mit größter Absichtlichkeit bis zu einem Termin verschoben hatte, wo die minderjährigen Sünder, in die Sommerfrischen zerstreut, von der Razzia nicht mehr erfaßt werden konnten, so daß ihren Eltern jeglicher Skandal erspart blieb.
„Donnerwetter, mein Lieber!" sagte Phiphi das eine Mal über das andere. Diese Worte, denen er keinen Kommentar hinzufügte, schienen bedeuten zu sollen, Georges und

er seien einer großen Gefahr gerade eben noch entronnen.
„Ja, es läuft dir wohl kalt den Rücken hinunter, was?" höhnte Georges grinsend. Einzugestehen, daß er selbst zu Tode erschrocken gewesen war, hielt er für durchaus unnötig, zumal in Gegenwart von Ghéridanisol.
Man könnte nach diesem Dialog die Kinder für noch verdorbener halten, als sie sind. Vor allem um großzutun, reden sie so, dessen bin ich sicher. Die kindliche Sucht zu renommieren ist dabei im Spiele. Wie dem aber auch sei: Ghéridanisol hört ihnen zu; hört ihnen zu und reizt sie zu weiteren Äußerungen. Dies alles wird seinen Vetter Strouvilhou ungemein interessieren, wenn er es ihm heute abend berichtet.

Am selben Abend ging Bernard zu Edouard.
„Na, gut abgelaufen, das Debüt?"
„Hm, nicht schlecht."
Dann schwieg er.
„Monsieur Bernard, falls Sie heute abend nicht in der Laune sind zu sprechen, so rechnen Sie bitte nicht darauf, daß ich Sie irgendwie zu nötigen versuche. Alles, was nach Inquisition schmeckt, ist mir ein Greuel. Immerhin darf ich Ihnen vielleicht ins Gedächtnis zurückrufen, daß Sie mir Ihre Dienste angeboten haben und daß ich deswegen möglicherweise berechtigt war, auf ein kleines Resümee zu hoffen . . ."
„Was wollen Sie wissen?" sagte Bernard ziemlich mürrisch. „Daß der Urvater Azaïs eine feierliche Rede vom Stapel gelassen hat, in der er den Kindern vorschlug, ‚sich zu erheben im gemeinsamen Aufschwung tugendhafter Begeisterung' . . .? Diese Tirade habe ich wörtlich behalten, denn sie kam nicht weniger als dreimal vor! Armand behauptet, der Alte bringe sie in jedem Pronunciamento an, dessen er sich entledige. Armand und ich saßen auf der letzten Bank, ganz hinten im Saal, und betrachteten uns die hereinströmenden Zöglinge, wie Noah sich die Tiere betrachtet haben mag, die in seine Arche hereingeströmt kamen. Es gab Exemplare aller Gattungen: Wiederkäuer, Dickhäuter, Mollusken und noch andere wirbellose Geschöpfe. Als die Kinder, nach Schluß des Sermons, miteinander ins Gespräch kamen, da haben wir, Armand und ich, festgestellt, daß vierzig Pro-

zent aller Sätze, die sie sprachen, mit den Worten begannen: ‚Wetten, daß ...?'"

„Und die übrigen sechzig Prozent?"

„Die begannen mit dem prononciert ausgesprochenen Wort: ‚Ich' ..."

„Das ist nicht schlecht beobachtet, fürchte ich ... Was gab's sonst noch?"

„Einige der jungen Herren machten den Eindruck, als seien sie fabrikmäßig hergestellt."

„Was verstehen Sie darunter?" fragte Edouard.

„Ich denke dabei speziell an einen von ihnen, der neben dem kleinen Passavant sitzt, der seinerseits übrigens kaum mehr zu sein scheint als ein artiges Kind. Dieser Nachbar des braven Gontran muß sich, ich habe ihn lange beobachtet – zur Lebensregel das ne quid nimis der Alten erkoren haben – für einen Jungen in den Flegeljahren immerhin ein ziemlich unerwarteter Wahlspruch, finden Sie nicht auch? Sein Anzug sitzt ihm ganz knapp an; seine Krawatte ist so klein, daß sie nur gerade noch als Krawatte gelten kann; und selbst seine Schuhbänder sind nur eben lang genug, um noch einen Knoten zu ermöglichen. Während der paar Minuten, die ich mit diesem ökonomischen Jüngling gesprochen habe, hat er mir wiederholt erklärt, er sehe überall eine Verschwendung der Kräfte, die ihn immer wieder bestärke in seiner Devise: ‚Nur kein überflüssiger Aufwand!'"

„Der Teufel hole alle diese haushälterischen Kerle!" rief Edouard. „In der Literatur ergibt das Fanatiker der Weitschweifigkeit."

„Wie das?"

„Weil sie Angst haben, sich irgend etwas entgehen zu lassen. Was gab's sonst noch? Sie sagen mir nichts von Armand."

„Ja, das ist ein sonderbares Menschenkind! Er gefällt mir eigentlich nicht besonders. Ich mag solche mißratenen Naturen nicht. Er ist ja keineswegs dumm; aber sein Denken ist nur des Destruktiven fähig. Übrigens schont er sich selbst am allerwenigsten. Alles, was gut, edel, zart an ihm ist: dessen schämt er sich. Er müßte Sport treiben, mehr in die frische Luft kommen. Er versauert ja, wenn er so den ganzen Tag in seiner Bude hockt! Er scheint gern mit mir zu sprechen; ich geh ihm auch nicht aus dem Wege, kann ihm aber keinen rechten Geschmack abgewinnen."

„Glauben Sie nicht, daß sich hinter seinem boshaften und höhnischen Benehmen eine krankhafte Empfindsamkeit und vielleicht ein tiefes Leiden verbergen könnte? Olivier schien dieser Meinung zu sein."

„Es ist möglich; ich habe es mir auch gesagt. Ich kenne ihn noch nicht genug . . . Und meine sonstigen Impressionen sind noch nicht reif. Ich muß sie noch überdenken. Ich teile Ihnen dann alles mit; aber erst später. Für heute abend bitte ich um Urlaub. Ich habe übermorgen mein Examen. Und außerdem – warum soll ich's Ihnen nicht sagen – ist mir traurig zumute."

5

> Man soll, denke ich, von allem nur die Blüte nehmen . . .
>
> *Fénélon*

Beim Erwachen fühlte sich Olivier, seit gestern abend wieder in Paris, angenehm ausgeruht. Die Sonne schien hell und warm ins Zimmer. Als er das Haus verließ, frisch rasiert, von einer kalten Dusche belebt, elegant gekleidet, im Bewußtsein seiner Kraft, Jugend und Schönheit, da lag Robert de Passavant noch in dämmerndem Halbschlummer.

Olivier beeilte sich, zur Sorbonne zu kommen. Heute vormittag soll ja Bernard sein Schriftliches machen. Woher Olivier das weiß? Vielleicht weiß er es gar nicht . . . Er will sich nur danach erkundigen. Er beeilt sich. Seit jener Nacht, als Bernard Zuflucht gesucht hat in seinem Zimmer, hat Olivier den Freund nicht wiedergesehen. Was hat sich seitdem nicht alles verändert! Wer vermöchte übrigens zu sagen, ob Olivier nicht noch mehr drauf brennt, sich Bernard zu zeigen, als ihn wiederzusehen? Schade nur, daß Bernard für Eleganz so wenig Sinn hat! Der Geschmack daran kommt manchmal mit dem verfeinerten Leben. Das hat Olivier erfahren, dank dem Grafen Passavant.

Wirklich: heute vormittag macht Bernard sein schriftliches Examen. Erst um zwölf Uhr soll er rauskommen. Olivier

wartet im Hof auf ihn. Er trifft ein paar Kameraden, gibt ihnen die Hand. Dann isoliert er sich wieder. Er ist ein bißchen verlegen wegen seines allzu feinen Anzugs. Und er wird es noch viel mehr, als Bernard, der endlich erscheint, ihm schon von weitem entgegenruft: „Oh, wie elegant er geworden ist!"
Olivier, der sich vorgenommen hatte, nie wieder zu erröten, errötet. Wie hätte er aus diesen Worten, trotz ihres scherzhaften Tones, den Spott nicht heraushören sollen? Bernard, der trägt noch denselben Anzug wie an jenem Abend, als er von Hause wegging. Übrigens war Bernard nicht darauf gefaßt, Olivier schon heute wiederzusehen. Er zieht den Freund mit sich fort und fragt ihn nach tausend Dingen. Er ist ganz aufgeregt vor freudiger Überraschung. Wenn er zuerst über Oliviers raffiniertes Äußere ein bißchen gelächelt hat, so ist das ohne jede Bosheit geschehen; er hat ein gutes Herz; er ist ohne Gift und Galle.
„Wir essen doch zusammen, nicht wahr? . . . Um halb zwei muß ich wieder da sein, zum Lateinischen. Vorhin war's das Französische."
„Zufrieden?"
„Ich: ja. Aber ich weiß nicht, ob das Ei, das ich da gelegt habe, auch nach dem Geschmack der Examinatoren sein wird. Wir sollten unsere Meinung geben über vier Zeilen von La Fontaine:

> Am Hang des Musenbergs ein Flattergeist, ein Falter,
> Bin ich des bunten Flors parnassischer Gestalter,
> Von Duft und Schein verführt, und jenem Schwarm versippt,
> Der süßen Honigrausch von allen Blüten nippt.

Sag mal, was hättest du mit dieser Aufgabe gemacht?"
Olivier konnte der Lust zu glänzen nicht widerstehen: „Ich hätte dargelegt, daß La Fontaine mit diesem Selbstporträt ein Bild des Künstlers gegeben habe, des Mannes, der von den Dingen dieser Welt nur die äußere Erscheinung, die Oberfläche, die Blüte zu nehmen geneigt ist. Dann hätte ich, als Gegenstück dazu, ein Bild des Gelehrten, des grübelnden Forschers, entworfen; und zum Schluß hätte ich gezeigt, daß, während der Gelehrte sucht, der Künstler fin-

det; daß der, der grübelt und gräbt, sich selbst eingräbt und in Finsternis versinkt; daß die Wahrheit im blühenden Schein liegt, das Mysterium in der Form, und daß das Tiefste, was der Mensch hat, seine Haut ist."

Dies letzte Paradoxon verdankte Olivier dem Grafen Passavant, der es seinerseits eines Abends, als Paul-Ambroise vor ästhetisierenden Damen brillierte, vom Munde dieses geistreichen Plauderers gepflückt hatte. Alles, was nicht gedruckt war, diente Passavant als gute Prise. Er nannte das „Ideen, die in der Luft liegen" (während er hätte sagen müssen: „Ideen anderer Leute").

Irgend etwas im Klang von Oliviers Stimme verriet Bernard, daß dieser Einfall nicht von ihm sei. Olivier hatte auch eine gewisse Verlegenheit nicht unterdrücken können. Beinahe hätte Bernard gefragt: „Von wem hast du das?" Doch er wollte den Freund nicht kränken. Außerdem fürchtete er, den Namen „Passavant" hören zu müssen, den Olivier bisher vermieden hatte. So warf Bernard dem Freunde nur einen forschenden Blick zu; und zum zweiten Male wurde dieser rot.

Doch das Erstaunen, das Bernard darüber empfand, den sentimentalen Olivier Ideen äußern zu hören, die seiner Natur so völlig widersprachen, wich schon im nächsten Augenblick dem Gefühl der heftigsten Empörung, ja einer geradezu unwiderstehlichen Aufwallung. Und es waren nicht eigentlich diese Ideen selbst, gegen die Bernard sich empörte, obgleich sie ihm absurd schienen. Übrigens waren sie, genau betrachtet, vielleicht gar nicht einmal so absurd: in seinem Heft der entgegengesetzten Meinungen würde er ihnen, als Gegenstück zu seinen eigenen, einen Platz anweisen können. Wären es wirklich Oliviers eigene Ideen gewesen, so hätte er sich weder gegen ihn noch gegen sie empört. Aber er spürte den gefährlichen Geist, der sie inspiriert hatte: der Graf Passavant war es, gegen den er sich entrüstete.

„Mit solchen Ideen vergiftet man Frankreich!" rief er, heiser vor Erregung. In seinem Eifer, Passavant auszustechen, nahm er die Sache so tragisch wie möglich. Und das, was er sagte, verwunderte ihn selbst, als wäre die Äußerung seinem Gedanken zuvorgekommen. Und doch war es genau derselbe Gedanke, den er vorhin in seinem Aufsatz entwik-

kelt hatte. Nur war es ihm, aus einer Art von Scham, immer peinlich gewesen, im Gespräch – zumal mit Olivier – das auszukramen, was er „große Gefühle“ nannte. Solche Empfindungen schienen ihm, kaum ausgesprochen, an Echtheit einzubüßen. Somit hatte Olivier seinen Freund noch nie von den „Interessen Frankreichs“ sprechen hören. Und die Reihe, überrascht zu sein, war nunmehr an ihm. Er machte große Augen und wagte nicht einmal zu lächeln. Er erkannte seinen Freund Bernard nicht wieder. Mechanisch wiederholte er: „Frankreich . . .?“ Dann, in dem Bestreben, jede Verantwortung von sich abzuwälzen, denn Bernard meinte es offenbar sehr ernst: „Aber, mein Lieber, ich bin es ja nicht, der so denkt: das ist doch La Fontaine!“
Bernard erwiderte beinahe feindselig: „Zum Teufel, das weiß ich auch ganz genau, daß du es nicht bist, der so denkt! Aber, wenn du gestattest: La Fontaine ist es ebensowenig wie du! Hätte er keine anderen Eigenschaften gehabt als diese Leichtfertigkeit, die er übrigens am Ende seines Lebens bereut und der er abgeschworen hat: er wäre niemals der Künstler geworden, den wir in ihm bewundern! Gerade dies habe ich vorhin in meinem Aufsatz gesagt und habe es reichlich mit Zitaten belegt; denn du weißt, daß ich ein ziemlich gutes Gedächtnis habe. Aber dann habe ich La Fontaine verlassen und bin, weil etliche Ästheten sich durch jene vier Zeilen in ihrer Oberflächlichkeit bestätigt fühlen könnten, zum Angriff übergegangen gegen den Geist der Sorglosigkeit, der spielerischen Selbstgefälligkeit, der tändelnden Ironie, kurz: gegen das, was vielfach ‚französischer Geist‘ genannt wird und was uns im Ausland gelegentlich einen so beklagenswerten Ruf verschafft hat. Ich habe gesagt, daß man darin nicht einmal das Lächeln Frankreichs, sondern höchstens seine Grimasse erblicken dürfe; daß der wahre Geist unseres Landes ein Geist der Forschung, der Logik, der Hingebung, geduldigen Erkennens sei; und daß La Fontaine, wenn er nicht von solchem Geist beseelt gewesen wäre, vielleicht wohl seine Erzählungen hätte schreiben können, aber niemals seine Fabeln, und ebensowenig jene herrliche Epistel (ich habe gezeigt, daß ich sie kannte), der die Zeilen, über die wir uns äußern sollten, entnommen waren. Ja, mein Lieber, ich hab mir eine gründliche Polemik geleistet, und vielleicht fall ich deswe-

gen durch mein Examen ... Aber das ist mir egal: ich mußte sagen, was ich auf dem Herzen hatte!"
Olivier legte keineswegs besonderen Wert auf die koketten Gedanken, die er vorhin formuliert hatte. Er war einfach der Versuchung erlegen, ein wenig zu prunken und, scheinbar nachlässig, ein paar Bemerkungen hinzuwerfen, die seinem Freunde sicherlich imponieren würden. Wenn der die Sache nun so bitter ernst nahm, so blieb ihm nichts übrig, als das Feld vor ihm zu räumen. Die innere Schwäche seiner Position lag ja darin, daß er Bernards Zuneigung viel nötiger brauchte als Bernard die seine, Bernards Worte peinigten und demütigten ihn. Er war ärgerlich auf sich selbst, weil er so Hals über Kopf auf das Blachfeld der Paradoxie gestürmt war. Jetzt war es zu spät, alles zurückzunehmen, sich der Meinung Bernards anzuschließen, was er zweifellos getan hätte, wenn Bernard in der ganzen Sache das erste Wort gehabt hätte. Wie hätte er aber auch voraussehen können, daß Bernard, dieser früher so rebellisch gesinnte Kopf, als Verteidiger von Gefühlen und Ideen auftreten würde, über die Passavant mit einem ironischen Lächeln hinweggegangen wäre? Zum Lächeln hatte Olivier jetzt wahrlich keine Lust; er schämte sich. Und da er Gesagtes nicht ableugnen, ebensowenig aber dem offenbar ehrlich entrüsteten Bernard entgegentreten konnte, so suchte er nur eine letzte Deckung zu gewinnen, die ihn aller weiteren Diskussion entzöge: „Na, wenn das die Gedanken sind, die du in deinem Schriftlichen ausgepackt hast, dann brauche ich sie ja nicht gerade als gegen mich gerichtet aufzufassen ... Und das ist mir immerhin lieb."
Seine Stimme klang unwirsch und durchaus nicht so, wie er gewollt hätte.
„Aber gerade als gegen dich gerichtet habe ich sie jetzt wiederholt!" versetzte Bernard.
Diese Worte trafen Olivier mitten ins Herz. Gewiß hatte Bernard sie nicht in feindlicher Absicht gesagt; doch wie konnte man sie anders auffassen? Olivier schwieg. Ein Abgrund schien sich aufzutun zwischen Bernard und ihm. Angstvoll erwog er, ob er vielleicht irgendein wiederverbindendes Wort über diesen Schlund hinüberrufen könnte, aber es kam ihm kein rettender Gedanke. Begreift er denn meine Qual nicht? fragte er sich; und seine Qual verschärfte

sich. Tränen brauchte er vielleicht nicht zurückzudrängen; doch er fühlte, daß er Grund genug zum Weinen gehabt hätte. Daran ist er selbst mit schuld: dieses Wiedersehen würde ihm weniger mißlungen scheinen, wenn er sich nicht allzusehr darauf gefreut hätte. Als er vor zwei Monaten auf die Gare Saint-Lazare gegangen war, um den ankommenden Edouard zu begrüßen, da war es genauso gewesen. Es würde immer so sein, dachte er. Er hätte von Bernard weglaufen mögen, sich irgendwohin verkriechen, Passavant und Edouard vergessen . . . In diesem Augenblick unterbrach etwas Unvermutetes den verzweifelten Lauf seiner Gedanken.

Wenige Schritte vor ihnen, auf dem Boulevard Saint-Michel, den sie wieder hinaufschlenderten, bemerkte Olivier seinen jüngeren Bruder Georges. Hastig packte er Bernard am Arm und zog ihn in entgegengesetzter Richtung mit sich weg.

„Glaubst du, daß er uns gesehen hat? Zu Hause wissen sie nicht, daß ich schon wieder in Paris bin."

•

Der kleine Georges war nicht allein. Léon Ghéridanisol und Philippe Adamanti begleiteten ihn. Die drei Knaben waren in eifrigem Gespräch begriffen, was indessen Georges nicht hinderte, „die Augen offenzuhalten", wie er sich ausdrückte. Um ihnen zuzuhören, wollen wir Olivier und Bernard auf eine kleine Weile verlassen; zumal die beiden Freunde soeben in ein Restaurant eingetreten und dort, zur großen Erleichterung Oliviers, vorläufig mehr mit der Mahlzeit als mit der Unterhaltung beschäftigt sind.

„Na also, geh du rein, los!" sagt Phiphi zu Georges.

„Oh, er hat Bange, er ist feige!" entgegnet dieser und legt möglichst viel Geringschätzung in seine Stimme, um Philippe zur Tat anzustacheln.

Doch Ghéridanisol, voll spöttischer Überlegenheit: „Meine Schäfchen, wenn ihr nicht wollt, so sagt es mir doch lieber gleich! Es soll mir nicht schwerfallen, andere Kerle zu finden, die mehr Traute haben als ihr! Also gib's mir zurück!"

Er wendet sich an Georges, der ein kleines Goldstück in seiner geschlossenen Hand hält.

„Na, ob ich Traute habe!" sagt Georges, in jäh ausbrechen-

der Entschlossenheit. „Kommt mit!“ (Sie stehen vor einem Zigarrenladen.)
„Nein“, sagt Léon, „wir warten da an der Ecke auf dich! Komm, Phiphi!“
Nach wenigen Augenblicken kommt Georges aus der Bar zurück. In der Hand hat er eine Schachtel Zigaretten, sogenannte „Luxus-Zigaretten“. Er bietet seinen Freunden welche an.“
„Nun?“ fragt Phiphi ängstlich.
„Nun, was denn?“ versetzt Georges mit erkünstelter Gleichgültigkeit, als ob sein gelungenes Wagnis plötzlich so selbstverständlich geworden wäre, daß es sich nicht lohnte, noch ein Wort darüber zu verlieren.
Doch Philippe fragt weiter: „Du bist's also losgeworden?“
„Wie du siehst: ja.“
„Und man hat nichts gesagt?!“
Georges zuckt mit den Achseln. „Was zum Teufel hätten sie denn sagen sollen?!“
„Und man hat dir richtig rausgegeben?“
Jetzt geruht Georges nicht mehr zu antworten. Doch weil der andere, dem die Sache immer noch nicht recht geheuer ist, beharrt: „Zeig mal her!“, so holt Georges das Geld, das er zurückbekommen hat, aus seiner Tasche hervor. Philippe zählt nach: richtig, es sind sieben Franc. Er möchte noch fragen: Bist du auch sicher, daß wenigstens dies hier echt ist, doch er bezwingt sich.
Georges hatte einen Franc für das falsche Zehnfrancstück bezahlt. Es war ausgemacht worden, daß man den Betrag, den man beim Wechseln herausbekäme, teilen wollte. Er gibt Ghéridanisol drei Franc. Phiphi soll nicht einen Sou abkriegen; allerhöchstens noch eine Zigarette; das wird ihm zur Lehre dienen.
Jetzt wäre Phiphi, durch diesen ersten Erfolg ermutigt, übrigens auch seinerseits zu dem Wagnis bereit gewesen. Er bittet Léon, auch ihm ein Goldstück zu verkaufen. Aber Léon findet Phiphi unzuverlässig und behandelt ihn, weil er im entscheidenden Moment versagt hat, mit Verachtung; ja er tut so, als ob er ihn völlig zu schneiden gedenke . . . „Vorhin, ja da hätte er seine Courage zeigen können! Na, wir werden auch ohne ihn fertig werden!“
Übrigens würde Léon es für unklug halten, einen neuen

Versuch in allzu großer Nähe des ersten zu wagen. Und außerdem ist es zu spät. Sein Vetter Strouvilhou erwartet ihn zum Mittagessen.
Natürlich ist Léon Ghéridanisol geschickt genug, seine Goldstücke auch eigenhändig unter die Leute zu bringen. Doch er folgt den Anweisungen seines großen Vetters und sucht Mitschuldige zu gewinnen. Er wird ihm gleich Bericht erstatten über die Erfüllung seiner Mission.

„Jungens aus guter Familie, verstehst du, die brauchen wir, weil, falls die Geschichte mal rauskommt, die Eltern dann alles mögliche tun, um sie zu vertuschen!" So sagt Vetter Strouvilhou, den die Pension Azaïs als Léons Schutz-Onkel gelten läßt, beim Mittagessen zu ihm. „Aber mit diesem System, die Goldfüchse so stückweise zu verkaufen, geht die Sache zu langsam. Ich muß zweiundfünfzig Schachteln mit je zwanzig Zehnfrancstücken unterbringen. Jede Schachtel muß für zwanzig Franc verkauft werden; aber nicht an jeden beliebigen, weißt du. Das beste wäre, eine Art Gesellschaft zu gründen, in die man nicht eintreten könnte, ohne wirksame Unterpfänder beigebracht zu haben. Erforderlich wäre, daß die Bengels sich kompromittierten und uns irgend etwas auslieferten, was uns die Eltern in die Hand gäbe. Bevor du ihnen die Goldstücke überläßt, mußt du ihnen diese Voraussetzungen irgendwie begreiflich machen – natürlich, ohne sie zu erschrecken! Kinder sollte man niemals erschrecken . . . Du sagtest mir, Papa Molinier sei Gerichtspräsident? Das ist gut . . . Und Papa Adamanti?"
„Senator."
„Das ist noch besser! Du bist schon einsichtig genug, erkannt zu haben, daß es in jeder ehrbaren Familie irgendein Geheimnis gibt, vor dessen Enthüllung die Betreffenden eine Todesangst haben. Auf diese Geheimnisse muß man die Jungens hetzen; das wird sie auf interessante Weise beschäftigen. Für gewöhnlich langweilt man sich zu Hause ja so unmenschlich! Außerdem kann es die Gabe wissenschaftlicher Beobachtung bei den Knaben nur fördern. Im weiteren ist die Sache dann sehr einfach: wer nichts bringt, kriegt nichts! Die Eltern, wenn sie erst merken, daß wir sie an der Kandare haben, werden zu jedem Opfer bereit sein, damit wir reinen Mund halten . . . Oh, wir wollen nichts

von ihnen erpressen: wir sind ehrliche Leute! Wir wollen sie nur in unserer Gewalt haben. Ihr Schweigen gegen das unsere! Sie sollen stumm bleiben und ihren ganzen Einfluß dafür aufwenden, daß auch die Behörden stumm bleiben . . . Zum Dank verhalten wir uns dann ebenso schweigsam. Na, trinken wir auf das Wohl der braven Eltern!"
Strouvilhou schenkte ein. Sie stießen an.
„In der modernen Gesellschaft", setzte er seine Darlegungen fort, „ist es erwünscht, ja sogar unabweislich, Gegenseitigkeitsbeziehungen zwischen den Bürgern zu schaffen. Das ist der festeste Kitt zur Erhaltung der Staatsformen. Der eine muß immer den andern in der Hand haben: wir haben die Kinder in der Hand; die Kinder ihre Eltern; und diese Eltern wiederum uns. Das ist der ideale Zustand. Du verstehst mich?"
Léon verstand ausgezeichnet. Er grinste.
„Der kleine Georges . . .", begann er.
„Was für ein Georges . . .?"
„Georges Molinier. Ich glaube, der ist reif . . . Er hat seinem Alten Briefe geklaut, von einer Demoiselle aus dem Olympia."
„Hast du die Briefe gesehen?"
„Ja, er hat sie mir gezeigt. Die Sache machte sich folgendermaßen. Ich hörte zu, wie er mit Adamanti sprach. Ich glaube, es schmeichelte den beiden, daß ich ihnen zuhörte. Jedenfalls schienen sie nichts vor mir verheimlichen zu wollen. Ich hatte schon vorgearbeitet und ihnen eine Szene aus deinem Spielplan vorgemimt, um sie von vornherein zutraulich zu stimmen. Georges sagte zu Phiphi, um dessen Bewunderung zu erregen: ‚Mein Vater, der hat eine Mätresse!' Worauf Phiphi, um nicht zurückzubleiben, prompt: ‚Mein Vater, der hat zwei!' Aber das war nur leeres Prahlen, und niemand brauchte sich darüber zu entsetzen . . . Ich trat ein bißchen näher heran und fragte Georges: ‚Woher weißt du das?' – ‚Ich habe Briefe gesehen', antwortete er. Ich spielte den Ungläubigen und sagte: ‚Ach, das ist ja Unsinn . . .!' Und bald hatte ich ihn so weit, wie ich ihn haben wollte: er vertraute mir an, daß er die bewußten Briefe bei sich trage. Und es dauerte nicht lange, so brachte er sie aus einer dicken Brieftasche zum Vorschein und zeigte sie mir."

„Und hast du sie gelesen?“
„Keine Zeit gehabt. Ich hab nur gesehen, daß sie alle von der gleichen Hand geschrieben waren. Die Anrede lautete einmal: ‚Mein geliebter dicker Kater‘.“
„Und die Unterschrift?“
„‚Deine weiße Maus‘. Ich fragte Georges: ‚Wie hast du sie denn gekriegt?‘ Da zog er ein riesiges Schlüsselbund aus seiner Hosentasche und erklärte triumphierend: ‚Damit mach ich jede Schublade auf!‘“
„Und was sagte Monsieur Phiphi?“
„Nichts. Ich glaube, er war eifersüchtig.“
„Würde Georges dir diese Briefe geben?“
„Wenn's nötig ist, kann ich ihn dazu bringen. Ich möchte sie ihm aber nicht gegen seinen Willen abnehmen. Er gibt sie mir sicherlich, wenn Phiphi seinerseits auch funktioniert. Die beiden treiben sich dann gegenseitig an.“
„Das nennt man edlen Wetteifer . . . Und sonst gibt's niemand in der Pension, der sich verwenden ließe?“
„Ich will sehen.“
„Ja, was ich dir noch sagen wollte . . . Es muß da unter den Pensionären einer namens Boris sein. Den laß mir in Ruhe . . .“ Er hielt inne und fügte dann mit leiserer Stimme hinzu: „Vorläufig.“

Olivier und Bernard haben in dem Restaurant des Boulevard Saint-Michel, in dem wir sie verlassen haben, ihre Mahlzeit beendet und sitzen noch plaudernd beisammen. Oliviers Verzweiflung schmilzt vor dem warmen Lächeln seines Freundes dahin wie der Reif vor der Sonne. Bernard vermeidet es, den Namen Passavant auszusprechen. Olivier fühlt das. Ein geistiger Instinkt warnt ihn. Aber er hat diesen Namen auf der Zunge. Er muß sprechen, komme, was da wolle.
„Ja, wir sind früher zurückgekehrt, als meine Eltern vermuten. Heute abend geben die Argonauten ein Bankett. Passavant wird daran teilnehmen. Er legt Wert darauf, daß unsere neue Zeitschrift sich mit der älteren von vornherein gut stellt und ihr keine feindliche Konkurrenz macht . . . Du solltest doch auch kommen; und, weißt du was? Bring doch Edouard mit! Vielleicht nicht zum Bankett selbst, weil man dazu eingeladen sein muß; aber gleich nachher! Die

Sache geht in der Taverne du Panthéon vor sich, in der ersten Etage. Alle führenden Leute der Argonauten werden da sein, und auch eine Anzahl Mitarbeiter der ‚Avant-Garde'. Unsere erste Nummer ist übrigens beinahe fertig. Aber, sag mal, warum hast du mir eigentlich nichts geschickt?"

„Weil ich nichts parat hatte", antwortete Bernard etwas trokken.

Oliviers Stimme wird geradezu flehentlich. „Ich habe so fest auf dich gerechnet für die erste Nummer . . . Wir könnten auch noch ein bißchen warten, wenn's nötig wäre . . . Gib uns doch irgend etwas; irgendeinen beliebigen Beitrag! . . . Du hattest es doch so gut wie versprochen! . . ."

Es fällt Bernard schwer, Olivier zu betrüben. Aber er zwingt sich. „Hör, mein Lieber, es ist besser, ich sage es dir gleich: ich fürchte, daß ich mich mit Passavant nicht gut verstehen würde."

„Aber ich bin es doch, der die Leitung hat! Er läßt mir vollkommen freie Hand."

„Und ferner möchte ich dir auf keinen Fall ‚irgendeinen beliebigen Beitrag' geben! Ich will nicht ‚irgendwelche beliebigen Beiträge' schreiben!"

„Ich habe diesen Ausdruck gebraucht, weil ich ganz genau wußte, daß jeder Beitrag von dir unbedingt gut sein würde . . ., daß es also auf keinen Fall ‚irgendein beliebiger Beitrag' sein würde . . ."

Er verhaspelt sich und weiß nicht, was er noch sagen soll. Wenn Bernard nicht mitmacht, dann verliert die Zeitschrift jedes Interesse für ihn. Es wäre so hübsch gewesen, gemeinsam zu debütieren . . .

„Und außerdem, mein Lieber –: wenn ich auch schon deutlich spüre, was ich im Leben nicht tun will, so weiß ich doch noch gar nicht, was ich positiv tun will. Vielleicht werde ich überhaupt nicht schreiben."

Olivier ist ganz betroffen. Aber Bernard fährt fort: „Nichts, was ich mühelos schreiben würde, könnte mich dazu reizen, auch nur die Feder in die Hand zu nehmen. Gerade weil ich meine Sätze gut zu bauen weiß, habe ich einen Abscheu vor konventionell gutgebauten Sätzen. Nicht, als ob ich die Schwierigkeit um ihrer selbst willen suchte: aber ich finde wirklich, die Literaten von heute machen sich die Sache ein

bißchen zu bequem ... Um einen Roman zu schreiben, kenne ich das Leben der andern noch nicht genug; und ich selbst habe noch gar nicht gelebt ... Gedichte zu machen langweilt mich. Der Alexandriner ist verbraucht wie eine alte Schindmähre, und die freien Rhythmen sind mir zu formlos. Der einzige Dichter, der mir imponiert, ist Rimbaud."
„Genau dasselbe sage ich in unserm Manifest!"
„Na, dann lohnt es ja gar nicht, daß ich's wiederhole. Nein, mein Lieber; nein! Ich weiß nicht, ob ich schreiben werde ... Manchmal habe ich den Eindruck, als ob der Schreibende gar nicht lebe und als ob man sich viel besser durch Taten aussprechen könne als durch Worte."
„Kunstwerke sind Taten, die bleiben", warf Olivier schüchtern ein; doch Bernard achtete nicht darauf.
„Gerade das bewundere ich am meisten bei Rimbaud: daß er das Leben über die Literatur gestellt hat."
„Sein eigenes Leben hat er verpfuscht!"
„Was weißt du davon?"
„Oh, das, mein Lieber ..."
„Man kann das Leben eines Menschen nicht nach den äußeren Umständen beurteilen. Aber gut, nehmen wir einmal an, sein Dasein sei durchaus verfehlt gewesen – gerade so, wie es ist, dieses Leben, so beneide ich es! Ich beneide es mit all seinen Katastrophen, seiner Krankheit und seiner Qual! Ich beneide es, selbst mit seinem furchtbaren Ende tausendmal mehr als etwa das Leben von ..."
Bernard ließ den Satz unvollendet: im Begriff, einen hervorragenden Zeitgenossen zu nennen, schwankte er zwischen allzu vielen Namen. Achselzuckend fuhr er fort: „Ich spüre manchmal einen seltsamen Drang in mir, etwas wie eine Grundwelle, ein mir unerklärliches Wühlen und Gären, das ich mir auch gar nicht zu erklären trachte, ja das ich am liebsten gar nicht zur Kenntnis nehmen möchte, aus Furcht, es an seiner Entfaltung zu hindern. Bis vor kurzem hatte ich die Gewohnheit, mein Inneres fortwährend zu belauern. Ich sprach auch andauernd mit mir selbst. Jetzt könnte ich das nicht mehr, selbst wenn ich wollte. Diese Manie hat plötzlich aufgehört, fast ohne daß ich darauf geachtet hätte. Mir scheint, dieses beständige Monologisieren, dieser ‚innere Dialog', wie unser Professor sagte, führt zu einer Art Wesensspaltung, deren ich nicht mehr fähig bin seit dem

Tage, da ich jemand anders als mich zu lieben begonnen hatte, und zwar mehr als mich selbst."

„Du sprichst von Laura", sagte Olivier. „Liebst du sie immer noch so?"

„Nein", antwortete Bernard, „sondern immer noch mehr! Ich glaube, das ist das Eigentümliche an der Liebe, daß sie sich niemals gleichbleiben kann; sie muß unaufhörlich wachsen, wenn sie nicht abnehmen soll. Darin liegt das, was sie von der Freundschaft unterscheidet."

„Auch die Freundschaft kann abnehmen", sagte Olivier traurig.

„Ich glaube, die Freundschaft hat keine so große Spannweite."

„Sag . . . wirst du auch nicht böse sein, wenn ich dich etwas frage?"

„Das wirst du ja sehen."

„Aber ich möchte dich nicht böse machen . . ."

„Es macht mich viel eher böse, wenn du nicht herausrückst mit dem, was du sagen willst!"

„Ich möchte wissen, ob du für Laura . . . Begierde empfindest."

Bernard war mit einemmal sehr ernst.

„Na, weil du's bist . . .", begann er. „Also, mein Lieber, es hat sich die phantastische Tatsache begeben, daß ich, seit ich sie kenne, überhaupt keine Begierde mehr empfinde. Ich, der früher, du erinnerst dich, für zwanzig Frauen, denen wir auf der Straße begegneten, zugleich entbrennen konnte, was mich übrigens davor bewahrte, mir eine einzelne auszusuchen, ich weiß jetzt mit absoluter Bestimmtheit, daß ich nie wieder für eine andere Form der Schönheit empfänglich sein werde als für Lauras Schönheit, daß ich nie wieder andere Gesichtszüge, andere Augen, andere Hände werde lieben können als die ihren! Aber das, was ich für Laura empfinde, ist demütige Anbetung, und in ihrer Nähe würde mir jeder begehrliche Gedanke als Sünde vorkommen. Ich glaube, ich bin früher über mich ganz im unklaren gewesen, und im Grunde ist meine Natur sehr keusch. Ich verdanke es Laura, daß meine Instinkte sich verfeinert haben. Ich fühle große, unausgenutzte Kräfte in mir. Ich möchte sie nutzbar machen. Ich beneide den Kartäusermönch, der seinen Stolz unter die Ordensregel beugt;

den, zu dem man sagt: ‚Ich rechne auf dich.‘ Ich beneide den Soldaten. Oder nein: ich beneide niemand; aber mein inneres Chaos bedrängt mich, und ich möchte es bändigen. Wie ein Druck von Wasserdampf ist es in mir; der Dampf kann brausend entweichen (das nennt man dann lyrische Dichtung); er kann auch Kolben und Räder treiben; aber er kann auch die ganze Maschine sprengen ... Weißt du, durch welche Handlung ich mein Wesen vielleicht am besten ausdrücken könnte? Durch den ... Oh, ich weiß ganz genau, daß ich mich niemals töten werde; aber ich verstehe so wunderbar den Dimitri Karamasow, wenn er seinen Bruder fragt, ob er es nachfühlen könnte, daß einer sich töte aus purem Enthusiasmus, aus überschwenglichem Lebensgefühl ... aus explodierender Vitalität."
Ein Leuchten ging von Bernards ganzem Wesen aus. Wie klar er seine Empfindungen veranschaulichen konnte! Olivier betrachtete ihn mit einer Art Verzücktheit.
„Auch ich", sagte er leise, „begreife, daß man sich töten kann. Aber das müßte nach einem so überirdischen Freudenrausch sein, daß alles, was noch folgen könnte, im Vergleich dazu blaß und matt wäre; nach einem solchen Glückstaumel, daß man dächte: es ist genug, ich will nicht mehr, nie will ich wieder ..."
Doch Bernard schien ihm gar nicht zuzuhören. Olivier schwieg. Sollte er ins Leere sprechen? Abermals verfinsterte sich sein Inneres. Bernard sah nach der Uhr. „Es ist Zeit, wieder hinzugehen ... Also, du sagtest: heute abend um ... um welche Zeit?"
„Ich denke, zehn Uhr wäre früh genug. Du kommst bestimmt?"
„Ja. Und ich will sehen, daß ich Edouard mitbringe. Aber du weißt: er mag Passavant nicht besonders. Und alle solche Anhäufungen von Federfuchsern sind ihm eigentlich ein Greuel. Es wäre nur, um dich wiederzusehen. Sag mal, wollen wir beide uns nicht wieder treffen, nachher, wenn ich mein Lateinisches hinter mir habe?"
Olivier antwortete nicht sofort. Verzweifelt bedachte er, daß er eine Verabredung mit Passavant hatte, den er um vier Uhr bei dem Drucker der „Avant-Garde" treffen sollte. Was hätte er nicht darum gegeben, frei zu sein!
„Ich möchte gern; aber ich bin verabredet."

Kein Widerschein seiner Qual drang nach außen; und Bernard sagte: „Schade."
Damit trennten sich die beiden Freunde.
Von allem, was Olivier Bernard hatte sagen wollen, hatte er ihm nichts gesagt. Er war in großer Sorge, ihm mißfallen zu haben. Er mißfiel sich selbst. Heute früh noch in so glänzender Verfassung, schlich er nun gesenkten Hauptes dahin. Seine Freundschaft mit Passavant, auf die er so stolz gewesen war, schien ihm jetzt wie ein Verhängnis: er fühlte Bernards Mißbilligung auf ihr lasten. Wenn er den Freund erst heute abend wiedersähe, unter den Augen aller Bankettgäste, so würde er kein ernsthaftes Wort mit ihm sprechen können. Es hätte nur dann interessant werden können, dies Bankett, wenn die beiden Freunde vorher ihr altes Einvernehmen bestätigt und erneuert gehabt hätten! Und welch törichter Einfall hatte seine Selbstgefälligkeit ihm noch diktiert: auch den Onkel Edouard zum Kommen veranlassen zu wollen! Heute abend würde er, Olivier, sich zur Schau stellen müssen wie ein Pfau; er würde an der Seite Passavants mit Literaten jeder Sorte plaudern und schöntun müssen; und Edouard würde ihn nur noch ungünstiger beurteilen; würde ihn verurteilen für immer ... Ach, wenn er ihn wenigstens noch vor dem Bankett sehen könnte! Wenn er jetzt gleich zu ihm hin könnte! Dann würde er ihm um den Hals fallen, würde vielleicht in Tränen ausbrechen und ihm erzählen, wie alles gekommen war ... Bis vier Uhr ist noch Zeit genug; schnell ein Auto!
Er ruft dem Chauffeur Straße und Hausnummer zu. Er eilt die Treppen hinauf; er steht klopfenden Herzens vor der Tür, er läutet ... Edouard ist nicht zu Hause.
Armer Olivier! Warum geht er nicht einfach zu seinen Eltern, anstatt sich so ängstlich vor ihnen zu verbergen? Er würde den Onkel Edouard dort finden, im Gespräch mit der Mutter.

6

Aus Edouards Tagebuch:
Die Romanschreiber mißbrauchen unser Vertrauen, indem sie Individuen darstellen, deren Einengung durch die Um-

welt sie außer acht lassen. Der Wald gestaltet den Baum. Wie wenig Platz ist dem einzelnen gelassen! Wieviel erstorbene Schößlinge! Jeder streckt sein Gezweig, wohin er kann. Der „mystische Zweig" verdankt seine Entstehung zumeist dem Mangel an Luft und Licht, der beklemmenden Enge des Milieus. Die Richtung nach oben bietet den einzigen Ausweg. Ich begreife nicht, wie Pauline ohne mystischen Trieb auskommen kann oder auf welch vermehrten Druck des Schicksals sie noch wartet. Sie hat heute vertraulicher mit mir gesprochen, als sie es bisher zu tun pflegte. Ich ahnte nicht, das muß ich gestehen, wieviel Sorge und Resignation sie unter dem Anschein des Glücks verbirgt. Aber ich erkenne an, daß sie eine ziemlich gewöhnliche Natur sein müßte, um von Oscar Molinier nicht enttäuscht worden zu sein. Vorgestern, in meiner Unterhaltung mit ihm, habe ich die Grenzen seines Wesens ja ermessen können. Wie hat Pauline ihn nur heiraten können? ... Ach, das schlimmste Defizit eines Mannes, das des Charakters, kann lange verborgen bleiben: es enthüllt sich erst im Gebrauch.

Pauline wendet all ihren Scharfsinn auf, um Oscars Schwächen und Unzulänglichkeiten zu beschönigen, sie vor den Augen der Welt zu bemänteln; besonders aber vor den Augen der Kinder. Sie zergrübelt sich, um den Kindern zu ermöglichen, Achtung vor ihrem Vater zu haben. Und wirklich, das ist keine kleine Arbeit. Aber sie operiert dabei so geschickt, daß auch ich mich bisher täuschen ließ. Sie spricht von ihrem Manne ohne Mißachtung, doch mit einer Art Toleranz, die manches verrät. Sie beklagt es, daß er eine so geringe Autorität über die Kinder habe; und als ich mein Bedauern darüber aussprach, Olivier in Gesellschaft von Passavant zu sehen, begriff ich, daß, wenn es nur auf sie angekommen wäre, die Reise nach Korsika nicht stattgefunden haben würde.

„Ich habe diese Reise nicht gebilligt", sagte sie; „und die Wahrheit zu gestehen, gefällt mir dieser Monsieur Passavant recht wenig. Aber was hätte ich tun sollen? Was ich nicht hindern kann, das lasse ich lieber gutwillig geschehen. Oscar, der gibt ja überall nach; auch mir gegenüber gibt er nach. Aber wenn ich es für geboten halte, irgendeinem Wunsche der Kinder entgegenzutreten, ihnen Widerstand

zu leisten, die Stirn zu bieten, dann finde ich niemals einen Rückhalt an ihm. Auch Vincent hat sich in die Sache eingemischt. Wie hätte ich Olivier da noch widerstreben können, ohne sein Vertrauen zu mir aufs Spiel zu setzen? Und an seinem Vertrauen ist mir alles gelegen."
Sie hatte ein Häuflein zerrissener Socken vor sich liegen und war während des Sprechens beschäftigt, sie zu stopfen – Strümpfe, dachte ich, wie sie Olivier jetzt nicht mehr anziehen würde . . . Sie hielt im Sprechen inne, um die Nadel einzufädeln, dann fuhr sie leiseren Tones, gleichsam vertraulicher und schmerzlicher, fort: „Sein Vertrauen! Wenn ich wenigstens die Gewißheit hätte, es noch zu besitzen . . . Ach, ich sehe wohl: ich habe es verloren!"
Der Protest, den ich, ohne rechte Überzeugung, versuchte, entlockte ihr nur ein trauriges Lächeln. Sie ließ ihre Arbeit in den Schoß sinken und sagte: „Hören Sie; ich weiß, daß er in Paris ist! Georges hat ihn heute mittag auf der Straße gesehen! Er hat es vorhin bei Tisch so nebenbei erwähnt, und ich habe getan, als achtete ich nicht darauf, denn es gefällt mir nicht, daß er seinen Bruder verpetzt. Aber jedenfalls weiß ich es nun. Olivier verbirgt sich vor mir! Wenn ich ihn wiedersehe, wird er sich für verpflichtet halten, mich zu belügen, und ich werde mich stellen, als ob ich ihm glaube . . . genauso, wie ich mich gutgläubig stelle, sooft sein Vater mir etwas zu verheimlichen sucht."
„Das geschieht aus Furcht, Ihnen Kummer zu bereiten."
„Auf solche Weise bereitet er mir noch viel mehr Kummer! Ich bin nicht unduldsam. Manche kleinen Verfehlungen lasse ich hingehen, schließe die Augen über sie."
„Von wem sprechen Sie momentan?"
„Oh, vom Vater genauso wie von den Kindern."
„Indem Sie tun, als merkten Sie nichts, belügen Sie sie auch!"
„Aber wie soll ich es denn anders machen? Es ist doch schon viel, daß ich mich nicht beklage: soll ich auch noch zustimmen? Sehen Sie, ich sage mir, daß uns Menschen früher oder später alles entgleitet, woran unser Herz hängt, und daß die zärtlichste Liebe nichts dagegen vermag . . . Was sage ich? . . . Sie wird nur lästig, diese zärtliche Liebe, sie wirkt zudringlich! Mit mir ist es so weit gekommen, daß ich selbst meine Liebe verstecken muß."

„Momentan sprechen Sie von Ihren Söhnen!“
„Warum sagen Sie das? Wollen Sie damit andeuten, ich könnte Oscar nicht mehr lieben? Manchmal sage ich mir das auch. Aber gleich hinterher sage ich mir dann, daß nur die Angst vor allzu großem Leid der Grund ist, warum ich ihn nicht länger mehr liebe. Und ... ja, Sie sollen recht haben: wenn es sich um Olivier handelt, dann will ich lieber leiden.“
„Und Vincent?“
„Vor einigen Jahren hätte ich Ihnen alles, was ich Ihnen heute in bezug auf Olivier gesagt habe, in bezug auf Vincent gesagt!“
„Meine arme Freundin ... Bald werden Sie es in bezug auf Georges sagen müssen.“
„Aber allmählich schickt man sich darein. Ach, man hat ja schon nicht viel vom Leben verlangt! Man lernt die Kunst, noch weniger von ihm zu verlangen ... immer weniger.“ In sanftem Tone fügte sie hinzu: „... und von sich selbst immer mehr.“
„Mit solchen Ideen ist man fast schon ein guter Christ“, sagte ich lächelnd.
„Das sage ich mir gelegentlich auch. Aber es genügt nicht, solche Ideen zu haben, um ein guter Christ zu sein.“
„Ebensowenig wie es genügt, ein guter Christ zu sein, um solche Ideen zu haben.“
„Ich habe manchmal gedacht – darf ich es Ihnen sagen? –, daß in Vertretung des Vaters vielleicht Sie mit den Kindern sprechen könnten!“
„Vincent ist weit weg.“
„Für den wäre es auch zu spät. Nein, ich denke an Olivier. Mit Ihnen hätte er auf Reisen gehen sollen, das wäre mein Wunsch gewesen!“
Bei diesen Worten, die mir mit einemmal zum Bewußtsein brachten, was hätte sein können, wenn ich dem Abenteuer nicht unbesonnen seinen Lauf gelassen hätte, geriet ich in eine schreckliche Erregung und vermochte zunächst kein Wort hervorzubringen. Doch wie ich fühlte, daß die Tränen mir in die Augen stiegen, glaubte ich irgend etwas äußern zu müssen, was meine Erregung motivieren könnte.
„Ich fürchte, daß es auch für Olivier zu spät ist!“ seufzte ich.

Pauline ergriff meine Hand. „Wie gut Sie sind!“ sagte sie. Mir war es eine Qual, sie dermaßen im Irrtum zu sehen. Und da ich sie nicht darüber aufklären konnte, so wollte ich das Gespräch wenigstens von einem Thema ablenken, das mir ein so peinliches Unbehagen bereitete.
„Und Georges?“ fragte ich.
„Der macht mir noch mehr Sorgen, als mir die beiden andern gemacht haben!“ antwortete sie traurig. „Bei dem trifft es übrigens nicht einmal zu, daß er mir entgleitet – er ist nie anhänglich und vertrauensvoll zu mir gewesen.“
Sie zögerte einige Augenblicke. Es fiel ihr offenbar schwer, das auszusprechen, was sie auf dem Herzen hatte.
„Diesen Sommer, als wir in Houlgate waren, hat sich etwas recht Unangenehmes ereignet“, sagte sie endlich, „etwas, was ich ungern erzähle und was übrigens für mein Gefühl keineswegs ganz aufgeklärt worden ist ... Aus dem Schrank, in dem ich mein Geld zu verschließen pflegte, ist ein Hundertfrancschein verschwunden. Um niemand ungerecht zu verdächtigen, habe ich überhaupt keinen Verdacht ausgesprochen. Das Zimmermädchen, das uns im Hotel bediente, ein junges Geschöpf, schien mir ehrlich zu sein. In Gegenwart von Georges habe ich geäußert, ich hätte das Geld verloren. Damit habe ich Ihnen schon verraten, daß mein Argwohn sich auf ihn richtete. Er zeigte sich aber in keiner Weise betroffen, wurde auch nicht rot. Nun schämte ich mich meiner Vermutung und suchte mir einzureden, ich hätte mich geirrt. Ich rechnete meine Ausgaben noch einmal genau nach; doch leider blieb kein Zweifel: es fehlten hundert Franc. Ich schwankte, ob ich den Knaben ins Gebet nehmen sollte, und habe mich nicht dazu entschließen können. Die Furcht, daß er zum Diebstahl die Unwahrheit fügen werde, hielt mich ab. Habe ich falsch gehandelt? Heute mache ich es mir zum Vorwurf, daß ich nicht energischer aufgetreten bin. Vielleicht hinderte mich auch die Angst, daß ich zu streng hätte sein müssen; oder daß ich nicht vermocht hätte, streng genug zu sein. Also habe ich wieder einmal die Unwissende gespielt; aber das Herz blutete mir dabei, das können Sie mir glauben. Ich ließ die Zeit vergehen. Dann sagte ich mir: Jetzt wäre es auf jeden Fall zu spät, die Strafe würde der Missetat allzu spät folgen. Und welche Strafe hätte ich auch

wählen sollen? Ich habe also gar nichts getan; ich werfe es mir vor ... Aber was hätte ich denn tun können? Dann habe ich mir überlegt, ob es vielleicht gut sei, ihn nach England zu schicken, und ich hätte gern Ihre Meinung darüber gehört, doch ich wußte nicht, wo Sie waren. Aber wenigstens habe ich ihm meine Sorge und Unruhe nicht verheimlicht, und ich glaube auch, daß das Eindruck auf ihn gemacht hat, denn er hat ja ein gutes Herz. Ich rechne eigentlich mehr auf die Vorwürfe, die er sich, falls er wirklich das Geld genommen hat, selbst gemacht haben wird, als auf diejenigen, die ich ihm hätte machen können. Er wird so etwas nie wieder tun, dessen bin ich sicher! Er hat dort in Houlgate zufällig einen Schulfreund getroffen, der aus sehr reicher Familie ist. Möglich, daß der ihn zu irgendwelchen Ausgaben verleitet hat. Wahrscheinlich hatte ich übrigens den Schrank gar nicht verschlossen, sondern ihn offenstehen lassen. Und, noch einmal: ich bin keineswegs sicher, daß Georges es gewesen ist. Im Hotel gingen ja so viele Leute ein und aus ..."

Ich bewunderte den Scharfsinn, mit dem sie alle Momente in den Vordergrund schob, die dafür sprechen konnten, daß Georges an der Sache unschuldig war.

„Ich hätte gewünscht, daß er das Geld dorthin zurückgelegt hätte, woher er es genommen hatte", sagte ich.

„Das habe ich mir auch gesagt. Und da er das nicht getan hat, so habe ich darin einen Beweis seiner Unschuld sehen wollen. Andererseits habe ich mir allerdings auch gesagt, daß er es vielleicht nicht gewagt hat."

„Haben Sie mit seinem Vater über die Sache gesprochen?"

Sie zögerte etwas. „Nein", sagte sie dann, „es ist mir lieber, daß er nichts davon weiß."

In diesem Augenblick schien aus dem Nebenzimmer ein schwaches Geräusch zu kommen. Pauline erhob sich, um nachzusehen – es war niemand da. Dann nahm sie ihren Platz wieder ein. „Oscar hat mir erzählt, daß Sie neulich mit ihm geplaudert haben. Er hat Sie so gerühmt, daß ich vermute, Sie haben sich in der Hauptsache auf die Kunst des Zuhörens beschränkt." Bei diesen Worten lächelte sie schmerzlich. „Falls er Ihnen irgend etwas anvertraut haben sollte, will ich das Geheimnis natürlich respektieren – obwohl ich von seinen privaten Zerstreuungen sehr viel mehr

weiß, als er denkt . . . Aber seit ich in Paris zurück bin, begreife ich nicht recht, was eigentlich mit ihm los ist. Er benimmt sich so sanft, fast möchte ich sagen: so demütig zu mir, daß es mich ganz verlegen macht. Es sieht beinahe aus, als hätte er Angst vor mir. Die brauchte er aber wirklich nicht zu haben. Denn seit Jahren bin ich auf dem laufenden über die Beziehungen, die er pflegt . . . ich weiß ganz genau, zu wem. Er glaubt, ich wüßte nichts davon, und trifft gewaltige Vorsichtsmaßregeln, um alles vor mir zu verheimlichen. Aber diese Maßnahmen sind so auffälliger Natur, daß sie alles nur um so deutlicher verraten. Jedesmal, wenn er, im Begriff auszugehen, ein sorgenvolles, verärgertes, überreiztes Wesen annimmt, dann weiß ich, wohin die Reise gehen soll. Ich möchte zu ihm sagen: Aber, mein Freund, ich halte dich ja nicht zurück! Fürchtest du vielleicht, ich sei eifersüchtig? Am liebsten möchte ich über die ganze Geschichte lachen . . . Nur das eine beängstigt mich: daß die Kinder etwas merken könnten. Oscar ist ja so ungeschickt, so zerstreut! Und so bin ich, ohne daß er die geringste Ahnung davon hat, manchmal geradezu gezwungen, seiner Geheimniskrämerei Vorschub zu leisten. Ich denke mir Entschuldigungen für ihn aus; und ich stecke ihm die Briefe, die er herumliegen läßt, wieder in seine Manteltasche . . . Man könnte es fast amüsant finden . . ."
„Richtig!" sagte ich. „Er fürchtet, daß Sie Briefe in die Hand bekommen hätten."
„Hat er Ihnen das gesagt?"
„Und das ist es, was ihn so ängstlich macht!"
„Denken Sie, daß ich mir irgendwelche Mühe gebe, ihrer habhaft zu werden?"
Eine Regung beleidigten Stolzes ließ sie auffahren. Ich mußte hinzufügen: „Es handelt sich nicht um die, die er vielleicht aus Unachtsamkeit hat herumliegen lassen, sondern um einen ganzen Pack von Briefen, die er in einer Schublade verwahrt hatte und nun nicht wiederfinden kann. Er glaubt, daß Sie sie genommen haben."
Bei diesen Worten sah ich Pauline erbleichen, und der schreckliche Verdacht, der in ihr aufzuckte, ging blitzschnell auf mich über. Ich bedauerte, gesprochen zu haben, aber jetzt war es zu spät. Sie wandte sich ab und flüsterte: „Wollte Gott, daß ich es gewesen wäre!"

Sie schien völlig gebrochen.
„Was tun?“ klagte sie. „Was tun?“ – Dann, sich mir wieder zuwendend: „Könnten Sie ... könnten Sie nicht mit ihm sprechen?“
Obwohl sie vermied, den Namen Georges auszusprechen, konnte kein Zweifel sein, daß er es war, den sie meinte.
„Ich will's versuchen. Ich will mir die Sache überlegen“, sagte ich und erhob mich.
Und sie, während sie mich auf den Korridor begleitete: „Sagen Sie bitte kein Wort davon zu Oscar! Möge er mich weiterhin in Verdacht behalten; möge er glauben, was er will! ... Das ist immer noch besser, als ... Kommen Sie doch recht bald wieder!“

7

Inzwischen war Olivier in seiner Verzweiflung, den Onkel Edouard nicht angetroffen zu haben, auf die Idee gekommen, bei Armand Trost zu suchen für sein freundschaftsbedürftiges Herz. Er hätte das Alleinbleiben jetzt nicht ertragen können, und so machte er sich auf den Weg zur Pension Vedel.
Armand empfing ihn in seinem Zimmer, in das man über eine Hintertreppe gelangte. Es war ein kleiner, enger Raum, dessen Fenster auf einen inneren Hof gingen; die Fenster des Klosetts und der Küchenräume des Nebenhauses gingen auf denselben Hof. Ein schrägstehender Reflektor aus Zink sammelte das Tageslicht und warf es als fahlen Schein nach unten. Das Zimmer war schlecht gelüftet: ein peinlicher Geruch herrschte darin.
„Aber man gewöhnt sich daran“, sagte Armand. „Du begreifst, daß meine Eltern die besten Zimmer für die zahlenden Pensionäre reservieren. Das ist ganz natürlich. Ich habe mein früheres Zimmer einem Vicomte abtreten müssen: dem Bruder deines berühmten Freundes Passavant. Es ist ein wahrhaft fürstliches Gemach; allerdings von Rachels Stube aus kontrollierbar. Wir haben ja endlos viele Zimmer im Hause; aber nicht alle sind in sich abgeschlossen. So muß zum Beispiel die arme Sarah, die heute morgen aus England zurückgekommen ist, um ihre neue Bude zu errei-

chen, durch das Zimmer der Eltern gehen – was ihr keineswegs besonders angenehm ist – oder durch das meinige, das übrigens bisher nur als Waschraum oder Rumpelkammer gedient hat. Dafür hab ich wenigstens den Vorteil, frei ein- und ausgehen zu können, ohne von irgend jemand belauert zu werden. Ich habe dieses elende Loch deshalb lieber genommen als einen der Mansardenräume, wo ich zwar bessere Luft gehabt, aber vom Personal hätte beobachtet werden können. Im Grunde ist es mir ganz erwünscht, daß ich so kümmerlich untergebracht bin. Mein Vater würde von einem ‚Hang zur Kasteiung' sprechen und dabei hervorheben, daß jegliche Abtötung des Fleisches der unsterblichen Seele heilsam sei. Übrigens hat er sich noch nicht ein einziges Mal hierher verirrt. Du verstehst, daß er andere Sorgen hat, als sich darum zu kümmern, in welche Schlupfwinkel sich sein lieber Sohn verkriechen muß . . . Übrigens ein Mordskerl, mein Herr Papa! Er weiß für alle Eventualitäten des christlichen Lebens eine Unzahl erhebender und trostreicher Sprüche auswendig, die sich ganz wunderhübsch anhören. Nur schade, daß er nie eine Minute Zeit hat, ein vernünftiges Wort mich sich reden zu lassen . . . Oh, du bewunderst wohl meine Bildergalerie? Am Vormittag kann man sie noch besser sehen . . . Das da ist ein farbiger Stich, von einem Schüler des Paolo Uccello; zum Gebrauch für Studenten der tierärztlichen Wissenschaft. Mit staunenswert wuchtiger Synthese hat der Künstler hier am Körper eines einzigen Pferdes sämtliche Übel versammelt, mittels deren die Vorsehung auf die Läuterung der Pferdeseele hinarbeitet: du siehst, wie sehr der Ausdruck des glückseligen Tieres sich schon vergeistigt hat . . . Das da ist eine symbolische Darstellung der menschlichen Lebensalter von der Wiege bis zur Bahre. Als Kunstwerk nicht eben bedeutend; dafür ist die moralische Tendenz um so eindringlicher. Des weiteren kannst du die Fotografie einer Kurtisane von Tizian anstaunen, der ich den Platz über meinem Bett angewiesen habe, damit sie mir verliebte Gedanken errege. Die Tür da führt in Sarahs Zimmer."

Das verwahrloste Aussehen des Raumes wirkte auf Olivier deprimierend. Das Bett war nicht gemacht, das Waschbekken nicht geleert.

„Ja, ich mache mein Zimmer selbst", sagte Armand als Ant-

wort auf Oliviers unruhigen Blick. „Hier siehst du meinen Arbeitstisch. Du hast keine Ahnung, wie die Atmosphäre dieses Raumes mich inspiriert: ‚Des stillen Winkels trauter Duft . . .' Diesem Milieu verdanke ich auch die Idee zu meinem letzten Gedicht: ‚Gefäß der Nacht'."
Olivier war mit der Absicht gekommen, das Gespräch auf die neue Zeitschrift zu bringen und Armand um seine Mitarbeit zu bitten. Er wagte es nicht mehr. Doch Armand kam von selbst darauf. „‚Gefäß der Nacht' – ein schöner Titel, findest du nicht auch? Mit einem Motto von Baudelaire: ‚Erwartest du, Gefäß des Todes, ein paar Tränen?' Ich nehme den antiken und immer neuen Vergleich von dem himmlischen Töpfer wieder auf, der jedes menschliche Wesen als ein Gefäß gestaltet, von dem noch niemand weiß, was es in sich aufzunehmen berufen ist. Und mich selbst vergleiche ich in lyrischer Verzückung mit dem Gefäß, nach dem das Poem benannt ist: eine Idee, die sich mir beim Einatmen der Luft dieses Gemaches geradezu aufdrängte. Für besonders gelungen halte ich die erste Zeile des Kunstwerks:
‚Hast du als Vierziger, Freund, noch nicht Hämorrhoiden . . .'
Ursprünglich wollte ich, zur Beruhigung ängstlicher Gemüter sagen: ‚Hast du als Sechziger, Freund . . .'; aber dabei wäre mir die Alliteration zum Teufel gegangen. Was übrigens das Wort ‚Hämorrhoiden' betrifft, so ist es doch unstreitig das schönste Substantivum der französischen Sprache – selbst unabhängig von seiner Bedeutung", fügte er mit einem Grinsen hinzu.
Olivier schwieg beklommenen Herzens. Armand fuhr fort: „Ich brauche wohl kaum zu erwähnen, daß das Nachtgefäß sich ungeheuer geschmeichelt fühlt, den Besuch eines so überaus aromatischen Salbentopfes, wie du einer bist, zu empfangen!"
„Und du hast nichts anderes geschrieben als das?" fragte Olivier endlich ganz verzweifelt.
„Ich dachte daran, mein ‚Gefäß der Nacht' deiner glorreichen Zeitschrift anzubieten, aber nach dem Ton zu schließen, mit dem du soeben sagtest: ‚als das', scheint das Werk deinem Geschmack nicht besonders zu entsprechen. In solchen Fällen trösten sich die meisten Poeten mit der eigenen

Schätzung, die ihren Wert über jedermanns Beifall turmhoch erhebt. Ich aber will dir gar nicht verhehlen, daß ich mein Gedicht ganz abscheulich finde. Übrigens habe ich davon bisher nicht mehr geschrieben als die eine Zeile, die ich dir zitiert habe. Und wenn ich sage ‚geschrieben', so ist auch das noch eine Übertreibung, denn ich habe diese Zeile gerade erst dir zu Ehren fabriziert . . . Aber sag mal, du hast also wirklich die Absicht gehabt, einen Beitrag von mir entgegenzunehmen? Du hast mich zum Mitarbeiter gewollt? Du hast mich nicht für absolut unfähig gehalten, etwas Literarisches zu produzieren!? Solltest du etwa gar das verräterische Brandmal des Genius auf meiner bleichen Stirn erspäht haben? Die Beleuchtungsverhältnisse hier in meiner Bude verführen einen ja nicht gerade zur Selbstbespiegelung; wenn ich fragwürdiger Narziß mich aber doch einmal im Spiegel besehe, so entdecke ich nie etwas anderes als die elende Fratze eines Erledigten. Du müßtest also einem falschen Lichteffekt zum Opfer gefallen sein. Nein, mein lieber Olivier, ich habe nichts geschrieben, und wenn du wirklich für deine Revue auf mich gerechnet hast, so kannst du nur mit leeren Händen wieder abziehen. Doch reden wir von etwas anderem! . . . Also auf Korsika ist alles gut gegangen? Hast du deine Reise recht genossen? Und hast du recht viel profitiert? Und hast du dich schon wieder gut ausgeruht von den Strapazen? Hast du gut . . ."

Olivier wurde ärgerlich. „So hör doch auf mit diesem Geschwätz! Wenn du glaubst, daß ich das lustig finde . . ."

„Na, und ich erst!" rief Armand. „Ach nein, mein Lieber, absolut nicht! So dumm bin ich denn doch nicht! Ich hab immer noch Verstand genug, einzusehen, daß alles, was ich dir da vorschwatze, der reine Blödsinn ist!"

„Aber kannst du denn gar nicht ernsthaft reden?"

„Gut, ich will seriös reden, da dieses Genre von dir bevorzugt wird . . . Rachel, meine älteste Schwester, wird blind. Ihre Sehfähigkeit hat in letzter Zeit immer mehr abgenommen. Seit zwei Jahren kann sie nicht mehr ohne Brille lesen. Ich glaubte zunächst, es würde genügen, daß sie schärfere Gläser nähme. Aber damit war es nicht getan. Sie hat auf meine Bitte einen Spezialisten konsultiert. Es scheint, daß die Empfänglichkeit der Netzhaut nachläßt. Du verstehst, daß da zwei ganz verschiedene Dinge in

Frage kommen: einerseits eine mangelhafte Anpassung der Linse – ein Übel, das durch die Brille korrigiert werden kann. Aber selbst nachdem die Brillengläser das viuelle Bild zurechtgerückt haben, kann der Fall eintreten, daß dieses Bild der Netzhaut einen ungenügenden Eindruck mitteilt, so daß es dem Gehirn nur verschwommen übermittelt wird. Drücke ich mich deutlich genug aus? Du kennst übrigens Rachel ja kaum und brauchst nicht etwa zu glauben, daß ich dein Mitleid für sie erwecken möchte. Warum spreche ich also davon? Weil ich beim Nachdenken über diesen Fall zu der Erkenntnis gekommen bin, daß auch die Ideen – genauso wie die Bilder – sich dem Gehirn mehr oder weniger präzis darbieten können. Ein stumpfer Geist ist nur verschwommener Wahrnehmungen fähig; aber gerade deswegen kommt ihm seine eigene Stumpfheit höchstens ganz verschwommen zum Bewußtsein. An seiner Dummheit leiden kann nur der, der sich über diese Dummheit klar ist. Um sich aber darüber klarwerden zu können, müßte er intelligent sein. Na, stell dir mal ein solches Monstrum vor: ein Dummkopf, der intelligent genug wäre, mit aller Schärfe einzusehen, daß er ein Idiot ist!"

„Alle Wetter, dann wäre er ja kein Dummkopf mehr!"

„O doch, mein Lieber, glaube mir! Ich weiß es zufällig ganz genau, weil ich der fragliche Dummkopf selber bin!"

Olivier zuckte mit den Achseln.

Armand fuhr fort: „Ein wirklicher Dummkopf hat kein Gefühl für Ideen, die jenseits seines Horizontes liegen. Was mich betrifft, so habe ich allerdings ein Gefühl für besagtes ‚Jenseits'; aber ich bin trotzdem ein Dummkopf, denn ich weiß, daß ich dieses ‚Jenseits' nie werde erreichen können ..."

„Aber, mein armer Kerl", sagte Olivier in einer Aufwallung von Sympathie, „wir sind doch alle so beschaffen, daß wir besser sein könnten, und ich glaube, je intelligenter einer ist, desto mehr leidet er unter seiner Begrenztheit."

Armand stieß die Hand zurück, die Olivier ihm freundschaftlich auf die seine legen wollte.

„Andere haben ein Bewußtsein dessen, was sie besitzen", sagte er; „mir ist einzig das bewußt, was mir fehlt. Es fehlt mir an Geld, an Kraft, an Geist, an Liebe. Defizit auf der

ganzen Linie! Oh, ich werde, solange ich lebe, diesseits meiner Grenzen bleiben!"
Er trat an den Waschtisch, tauchte eine Bürste in das schmutzige Wasser und strich sich damit die Haare in die Stirn, so daß sie unschön anklebten.
„Ich habe dir ja schon gesagt, daß ich nichts geschrieben habe. Immerhin hatte ich in den letzten Tagen die Idee zu einem Traktat, dem ich den Titel gegeben haben würde: ‚Traktat über das Unzureichende'. Aber selbstverständlich ist meine Intelligenz nicht zureichend, um diese Idee erschöpfend zu gestalten. Ich hätte darin gesagt ... Aber ich langweile dich."
„Ach was! Mit deinen dummen Witzen hast du mich gelangweilt; aber was du jetzt sagst, das interessiert mich sehr!"
„Ich hätte darin, für den ganzen Bereich der Natur, den Grenzpunkt zu erforschen gesucht, jenseits dessen nichts ist. Ein Beispiel soll es dir verständlich machen. Die Zeitungen haben neulich von einem Arbeiter berichtet, der vom elektrischen Strom getötet worden ist. Er manipulierte unvorsichtig an den Leitungsdrähten; der Strom war nicht besonders stark; aber wie es scheint, war sein Körper schweißbedeckt. Man mißt seinen Tod dem Vorhandensein dieser feuchten Schicht bei, die es dem Strom ermöglichte, den Körper ganz zu umfassen. Wäre der Körper trockener gewesen, so hätte sich das Unglück nicht ereignet. Nun wollen wir dem trockenen Körper also Schweiß hinzufügen, Tropfen für Tropfen ... Noch ein einziger Tropfen: und das Unheil ist geschehen!"
„Ich verstehe dich nicht ganz", sagte Olivier.
„Weil mein Beispiel schlecht gewählt war. Ich wähle meine Beispiele immer schlecht. Ein anderes! Sechs Schiffbrüchige werden in einem Boot hin und her getrieben, viele Tage und Nächte. Drei sind schon gestorben. Endlich naht Hilfe, und die verbleibenden drei werden gerettet. Aber einer von diesen dreien war den Entbehrungen fast schon erlegen. Nun hoffte man, ihn ins Leben zurückrufen zu können; aber sein Organismus hatte den Grenzpunkt erreicht ..."
„Jetzt begreife ich", sagte Olivier; „eine Stunde früher, und man hätte ihn noch retten können."

„Eine Stunde: welch populäre Zeitmessung! Nein, ich arbeite mit Bruchteilen einer Sekunde: man kann noch . . ., man kann noch . . ., man kann nicht mehr! Oh, ein messerscharfer Grat ist es, auf dem mein Geist spazierengeht! Die Demarkationslinie zwischen Sein und Nichtsein – die ist es, die ich überall festzulegen suche. Die Widerstandsgrenze . . . etwa gegen das, was mein Vater die ‚Versuchung' nennen würde. Man widersteht noch; der Strick, an dem Satan zieht, ist gespannt bis zum Reißen. Noch ein ganz klein wenig mehr: der Strick klatscht auf, und man ist dem Teufel verfallen . . . Verstehst du jetzt? Ein ganz klein wenig weniger: dann wäre alles Geschehene nicht geschehen. Dann hätte Gott die Welt nicht erschaffen. Nichts wäre gewesen. ‚Das Antlitz der Welt wäre anders geworden', sagte Pascal. Aber es genügt mir nicht, zu denken: Wenn die Nase der Kleopatra kürzer gewesen wäre . . . Ich rechne genauer. Ich frage: ‚Kürzer? Um wieviel Millimeter kürzer?' Denn um ein ganz klein wenig kürzer hätte sie vielleicht doch sein dürfen, nicht wahr? Abstufung, minimale Abstufung; dann, plötzlich, ein Sprung . . . Natura non facit saltus?! Was für ein Unsinn! Um noch ein letztes Beispiel zu nehmen: ich selbst bin wie ein Araber, der durch die Wüste wandert und nahe am Verdursten ist. Ich erreiche jenen haarscharf bestimmten Punkt, wo ein Tropfen Wasser ihn noch retten könnte, oder eine Träne . . ."
Die Stimme versagte ihm; sie hatte bei den letzten Worten etwas Pathetisches angenommen, das Olivier überraschte und verwirrte. Sanfteren Tones, fast traumhaft entrückt, fuhr Armand fort: „Du erinnerst dich: ‚Ich habe manche Träne für dich vergossen . . .'"
Olivier erinnerte sich dieser Stelle bei Pascal so gut, daß es ihn irritierte, sie von dem Freund ungenau zitiert zu hören. Er konnte sich nicht enthalten zu verbessern: „Ich habe manchen Blutstropfen vergossen . . ."
Mit einem Schlag sank Armands Erregung in sich zusammen. Er zuckte mit den Achseln. „Na, was können wir da tun? Den Seinen gibt's der Herr im Schlaf. Aber verstehst du jetzt, was es bedeutet, sich immer ‚auf der Grenzscheide' zu fühlen? Der Millimeter, auf den es ankommt, den werd ich immer zuwenig haben . . ."
Er brach in ein Gelächter aus. Olivier spürte: er lacht, um

nicht weinen zu müssen ... Er hätte Armand sagen mögen, wie tief seine Worte ihn bewegten und wieviel Qual er unter dieser zersetzenden Dialektik wahrzunehmen glaubte. Aber er hatte keine Zeit mehr: die Verabredung mit Passavant drängte ihn. Er zog seine Uhr. „Ich muß gehen", sagte er. „Bist du vielleicht heute abend frei?"
„Warum?"
„Wir könnten uns dann in der Taverne du Panthéon treffen. Die Argonauten geben ein Bankett. Du müßtest aber erst kommen, wenn es schon ziemlich zu Ende ist. Es werden eine Menge Leute da sein, mit oder ohne Lorbeerkranz, doch alle ein bißchen betrunken. Bernard Profitendieu hat mir auch versprochen zu kommen. Vielleicht wird es ganz lustig."
„Ich bin nicht rasiert", erklärte Armand mit verdrießlicher Miene. „Und außerdem: was hätte ein Mensch wie ich unter solch illustren Herrschaften zu suchen? ... Aber weißt du was? Frag doch Sarah, die seit heute früh aus England zurück ist: der würde es sicherlich Spaß machen! Soll ich sie in deinem Namen auffordern? Bernard könnte sie ja hinbegleiten."
„O ja, das ginge", sagte Olivier.

8

Es war also verabredet worden, daß Bernard und Edouard, nachdem sie gemeinsam zu Abend gegessen hätten, Sarah kurz vor zehn Uhr abholen sollten. Sarah hatte den ihr von Armand übermittelten Vorschlag mit Freuden angenommen. Gegen halb zehn hatte sie sich in ihr Zimmer zurückgezogen, wohin ihre Mutter sie begleitet hatte. Man mußte, um in Sarahs Zimmer zu gelangen, durch die Schlafstube der Eltern gehen. Aber eine andere Tür, die zugestellt war und als unbenutzt galt, führte von Sarahs Zimmer in Armands Kammer, die ihrerseits, wie gesagt, ihre Ausgangstür zu einer Hintertreppe hatte.
Solange die Mutter im Zimmer war, tat Sarah so, als wollte sie sich gleich zu Bett legen. Sie äußerte, sie sei von der Reise todmüde und werde wohl sofort einschlafen. Aber kaum von der Mutter allein gelassen, eilte sie an den Toilet-

tentisch, um die Farbe ihrer Lippen und Wangen neu zu beleben. Dieser Toilettentisch verbarrikadierte die „unbenutzte" Tür, aber er war keineswegs so schwer beweglich, als daß Sarah ihn nicht geräuschlos hätte beiseite schieben können. So öffnete sie denn die geheime Pforte.

Es wäre Sarah unerwünscht gewesen, ihren Bruder anzutreffen, dessen Spöttereien sie fürchtete. Allerdings begünstigte Armand selbst ihre gewagtesten Unternehmungen; er schien sogar seine Freude an ihnen zu haben; aber all seine Duldsamkeit schien gewissermaßen nur provisorisch zu sein, denn in der Folge verurteilte er das Geschehene um so strenger, so daß Sarah kaum zu sagen gewußt hätte, ob nicht schon seine Toleranz im Dienste seiner sittenrichterlichen Neigungen stand.

Armands Kammer war leer. Sarah setzte sich auf einen niedrigen kleinen Stuhl, um zu warten. Sie überließ sich ihren Gedanken. In einer Art vorgreifenden Protestes hatte sie sich zu radikaler Mißachtung aller häuslichen Tugenden trainiert. Der Zwang des Elternhauses hatte ihre Energie gestrafft, ihren Hang zur Revolte gestachelt. Während ihres Aufenthaltes in England hatte sie ihren Wagemut bis zum äußersten angeheizt. Ebenso wie Miß Aberdeen, ihre englische Freundin, war sie entschlossen, sich ihre Freiheit zu erobern, Herrin ihrer selbst zu sein, alles zu riskieren. Sie fühlte sich stark genug, jeglicher Geringschätzung zu trotzen, alle Konventionen mit Füßen zu treten. In ihrem Entgegenkommen gegen Olivier hatte sie schon über eine natürliche Bescheidenheit, über viel angeborene Scheu zu triumphieren vermocht. Das Schicksal ihrer Schwester wirkte abschreckend auf sie. Rachels fromme Resignation war in ihren Augen nichts als Narrheit. Und in Lauras Verheiratung sah sie nur ein elendes, zur Sklaverei führendes Geschäft. Ihre eigene Lebenserfahrung hatte sie (zu dieser Schlußfolgerung war sie gelangt) recht wenig zur „ehelichen Unterwürfigkeit" prädestiniert. Sie vermochte nicht einzusehen, inwiefern ein etwaiger Ehemann ihr geistig überlegen sein sollte. Hatte sie nicht ihre Examina bestanden, ebensogut wie die männlichen Kandidaten? Hatte sie nicht über alle Fragen ihre persönlichen Ansichten, ihre ganz betimmten Ideen? War sie nicht überzeugt von der Gleichwertigkeit der Geschlechter? Ja, manchmal schien es

ihr, als ob die Frauen in der Führung des Lebens, der Geschäfte und gelegentlich selbst der Politik mehr gesunden Verstand bewiesen als die Männer ...
Vorsichtige Schritte ertönten auf der Treppe. Sie horchte auf. Dann öffnete sie leise die Tür.
Bernard und Sarah kannten sich noch nicht. Der Flur war unbeleuchtet. In der Dunkelheit sahen sie sich kaum. „Mademoiselle Sarah Vedel?“ flüsterte Bernard.
Sie nahm ohne weiteres seinen Arm.
„Edouard wartet an der Ecke im Auto. Er hat nicht mit ins Haus kommen wollen, weil er Ihren Eltern hätte begegnen können. Für mich hätte das keine Gefahr gehabt: ich wohne ja hier im Hause.“
Bernard hatte Sorge getragen, die Haustür angelehnt zu lassen, damit die Aufmerksamkeit des Portiers nicht geweckt wurde. Einige Minuten später setzte das Auto seine drei Insassen vor der Taverne du Panthéon ab.
Als Edouard den Chauffeur bezahlte, schlug es gerade zehn Uhr.

Das Bankett war zu Ende. Die Speisen waren abgetragen. Aber die Tafel blieb übervoll von Kaffeetassen, Gläsern und Flaschen. Alle rauchten. In dem dicken Qualm konnte man kaum atmen. Madame des Brousses, die Frau des Herausgebers der „Argonauten“, verlangte nach Luft. Ihre Stimme drang schneidend durch den Wirrwarr der Gespräche. Ein Fenster wurde geöffnet. Aber Justinien, der gerade eine Rede anbringen wollte, ließ es, „der Akustik wegen“, gleich wieder schließen. Er stand auf und klopfte mit einem Löffel an sein Glas: es gelang ihm nicht, sich bemerkbar zu machen. Erst als der Herausgeber der „Argonauten“, den man mit „Herr Präsident“ anredete, sich ins Mittel legte, trat leidliche Stille ein. Justinien konnte seine Rede beginnen, und alsbald ergoß sich ein wahrer Wasserfall von Langerweile über die Anwesenden. Die Banalität der Gedanken verbarg sich unter einer endlosen Flut von Bildern. Der Redner drückte sich mit einer Geschwollenheit aus, die den Geist ersetzen sollte, und verstand es, jedem einzelnen seiner Zuhörer ein gedunsenes Kompliment zu verabreichen. Bei seinem ersten Innehalten, gerade während Edouard, Bernard und Sarah eintraten, wurde freundlicher Beifall hörbar. Einige applaudierten ziemlich ausgiebig, aber anscheinend etwas ironisch und vielleicht in der Hoffnung, den Redner damit zum Aufhören zu bewegen. Doch vergeblich: Justinien fing von neuem an; nichts war imstande, seinen Redefluß einzudämmen. Jetzt war es der Graf Passavant, den er mit den Blüten seiner Rhetorik überschwemmte. Er sprach vom „Turnreck" wie von einer neuen Ilias. Man trank auf Passavants Gesundheit. Edouard hatte kein Glas, Bernard und Sarah ebensowenig, was ihnen das Mittrinken ersparte.

Justiniens Rede schloß mit guten Wünschen für die neue Zeitschrift und einigen Komplimenten an ihren Herausgeber, „den jungen und talentvollen Molinier; diesen Liebling der Musen, dessen Stirn schon die Gloriole künftigen Ruhmes umgibt."

Olivier hatte sich in der Nähe des Eingangs gehalten, um seine Freunde bei ihrem Erscheinen gleich bewillkommnen zu können. Justiniens plumpe Schmeicheleien genierten ihn sichtlich; aber der kleinen Ovation, die folgte, vermochte er sich nicht zu entziehen.

Die drei Ankömmlinge hatten auf zu frugale Art zu Abend gegessen, als daß sie die allgemeine Stimmung sofort hätten teilen können. Bei solchen Zusammenkünften scheint ja den Nachzüglern die Aufgeregtheit der andern immer schlecht motiviert (oder vielleicht: allzu deutlich motiviert). Sie urteilen, wo kein Urteil angebracht ist, und üben, ohne es zu wollen, eine scharfe Kritik. Wenigstens galt das für Edouard und Bernard. Dagegen schien Sarah nur darauf bedacht, sich diesen Sphären, die ihr völlig neu waren, anzupassen, sich zu unterrichten und in soviel Ungewöhnliches rasch hineinzufinden.

Bernard kannte niemand. Olivier, der seinen Arm genommen hatte, wollte ihn dem Grafen Passavant und dem „Präsidenten" des Brousses vorstellen. Bernard weigerte sich. Passavant aber trat kurz entschlossen auf ihn zu und streckte ihm seine Hand hin, die Bernard, ohne unhöflich zu sein, nicht ausschlagen konnte.

„Ich habe so viel von Ihnen gehört, daß ich Sie fast zu kennen glaube", sagte Passavant.

„Das beruht auf Gegenseitigkeit", erwiderte Bernard in einem Tone, vor dem Passavants geschmeidige Liebenswür-

digkeit erstarrte. Er wandte sich ab und näherte sich Edouard.
Obwohl viel auf Reisen und, auch wenn er in Paris anwesend war, dem literarischen Getriebe durchaus entrückt, kannte Edouard immerhin mehrere von den Anwesenden und fühlte sich keineswegs geniert. Von seinen Kollegen wenig geliebt, doch geachtet, ließ er es hingehen, für stolz zu gelten, während es ihm nur um Distanz zu tun war. Er mochte lieber zuhören als selbst das Wort führen.
„Ihr Neffe hat mich bereits hoffen lassen, daß Sie heute abend kommen würden", begann Passavant, artig gedämpften Tones. „Ich war glücklich darüber, denn gerade ..."
Edouards ironischer Blick schnitt den Rest des Satzes ab. Gewohnt, zu gefallen und zu verführen, bedurfte Passavant, um zu glänzen, eines Spiegels, der ihm seine Wirkung gefällig bestätigte. Doch faßte er sich schnell wieder, ein Fehlschlag konnte ihn nur für Sekunden aus dem Gleichgewicht bringen. Er runzelte die Stirn und lud seine Augen mit Impertinenz. Wenn Edouard nicht bereitwillig auf sein Spiel einging, nun, so verfügte er über die Mittel, ihn mattzusetzen.
„Ich wollte Sie fragen ...", sagte er, als ob er nur in seinem vorherigen Gedanken fortfahre, „haben Sie Nachrichten von Ihrem andern Neffen, meinem Freund Vincent? Ihm stand ich ja besonders nahe ..."
„Nein", antwortete Edouard trocken.
Dieses „nein" hob Passavant von neuem aus dem Sattel. Er wußte nicht, ob er es als herausfordernde Schroffheit oder einfach als Antwort auf seine Frage auffassen sollte. Doch seine Verwirrung dauerte nur einen Augenblick, und Edouard selbst half ihm arglos wieder aufs Pferd, indem er hinzufügte: „Sein Vater sagte mir nur, er mache eine Reise mit dem Fürsten von Monaco."
„Ja, ich hatte eine meiner Freundinnen gebeten, ihn dem Fürsten vorzustellen. Es war ein Glück, daß ich auf diese Idee kam, denn das konnte ihn ein bißchen ablenken von seinem unseligen Abenteuer mit dieser Madame Douviers ..., die Sie ja auch kennen, wie mir Olivier sagte. Vincent hätte ja beinahe seine ganze Existenz ihretwegen aufs Spiel gesetzt ..."
Passavant handhabte die Gesten der Geringschätzung, der

Herablassung, der Verachtung mit Meisterschaft. Immerhin begnügte er sich damit, diese Bosheit angebracht zu haben und seinen Gegner in Respekt zu halten. Edouard suchte krampfhaft nach irgendeiner möglichst schneidenden Erwiderung. Es mangelte ihm in befremdlicher Weise an Geistesgegenwart. Das war vermutlich auch der Grund, weshalb er so ungern unter Menschen ging; ihm fehlte alles, was man braucht, um sich in der „Welt" auszuzeichnen. Er zog jedoch vielsagend die Brauen hoch. Passavant hatte eine gute Witterung; sowie jemand Miene machte, ihm etwas Unangenehmes zu sagen, spürte er die Gefahr und wich mit einer geschickten Wendung aus. Ohne auch nur Atem zu schöpfen, in plötzlich verändertem Tone, fragte er lächelnd: „Aber wer ist denn dieses entzückende Kind, das Sie uns da gebracht haben?"

„Das ist", sagte Edouard, „Mademoiselle Sarah Vedel, eine Schwester der eben genannten Madame Douviers, meiner Freundin."

In Ermangelung anderer Waffen machte er dieses „meiner Freundin" spitz wie einen Pfeil. Aber das Geschoß verfehlte sein Ziel, und Passavant ignorierte es völlig.

„Sie wären sehr liebenswürdig, wenn Sie mich vorstellen wollten." Er hatte diese letzten Worte ebenso wie den vorigen Satz ziemlich laut gesprochen, damit Sarah alles höre; und als sie sich ihnen nun zuwandte, war Edouard gezwungen, dem Wunsche Passavants zu willfahren.

„Sarah, der Graf Passavant bittet um die Ehre, Ihre Bekanntschaft machen zu dürfen", sagte er mit einem sauren Lächeln.

Passavant hatte frische Gläser bringen lassen, die er mit Kümmel füllte. Alle vier tranken auf Oliviers Gesundheit. Die Likörflasche war fast leer, und da Sarah ihr Erstaunen äußerte über die Kristalle, die sich am Boden gesetzt hatten, suchte Passavant einige von ihnen mit Strohhalmen loszumachen. In diesem Augenblick näherte sich ihnen eine absonderliche Erscheinung, ein Kerl mit mehlig gepuderten Backen, mit Augen wie aus schwarzem Lack und an den Schädel geklebten Haaren.

„Sie können's ja doch nicht, geben Sie mir die Flasche, daß ich sie zerteppre!" sagte dieser Mensch, wobei er mit affektierter Anspannung jede Silbe einzeln zerkaute.

Er nahm die Flasche, zerschmetterte sie durch einen Schlag auf das Fensterbrett und überreichte Sarah den mit Kristallen bedeckten Boden.
„Mit diesen messerscharfen kleinen Polyedern wird das reizende Fräulein ohne Mühe eine Durchbohrung seines Bäuchleins erreichen!"
„Wer ist denn dieser Clown?" fragte sie den Grafen Passavant, der ihr einen Platz angeboten und sich neben sie gesetzt hatte.
„Das ist Alfred Jarry, der Autor von ‚Ubu Roi'. Die Argonauten halten ihn für genial, weil sein Stück vom Publikum ausgezischt worden ist. Es war in der Tat das merkwürdigste Drama, das man seit Jahren auf einer Bühne gesehen hat."
„Ich liebe ‚Ubu Roi' sehr", sagte Sarah, „und es ist mir ungemein interessant, Jarry hier zu treffen. Man hat mir erzählt, er sei immer betrunken."
„Er müßte es heute abend eigentlich sein. Ich habe ihn bei Tisch zwei große Wassergläser voll Absinth trinken sehen, pur. Das scheint ihm aber nichts weiter anzuhaben ... Wollen Sie eine Zigarette? Man muß selbst rauchen, um in dieser Atmosphäre nicht zu ersticken!"
Er beugte sich zu ihr und gab ihr Feuer. Sie hatte ein paar von den Kristallen in den Mund genommen wie Bonbons.
„Das ist ja nur Kandiszucker", sagte sie ziemlich enttäuscht; „ich hoffte, es würde etwas sehr Starkes sein."
Während sie so mit Passavant plauderte, lächelte sie gleichzeitig Bernard zu, der ihr zur Seite geblieben war. Ihre Augen hatten sich belebt und strahlten einen ungewöhnlichen Glanz aus. Bernard, der sie vorhin in der Dunkelheit kaum hatte sehen können, war überrascht von ihrer Ähnlichkeit mit Laura. Die gleiche Stirn, die gleichen Lippen ... Allerdings war der Reiz Sarahs weniger engelhaft, und ihr Blick weckte eine seltsame Unruhe in seinem Herzen. In seiner Verwirrung richtete er das Wort an Olivier: „Stell mich doch deinem Freund Bercail vor!"

Er hatte Bercail schon öfter im Luxembourg gesehen, aber noch niemals mit ihm gesprochen. Lucien Bercail, eine schüchterne Natur, fühlte sich ziemlich heimatlos in diesem Kreis, in den Olivier ihn eingeführt hatte. Er wurde jedesmal rot, wenn sein Freund ihn als eines der wichtigsten Redaktionsmitglieder der „Avant-Garde“ vorstellte. Doch Tatsache war, daß jenes allegorische Gedicht, dessen Plan er, zu Beginn unserer Erzählung, dem teilnahmsvollen Olivier mitgeteilt hatte, an der Spitze der ersten Nummer der neuen Zeitschrift erscheinen sollte, gleich nach dem Manifest.

„Auf den Seiten, die ich für dich reserviert hatte“, sagte Olivier zu Bernard. „Oh, ich bin sicher, daß es dir gefallen wird! Es ist bei weitem das beste in der ganzen Nummer. Und so originell!“

Es machte Olivier weit mehr Vergnügen, seine Freunde zu loben, als sich selbst loben zu hören. Als Bernard näher trat, erhob sich Lucien Bercail. Er hatte seine Kaffeetasse in der Hand behalten, aber in der Erregung hielt er sie so ungeschickt, daß sich die Hälfte des Inhalts über seine Weste ergoß. In diesem Moment vernahm man unmittelbar neben ihm Jarrys abgehackte Stimme: „Der kleine Bercail wird sich vergiften, weil ich Gift in seinen Kaffee getan habe!“

Jarry amüsierte sich über Bercails Schüchternheit und hätte ihm gern einen tödlichen Schreck eingejagt. Aber Bercail hatte keine Angst vor Jarry. Er zuckte nur mit den Achseln und trank seine Tasse ruhig aus.

„Wer ist denn das?“ fragte Bernard.

„Was? Du kennst den Autor von ‚Ubu Roi‘ nicht?“

„Unmöglich! Das soll Jarry sein!? Ich hätte ihn eher für einen Bedienten gehalten.“

„Na, das denn doch wohl nicht!“ meinte Olivier etwas betreten, denn er war immerhin stolz auf die großen Männer dieses Abends. „Sieh ihn nur erst mal genauer an; findest du nicht doch, daß er interessant aussieht?“

„Er tut alles mögliche, um es zu scheinen“, sagte Bernard, der nur das Natürliche gelten ließ, dabei aber voll von Hochachtung für „Ubu“ war.

Jarry, mit knallrot geschminkten Lippen, war gekleidet wie der traditionelle dumme August aus dem Zirkus. Alles an ihm war absurd gekünstelt. Dies galt insonderheit auch von seiner Sprechweise, deren ausgeklügelten Idiotismus mehrere Argonauten eifrig nachzuahmen suchten, indem sie die Silben zerhackten, bizarre Worte erfanden, andere Worte bizarr verrenkten. Aber keiner vermochte den Meister zu

erreichen in der Hervorbringung dieser Stimme ohne Klang, ohne Empfindung, ohne Betonung, ohne Sinn.
„Ich sage dir, wenn man ihn kennt, so ist er ganz entzükkend", versicherte Olivier.
„Ich will ihn lieber nicht kennenlernen: er sieht böse aus!"
„Das ist alles nur Pose! Passavant meint, im Grunde sei er sanfter als ein Lamm. Aber er hat heute abend furchtbar getrunken; und keinen Tropfen Wasser, das kannst du mir glauben; nicht einmal Wein, nur Absinth und starke Schnäpse! Passavant fürchtet, daß er irgendeine Tollheit begehen könne."
Unwillkürlich kam ihm der Name „Passavant" immer wieder auf die Lippen, und zwar um so hartnäckiger, je mehr er ihn zu vermeiden suchte. Er war ganz verzweifelt, seiner Worte so wenig Herr zu sein, und von qualvoller Unruhe getrieben, wechselte er das Thema: „Du solltest doch auch ein bißchen mit Dhurmer sprechen, willst du? Ich fürchte, er hat eine rasende Wut auf mich, weil ich ihm angeblich die Leitung der ‚Avant-Garde' weggeschnappt habe. Aber mich trifft wirklich keine Schuld; ich konnte gar nicht anders, als das Angebot annehmen . . . Willst du nicht versuchen, ihm das begreiflich zu machen und ihn ein wenig zu beruhigen? Graf Pass . . . Man hat mir gesagt, er sei schrecklich geladen auf mich . . .!"
Er war wiederum gestolpert, wenn auch diesmal nicht hingefallen . . .
„Ich hoffe, daß Dhurmer sein Manuskript zurückgezogen hat; ich mag gar nicht, was er schreibt", sagte Bercail. Dann zu Profitendieu gewandt: „Aber Sie, mein Herr, ich dächte, daß . . ."
„Oh, nennen Sie mich doch nicht ‚mein Herr'! . . . Ich weiß ohnehin, daß ich einen plump-lächerlichen Namen trage . . . Falls ich schreibe, werde ich mir ein Pseudonym ausdenken müssen."
„Warum haben Sie uns denn gar nichts gegeben?"
„Weil ich nichts fertig hatte."
Olivier überließ seine beiden Freunde ihrer Unterhaltung und trat auf Edouard zu.
„Wie liebenswürdig von Ihnen, daß Sie gekommen sind! Ich sehnte mich so danach, Sie wiederzusehen! Allerdings hätte ich gewünscht, zunächst irgendwo anders mit Ihnen spre-

chen zu können ... Heute nachmittag habe ich an Ihrer Tür geläutet. Hat man es Ihnen nicht gesagt? Ich war ganz untröstlich, Sie nicht anzutreffen, und wenn ich gewußt hätte, wo Sie zu finden wären ..."

Er fühlte sich fast stolz, daß ihm die Worte so mühelos kamen, und er gedachte einer Zeit, wo die Verwirrung in Gegenwart Edouards ihn stumm gemacht hatte. Er verdankte diese Leichtigkeit, ach! der Banalität seiner Äußerungen und den Getränken, die er so reichlich genossen hatte ... Dies kam Edouard schmerzlich zum Bewußtsein.

„Ich war bei Ihrer Mutter."

„Ja, das habe ich gehört, als ich nach Hause kam", log Olivier. Daß Edouard ihn mit Sie anredete, machte ihn ganz betroffen. Er schwankte, ob er diese Empfindung äußern solle ...

„Das ist also das Milieu, in dem Sie künftig zu leben gedenken?" fragte Edouard und sah ihn scharf an.

„Oh, ich lasse mich nicht davon beeinflussen!"

„Sind Sie dessen ganz sicher?"

Dies war in einem so ernsthaften und zugleich so zärtlich-brüderlichen Ton gesagt, daß Olivier seine ganze Sicherheit dahinschwinden fühlte. „Sie meinen, solche Leute seien kein geeigneter Verkehr für mich?"

„Diese Meinung gilt vielleicht nicht für alle, aber für einige von ihnen ganz bestimmt."

Olivier faßte diesen Plural als Singular auf. Er spürte, daß Edouard speziell auf Passavant hinzielte, und plötzlich war es ihm, als ob ein greller Blitz das Gewölk durchzuckte, das sich im Laufe dieses schlimmen Tages an seinem Himmel zusammengezogen hatte. Er liebte Bernard und Edouard viel zu sehr, als daß er ihre Mißachtung hätte ertragen können. Wenn er bei Edouard war, so entfalteten sich alle guten Seiten seines Wesens. Bei Passavant aber entfaltete sich nur sein Böses. Er gestand es sich jetzt ein. Und hatte er es nicht eigentlich von Anfang an gefühlt? War die Verblendung, die ihn bei Passavant gehalten hatte, ihm nicht stets bewußt gewesen? Seine Dankbarkeit für alles, was er von dem Grafen empfangen hatte, schlug in Groll um. Mit einem Schlage ward er abtrünnig. Und das, was er gerade in diesem Augenblick mit ansehen mußte, vollendete seinen Haß.

Passavant war ganz nahe an Sarah herangerückt, hatte sei-

nen Arm um ihre Taille gelegt und zeigte sich immer zudringlicher. Er suchte die ihm zu Ohren gekommenen bedenklichen Gerüchte über seine Beziehungen zu Olivier zu widerlegen. Um so deutlich wie möglich zu werden, hatte er sich vorgenommen, Sarah so weit zu bringen, daß sie sich ihm auf die Knie setzte. Bis jetzt hatte sie sich kaum gegen ihn verteidigt; aber mit ihrem Blick suchte sie die Augen Bernards, und als sie ihnen begegnete, lächelte sie, als wollte sie sagen: Sieh doch, was man sich mit mir erlauben kann!
Passavant jedoch überlegte, ob er nicht zu rasch vorgehe. Es fehlte ihm an Erfahrung.
Wenn es mir gelingt, ihr noch etwas Likör einzuflößen, so riskiere ich's, dachte er und streckte die Hand, die er frei hatte, nach der Flasche Curacao aus.
Olivier, der ihn beobachtet hatte, kam ihm zuvor. Schnell ergriff er die Flasche, einfach um sie Passavant wegzunehmen. Doch zugleich hatte er eine Empfindung, als ob er im Alkohol wieder etwas Mut finden könnte; etwas von jenem Wagemut, den er ganz in sich erlöschen fühlte und den er doch brauchte, um die Klage, die ihm auf die Lippen stieg, für Edouard hörbar zu machen: „Es hätte nur an Ihnen gelegen ..."
Olivier füllte ein Glas und leerte es in einem Zuge. In diesem Moment hörte er Jarry, der unternehmungslustig von einer Gruppe zur andern flanierte, hinter Bercails Stuhl mit halblauter Stimme sagen: „Und jetzt wollen wir den kleinen Bercail toti machen."
Lucien Bercail wandte sich brüsk um. „Sagen Sie das noch einmal laut und deutlich!"
Aber Jarry war schon weitergeschlendert. Erst als er ganz um den Tisch herum war, blieb er stehen und wiederholte mit quiekender Stimme: „Und jetzt wollen wir den klein Bercail toti machen!" Darauf zog er aus seiner Tasche eine große Pistole, mit der die Argonauten ihn schon oft hatten spielen sehen, und legte an, wie es etwa ein Clown in der Manege hätte tun können.
Jarry hatte sich einen Ruf als Schütze gemacht. Von mehreren Seiten erschollen Äußerungen des Protestes. Niemand konnte wissen, ob dieser berauschte Narr es beim törichten Spiel bewenden lassen werde.
Doch der kleine Bercail wollte zeigen, daß er keine Angst

habe, stieg auf einen Stuhl und nahm, mit verschränkten Armen, eine napoleonische Haltung an. Er war dabei ein bißchen komisch, und es brach hier und dort einiges Lachen aus, das aber gleich von Kundgebungen des Beifalls übertönt wurde.

Passavant flüsterte Sarah hastig zu: „Das kann schlimm werden! Er ist total betrunken. Kriechen Sie unter den Tisch!"

Monsieur des Brousses versuchte Jarry zurückzuhalten, doch dieser machte sich los, kletterte auch seinerseits auf einen Stuhl (wobei Bernard bemerkte, daß er elegante Tanzschuhe trug), und Bercail nun gerade gegenüberstehend, streckte er den Arm aus, um zu zielen.

„Licht aus! Sofort das Licht aus!" schrie Monsieur des Brousses.

Edouard, der in der Nähe der Tür geblieben war, drehte den Schalter.

Der Warnung Passavants folgend, war Sarah aufgesprungen. Und kaum herrschte Dunkelheit, so schmiegte sie sich eng an Bernard und zog ihn mit sich unter den Tisch.

Der Schuß ging los. Die Pistole war nur blind geladen. Doch hörte man einen Schmerzensschrei: es war Justinien, der die Ladung ins Auge bekommen hatte.

Als es wieder hell wurde, bewunderte man Bercail, der in unbeweglicher Pose auf seinem Stuhl ausgeharrt hatte und kaum ein wenig bleicher geworden war.

Unterdessen hielt es die Frau des Präsidenten für angebracht, einen Nervenzusammenbruch zu haben. Man stürzte zu ihr hin.

„Es ist idiotisch, solche Aufregungen heraufzubeschwören!"

Jarry, von seinem Postament herabgestiegen, tauchte, da kein Wasser zur Hand war, sein Taschentuch in irgendeine alkoholische Flüssigkeit und rieb ihr damit die Stirn – eine Hilfeleistung, die wohl zugleich als Entschuldigung gelten sollte.

Bernard war nur einen Augenblick unterm Tisch geblieben, gerade lange genug, um zu fühlen, wie Sarahs brennende Lippen sich wild auf die seinen preßten. Olivier war den beiden gefolgt: aus Freundschaft, aus Eifersucht ... Die Trunkenheit steigerte in ihm jenes abscheuliche Gefühl,

das er so gut kannte: beiseite bleiben zu müssen. Als er auch seinerseits aus dem Versteck hervorkroch, wirbelte ihm alles im Kopf. Da vernahm er Dhurmers krähende Stimme: „Seht mal Molinier! Der ist ja feige wie ein Weib!"
Das war zuviel. Mit erhobener Hand sprang Olivier, ohne genau zu wissen, was er tat, auf Dhurmer los. Er glaubte in einem Traum zu agieren. Dhurmer wich dem Schlag aus. Und wie in einem Traum traf Oliviers Hand nur die wesenlose Luft.
Es entstand ein Durcheinander. Während einige um die Präsidentin bemüht blieben, die unter spitzem Gekreisch ihrer Hysterie freien Lauf ließ, drängten sich andere um Dhurmer, der fortwährend schrie: „Er hat mich nicht berührt! Er hat mich nicht berührt! . . .", und wieder andere um Olivier, der mit glühenden Wangen immer von neuem auf Dhurmer los wollte und den man kaum beruhigen konnte.
Dhurmer, mochte er nun berührt sein oder nicht, mußte sich als geohrfeigt betrachten. Und Justinien, sosehr ihn sein getroffenes Auge noch zu schmerzen schien, nahm es auf sich, ihm dies begreiflich zu machen. Es handle sich hier um ein Gebot der Selbstachtung, sagte er. Aber Dhurmer maß Justiniens Lektionen über Selbstachtung offenbar wenig Wert bei. Eigensinnig schrie er nur immer wieder: „Nicht berührt! . . . Nicht berührt!"
„So lassen Sie ihn doch in Ruhe!" sagte Monsieur des Brousses. „Wenn jemand absolut nicht will, so kann man ihn eben nicht zwingen, sich zu duellieren!"
Indessen erklärte Olivier mit lauter Stimme, daß, wenn Dhurmer sich noch nicht genügend bedient fühle, er gern bereit sei, ihm weitere, unbestreitbare Ohrfeigen zu verabfolgen. Und fest entschlossen, den andern nicht so leichten Kaufes davonkommen zu lassen, bat er Bernard und Bercail, ihm als Zeugen zu dienen. Keiner von diesen beiden verstand etwas von sogenannten Ehrensachen; aber Olivier wagte nicht, sich an Edouard zu wenden. Er sah verwüstet aus: die Krawatte war ihm aufgegangen; das Haar fiel ihm wirr ins Gesicht; von seiner Stirn triefte der Schweiß; ein krampfhaftes Zittern bewegte seine Hände.
Edouard nahm ihn am Arm. „Komm und wasch dich ein bißchen! In diesem Zustand kannst du dich nicht länger sehen lassen!"

Er zog ihn mit sich zum Waschraum.
Kaum außerhalb des Saales, merkte Olivier, wie betrunken er war. Als er Edouards Hand auf seinem Arm gefühlt hatte, war es ihm gewesen, als sollte er ohnmächtig werden, und widerstandslos hatte er sich hinausführen lassen. Von Edouards Worten war ihm nur das eine zum Bewußtsein gekommen: daß dieser wieder du zu ihm gesagt hatte ... Wie eine Gewitterwolke in Regen ausbricht, so glaubte er plötzlich in Tränen zergehen zu sollen. Edouard legte ihm ein nasses Tuch auf die Stirn, und das brachte ihn vollends zur Besinnung. Was war geschehen? Er hatte ein unbestimmtes Gefühl, als ob er wie ein törichtes Kind, wie ein Tolpatsch gehandelt hätte. Er fühlte sich lächerlich, verächtlich ... Und bebend vor Qual und vor Zärtlichkeit, warf er sich Edouard in die Arme und schluchzte: „Nimm mich mit!“
Edouard selbst war tief bewegt.
„Deine Eltern?“ fragte er.
„Sie wissen nicht, daß ich zurück bin.“
Als die beiden unten im Parterre durchs Café kamen, sagte Olivier, er wolle gern einen kleinen Brief schreiben.
„Wenn ich ihn gleich noch einwerfe, so ist er morgen früh mit der ersten Post da.“
Er setzte sich an einen Tisch und schrieb:

Mein lieber Georges,
Dein Bruder Olivier schreibt Dir diese Zeilen; er möchte Dich um einen kleinen Dienst bitten. Daß ich wieder in Paris bin, ist Dir wohl nichts Neues mehr, denn ich glaube bestimmt, daß Du mich heute mittag auf der Straße gesehen hast, in der Nähe der Sorbonne. Ich hatte beim Grafen Passavant Wohnung genommen (hier fügte er die Adresse ein); *meine Sachen sind noch bei ihm. Aus Gründen, die ich Dir nicht so rasch auseinandersetzen kann und die Dich auch kaum interessieren würden, will ich nicht zu ihm zurück. Du bist der einzige, den ich bitten kann, meine Sachen dort für mich abzuholen. Willst Du mir diesen Gefallen tun? Ich mache es auch gelegentlich wieder gut. Es ist hauptsächlich ein verschlossener Koffer. Die andern mir gehörenden Sachen, die Du im Zimmer herumliegen siehst, tu bitte in meine Reisetasche und bring mir das Ganze in die Wohnung von Onkel Edouard. Das Auto bezahle ich natürlich selbst. Morgen ist ja Sonntag, und Du kannst Dich gleich*

nach Empfang dieser Zeilen auf den Weg machen. Ich rechne bestimmt auf Deine Gefälligkeit.

Dein großer Bruder
Olivier

Nachschrift. – Ich kenne dich ja als einen gescheiten Kerl, der sich in jede Situation hineinzufinden weiß. Solltest Du aber mit Passavant persönlich zu verhandeln haben, so bleib nur recht kalt ihm gegenüber! Also auf morgen vormittag!

Allen, die Dhurmers beleidigende Worte nicht gehört hatten, war Oliviers so jäh erfolgter Angriff unerklärlich geblieben. Man sagte sich, er müsse wohl ganz und gar den Kopf verloren haben. Hätte Bernard das Gefühl gehabt, daß der Freund seinen klaren Blick bewahrt habe, so würde er Oliviers Vorgehen unbedingt gebilligt haben; er liebte Dhurmer keineswegs, aber er kam zu dem Schluß, Olivier habe wie ein Narr gehandelt und sich augenscheinlich ins Unrecht gesetzt. Bei alledem betrübte es ihn, ringsum harte Urteile über den Freund vernehmen zu müssen. Er trat auf Bercail zu, und die beiden verabredeten ein Zusammentreffen. So absurd die Angelegenheit war, sie legten doch Wert auf ein korrektes Verhalten. Und so machten sie denn aus, daß sie sich morgen früh um neun Uhr gemeinsam bei ihrem Auftraggeber einfinden wollten.
Nachdem seine beiden Freunde den Saal verlassen hatten, empfand auch Bernard keine Lust mehr, noch länger dazubleiben. Er suchte Sarah mit den Augen, und wie er sie auf Passavants Knien sitzen sah, packte ihn eine Art Raserei. Der Graf wie auch Sarah schienen betrunken zu sein. Doch als Bernard sich ihnen näherte, erhob sich Sarah sofort.
„Wir wollen gehen“, sagte sie und nahm seinen Arm.
Der Weg nach Hause war nicht weit. Sarah wollte ihn zu Fuß zurücklegen. Ohne ein Wort zu sagen, gingen sie nebeneinander her. In der Pension war alles dunkel. Vorsichtig schlichen sie sich in der Finsternis bis an die Hintertreppe. Dann zündeten sie ein Streichholz an. Armand war noch wach. Wie er sie die Treppe hinaufkommen hörte, trat er, eine Lampe in der Hand, auf den Flur hinaus.
„Nimm du die Lampe“, sagte er zu Bernard (seit gestern nannten sie sich du); „leuchte Sarah; sie hat kein Licht in

ihrem Zimmer ... Und gib mir deine Streichhölzer, damit ich meine Kerze anzünden kann."
Bernard begleitete Sarah in ihr Zimmer. Kaum hatten sie die Schwelle überschritten, als Armand, der sich hinter ihnen gehalten hatte, mit starkem Pusten die Lampe ausblies. Dann sagte er spöttisch: „Gute Nacht! Aber macht keinen Lärm! Die Eltern schlafen nebenan."
Mit einem Satz war er wieder in seinem Zimmer und schloß hinter den beiden die Tür. Und schob den Riegel vor.

9

Armand hat sich, ohne seine Kleider abzulegen, aufs Bett gestreckt. Er weiß, daß er keinen Schlaf finden wird. Er wartet auf das Morgengrauen. Er denkt nach. Er horcht. Das Haus liegt in tiefer Stille, die Stadt, die ganze Natur. Nirgends ein Laut.
Sobald der matte Schein, den der Reflektor vom schmalen Himmel herabwirft, ihn die Häßlichkeit seines Zimmers aufs neue erkennen läßt, erhebt sich Armand. Er geht zu der Tür, die er heute nacht verriegelt hat, schiebt den Riegel zurück und öffnet sie behutsam ...
Die Vorhänge in Sarahs Zimmer sind nicht zugezogen. Ein fahles Dämmerlicht sickert durchs Fenster. Leise tritt Armand an das Bett, wo seine Schwester und Bernard ruhen. Das Laken deckt zur Hälfte ihre verschlungenen Glieder. Wie schön die beiden sind! Armand betrachtet sie lange. Er möchte der Schlaf sein, den sie schlafen, der Kuß, den sie getauscht haben ... Eine Sekunde lang scheint es, als lächle er. Dann plötzlich kniet er zu Füßen des Bettes nieder, mitten unter herabgewühlten Decken. Zu welchem Gott betet er wohl mit so fromm gefalteten Händen? Ein unsagbarer Aufruhr hält ihn gepackt. Sein Mund bebt ... Er bemerkt unter dem Kopfkissen ein Taschentuch, das mit Blut befleckt ist; er erhebt sich, nimmt es, und im Hinausgehen drückt er schluchzend seine Lippen auf den kleinen, ambraduftenden Fleck.
Doch auf der Schwelle wendet er sich noch einmal um. Er möchte Bernard wecken. Bevor irgend jemand in der Pension wach ist, muß Bernard in seinem eigenen Zimmer sein.

Bei dem leisen Geräusch, das Armand macht, öffnet der Schläfer die Augen. Armand flieht und läßt die Tür offen. Er eilt durch seine Kammer, dann die Treppe hinab. Er wird sich irgendwo im Hause verbergen; sein Anblick müßte Bernard peinlich sein, er will ihm nicht begegnen. Von einem Fenster des Studiensaales aus sieht er ihn eine Minute später die Wände entlangschleichen, wie ein Dieb nach vollbrachter Tat.

Bernard hat nicht viel geschlafen. Aber in dieser Nacht wurde ihm ein Vergessen zuteil, das ihm tiefere Ruhe schenkte als jedweder Schlaf: höchste Entfaltung und Zerstörung seines Wesens zugleich. So gelangt er träumend in einen jungen Tag, er, Bernard, sich selbst fremd geworden, aufgelöst, schwebend, neu, sanft erzitternd, wie ein Sprößling der Götter. Sarah lag noch schlafend, als er sie verließ; heimlich hat er sich ihren Armen entwunden. Wie? Ohne noch einen Kuß, ohne einen letzten Blick, ohne ein verzehrendes Umfangen? Ist es Gefühllosigkeit, was ihn so von dannen getrieben hat? Ich weiß es nicht. Er weiß es selbst nicht. Er möchte alles Denken verjagen, und es quält ihn, diese Nacht, der keine frühere glich, in die Geschichte seines Lebens eintragen zu sollen. Nein: sie ist eine Beigabe, diese Nacht, eine hinzugefügte Note, die im eigentlichen Buch des Daseins keinen Platz finden kann – in diesem Buch, darin die Erzählung seines Lebens weitergehen muß, als wenn nichts geschehen wäre.
Er hat sein Zimmer, das er mit dem kleinen Boris teilt, glücklich erreicht. Boris schläft fest. Das Kind! . . . Bernard bringt sein nicht berührtes Bett in Unordnung, zerknittert die Laken, damit es aussehe, als wenn er darin geschlafen hätte. Dann geht er an den Waschtisch und kühlt sich das Gesicht. Aber der Anblick des Knaben erinnert ihn an die Tage von Saas-Fee. Er gedenkt der Worte, die Laura ihm damals sagte: „Ich kann von Ihnen nur diese Ergebenheit annehmen, die Sie mir darbieten; der Rest wird seine Ansprüche haben, die sich anderwärts Genüge suchen müssen.“ Dieser Satz hat etwas Empörendes für ihn. Ihm ist, als klinge er ihm noch in den Ohren. Er hatte bisher nie wieder daran gedacht, aber heute morgen ist sein Gedächtnis so scharf und klar wie noch nie. Sein Gehirn arbeitet auto-

matisch, mit übertriebener Bereitwilligkeit. Bernard stößt Lauras Bild von sich, will alle diese Erinnerungen ersticken. Um ihnen ganz zu entgehen, greift er nach einem Lehrbuch und versucht, für sein Examen (soweit es noch bevorsteht) zu arbeiten. Doch man kann ja nicht Atem schöpfen in diesem Zimmer! Er geht in den Garten hinunter. Auch dort hält er es nicht aus. Er möchte hinaus auf die Straße, weite Wege machen, rasenden Laufes sich durchwehen lassen vom Morgenwind . . . Er gibt auf das Haustor acht: sowie der Portier es geöffnet hat, macht er sich unbemerkt davon.

Er geht in den Luxembourg und setzt sich mit seinem Buch auf eine Bank. Seine Gedanken haspeln sich ab wie Seidenfäden, aber ganz dünne; wenn er zieht, reißt der Faden. Sobald er sich in das Buch vertiefen will, schieben sich indiskrete Bilder zwischen ihn und das Gedruckte, aber keine Reflexe zugespitzter Lust, sondern lächerliche, tückische Einzelheiten, an denen seine Eigenliebe sich festhakt, sich wundreibt und brandig wird. In Zukunft wird er sich nicht mehr so anfängerhaft benehmen.

Als die neunte Stunde heranrückt, erhebt er sich, um Lucien Bercail aufzusuchen, mit dem zusammen er sich in Edouards Wohnung begeben will.

Edouard hauste in Passy, hoch oben in einer Atelierwohnung. Von seiner Stube aus gelangte man in das eigentliche, sehr geräumige Atelier. Als Olivier sich beim Morgendämmern erhoben hatte, war Edouard zunächst in keiner Weise beunruhigt gewesen.

„Ich will mich ein bißchen auf den Diwan legen", hatte Olivier gesagt. Und da Edouard befürchtete, er könne sich erkälten, so hatte er zu Olivier gesagt, er solle sich doch ein paar Decken mitnehmen. Später hatte auch Edouard sich erhoben. Er mußte wieder fest eingeschlafen sein, denn zu seiner Verwunderung war es nun heller Tag geworden. Er wollte wissen, wie Olivier sich auf seinem Diwan eingerichtet hätte; er wollte nach ihm sehen, und vielleicht leitete ihn auch ein unbestimmtes Vorgefühl . . . Das Atelier war leer. Die Decken, noch zusammengefaltet, lagen auf dem Diwan. Es war ein abscheulicher Gasgeruch zu spüren. Neben dem Atelier lag ein kleiner Raum, der als Badezimmer diente. Der Geruch kam von dorther. Edouard stürzte hin, konnte jedoch die nach innen gehende Tür nicht gleich öffnen, denn es lag etwas davor, was sie versperrte: Oliviers Körper, schräg gegen die Badewanne gesunken, unbekleidet, eisig kalt, von mattgrünlicher Färbung, und gräßlich besudelt von Erbrochenem.

Edouard schloß eiligst den Hahn des Badeofens, dem das Gas entströmte. Was war hier geschehen? Ein Unfall? Eine Ohnmacht durch Blutandrang? ... Er vermochte nicht daran zu glauben. In der Badewanne war kein Wasser. Er nahm den Regungslosen in seine Arme, trug ihn ins Atelier und legte ihn, angesichts des weit offenen Fensters, ausgestreckt auf den Teppich. Auf den Knien über ihn gebeugt, horchte er ängstlich, ob noch Leben in ihm sei. Olivier atmete, aber nur ganz schwach. Da machte sich Edouard mit der Kraft der Verzweiflung ans Werk, dies fast erloschene Dasein neu zu beleben; rhythmisch hob und senkte er die schlaffen Arme, rieb den Brustkorb, massierte die Seiten, kurz, versuchte alles, was man seines Erinnerns bei Erstikkungsgefahr tun mußte, und war dabei untröstlich, daß er nicht alles auf einmal tun konnte. Oliviers Augen blieben geschlossen. Edouard hob die Lider mit dem Finger; sie fielen wieder herab, über einem erstorbenen Blick. Das Herz aber klopfte. Vergebens suchte Edouard nach Kognak, nach Riechsalzen. Er hatte Wasser heiß gemacht, damit wusch er Oliviers Gesicht und Oberkörper. Dann trug er das arme Kind auf den Diwan und deckte es sorgfältig zu. Gern hätte er einen Arzt geholt, aber er wagte nicht, den Schwerkranken allein zu lassen. Die Aufwartefrau, die jeden Morgen um neun Uhr kam, war noch nicht da. Als sie erschien, schickte er sie auf die Suche nach einem der nahe wohnenden Mediziner; doch im nächsten Augenblick rief er sie zurück, aus Furcht, sich einer Untersuchung auszusetzen.

Inzwischen kehrte Olivier langsam ins Leben zurück. Edouard hatte sich neben dem Diwan auf einen Stuhl gesetzt. Er betrachtete dieses schweigende Antlitz und vermochte sein Geheimnis nicht zu ergründen. Warum? Warum? ... Am Abend, in der Trunkenheit, kann man Unbedachtes tun: des jungen Tages Entschlüsse tragen volle Bewußtheit in sich. Edouard beschloß, auf jede Vermutung zu verzichten, bis Olivier selbst spräche. Bis dahin wollte er ihn nicht verlassen. Er hatte eine seiner Hände ergriffen und drängte all sein Fragen, all sein Fühlen, sein ganzes Denken in diese Berührung. Nach einiger Zeit schien es ihm, als spüre er in Oliviers Hand ein leises Erwidern seines Umfassens ... Edouard beugte sich nieder und drückte seine Lippen auf diese von unerforschbarem Schmerz gezeichnete Stirn ...

Es läutete. Edouard erhob sich, um zu öffnen. Draußen standen Bernard und Lucien Bercail. Edouard ließ sie nur in den Vorraum treten und sagte ihnen, was geschehen war. Dann nahm er Bernard beiseite und fragte ihn, ob, seiner Kenntnis nach, Olivier vielleicht gelegentlich Ohnmachtsanfällen oder nervösen Störungen unterworfen sei ... Da gedachte Bernard plötzlich ihrer gestrigen Unterhaltung und besonders einer Äußerung Oliviers, auf die er zunächst kaum achtgegeben hatte, die ihm aber jetzt mit aller Deutlichkeit ins Bewußtsein zurückkehrte ...

„Ich hatte das Thema des Selbstmordes aufgeworfen", sagte er zu Edouard. „Ich fragte ihn, ob er begreifen könne, daß jemand sich aus reiner Fülle des Lebens töte, aus ‚Enthusiasmus', wie Dimitri Karamasow sagt. Ich war ganz in meine Idee versunken und achtete deshalb nur auf meine eigenen Worte. Aber jetzt entsinne ich mich seiner Antwort."

„Wie lautete denn seine Antwort?" fragte Edouard, da Bernard innehielt und nicht weitersprechen zu wollen schien.

„Er könne begreifen, daß man sich töte, aber nur, nachdem man einen solchen Gipfel der Freude erreicht habe, daß jedes denkbare Weiterleben nur noch einem Hinabsteigen gleichen würde."

Die beiden sahen sich in die Augen. Wie eine jähe Einsicht kam es über sie. Kein weiteres Wort ward gesprochen. Nach einer Weile wandte Edouard seinen Blick ab. Bernard empfand Unwillen über sich selbst, weil er nicht geschwiegen hatte. Sie traten wieder zu Bercail.

„Das Unangenehme ist", sagte dieser, „daß die Leute glauben könnten, er habe sich töten wollen, um sich nicht duellieren zu müssen."

Edouard hatte gar nicht mehr an diesen „Ehrenhandel" gedacht.

„Benehmt euch in jeder Beziehung so, als wenn inzwischen

absolut nichts passiert wäre!" sagte er. „Geht zu Dhurmer und bittet ihn, euch mit seinen Zeugen in Verbindung zu setzen. Mit denen müßt ihr dann alles besprechen, falls diese idiotische Geschichte sich nicht, wie ich vermute, von selbst erledigt. Dhurmer machte mir gestern keineswegs einen besonders kampflustigen Eindruck!"
„Wir werden ihm nichts erzählen", sagte Lucien, „dann fällt die Schande des Rückzugs ganz auf ihn. Denn er wird kneifen, dessen bin ich gewiß!"
Bernard fragte, ob er Olivier nicht sehen könne. Doch Edouard glaubte, vorläufig jede Aufregung von dem Kranken fernhalten zu sollen.
Bernard und Lucien wollten sich gerade verabschieden, als der kleine Georges erschien. Er kam von Passavants Hause, aber man hatte ihm die Sachen seines Bruders nicht aushändigen wollen.
„Der Herr Graf ist ausgegangen, ohne uns irgendwelche Anweisungen hinterlassen zu haben", mit diesen Worten hatte ein Bedienter ihm die Tür vor der Nase zugeschlagen.
Etwas Ungewöhnliches im Benehmen Edouards und der beiden andern ließ Georges aufmerksam werden. Er witterte irgendein aufregendes Geschehnis und erkundigte sich. Edouard mußte ihm alles erzählen.
„Aber sag deinen Eltern nichts davon!"
Georges war entzückt, Mitwisser eines großen Geheimnisses zu sein.
„Man versteht zu schweigen", erklärte er stolz. Und da er heute vormittag nichts Besonderes mehr vorhatte, so erbot er sich, Bernard und Lucien zu Dhurmer zu begleiten.
Als die drei Besucher ihn verlassen hatten, rief Edouard die Haushälterin. Neben seinem Zimmer befand sich eine Gastkammer. Diese ließ er in Ordnung bringen, damit Olivier dort untergebracht werde. Dann ging er leise ins Atelier zurück. Olivier lag ganz ruhig da. Edouard setzte sich neben ihn. Er nahm ein Buch, legte es aber gleich wieder aus der Hand. Er sah zu, wie sein Freund schlief.

10

Nichts, was sich der Seele bietet, ist eindeutig, und vieldeutig bietet sich allein die Seele.

Pascal

„Ich glaube, er wird glücklich sein, Sie zu sehen“, sagte am folgenden Tag Edouard zu Bernard. „Er hat mich heute morgen gefragt, ob Sie gestern nicht gekommen seien. Er scheint Ihre Stimme gehört zu haben, während ich ihn ohne Bewußtsein glaubte . . . Er hat die Augen noch immer geschlossen, aber er schläft nicht. Er sagt kein Wort. Er greift sich häufig an die Stirn, er scheint noch schlimme Schmerzen zu haben. Wenn ich ihn anspreche, wird sein Gesicht abweisend; doch will ich dann das Zimmer verlassen, so ruft er mich zurück und wünscht, daß ich mich neben ihn setze . . . Nein, er liegt nicht mehr im Atelier; ich habe ihn in das Zimmer neben dem meinigen getragen, so daß ich Besuche empfangen kann, ohne daß er dadurch gestört wird.“

Sie gingen in Oliviers Zimmer.

„Ich wollte mich erkundigen, wie du dich fühlst“, sagte Bernard leise.

Oliviers Züge belebten sich, als er des Freundes Stimme vernahm; es war fast schon ein Lächeln . . .

„Ich hab auf dich gewartet.“

„Wenn du zu müde bist, geh ich gleich wieder.“

„Bleib.“

Nach diesem Wort legte Olivier einen Finger an den Mund: es sollte nichts weiter gesprochen werden. Bernard, der in drei Tagen sein mündliches Examen hatte, führte dauernd eines jener „kurzgefaßten Handbücher“ bei sich, in deren knappen Paragraphen die Unendlichkeit der Prüfungsgegenstände zur bitteren Quintessenz zusammengepreßt ist. Er nahm neben dem Bett Platz und versenkte sich in die Lektüre. Olivier, das Gesicht zur Wand gekehrt, schien zu schlafen. Edouard hatte sich in sein Zimmer zurückgezogen. Aber die Verbindungstür blieb offen, und von Zeit zu Zeit sah man ihn auf der Schwelle auftauchen. Alle zwei Stunden gab er Olivier ein Glas Milch zu trinken, doch erst seit heute morgen; während des ganzen gestrigen

Tages hatte der Magen des Kranken nichts annehmen wollen.
Lange Zeit verging. Bernard erhob sich. Olivier wandte sich ihm zu, reichte ihm die Hand und sagte, mit einem Versuch zu lächeln: „Du kommst morgen wieder?"
Als Bernard schon an der Tür war, rief er ihn noch einmal zurück, bedeutete ihm, sich über ihn zu neigen, damit seine Stimme ihn erreiche, und sagte leise: „Denkst du nicht, daß ich ein Idiot gewesen bin!?"
Dann legte er, wie um Bernards Protest zuvorzukommen, nochmals den Finger an den Mund: „Nein, nein . . . Später will ich euch alles erklären."

Folgenden Tags erhielt Edouard einen Brief von Laura. Als Bernard erschien, gab er ihm das Blatt. Bernard las:

Mein lieber Freund,
Ich schreibe Ihnen in großer Eile, um zu versuchen, ein absurdes Unheil zu verhüten. Dabei werden Sie mir helfen, dessen bin ich sicher, falls nur diese Zeilen noch rechtzeitig bei Ihnen eintreffen.
Félix ist soeben nach Paris abgereist. Er wird Sie aufsuchen. Er möchte aus Ihrem Munde gewisse Aufklärungen hören, die ich ihm nicht geben will. Er wünscht von Ihnen den Namen jenes Mannes zu erfahren, den er zum Duell fordern zu müssen glaubt. Ich habe getan, was ich zu tun vermochte, um ihn zurückzuhalten, aber alle meine Beschwörungen haben ihn nur noch bestärkt in seinem Vorhaben. Sie sind der einzige Mensch, der ihn vielleicht umstimmen kann. Er hat Vertrauen zu Ihnen und wird hoffentlich auf Sie hören. Bedenken Sie, er hat nie eine Pistole oder ein Florett in der Hand gehabt! Der Gedanke, er könne sein Leben für mich aufs Spiel setzen, ist mir unerträglich. Aber noch mehr fürchte ich (kaum wage ich, es hinzuschreiben), daß er dem Fluche der Lächerlichkeit verfalle . . .
Seit meiner Rückkehr ist Félix für mich stets voller Eifer, Zartheit und Aufmerksamkeit gewesen. Aber ich kann für ihn nicht mehr Liebe heucheln, als ich empfinde. Darunter leidet er. Und ich glaube, es ist der Wunsch, mich zur Anerkennung, zur Bewunderung zu zwingen, der ihn in dieses Abenteuer treibt, das Ihnen töricht erscheinen wird, aber von dem er völlig besessen ist. Ganz bestimmt hat er mir verziehen; doch gegen den andern hegt er einen tödlichen Groll.
Ich flehe Sie an, ihn ebenso herzlich zu empfangen, wie Sie mich

selbst empfangen würden! Keinen wichtigeren Freundschaftsdienst könnten Sie mir leisten als diesen! Verzeihen Sie mir, daß ich nicht schon eher geschrieben und Ihnen nochmals von Herzen gedankt habe für alle Aufopferung und Sorge, die Sie mir während unseres Aufenthaltes in der Schweiz haben angedeihen lassen. Die Erinnerung an diese Zeit beglückt mich immer wieder und hilft mir, das Leben zu ertragen.

Ihre stets unruhige und stets vertrauensvolle Freundin

Laura

„Was gedenken Sie zu tun?“ fragte Bernard, indem er den Brief zurückgab.

„Was wollen Sie, daß ich dabei tun soll?“ erwiderte Edouard etwas ärgerlich, und zwar nicht so sehr über Bernards Frage, als weil er sich dieselbe Frage auch seinerseits schon mehrmals gestellt hatte. „Wenn er kommt, so werde ich ihn natürlich in aller Freundschaft empfangen. Und wenn er mich um Rat fragt, so werde ich die Sache freundschaftlich mit ihm besprechen. Ich werde versuchen, ihm klarzumachen, daß er nichts Besseres tun könne, als sich durchaus ruhig zu verhalten . . . Leute wie dieser arme Douviers sollten niemals danach trachten, sich in den Vordergrund zu schieben. Wenn Sie ihn kennten, so wären Sie gewiß meiner Meinung. Laura ihrerseits war für erste Rollen geschaffen. Jeder von uns übernimmt ein Drama nach seinem Maß und empfängt einen Anteil an der Tragik. Was vermögen wir dabei? Lauras Drama ist, einen Statisten geheiratet zu haben. Daran ist nichts zu ändern.“

„Und Douviers’ Drama ist es, jemand geheiratet zu haben, der ihm überlegen bleibt, was auch immer er tun mag“, sagte Bernard.

„Was er auch tun mag“, wiederholte Edouard, „und was immer auch Laura ihrerseits tun mag. Das Merkwürdigste ist, daß Laura, aus Reue über das Geschehene, sich durchaus vor ihm zu erniedrigen suchte. Doch er warf sich gleich in noch tiefere Abgründe als sie. Und alles, was die beiden taten, führte nur dazu, ihn immer kleiner werden zu lassen und sie immer größer.“

„Er tut mir sehr leid“, sagte Bernard. „Aber warum halten Sie es denn nicht für denkbar, daß auch er in dieser Selbstdemütigung an Größe gewinne?“

„Weil es ihm an Lyrismus gebricht“, antwortete Edouard kategorisch.

„Was meinen Sie damit?“

„Daß er sich nie vergißt in dem, was er empfindet, und deshalb nie etwas Großes empfinden kann. Aber das ist ein zu weites Feld. Ich habe so meine Ideen darüber, doch widerstreben sie einer präzisen Bemessung, und ich suche sie auch gar nicht zu formulieren. Paul-Ambroise pflegt zu sagen, er lasse nichts gelten, er stelle nichts in Rechnung, was sich nicht in Zahlen ausdrücken lasse; wobei er mit dem Begriff ‚Rechnung‘ wohl ein bißchen voltigiert; denn wenn man so rechnet, so muß man den lieben Gott ganz aus der Rechnung lassen. Gerade dahin geht übrigens seine Tendenz ... Warten Sie mal: ich glaube, ich nenne ‚Lyrismus‘ den Zustand eines Menschen, der es hinnimmt, von Gott überwunden zu werden.“

„Bedeutet dann das Wort ‚Enthusiasmus‘ nicht genau dasselbe?“

„Und vielleicht das Wort ‚Inspiration‘ auch. Ja, da haben wir's: Douviers ist ein der Inspiration unfähiges Wesen. Ich stimme mit Paul-Ambroise darin überein, daß die Inspiration etwas der Kunst höchst Nachteiliges sei. Und ich bin durchaus der Meinung, daß nur der ein Künstler ist, der die lyrische Verzückung zu bemeistern vermag. Aber um sie bemeistern zu können, muß man sie vorher empfunden haben.“

„Glauben Sie nicht, daß dieser Zustand göttlicher Heimsuchung sich physiologisch erklären läßt durch ...“

„Was wäre damit gewonnen?“ unterbrach Edouard den Fragenden. „Solche Untersuchungen, mögen sie so wissenschaftlich sein, wie sie wollen, haben höchstens das Gute, alle Trottel vor den Kopf zu stoßen. Sicherlich gibt es keine mystische Regung, die nicht ihr Äquivalent im Materiellen hätte. Na, und was weiter? Der Geist kann eben, um sich zu bekunden, die Materie nicht entbehren. Daher das Mysterium der Fleischwerdung des Wortes.“

„Dafür kann die Materie ihrerseits den Geist um so leichter entbehren!“

„Oh, davon wissen wir nichts“, sagte Edouard lachend.

Bernard fand es ungemein ergötzlich, ihn so reden zu hören. Für gewöhnlich gab Edouard sich wenig aus. Die An-

geregtheit, die er heute zur Schau trug, hatte ihren Grund darin, daß Olivier sich im Nebenzimmer befand. Bernard verhehlte sich das nicht.
Er unterhält sich mit mir so, wie er sich schon mit ihm unterhalten zu können wünscht, dachte er. Olivier – ja, den sollte er zu seinem Sekretär machen! Sobald Olivier sich wieder ganz gesund fühlt, ziehe ich mich zurück. Mein Platz ist anderswo.
Er dachte das ohne Bitterkeit, ganz erfüllt von Sarahs Wesen, wie er jetzt war. Er hatte sie in der vorigen Nacht wiedergesehen und war für die kommende Nacht mit ihr verabredet.
„Da wären wir ja weit abgekommen von Douviers!" sagte er, ebenfalls lachend. „Werden Sie ihm den Namen Vincents nennen?"
„Alle Wetter, nein! Wozu sollte das gut sein?"
„Denken Sie nicht, daß es wie ein schleichendes Gift auf Douviers wirken muß, wenn er nie erfährt, auf wen er seinen Grimm zu lenken hat?"
„Sie haben vielleicht recht. Aber das ist eine Sache, die man mit Laura überlegen müßte. Ich würde ja zum Verräter an ihr werden, wenn ich sprechen wollte . . . Übrigens weiß ich gar nicht einmal, wo er ist."
„Vincent? . . . Oh, das müßte doch Passavant wissen!"
In diesem Augenblick läutete es draußen an der Wohnungstür. Es war Madame Molinier, die sich nach ihrem Sohn erkundigen wollte. Sie wurde ins Atelier geführt, wohin Edouard sich jetzt ebenfalls begab, um sie zu begrüßen.

Aus Edouards Tagebuch:
Besuch von Pauline. Ich war in Verlegenheit, inwieweit ich sie von dem Geschehenen unterrichten sollte. Daß ihr Sohn krank war, konnte man ihr ja nicht gut verheimlichen. Aber es wäre mir unangebracht vorgekommen, ihr Kenntnis zu geben von diesem so geheimnisvollen Selbstmordversuch. So habe ich einfach von einer heftigen Affektion der Leber gesprochen, die in der Tat die deutlichste Folge dieses Abenteuers geblieben ist.
„Ich bin schon dadurch beruhigt, daß ich Olivier bei Ihnen weiß", sagte Pauline. „Ich selbst könnte ihn nicht besser

pflegen, als Sie es tun werden, denn ich fühle ganz genau, daß Sie ihn ebensosehr lieben wie ich."

Bei den letzten Worten sah sie mich mit seltsamer Eindringlichkeit an. Habe ich mir die Absicht, die sie mit diesem Blick zu verbinden schien, nur eingebildet? Ich fühlte gegenüber Pauline das, was man gemeinhin ein schlechtes Gewissen nennt, und vermochte nur ein paar nichtssagende Worte hervorzubringen. Hinzu kam, daß ich, seit zwei Tagen mit Aufregungen übersättigt, jede Herrschaft über mich selbst verloren hatte. Meine Verwirrung schien unverkennbar zu sein, denn Pauline fügte hinzu: „Ihr Erröten spricht deutlich genug. Mein armer Freund, erwarten Sie keine Vorwürfe von mir. Nur in dem Falle, daß Sie ihn nicht liebten, hätte ich Grund, Ihnen Vorhaltungen zu machen ... Kann ich ihn sehen?"

Ich führte sie in Oliviers Zimmer. Bernard hatte sich zurückgezogen, als er uns kommen hörte.

Sie neigte sich über das Bett und flüsterte: „Wie schön er doch ist!" Dann, zu mir gewandt: „Geben Sie ihm einen Kuß von mir; ich möchte ihn nicht aufwecken."

Sicherlich ist Pauline eine außergewöhnliche Frau. Das denke ich nicht erst seit heute. Dennoch konnte ich kaum hoffen, daß ihr Verständnis so weit gehen würde. Bei alledem glaubte ich freilich, durch ihren herzlichen, sozusagen jovialen Ton etwas wie Gezwungenheit hindurchzufühlen (die vielleicht verursacht war durch meine krampfhaften Versuche, unbefangen zu scheinen); und ich erinnere mich eines Satzes aus unserer letzten Unterhaltung, eines Satzes, der mir schon damals, als ich noch kein Interesse daran hatte, ihn so zu beurteilen, als Zeichen sehr großer Klugheit aufgefallen war: „Etwas, was ich nach der ganzen Sachlage nicht hindern kann, das lasse ich lieber gutwillig geschehen." Es war klar: Pauline war auch in diesem Falle bestrebt, etwas „gutwillig geschehen zu lassen". Und wie als Antwort auf meine verborgenen Gedanken sagte sie, als wir wieder im Atelier waren: „Indem ich mich soeben nicht befremdet gezeigt habe, fürchte ich, Ihr Befremden erregt zu haben. Es gibt ja gewisse Kühnheiten des Denkens, in denen die Männer sich das Monopol bewahren möchten. Ich kann aber doch Ihnen gegenüber keine schärfere Mißbilligung heucheln, als ich sie empfinde! Das Leben hat mich instruiert. Ich habe erkannt, wie gefährdet die Reinheit der Knaben ist, mag sie scheinbar noch so gut behütet sein. Ja noch mehr: ich glaube nicht, daß es gerade die keuschesten Jünglinge sind, aus denen späterhin die besten Ehemänner werden; leider nicht einmal die treuesten", fügte sie mit einem schmerzlichen Lächeln hinzu. „Kurz, das Beispiel ihres Vaters läßt mich für meine Söhne andere Tugenden wünschen. Dennoch habe ich Angst vor einem wüsten Leben, das sie führen könnten, vor entehrenden Beziehungen, in die man sie verstricken könnte ... Olivier verliert sich leicht. Sie werden darauf bedacht sein, ihn zu halten. Ich glaube, daß Sie gut auf ihn wirken können. Es liegt allein in Ihrer Macht, daß ..."

Diese Worte verwirrten mich.

„Sie machen mich besser, als ich bin!"

Das war alles, was ich zu sagen vermochte: eine abgegriffene Phrase. Mit äußerster Zartheit entgegnete Pauline: „Olivier ist es, der Sie besser machen wird! Wieviel gewinnt man sich nicht selber ab, sobald Liebe im Spiele ist!"

„Weiß Oscar, daß er bei mir ist?" fragte ich, um eine gewisse Entspannung zwischen uns zu schaffen.

„Er weiß nicht einmal, daß er in Paris ist. Ich habe Ihnen schon neulich gesagt, daß er sich nicht viel um seine Söhne kümmert. Deshalb rechnete ich ja darauf, daß Sie mit Georges sprechen. Haben Sie es vielleicht schon getan?"

„Nein, noch nicht."

Paulines Blick hatte sich verdüstert.

„Er macht mir immer mehr Sorgen. Neuerdings trägt er ein übertrieben zuversichtliches Wesen zur Schau, ein Wesen, in dem ich nur Leichtfertigkeit, Anmaßung und Zynismus zu erkennen vermag. Er arbeitet gut, seine Lehrer sind mit ihm zufrieden; meine Unruhe weiß nicht, wohin sie sich richten soll ..."

Und plötzlich alle bisherige Zurückhaltung aufgebend, sagte sie mit einer Leidenschaft, in der ich sie kaum wiedererkannte: „Machen Sie sich einen Begriff davon, was aus meinem Leben geworden ist?! Ich habe meine Ansprüche längst auf ein Minimum reduziert; von einem Jahr zum andern bin ich resignierter geworden; alle meine Hoffnungen habe ich begraben, eine nach der andern. Ich habe nachgegeben; ich habe geduldet; ich habe getan, als sähe und begriffe ich nichts. Aber an irgendein Äußerstes klammert man sich doch. Wenn dann auch noch dieses Letzte einem entgleitet! ... Abends arbeitet er am Tisch, bei der Lampe; und hebt er einmal den Kopf von den Büchern, so entdecke ich in seinem Blick nichts von kindlicher Anhänglichkeit, sondern nur Abweisung und Trotz. Oh, das habe ich nicht verdient! ... Manchmal scheint es mir dann, als verwandle sich all meine Liebe zu ihm in Haß; und ich möchte nie Kinder gehabt haben! ..." Ihre Stimme zitterte.

Ich nahm ihre Hand.

„Olivier soll Sie für alles entschädigen; dafür stehe ich ein."

Sie suchte sich zu fassen.

„Ach, es ist ja unsinnig, was ich da rede! Als hätte ich nicht drei Söhne! Denke ich an einen von ihnen, so ist es mir immer, als wäre er der einzige. Ich muß Ihnen sehr unvernünftig scheinen. Aber, wirklich, mit der Vernunft allein ist es nicht immer getan."

„Dennoch ist die Vernunft dasjenige, was ich am meisten an Ihnen bewundere", sagte ich mit platter Höflichkeit, in der Hoffnung, sie ein wenig zu beruhigen. „Neulich sprachen Sie mit einer so überlegenen Klugheit von Oscar ..."

Pauline gab sich einen Ruck. Sie sah mich an und zuckte mit den Achseln. „Wenn eine Frau auf alles verzichtet hat, dann scheint sie euch Männern plötzlich mit wahrhaft bewunderungswürdiger Vernunft begabt zu sein!" rief sie in bitterem, ja beinahe feindseligem Ton.

Diese Bemerkung irritierte mich, gerade weil sie so außerordentlich treffend war. Um mein Unbehagen zu verbergen, fragte ich ablenkend: „Nichts Neues mit den Briefen?"

„Neues? Neues?! ... Was sollte es zwischen Oscar und mir wohl Neues geben?"

„Er wartete doch auf eine Aussprache ..."

„Ich wartete auch auf eine Aussprache! Mein ganzes Leben lang habe ich auf irgendeine Aussprache gewartet! ..."

„Na", sagte ich etwas ärgerlich, „jedenfalls fühlte sich Oscar in einer schiefen Situation ..."

„Aber, mein lieber Freund, Sie wissen doch selbst, daß nichts in der Welt so leicht chronischen Charakter annimmt wie schiefe Situationen. Bei euch Romanschriftstellern freilich, da gelangen alle Situationen zu ‚folgerichtiger' Entwicklung, Lösung und Entscheidung. Im wirklichen Leben aber löst und entscheidet sich gar nichts; alles bleibt genau so, wie es ist! Man steckt in Unsicherheit und bleibt darin stecken bis an sein seliges Ende, ohne je gewußt zu haben, woran man eigentlich ist. Und das Leben geht inzwischen seinen Gang, geht weiter, als wenn das alles so ganz in Ordnung wäre. Und auch damit findet man sich ab; wie mit dem übrigen; wie mit allem und jedem ... Also, adieu!"

Es betrübte mich, in Paulines Stimme eine neue Nuance zu entdecken: etwas Angreiferisches, Herausforderndes, das mich auf die Vermutung brachte (nicht schon jetzt, sondern erst bei späterem Überdenken unseres Gesprächs), daß Pauline sich weit weniger leicht, als sie sagte, mit meinen Beziehungen zu Olivier abzufinden vermöge; weniger leicht als mit allem übrigen. Ich glaube, daß sie diese Beziehungen nicht geradezu mißbilligt, ja daß sie in gewisser Hinsicht sogar froh darüber ist (wie sie es ja auch selbst offen ausgesprochen hat); daß sie aber – vielleicht, ohne sich dessen ganz bewußt zu sein – im Grunde doch Eifersucht gegen mich empfindet.

Das ist die einzige Erklärung, die ich mir denken kann für ihr ungestümes Aufbegehren bei einem Thema, das ihr schließlich doch lange nicht so sehr am Herzen liegt wie meine Beziehungen zu Olivier. Indem sie mir „gutwillig" das überließ, was zu gewähren ihr die schmerzlichste innere Überwindung kostete, hatte sie ihren Vorrat an Sanftmut offenbar radikal erschöpft und fand sich nun plötzlich ohne die geringste verfügbare Duldsamkeit. Daher ihre heftigen, fast rebellischen Ausbrüche, über die sie sich in der Erinnerung vielleicht selber wundern wird und in denen ihre Eifersucht sich verraten hat.

Übrigens fragte ich mich, in welcher Verfassung sich eine Frau (ich meine: eine „anständige" Frau) befinden müßte, die nicht resigniert hätte ... Als wenn die Resignation nicht ein integrierender Bestandteil wäre dessen, was man bei den Frauen Anständigkeit nennt!

Gegen Abend nimmt Oliviers Befinden eine entscheidende Wendung zum Besseren. Aber die Wiederkehr des Lebens bringt auch erneute Unruhe mit sich. Ich suche diese Sorgen möglichst wenig aufkommen zu lassen.

Das Duell? – Oh, Monsieur Dhurmer hat es vorgezogen, sich in ländliche Einsamkeit zurückzuziehen! Sollen wir etwa hinter ihm herlaufen?
Die Zeitschrift? – Um die bekümmert sich Bercail.
Die Sachen, die bei Passavant geblieben sind? – Das ist allerdings der unangenehmste Punkt. Ich habe gestehen müssen, daß es Georges nicht geglückt ist, ihrer habhaft zu werden; aber ich habe versprochen, sie morgen selbst abzuholen. Olivier scheint zu fürchten, daß Passavant versuchen werde, sie als eine Art Pfand bei sich zu behalten (was ich nicht einen Augenblick zugeben könnte).

Ich blieb gestern abend, nachdem ich diese Seiten geschrieben hatte, noch eine Weile im Atelier sitzen. Da hörte ich Olivier nach mir rufen. Ich stürzte zu ihm hin.
„Ich wäre zu dir gekommen“, sagte er, „wenn ich schon genug Kraft dazu gehabt hätte. Ich wollte aufstehen; aber kaum bin ich außerhalb des Bettes, so dreht sich mir alles im Kopf, und mir ist, als sollte ich wieder ohnmächtig werden. Nein, nein, es geht mir durchaus nicht schlechter! Im Gegenteil . . . Aber ich wollte unbedingt mit dir sprechen. Du mußt mir eine Zusage geben: niemals wissen zu wollen, warum ich den Tod gesucht habe. Ich glaube, ich weiß es selbst nicht mehr. Ich möchte es dir wirklich gern sagen, aber ich kann es nicht . . . Doch du sollst nicht etwa denken, es sei wegen irgendeines dunklen Geheimnisses in meinem Leben, von dem du nichts wüßtest . . .“ Dann, mit sehr leiser Stimme: „Und du sollst auch nicht auf den Gedanken kommen, es sei aus Scham . . .“ Obgleich wir im Dunkeln waren, verbarg er sein Gesicht an meiner Schulter. „. . . Oder wenn ich mich schäme, so wegen des Banketts vom Dienstag abend; wegen meiner Betrunkenheit, meiner Haltlosigkeit, meiner Tränen und wegen dieser ganzen Sommermonate; . . . und weil ich so schlecht auf dich gewartet habe.“
Darauf beteuerte er, daß er sich von alledem innerlich ganz losgemacht habe; ja daß es gerade das gewesen sei, was er habe töten wollen und auch wirklich getötet habe, so daß es nun völlig aus seinem Dasein weggewischt sei.
Ich spürte an seiner Erregung, wie schwach er noch war. Deswegen erwiderte ich kein Wort, sondern versuchte, ihn

in Schlaf zu lullen wie ein kleines Kind. Er brauchte Ruhe. Sein Schweigen ließ mich hoffen, er sei schon wieder eingeschlafen. Da hörte ich ihn flüstern: „Bei dir schlafe ich nicht ein; ich bin zu glücklich."
Erst gegen Morgen ließ er mich weg.

11

Bernard erschien an diesem Morgen frühzeitig. Olivier schlief noch. Bernard setzte sich wie an den vorherigen Tagen mit einem Buch an des Freundes Bett, was Edouard die Möglichkeit gab, sich als abgelöst zu betrachten und zum Grafen Passavant zu gehen, wie er es versprochen hatte. In so früher Morgenstunde war man sicher, ihn anzutreffen.
Die Sonne strahlte. Ein frischer Lufthauch löste die letzten Blätter von den Bäumen. Die Welt war klar, durchsichtig und blau. Edouard hatte seit drei Tagen das Haus nicht verlassen. Eine große Freude weitete sein Herz. Ihm war zumute, als schwömme sein Dasein wie eine leichte Barke auf der Unendlichkeit des Meeres, auf einem Ozean göttlicher Milde. Dermaßen können Liebe und schönes Wetter die Grenzen unseres Wesens hinwegzaubern.
Edouard hatte wohl bedacht, daß er zum Transport von Oliviers Sachen ein Auto brauchen würde. Aber er beeilte sich nicht, eins zu nehmen. Das Gehen machte ihm Freude. Das Gefühl von Wohlwollen, das ihn heute gegenüber aller Kreatur beseelte, befähigte ihn schlecht, dem Grafen Passavant gegenüberzutreten. Er sagte sich, er müsse Passavant verfluchen; er rief sich alles ins Gedächtnis zurück, was er gegen ihn auf dem Herzen hatte, aber er empfand keinen Stachel mehr dabei. Er hatte diesen gestern noch verabscheuten Rivalen nun so gründlich verdrängt, daß er ihn nicht mehr zu hassen vermochte. Wenigstens war er heute morgen dazu nicht imstande. Und da er sich andererseits überlegte, daß er, wollte er sein Glück nicht verraten, diesen Umschwung keinesfalls merken lassen dürfe, so hätte er am liebsten diese ganze Zusammenkunft, bei der er den Schein der Wehrlosigkeit erregen mußte, vermieden. Wirklich, warum zum Teufel befand er sich eigentlich auf dem Wege zu die-

sem Grafen Robert de Passavant, gerade er, Edouard? Er sollte sich in der Rue de Babylone präsentieren und dort Oliviers zurückgelassene Sachen verlangen – mit welchem Recht denn nur?! Ein höchst unvorsichtig übernommenes Geschäft, sagte er im Weitergehen zu sich selbst, aus dem man die Folgerung ziehen könnte, Olivier habe bei mir Wohnung genommen, gerade das, was ich zu verheimlichen wünsche . . . Aber an Umkehren war nicht mehr zu denken; Olivier hatte sein Versprechen. Immerhin beschloß Edouard, gegenüber Passavant recht kalt und unbeirrt aufzutreten. Ein Taxi kam vorbei, er rief den Chauffeur an und nannte ihm die Adresse.

Edouard kannte Passavant schlecht. Ein bestimmter Zug seines Wesens war ihm völlig entgangen: Passavant ertrug es nicht, in irgendeiner Sache der Unterlegene zu sein. Um seine Niederlagen nicht eingestehen zu müssen, tat er immer so, als habe er das Geschehene gewünscht; alles behauptete er vorher gewollt zu haben, genau in der Art, wie es tatsächlich verlief. Als er sah, daß Olivier ihm entglitt, hatte er (der sich von keiner Gesprächswendung je überrumpeln ließ) nur die eine Sorge: seinen Groll vor niemand merken zu lassen. Anstatt hinter Olivier herzulaufen und sich vielleicht lächerlich zu machen, gewann er es über sich, nur spöttisch mit den Achseln zu zucken. Seine Empfindungen waren nie so heftig, als daß er sie nicht hätte bemeistern können. Auf solche Fähigkeiten sind manche Leute stolz; sie bedenken dabei nicht, daß man diesen Grad von Selbstbeherrschung meistens weniger seiner Charakterstärke als einer gewissen Dürftigkeit seines Temperaments verdankt. Ich möchte hier durchaus nicht verallgemeinern; nehmen wir an, das Gesagte habe einzig auf den Grafen Passavant Bezug. Diesem fiel es also durchaus nicht schwer, sich einzureden, er habe von seiner Freundschaft mit Olivier gerade genug gehabt; in diesen beiden Sommermonaten habe sich der ganze Reiz seines Abenteuers erschöpft, das in seinem Leben allzu viel Platz einzunehmen drohte; übrigens habe er sich von der Schönheit dieses Kindes, von seiner Liebenswürdigkeit und seinen Geistesgaben eine übertriebene Vorstellung gemacht; und endlich könne man sich auch der Erkenntnis nicht länger verschließen, daß die Leitung einer Zeitschrift keinesfalls einem so jungen, uner-

fahrenen Menschen anvertraut werden dürfe. Überlege man sich alles ganz genau, so komme eigentlich Strouvilhou weit mehr für ihn in Betracht, als Herausgeber der Zeitschrift, versteht sich. Er hatte also an Strouvilhou geschrieben und ihn gerade für heute nachmittag zu sich gebeten.
Fügen wir hinzu, daß Passavant sich über den Grund von Oliviers Abtrünnigkeit täuschte. Er glaubte seine Eifersucht erregt zu haben, indem er sich allzusehr um Sarah bemühte. Er fand Vergnügen an dieser Idee, die seinem angeborenen Dünkel schmeichelte und seinen Ärger neutralisierte.
Er erwartete also Strouvilhou. Und da er angeordnet hatte, daß man den Besucher sofort eintreten lasse, profitierte Edouard von der gegebenen Weisung und fand sich vor Passavant, ohne angemeldet worden zu sein.
Passavant verriet seine Überraschung mit keiner Silbe. Zum Glück für ihn entsprach die Rolle, die er zu spielen hatte, seinem Wesen und machte ihm nicht die geringste Schwierigkeit. Sobald ihm Edouard den Grund seines Besuchs dargelegt hatte: „Wie froh bin ich über das, was Sie mir da sagen! Also, wirklich, Sie wollen sich um ihn kümmern? Das wäre kein zu großes Opfer für Sie? Olivier ist ein entzükkender Junge, aber seine Anwesenheit hier fing an, mir schrecklich unbequem zu werden. Ich wagte nicht, es ihn merken zu lassen, er ist ja so zartfühlend! . . . Und ich wußte, daß er nicht gern zu seinen Eltern zurück wollte. Die Eltern, nicht wahr, wenn man einmal von ihnen weg ist . . . Dabei fällt mir ein: ist seine Mutter nicht eine Halbschwester von Ihnen? Oder etwas in diesem Genre? Ich glaube, Olivier hat mir einmal derartiges gesagt. Also nichts Natürlicheres, als daß er bei Ihnen Wohnung genommen hat . . . Niemand kann darin den geringsten Anlaß zu lächeln finden" (was er sich selbst übrigens bei diesen Worten durchaus nicht versagte). „Bei mir, verstehen Sie, war seine Anwesenheit schon bedenklicher. Das war ja auch einer der Gründe, die mich wünschen ließen, daß er weggehe . . . Sowenig ich sonst auf die öffentliche Meinung Rücksicht nehme . . . Nein; vor allem war es in seinem Interesse . . ."
Die Unterhaltung hatte nicht übel begonnen. Aber Passavant mochte eben nicht auf die Freude verzichten, einige Tropfen seiner giftigen Perfidie in den Becher von Edouards Glück zu träufeln. Etwas Gift hatte er stets vorrä-

tig; es bietet sich ja so oft eine Gelegenheit, da man es brauchen kann . . .
Edouard fühlte sich am Ende seiner Geduld. Aber plötzlich erinnerte er sich an Vincent, von dem Passavant Nachrichten haben mußte. Gewiß, er hatte sich fest vorgenommen, gegenüber Douviers, wenn dieser bei ihm erschiene und ihn befragte, den Namen Vincents durchaus zu verheimlichen; um sich aber der Ausfragung besser entziehen zu können, hielt er es für erwünscht, selber auf dem laufenden zu sein; das würde sein Widerstandsvermögen stärken. Somit ergriff er diesen Vorwand einer Ablenkung.
„Vincent hat mir nicht geschrieben", sagte Passavant; „aber ich bekam kürzlich einen Brief von der Lady Griffith (der Nachfolgerin, wissen Sie), in dem sie ausführlich von ihm spricht. Wollen Sie den Brief lesen? Bitte, hier ist er . . . Schließlich sehe ich nicht ein, warum Sie nicht Kenntnis von ihm nehmen sollten."
Er reichte ihm den Brief hin. Edouard las:

Am 25. August

My dear,
Die Yacht des Fürsten wird ohne uns von Dakar abgehen. Wer weiß, wo wir sein werden, wenn dieser Brief, den sie mitnimmt, in Ihre Hände gelangt! Vielleicht an den Ufern des Cazamanca, wo Vincent botanisieren und ich wilde Tiere jagen will. Ich bin mir nicht mehr ganz klar darüber, ob eigentlich ich ihn in der Welt herumschleppe oder er mich; oder ob es nicht im Grunde der Dämon des Abenteuers ist, der uns beide immer weiter ins Ungewisse treibt. Vorgestellt worden sind wir ihm vom Dämon der Langeweile, mit dem wir an Bord Bekanntschaft gemacht hatten . . . Ach, dear, man muß auf einer Yacht gelebt haben, um zu wissen, was Langeweile heißt! Bei stürmischem Wetter, da mag es noch einigermaßen erträglich sein, da hat man teil an der Erregung des Schiffes. Aber seit Teneriffa kein Windhauch mehr; kein Kräuselstreif auf dem Ozean,

. . . dem spiegelnden Schein
Meiner Pein . . .

Und wissen Sie, womit ich mich seitdem beschäftige? . . . Vincent zu hassen! Ja, mein Freund, die Liebe ist uns zu banal geworden, und so haben wir beschlossen, uns zu hassen! Eigentlich hat das schon viel früher begonnen: gleich mit dem Beginn unserer Seefahrt. Doch zunächst war es nur Gereiztheit, eine dumpfe Nervosität, die den Liebesanfällen keinen Eintrag tat. Mit dem schönen Wetter ist unbändige Wut daraus geworden . . . Oh, jetzt weiß ich, was es bedeutet, Leidenschaft für jemand zu empfinden . . .

Der Brief war noch lang.
„Ich brauche nicht weiterzulesen", sagte Edouard und gab Passavant das Blatt zurück. „Wann kommt er heim?"
„Lady Griffith sagt nichts von einer Rückkehr."
Passavant war empört, daß Edouard kein größeres Interesse für diesen Brief zeigte. Nachdem er ihm erlaubt hatte, ihn zu lesen, mußte er diesen Mangel an Neugier geradezu als Beleidigung auffassen. Zwar wies er selbst Anerbietungen, die ihm gemacht wurden, gern zurück: um so weniger ertrug er es, daß die seinigen mißachtet wurden. Dieser Brief hatte ihn, bei seinem Eintreffen, äußerst angenehm berührt. Passavant hegte eine gewisse Neigung für Lilian und Vincent; er hatte sich sogar eingeredet, daß er ihnen nützlich sein könnte, aber seine Sympathie und Hilfsbereitschaft verloren sich sofort, wenn man ihrer nicht mehr bedurfte. Daß seine beiden Freunde, nachdem sie ihn verlassen hatten, keineswegs aufs Glück zugesteuert waren, das ließ ihn denken: so ist es gut . . . Was Edouard betrifft, so war seine morgendliche Seligkeit viel zu echt, als daß er angesichts der Schilderung tobsüchtiger Gefühle kein Mißbehagen hätte fühlen sollen. Und so hatte er den Brief ohne irgendwelche Verstellung zurückgegeben.
Passavant suchte sofort wieder obenauf zu kommen: „Hm, was ich noch sagen wollte: Sie wissen, daß ich an Olivier gedacht hatte wegen der Leitung einer Zeitschrift? Davon kann jetzt natürlich keine Rede mehr sein."
„Das versteht sich doch von selbst", bestätigte Edouard, den Passavant, ohne sich dessen bewußt zu sein, von einer großen Sorge befreit hatte. Der Graf erkannte an Edouards Ton, daß er unfreiwillig dessen Spiel gespielt hatte. Aber der Versuchung widerstehend, sich auf die Lippen zu beißen, sagte er rasch: „Die Sachen, die Olivier zurückgelassen hat, befinden sich in dem Zimmer, das er hier innehatte. Sie haben vermutlich ein Auto? Dann soll man gleich alles in den Wagen bringen. Wie geht es ihm übrigens?"
„Sehr gut."

Passavant hatte sich erhoben. Edouard tat desgleichen. Die beiden trennten sich mit eisigem Gruß.

Edouards Besuch hinterließ dem Grafen Passavant einen peinlichen Nachgeschmack.
„Uff!" machte er, als er Strouvilhou eintreten sah.
Obwohl Strouvilhou ihm durchaus die Stirne zu bieten vermochte, fühlte Passavant sich in seiner Gesellschaft behaglich (oder, genauer: er machte es sich behaglich). Gewiß hatte er es da mit einem skrupellosen Gegenspieler zu tun, aber er war sich der eigenen Stärke bewußt und setzte seinen Stolz darein, sich mit dem gleichwertigen Partner zu messen. „Nehmen Sie Platz, mein lieber Strouvilhou", sagte er und schob ihm einen Sessel hin. „Ich bin wirklich froh, Sie zu sehen!"
„Der Herr Graf hat mich zu sehen gewünscht; ich bin ganz zu seinen Diensten."
Bisweilen gefiel sich Strouvilhou in solch ironischer Lakaienhaftigkeit. Daran hatte sich Passavant schon gewöhnt.
„Also gleich zur Sache! Es ist Zeit, um mit einem berühmten Manne zu reden, unter den Möbeln hervorzukriechen. Sie haben schon allerlei Handwerke getrieben; heute wollte ich Ihnen einen wahren Diktatorposten anbieten. Freilich muß ich gleich hinzufügen, daß die Machtfülle, um die es sich handelt, nur literarischer Art sein würde."
„Das macht die Sache allerdings nicht reizvoller." Und als Passavant ihm sein Zigarettenetui hinhielt: „Wenn Sie erlauben, nehme ich lieber . . ."
„Nein, das erlaube ich absolut nicht! Mit Ihren abscheulichen Schmugglerzigarren haben Sie mir schon neulich das ganze Zimmer verpestet! Ich begreife wirklich nicht, wie man solches Zeug rauchen kann."
„Oh, ich habe ja auch nie behauptet, daß mir diese Zigarren so besonders köstlich schmeckten! Aber die braven Mitmenschen leiden darunter . . ."
„Also immer noch Frondeur?"
„Na, für einen Idioten braucht man mich auch nicht gerade zu halten!"
Ohne auf Passavants Vorschlag direkt zu antworten, hielt Strouvilhou es für geraten, zunächst seine eigene Stellung

zu markieren; alles Weitere würde sich dann schon finden. Er äußerte also: „Menschenliebe ist nie meine Stärke gewesen."

„Ich weiß, ich weiß", sagte Passavant.

„Doch Eigenliebe ebensowenig. Und das wissen Sie nicht so genau, Herr Graf ... Man sucht uns glauben zu machen, es gebe für uns Menschen keinen anderen Ausweg aus dem Egoismus als einen noch viel ekelhafteren Altruismus. Ich meinerseits behaupte, daß, falls etwas noch Verächtlicheres und Gemeineres existiert als der Mensch, es eine Mehrzahl von Menschen ist ... Kein Gerede wird mich je überzeugen, daß die Addition vieler schmieriger Einzelgrößen imstande sei, eine anbetungswürdige Summe zu ergeben. Ich vermag in keine Trambahn, in kein Eisenbahncoupé zu steigen, ohne im gleichen Augenblick leidenschaftlich auf eine ausgiebige Katastrophe zu hoffen, die all dieses unflätige Gewürm in zuckenden Brei verwandeln müßte: oh, mein wertes Selbst durchaus inbegriffen, zum Teufel! In keinen Theatersaal komme ich, ohne ein Herabsausen des Kronleuchters oder das Platzen einer Bombe aufs innigste zu wünschen. Auch wenn ich mit den andern dabei krepieren soll; ich will sie gern selbst unter der Jacke mitbringen, diese Bombe, falls ich mich nicht reserviere für noch bessere Gelegenheiten ... Was sagen Sie? ..."

„Oh, nichts! Gar nichts! Sprechen Sie nur weiter, ich höre zu ... Sie sind ja keiner von den Rednern, die auf den Stachel des Widerspruchs warten müssen, um fortfahren zu können."

„Ich hatte nur zu hören geglaubt, daß Sie mir liebenswürdigerweise ein Glas von Ihrem unschätzbaren Portwein anböten ..."

Passavant lächelte.

„Und behalten Sie die Flasche gleich da", sagte er, indem er sie ihm hinreichte. „Trinken Sie sie ganz aus, wenn Sie Lust haben. Aber sprechen Sie weiter!"

Strouvilhou schenkte ein Glas voll, machte sich's in seinem Ledersessel bequem und sagte: „Ich weiß nicht, ob ich das habe, was man ein kaltes Herz nennt; ich habe zuviel Empörung und Ekel, um es zu glauben. Na, es ist mir auch ziemlich einerlei ... Allerdings habe ich seit geraumer Zeit in dem genannten Organ meines Körpers alles unterdrückt, wodurch es sich irgendwie hätte erwärmen können. Aber ich bin durchaus der Bewunderung fähig und eines vielleicht absurden Opferwillens; denn als Mensch verachte und hasse ich mich selbst natürlich ebensosehr wie meine Mitmenschen ... Ich höre überall behaupten, Literatur, Kunst und Wissenschaft arbeiteten letzten Endes zum Heile der Menschheit (was für mich freilich Grund genug wäre, um auf sie zu spucken). Aber nichts hindert mich, diese Behauptung umzukehren, und erst dann kann ich aufatmen ... Ja, eine Vorstellung, der ich mich unendlich viel lieber hingebe, ist, in diametralem Gegensatz zu jener These: eine sklavische Menschheit, die an irgendeinem grausigen Denkmal front; ein Bernard de Palissy (hat man uns auf der Schule mit dem angeödet!), der Frau und Kinder und sich selbst verbrennt, um die Glasur einer dekorativen Tonschüssel zu erhalten ... Es macht mir Spaß, die Probleme umzukehren. Mein Hirn ist nun einmal so eingerichtet, daß sie dann im schönsten Gleichgewicht darin hängen, die Köpfe alle nach unten ... Und wenn ich die Idee eines Jesus Christus unerträglich finde, der sich opfert für das undankbare Wohl aller dieser widerwärtigen Geschöpfe, denen man auf der Straße begegnet, so finde ich dagegen einige Bedeutung und sogar eine gewisse Erhabenheit in dem Gedanken, daß eine unabsehbare Menschenmasse verfaulen mußte, um einen einzigen Christus entstehen zu lassen ... obgleich ich ein anderes Ergebnis vorgezogen hätte, denn Christi Lehre hat doch nur dazu gedient, die Menschheit noch tiefer in den Sumpf hineinzutreiben. Das meiste Unglück kommt vom Egoismus der Kraftnaturen. Eine opferwillige Kraft, die könnte Großes leisten. Mit dem Schutz der Unglücklichen, der Schwachen und Verkrüppelten sind wir auf falschem Wege. Deshalb hasse ich die Religion, die uns solches lehrt! Das Gefühl von Harmonie, das sogar einen Philanthropen bei der Betrachtung der Tier- und Pflanzenwelt überkommt, rührt daher, daß in der freien, ungezähmten Natur nur das wirklich Lebenskräftige gedeiht: der ganze Rest ist Abfall und höchstens als Dünger zu verwerten. Aber das will niemand einsehen und anerkennen."

„Doch, doch! Ich erkenne es gern an. Sprechen Sie nur weiter!"

„Und sagen Sie, ob es nicht eine Schmach und Schande ist, daß der Mensch, der so viel getan hat zur Züchtung der besten Pferde-, Vieh-, Geflügel-, Getreide- und Blumensorten, für sich selbst noch darauf angewiesen ist, in der Medizin eine Linderung seiner Hinfälligkeit zu suchen, in der Nächstenliebe eine Verschleierung seines Elends, in der Religion eine Tröstung und in der Trunkenheit ein Vergessen! Höhenzüchtung der menschlichen Rasse: darauf käme es an! Aber jegliche Auslese schließt die Forderung in sich, daß die Schlechtweggekommenen beseitigt werden, und dazu vermag sich unsere ehrenwerte christliche Gesellschaft nicht aufzuraffen. Sie gewinnt es ja nicht einmal über sich, die Degenerierten zu kastrieren, und gerade die pflegen die kinderreichsten zu sein. Was die Menschheit braucht, das sind keine Siechenhäuser und keine Greisenheime, sondern Züchtungsetablissements, Gestüte!"

„Alle Wetter, so gefallen Sie mir, Strouvilhou!" warf Passavant ein.

„Ich fürchte, bisher haben Sie sich über mich getäuscht, Herr Graf! Sie haben mich für einen Skeptiker genommen, während ich in Wahrheit ein Idealist, ein Mystiker bin ... Der Skeptizismus hat noch nie etwas Brauchbares hervorgebracht. Man weiß ja, wohin er führt ...: zur Toleranz! Ich halte die Skeptiker für Leute ohne Ideal, ohne Einbildungskraft: für Idioten ... Übrigens verkenne ich durchaus nicht, wieviel sentimentale Zartheiten und Feinheiten durch die Züchtung solcher robusten Menschenrasse vernichtet werden würden; aber es bliebe ja auch niemand mehr übrig, der sich nach solchen Zartheiten zurücksehnen könnte, weil eben zugleich mit ihnen ihre Träger, die Zärtlinge, ausgerottet worden wären ... Dabei ist mir persönlich das, was man ‚Kultur' zu nennen beliebt, keineswegs fremd, und somit weiß ich, daß es schon im alten Griechenland etliche Geister gegeben hat, denen mein Ideal von ferne aufgedämmert ist. Wenigstens bilde ich mir das gern ein, wenn ich daran denke, daß Kora, die Tochter der Demeter, zunächst tiefes Mitgefühl mit den Schatten empfand, als sie in die Unterwelt hinabstieg; daß sie aber dann, Gemahlin des Pluto und Königin geworden, von Homer nur noch die ‚unerbittliche Proserpina' genannt wird. Vergleiche den sechsten Gesang der Odyssee ... ‚Unerbittlich' – dieses Prädikat schuldet sich ein Mann, der Anspruch darauf macht, innerlich stark zu sein."

„Ein Glück, daß Sie zur Literatur zurückkehren (falls Sie sich überhaupt von ihr entfernt hatten ...). Nun, so frage ich Sie denn, Sie innerlich starker Strouvilhou, ob Sie Lust hätten, der unerbittliche Herausgeber einer Zeitschrift zu werden?"

„Wenn ich aufrichtig sein soll, mein lieber Graf, muß ich Ihnen gestehen, daß von allen widerlichen Ausdünstungen der Menschheit die Literatur mir so ziemlich die allerwiderlichste ist. Ich sehe in ihrem Getriebe nichts als eine raffinierte Organisation der niedrigsten Eitelkeit und Heuchelei. Falls da nicht jemand kommt, der mit eisernem Besen dazwischenfährt, wird das auch kaum jemals anders werden ... Wir arbeiten mit konventionell zugelassenen Empfindungen, die der Leser nachzuempfinden wähnt, weil er an alles glaubt, was gedruckt wird. Auf diesen Kredit rechnet der Autor; er spekuliert mit diesen durch Verabredung anerkannten Fundamenten seiner Kunst. Diese Gefühle klingen falsch wie die Rechenmarken einer Spielbank, aber sie haben Kurs. Und da man ja weiß, daß immer die ‚schlechte Münze die gute verjagt', so würde jemand, der dem Publikum heutzutage echtes Gold anböte, sehr bald als Scharlatan aus der anständigen Gesellschaft ausgestoßen werden. In einer Welt, wo jedermann betrügt, bleibt für den ehrlichen Mann keine andere Rolle übrig als die des Hochstaplers ... Ich sage es Ihnen gleich im voraus: falls ich mich dazu entschließen könnte, eine Zeitschrift zu redigieren, so nur, um darin alle gedunsenen Schläuche zum Platzen zu bringen und alle schönen Gefühle radikal zu entwerten, zusammen mit jenen famosen Primawechseln: den Worten der menschlichen Sprache!"

„Donnerwetter, ich möchte sehen, wie weit Sie damit kämen!"

„Das müßten Sie eben abwarten, mein Herr Graf ..."

„Niemand würde Sie verstehen, niemand Ihnen folgen!"

„Oh, was glauben Sie? Momentan sind alle gescheiten jungen Leute von einer wahrhaft fanatischen Wut befallen gegen die lyrische Inflation; sie haben endlich erkannt, was dahintersteckt – hinter all dieser pedantischen Silbenzählerei und tausendmal verbrauchten Pathetik! Wenn da nun

einer kommt mit der Parole: ‚Niederreißen!', der findet Hände, soviel er nur wünschen kann! Wollen Sie, daß wir eine literarische Schule gründen mit der einzigen Tendenz, alles kurz und klein zu schlagen? Oder macht Ihnen solche Perspektive Angst?"
„Nein . . ., falls man meinen eigenen Garten unzertrampelt läßt."
„Hm, man könnte sich ja vorläufig anderwärts betätigen . . . Die Stunde ist günstig. Ich kenne viele, die nur auf ein Signal warten: ganz junge Leute. Ja, ich weiß: das gefällt Ihnen, aber ich sage Ihnen gleich: die lassen sich von Ihnen keine Märchen aus Tausendundeiner Nacht vorerzählen . . . Wie oft habe ich mich schon gefragt, durch welches Wunder eigentlich die Malerei einen solchen Vorsprung gewonnen hat vor der Literatur. In wie tiefem Mißkredit steht doch heutzutage alles, was man in der Malerei das ‚Motiv' zu nennen pflegte! Ein schöner ‚Stoff': das erscheint uns heute geradezu lächerlich. An ein Porträt wagt sich der moderne Maler höchstens noch heran mit dem unverbrüchlichen Vorsatz, jegliche Ähnlichkeit zu vermeiden wie die schwarze Pest! Wenn wir unsere Sache gut machen (und da könnten Sie sich schon auf mich verlassen), so soll in weniger als zwei Jahren jeder junge Dichter sich aufs tiefste entehrt fühlen, von dessen Versen irgend jemand auch nur noch ein einziges Wort versteht! Jawohl, mein hochgeehrter Herr Graf; wollen wir wetten? In der dunkelsten Rumpelkammer verstauben wird jeglicher Sinn, jegliche Bedeutung! Somit mache ich Ihnen den Vorschlag, die Dichterschule des Illogismus zu starten . . . Welch herrlicher Titel für eine Zeitschrift: ‚Die Anti-Sinniten'!"
Passavant hatte zugehört, ohne mit der Wimper zu zucken.
„Befindet sich unter Ihren Adepten", fragte er nach einer Weile, „auch Ihr Vetter Léon?"
„Der kleine Léon: oh, das ist einer vom reinsten Wasser, eine ganz hervorragende Intelligenz! Es ist wirklich ein Vergnügen, ihm gelegentlich einen Fingerzeig zu geben . . . Allerdings weiß ich nicht recht, was er gerade momentan im Schilde führt. Vor den Sommerferien, da machte es ihm Spaß, die Besten in seiner Klasse zu überflügeln und sich alle Preise zu holen. Aber seit die Schule wieder angefangen hat, tut er gar nichts mehr! Na, ich habe jedenfalls das

allergrößte Vertrauen zu ihm und möchte seine Kreise absolut nicht stören . . ."
„Würden Sie ihn mir bringen?"
„Der Herr Graf belieben zu scherzen, nicht wahr? . . . Also was ist mit der Zeitschrift?"
„Wir sprechen ein andermal weiter darüber . . . Ich muß Ihre Pläne erst reifen lassen in mir. Inzwischen könnten Sie wohl die Güte haben, mir einen neuen Sekretär zu besorgen; der, den ich hatte, entspricht meinen Anforderungen nicht mehr."
„Ich werde Ihnen morgen den kleinen Cob-Lafleur schikken, den ich nachher im Café treffe und der Ihnen sicherlich zusagen wird."
„Von der Couleur: ‚Anti-Sinnit'?"
„Ein bißchen."
„Ex uno . . ."
„Nein: Sie dürfen von diesem einen nicht auf alle andern schließen . . . Dies ist einer von der gemäßigten Sorte. Speziell geeignet für Sie."
Strouvilhou erhob sich.
„Übrigens", sagte Passavant, „hab ich Ihnen, glaube ich, noch nicht mein neues Buch gegeben! Leider hab ich kein Exemplar der ersten Auflage mehr zur Verfügung . . ."
„Oh, da ich nicht die Absicht habe, es an einen Antiquar zu verkaufen, macht das ja nichts aus!"
„Aber der Druck der Originalausgabe ist besser . . ."
„Oh, da ich ebensowenig die Absicht habe, es zu lesen . . . Also auf Wiedersehen! Und, falls es Ihnen noch erwünscht seine sollte: zu Ihren Diensten! Ich habe die Ehre, mich zu empfehlen."

12

Aus Edouards Tagebuch:
Oliviers Sachen von Passavant abgeholt. Kaum zurück von dieser Expedition: gearbeitet. Ruhige, klare Erhebung. Ein Glück, wie ich es noch nie empfunden habe. Dreißig Seiten an den „Falschmünzern" geschrieben, ohne innezuhalten, ohne das geringste auszustreichen. Wie eine nächtliche Landschaft beim jähen Schein eines Blitzes, so taucht jetzt

plötzlich das ganze Drama meines Buches aus dem Dunkeln auf, sehr verschieden von meinen bisherigen mißratenen Erfindungsversuchen. Meine früheren Bücher scheinen mir den künstlichen Wasserbecken der Parks vergleichbar zu sein, jenen Bassins, deren Umriß scharf und vielleicht vollkommen, deren gefangenes Wasser aber ganz ohne Leben ist. Jetzt soll es fließen, das Wasser, seinem natürlichen Hange gemäß, bald schnell, bald langsam, in Windungen und Verästelungen, die ich nicht vorauswissen kann und nicht vorauswissen mag.
Herr Y. behauptet, ein guter Romanschreiber müsse, bevor er sein Werk beginne, schon genau wissen, wie es enden werde. Ich, dessen Erzählung sich aufs Geratewohl verzweigen und verwickeln darf, bin der Meinung, daß das Leben uns niemals etwas vorschlägt, was sich nicht, ebensogut wie als Ziel, auch als neuer Ausgangspunkt auffassen ließe. „Könnte fortgesetzt werden" ... das müßten die letzten Worte meiner „Falschmünzer" sein ...
Besuch von Douviers. – Er ist sicherlich ein braver Kerl. Da ich meine Sympathie übertrieb, hatte ich ziemlich peinliche Ergüsse auszuhalten. Während ich mit ihm sprach, erinnerte ich mich der Worte von La Rochefoucauld: „Für die Empfindung des sogenannten Mitleids bin ich wenig begabt; und möchte es noch viel weniger sein ... Mitleid kann man vielleicht gelegentlich äußern: aber man sollte sich ängstlich davor hüten, es je zu empfinden." Dennoch war meine Sympathie unleugbar echt, und ich war bis zu Tränen gerührt. Und diese meine Tränen schienen ihn noch wirksamer zu trösten als meine Worte. Es kam mir vor, als ob er auf seine eigene Trauer mit der größten Freigebigkeit verzichte, sowie er mich weinen sah ...
Ich war fest entschlossen, ihm den Namen des Verführers nicht auszuliefern. Aber er hat mich, zu meiner Überraschung, auch gar nicht danach gefragt. Mir scheint, seine Eifersucht fällt in sich zusammen, sowie sie sich nicht mehr unter Lauras Augen weiß. Auf jeden Fall hatte der Energieaufwand seiner Reise zu mir die Intensität jenes Gefühls schon erheblich gedämpft.
Etliches Unlogische in seinem Falle. – Es empört ihn, daß „der andere" Laura im Stich gelassen habe. Ich mache geltend, daß Laura sonst gar nicht zu ihm zurückgekehrt wäre.

Er hat sich vorgenommen, das Kind zu lieben, als wäre es sein eigenes. Die Freuden der Vaterschaft: vielleicht hätte er sie ohne den Verführer niemals kennengelernt? Das habe ich ihm allerdings wohlweislich nicht zu bedenken gegeben, denn das Bewußtsein seiner Unzulänglichkeit hätte seine Eifersucht aufs neue angefacht. Damit aber wäre diese Empfindung ins Gebiet der Eigenliebe gefallen und hätte aufgehört, mich zu interessieren.
Daß ein Othello eifersüchtig ist, scheint durchaus verständlich: das Bild des Vergnügens, das seine Frau mit einem andern genossen hat, behext ihn. Aber ein Douviers muß sich, um eifersüchtig zu sein, vergegenwärtigen, daß er allen Grund hat, es zu sein.
Und sicherlich unterhält er diese Leidenschaft aus einem geheimen Bedürfnis, seine etwas winzige Persönlichkeit mit einigem Nimbus zu umgeben. Glück, das wäre für ihn das Natürliche. Er aber will sich selbst interessant finden und schätzt daher nur das mühselig Erreichte, nicht das natürlich Gegebene. Ich habe ihn also zu überreden versucht, einfaches Glück sei verdienstlicher als dämonische Qual und doch schwer genug zu erreichen . . . Sichtlich erleichtert verließ er mich.

Inkonsequenz der Charaktere. – Personen, die von Anfang bis zu Ende eines Romans oder Dramas genau so handeln, wie man es hatte voraussehen können . . . Man beansprucht unsere Bewunderung für das Beharrungsvermögen solcher Figuren, die sich für ein Gefühl gerade durch solche Starrheit als künstlich und konstruiert erweisen.
Ich behaupte keineswegs, Inkonsequenz sei ein sicheres Anzeichen von Natürlichkeit, denn man findet, zumal bei Frauen, oft genug eine affektierte Inkonsequenz. Andererseits vermag ich, bei einigen besonderen Charakteren, den Geist der sogenannten Folgerichtigkeit durchaus zu bewundern. Aber in den meisten Fällen wird „Konsequenz“ des Wesens nur durch eitle Verkrampfung erzielt und auf Kosten jeglicher Natürlichkeit. Je reicher, je quellender an Möglichkeiten die Natur eines Menschen ist, um so wandlungsfähiger bleibt sie auch und um so weniger wird sie sich ihre Zukunft von der Vergangenheit diktieren lassen. Den „justum et tenacem propositi virum“, den

man uns auf der Schule so dringend als Muster gepriesen hat, kann ich mir eigentlich nur als ein recht trockenes, aller Sublimierung widerstrebendes Präparat vorstellen ...

Ich habe auch Kerle von wieder anderer Observanz gekannt, die sich mit viel Sorgfalt eine bewußte Originalität zusammengebaut hatten und deren spleenige Wachsamkeit krampfhaft darauf gerichtet war, ihren paar ausgeklügelten Marotten niemals untreu zu werden; sie waren gewaltig auf dem Posten und erlaubten sich keinerlei Seitensprünge. Ich denke an Y. Z., der den Montrachet, Jahrgang 1904, den ich ihm anbot, absolut nicht trinken wollte. „Ich trinke nur Bordeauxweine", sagte er. Als ich denselben Montrachet dann für Bordeaux ausgab, schmeckte er ihm plötzlich ganz exquisit.

Als ich noch jünger war, da faßte ich Entschlüsse, die ich für tugendhaft hielt. Es lag mir weniger daran, der zu sein, der ich war, als vielmehr, der zu werden, der ich zu sein beabsichtigte. Heute bin ich beinahe so weit, in der Entschlußlosigkeit das Geheimnis des Nicht-Alterns zu erkennen.

Olivier hat mich gefragt, woran ich arbeite. Ich habe mich verleiten lassen, ihm von meinem Buch zu erzählen und ihm sogar in Anbetracht seiner offenbaren Interessiertheit die Seiten vorzulesen, die ich gerade geschrieben hatte. Dabei hatte ich die größte Angst vor seinem Urteil: man kennt ja den Starrsinn der Jugend und ihre geringe Bereitwilligkeit, einen andern Standpunkt als den eigenen gelten zu lassen. Aber die wenigen Bemerkungen, die er schüchtern äußerte, schienen mir ungemein treffend zu sein, und ich habe für meine weitere Arbeit sogleich Nutzen aus ihnen ziehen können.

Durch ihn, durch Olivier hindurch fühle und atme ich nunmehr.

Er ist immer noch unruhig wegen der Zeitschrift, die er leiten sollte, und besonders wegen der Novelle, die er auf Passavants Anregung geschrieben hatte und mit der er jetzt nichts mehr zu tun haben will. Die neuen Dispositionen, die der Graf in bezug auf die Zeitschrift getroffen hat, bringen, habe ich ihm gesagt, eine Umgestaltung des gesamten

Inhalts mit sich, und Olivier wird keinerlei Schwierigkeit haben, sein Manuskript zurückzuziehen.
Den höchst unerwarteten Besuch des Herrn Untersuchungsrichters Profitendieu empfangen. Er wischte sich die Stirn und atmete schwer, als er vor meiner Tür stand, wohl nicht so sehr infolge der sechs Treppen, die er hatte emporklimmen müssen, als aus Verlegenheit über das Motiv, das ihn zu mir führte. Er behielt seinen Hut in der Hand, auch nachdem er sich in meinem Zimmer von mir auf einen Stuhl hatte nötigen lassen. Er ist ein Mann von stattlichem Äußern; seine Distinktion ist unleugbar.
„Sie sind", sagte er zu mir, „glaube ich, der Schwager des Präsidenten Molinier. Wegen einer Sache, die dessen Sohn Georges betrifft, erlaube ich mir, Sie heute aufzusuchen. Sie werden, so hoffe ich, einen Schritt gütigerweise entschuldigen, der Ihnen zunächst indiskret scheinen mag, den aber die Neigung und Hochachtung, die ich meinem Kollegen entgegenbringe, auch in Ihren Augen vielleicht rechtfertigen mögen."
Er hielt inne. Ich erhob mich, um den Vorhang der zum Nebenzimmer führenden Tür zuzuziehen, damit meine recht neugierige Haushälterin, die sich dort aufhielt, uns nicht etwa belauschen könne. Profitendieu billigte meine Vorsicht durch ein Lächeln.
„In meiner Eigenschaft als Untersuchungsrichter", hub er nunmehr an, „habe ich mich seit einiger Zeit mit einer Angelegenheit zu befassen, die mir außerordentlich peinlich ist. Schon früher hatte Ihr kleiner Neffe sich in ein Abenteuer eingelassen – doch dies bleibt ganz unter uns, nicht wahr? –, in ein ziemlich skandalöses Abenteuer, bei dem ich, in Anbetracht seiner großen Jugend, annehmen will, daß seine Unerfahrenheit und seine Vertrauensseligkeit mißbraucht worden sind; ein Abenteuer immerhin, das einzugrenzen, ohne mit den Interessen der Justiz zu kollidieren, schon einige Geschicklichkeit von mir erfordert hat. Angesichts eines Rückfalls – der übrigens, wie ich sofort hinzufügen möchte, von ganz anderer Natur ist – kann ich nun keine Gewähr mehr dafür übernehmen, daß der kleine Georges wieder so leichten Kaufes davonkommt. Ich zweifle sogar daran, ob solche erneute Schonung im Interesse des Kindes selbst liegen würde, trotz meines freund-

schaftlichen Wunsches, Ihrem Schwager alle Unannehmlichkeiten zu ersparen. Immerhin will ich es versuchen. Aber ich habe Mitarbeiter, verstehen Sie, Agenten, die sich hervortun möchten und deren Eifer sich manchmal nur schwer zähmen läßt. Oder, wenn Sie lieber wollen: heute kann ich diesen Eifer vielleicht noch zurückhalten, morgen nicht mehr. Und so bin ich denn auf die Idee gekommen, daß es wohl sehr gut wäre, wenn Sie, mein Herr, mit Ihrem Neffen sprechen wollten, wenn Sie ihm sagen wollten, welchen Gefahren er sich aussetzt . . ."
Profitendieus Besuch hatte mich – warum soll ich es nicht gestehen? – zunächst furchtbar erschreckt. Aber dann erkannte ich, daß er weder als Feind noch als richterlicher Beamter kam, und so fühlte ich mich alsbald eigentlich mehr auf amüsante Art unterhalten. Und dieses Gefühl nahm im Laufe seiner weiteren Darlegungen nur noch zu.
„Seit etlicher Zeit", so fuhr Profitendieu fort, „sind falsche Goldstücke im Verkehr. Ich bin davon unterrichtet. Es ist mir noch nicht gelungen, ihre Herkunft zu ermitteln. Aber ich weiß, daß der kleine Georges – in aller Naivität, wie ich glauben will – einer von denen ist, die sie in Umlauf setzen. Außer ihm sind es noch ein paar andere Knaben ungefähr seines Alters, die sich solchen bedenklichen Operationen hingeben. Ich zweifle keinen Augenblick, daß es sich bei der ganzen Sache um eine Spekulation auf die Harmlosigkeit unzurechnungsfähiger Kinder handelt und daß diese die Rolle der Betrogenen in den Händen einiger älterer Missetäter spielen. Wir hätten nun die minderjährigen Delinquenten längst packen und uns die Herkunft des falschen Geldes ohne weiteres von ihnen sagen lassen können. Aber ich weiß nur zu sehr, wie leicht eine Affäre, wenn sie einmal über einen bestimmten Punkt hinaus ist, uns aus den Händen gleiten kann . . . Ich will damit sagen: in einem gewissen vorgerückten Stadium kann eine Untersuchung nur noch schwer gestoppt werden, und wir können uns gezwungen sehen, allerlei Tatsachen offiziell zur Kenntnis zu nehmen, die wir vielleicht lieber ignorieren möchten . . . Also ziehe ich es, wie die Dinge liegen, vor, die Ausfindigmachung der wahren Schuldigen zu betreiben, ohne eine Vernehmung ihrer minderjährigen Opfer in Betracht zu ziehen. Ich habe daher Anweisung gegeben, daß man diese

Schulknaben ganz in Ruhe lasse. Immerhin kann eine solche Milde nur provisorischen Charakter haben: ich will hoffen, daß Ihr Neffe mich nicht zwingt, jene Anweisung zu widerrufen . . . Jedenfalls wäre es aufs äußerste erwünscht, wenn man ihm zu verstehen gäbe, daß wir die Augen offenhalten. Es könnte sogar nichts schaden, wenn Sie ihm einen gehörigen kleinen Schrecken einjagen wollten; der Knabe befindet sich unbestreitbar auf einer schiefen Ebene . . ."

Ich versprach, mein Bestes zu tun und Georges zu warnen. Aber zu meinem Erstaunen schien Profitendieu gar nicht darauf zu achten, was ich sagte. Sein Blick hatte sich verloren; er wiederholte ein paarmal: „. . . auf dem, was man eine schiefe Ebene zu nennen pflegt", dann verstummte er.

Ich weiß nicht, wie lange sein Schweigen dauerte. Während er so wortlos dasaß, war es mir, als könnte ich mit den Augen sehen, wie die Gedanken sich in seinem Innern abwickelten, und bevor er noch den Mund aufgetan hatte, hörte ich ihn schon sagen: „Ich bin selbst Vater, mein Herr . . ."

Alles, was er bisher gesagt hatte, verschwand. Einzig sein Sohn Bernard war noch gegenwärtig. Das übrige war Vorwand gewesen: nur um von Bernard zu sprechen, war Monsieur Profitendieu zu mir gekommen.

Wenn sentimentale Herzensergüsse mir stets peinlich gewesen sind, so war dafür nichts geeigneter, mich zu rühren, als diese verhaltene Erregung. Er suchte ihrer nach Kräften Herr zu werden, aber sein Mund bebte vor innerem Kampf. Er konnte nicht weitersprechen. Er verbarg das Gesicht in den Händen, und plötzlich ging ein konvulsivisches Schluchzen durch seinen ganzen Körper.

„Sie sehen, mein Herr", stammelte er, „Sie sehen, daß ein Kind uns recht elend machen kann."

Wozu da noch Zurückhaltung? Ich selbst war heftig erregt und rief: „Wenn Bernard Sie jetzt sehen könnte, das Herz würde ihm schmelzen, dessen bin ich sicher!"

Bei alledem fühlte ich mich in großer Verlegenheit. Bernard hatte fast nie mit mir über seinen Vater gesprochen. Ich hatte die Flucht des jungen Mannes vom häuslichen Herde als etwas ganz Natürliches, ja sogar Förderliches hingenommen, als etwas, das in diesem speziellen Falle durch das Geheimnis von Bernards Geburt noch besonders motiviert wurde ... Aber da enthüllten sich nun bei diesem „unnatürlichen“ Vater Gefühle, die um so stärker und echter zu sein schienen, je weniger sie von der „Stimme des Blutes“ diktiert waren. Angesichts solcher Liebe und solchen Schmerzes mußte ich mich notgedrungen fragen, ob Bernard recht gehandelt habe, als er von Hause wegging: ich fand nicht mehr den Mut, sein Verhalten zu billigen.

„Verfügen Sie über mich, wenn Sie glauben, daß ich Ihnen irgendwie nützlich sein könnte“, sagte ich. „Wünschen Sie, daß ich mit ihm spreche? Er hat einen guten Charakter.“

„Ich weiß, ich weiß ... Ja, Sie vermögen viel. Ich weiß, daß er die Sommerwochen in Ihrer Gesellschaft verbracht hat. Meine Polizei ist immer ziemlich gut auf dem Posten ... Ich weiß auch, daß er gerade heute sein mündliches Examen hat. Ich habe den Moment, wo ich wußte, daß er in der Sorbonne sein müsse, benutzt, um Sie aufzusuchen. Zu anderer Zeit hätte ich gefürchtet, ihn hier zu treffen.“

Seit einigen Augenblicken war meine Erregung im Sinken begriffen, denn ich hatte bemerkt, daß in fast allen seinen Sätzen das Zeitwort „wissen“ vorkam. Und sofort begann ich, weniger auf den Sinn seiner Worte zu achten als auf das Wiederkehren dieser Eigentümlichkeit, die an seinen Beruf zu erinnern schien.

Der Herr Untersuchungsrichter „wußte“ auch, daß Bernard sein schriftliches Examen überaus glänzend bestanden hatte. Die Gefälligkeit eines der examinierenden Professoren, den er zufällig persönlich kannte, hatte es ihm ermöglicht, Kenntnis zu nehmen von dem französischen Aufsatz seines Sohnes, einer offenbar ganz ausgezeichneten Arbeit. Er sprach von Bernard mit einer Art verhaltener Bewunderung, die mich auf die Vermutung brachte, er halte sich am Ende gar für den richtigen Vater dieses so überaus begabten Wunderkindes.

„Aber, um Himmels willen“, fügte er hinzu, „erzählen Sie ihm von alledem kein Sterbenswörtchen! Er hat ein so stolzes, so mißtrauisches Gemüt! ... Wenn er eine Ahnung davon hätte, daß meine Gedanken, seit er von Hause weg ist, Tag und Nacht um ihn gewesen sind, daß ich alle seine Schritte aus der Ferne überwacht habe ... Immerhin können Sie ihm sagen, daß Sie mit mir gesprochen haben.“ Er atmete mühselig zwischen den einzelnen Sätzen. „Und Sie

sind der einzige, der ihm sagen kann, daß ich ihm nicht böse bin", das Folgende mit zitternder Stimme: „und daß ich nie aufgehört habe, ihn zu lieben ... als meinen eigenen Sohn. Oh, ich weiß, daß Sie wissen ... Was Sie ihm auch noch sagen können ..." – ohne mich anzusehen, stokkend, in äußerster Verlegenheit –, „ist, daß seine Mutter mich verlassen hat ... ja, definitiv verlassen, im Laufe dieses Sommers; und daß, wenn er zu mir zurückkehren möchte, ich ..."
Er konnte den Satz nicht vollenden.
Wenn ein großer, kräftiger Mann, von nüchternem Wesen, fest im Leben wurzelnd, in bevorzugter sozialer Stellung, plötzlich auf alle gesellschaftliche Würde verzichtet und sein Herz einem Fremden hemmungslos ausschüttet, so ist mir ein solches Schauspiel in mehrfacher Beziehung interessant. Ich fand wieder einmal bestätigt, daß ich für Offenbarungen von Menschen, die mir fernstehen, empfänglicher bin als für die Intimitäten meiner Freunde. Werde gelegentlich versuchen, mir darüber klarzuwerden.
Profitendieu gestand mir auch, daß er zunächst ein Vorurteil gegen mich gehabt habe, denn er habe sich nie recht zu erklären vermocht und vermöge es heute noch nicht, wie Bernard sein Elternhaus habe verlassen können, um sich an mich anzuschließen. Deshalb habe er auch so lange gezögert, mich aufzusuchen. Ich mochte ihm natürlich die Geschichte von der Reisetasche nicht erzählen und sprach nur von der großen Anhänglichkeit seines Sohnes an Olivier, dank welcher wir uns schnell befreundet hätten.
„Diese jungen Leute", nahm Profitendieu wieder das Wort, „stürzen sich in das Leben, ohne zu ahnen, was ihnen dort bevorsteht. Unkenntnis der Gefahren macht sie kühn und tatenlustig. Aber wir, die Väter, wir, die Wissenden, wir zittern um ihr Schicksal. Die Jünglinge nun, wenn sie uns stets mit so ängstlichen Mienen sehen, werden leicht irritiert, und deshalb sollten wir unsere Besorgnis lieber ein bißchen verheimlichen. Ich habe wiederholt beobachtet, wie ungeschickt und unzweckmäßig gerade die zärtlichste Fürsorge der Eltern sich äußern kann. Bis zum Überdruß wird den Kindern in manchen Häusern die bedeutsame Wahrheit gepredigt, am Feuer könne man sich Brandwunden holen ... Wäre es da nicht vielleicht doch klüger, in Gottes Namen

ruhig mit anzusehen, wie sich die jungen Leute die Finger schließlich mal ein wenig verbrennen? Erfahrung wirkt stärker als Ermahnung. Ich habe Bernard immer soviel Freiheit gelassen, wie nur irgendwie denkbar war – so viel Freiheit, ach, daß er schließlich glauben konnte, ich machte mir betrübend wenig Gedanken um sein Wohlergehen! Wirklich, er scheint da zu einer ganz merkwürdigen Auffassung gelangt zu sein, die möglicherweise ein Motiv geboten hat für seine seltsame Flucht. Und selbst dann noch habe ich es für richtig gehalten, ihm keinerlei Hindernisse in den Weg zu legen; nur aus der Ferne, ohne daß er es merkte, habe ich über ihn gewacht ... Gott sei Dank, verfüge ich ja über die geeigneten Mittel dazu!" Augenscheinlich ist Profitendieu ganz ungemein stolz auf die Organisation seiner „Polizei" – dies war schon das drittemal, daß er ihrer Erwähnung tat. „Ich hätte es durchaus nicht für ratsam erachtet, in den Augen dieses Kindes das Risiko seines Unterfangens abzuschwächen. Ja, soll ich Ihnen gestehen, daß, alles in allem genommen, der Junge mir durch diesen Akt der Unbotmäßigkeit, trotz des großen Kummers, den mir seine Flucht bereitet hat, nur noch enger ans Herz gewachsen ist? Letzten Endes erblicke ich darin einen Beweis von innerem Werte, von hohem Wagemut ..."

So ergoß sich des trefflichen Mannes Redestrom, nachdem er einmal Vertrauen gefaßt, unaufhaltsam. Schließlich versuchte ich, das Gespräch zurückzulenken auf Dinge, die mich mehr interessierten, und fragte ihn kurzweg, ob ihm wirklich einige Exemplare jener gefälschten Goldstücke, von denen er zu Anfang gesprochen hatte, zu Gesicht gekommen seien. Ich war begierig, zu erfahren, ob sie dem Zehnfrancstück aus Bergkristall glichen, das uns Bernard in Saas-Fee gezeigt hatte. Aber kaum hatte ich die Umstände, unter denen sich jenes Zehnfrancstück uns präsentiert hatte, kurz gestreift, als Profitendieus Miene plötzlich verwandelt zu werden schien: die Augenlider schlossen sich halb, während in der Tiefe seines Blickes eine seltsame Flamme erglomm; die Fältchen um die Augenwinkel wurden schärfer; die Lippen kniffen sich zusammen; eine gespannte Aufmerksamkeit zog sein ganzes Gesicht in Furchen und Runzeln. Von allem Bisherigen war nun nicht mehr die Rede. Der Justizbeamte hatte den Vater ver-

drängt, mit einem Schlage existierte für diesen Mann nur noch der leidenschaftliche Spürsinn, den sein Beruf ihm zur Pflicht machte. Er überhäufte mich mit Fragen, kritzelte Notizen in ein Taschenbüchlein und äußerte, er werde einen Kommissar nach Saas-Fee entsenden und aus den Fremdenbüchern des Hotels die Namen aller Gäste dieser Sommersaison feststellen lassen.
„Obwohl", fügte er hinzu, „jenes falsche Goldstück Ihrem Kramladeninhaber wahrscheinlich von einem durchreisenden Abenteurer angedreht worden ist, der den Ort gleich wieder verlassen hat."
Worauf ich erwiderte, Saas-Fee liege in einem Hochtal, das nur von einer Seite aus zugänglich sei, und man könne es nicht leicht an einem und demselben Tag erreichen und wieder verlassen. Diese Information schien ihm eine außerordentliche Befriedigung zu gewähren, und er verabschiedete sich von mir unter lebhaften Dankesbezeigungen, mit angeregtem, ja geradezu verklärtem Gesichtsausdruck, ohne auch nur noch mit einer Silbe auf Georges oder Bernard zurückzukommen.

13

An diesem Vormittag sollte Bernard die Erfahrung machen, daß es für hochherzige Naturen wie die seinige keine größere Freude gibt, als anderen eine Freude zu bereiten. Leider war ihm diese Freude versagt. Er hatte sein Examen mit Auszeichnung bestanden, und da kein Mensch in der Nähe war, dem er davon hätte Mitteilung machen können, so empfand er die Tatsache seines Erfolges wie eine Last. Bernard wußte wohl, daß der, der sich am meisten darüber freuen würde, sein Vater wäre. Er dachte sogar einen Augenblick daran, zu ihm hinzugehen und ihm die gute Botschaft gleich zu überbringen; aber sein Stolz hielt ihn zurück. Also zu Edouard? Zu Olivier? . . . Aber durfte man soviel Aufhebens machen von der Erringung eines Prüfungszeugnisses? Er war nun Bakkalaureus. Was bedeutete das viel? Die Schwierigkeiten fingen jetzt erst an . . .
Im Hofe der Sorbonne sah er, wie einer seiner Kameraden,

der sein Examen heute ebenfalls bestanden hatte, sich von den andern absonderte und weinend auf und nieder ging. Dieser junge Mann war in Trauer; Bernard wußte, daß er vor wenigen Tagen seine Mutter verloren hatte. Eine Wallung des Mitgefühls trieb ihn zu dem Verwaisten. Er näherte sich ihm. Doch aus törichter Scheu ging er dann wortlos an ihm vorbei. Der andere, der ihn erst auf sich zukommen und dann doch weitergehen sah, begann sich seiner Tränen zu schämen; er schätzte Bernard sehr hoch und litt unter dem, was er als Verachtung deuten zu müssen glaubte.
Bernard ging in den Jardin du Luxembourg. Er setzte sich auf eine Bank, in demselben Teil des Gartens, wo er am Tage seiner „Flucht" und Obdachlosigkeit Olivier getroffen hatte. Die Luft war fast noch milde, und durch die schon entlaubten Zweige der hohen Bäume lachte ein tiefblauer Himmel. Man konnte wirklich zweifeln, ob das Jahr schon auf den Winter ging; selbst die Vögel schienen sich darüber zu täuschen, so fröhlich schwirrten sie umher. Doch Bernard hatte kein Auge für die Schönheit des herbstliches Parkes: er sah den Ozean des Lebens vor sich ausgebreitet. Wie man sagt, hat auch der Ozean seine Wege; aber sie sind durch keinerlei Zeichen kenntlich gemacht, und Bernard wußte nicht, wo der seinige war.
Er war im Begriff, in Meditationen zu versinken, da sah er ein Wesen auf sich zukommen, ganz geräuschlos und leichtfüßig, ein Wesen, das wie auf Meereswogen einherschwebte – einen Engel. Bernard hatte noch nie einen Engel gesehen, aber er war keinen Augenblick unschlüssig, und als der Engel zu ihm sagte: „Komm!", da stand er bereitwillig auf und folgte ihm. Er war nicht in höherem Grade erstaunt, als wie er es in einem Traum gewesen wäre. Später suchte er sich zu erinnern, ob der Engel ihn bei der Hand genommen habe. In Wirklichkeit berührten die beiden sich nicht, sondern wahrten einen gewissen Abstand voneinander. Gemeinsam kehrten sie in den Hof der Sorbonne zurück, wo Bernard vorhin den verwaisten Kameraden gelassen hatte; sie waren entschlossen, jetzt mit ihm zu sprechen; aber der junge Mann war nicht mehr da.
Bernard gelangte, von dem Engel begleitet, in die Kirche

der Sorbonne. Hier war er noch nie gewesen. Der Engel trat zuerst ein. Noch andere Engel gingen in der Kirche auf und ab; aber Bernards irdischer Blick vermochte nur den einen zu sehen, der ihn hierhergeführt hatte und der sich jetzt dem Hochaltar näherte und niederkniete. Bernard, neben ihm, tat desgleichen. Ein unbekannter Friede hüllte ihn ein. Zwar glaubte er an keinen Gott, zu dem er hätte beten können, doch sein Herz war erfüllt von sehnsüchtigem Verlangen, sich hinzugeben, sich zu opfern: er bot sich dar. Seine Erregung schien ihm ziellos und geheimnisvoll. Da, plötzlich, begann die Orgel zu spielen.
„Auch deiner angebeteten Laura hast du dich dargeboten", sagte der Engel. Bernard fühlte Tränen über seine Wangen rinnen.
Der Engel gebot: „Komm, folge mir."
Während der Engel ihn mit sich wegzog, hätte Bernard in dem halbdunklen Raum beinahe einen seiner früheren Kameraden angestoßen, der heute gleichfalls sein mündliches Examen gemacht hatte. Bernard hielt ihn für einen Ignoranten und wunderte sich, daß er durchgekommen war. Dieser neugebackene Student, sich unbemerkt glaubend, ließ eine Silbermünze in die Hand des Sakristans gleiten, um eine Kerze dafür zu erstehen. Bernard zuckte mit den Achseln und ging hinaus.
Als er sich wieder auf der Straße befand, merkte er, daß der Engel ihn verlassen hatte. Er betrat einen Zigarrenladen, ebendenselben, wo Georges vor acht Tagen sein falsches Goldstück so glücklich untergebracht hatte. (Der Kleine hatte seitdem noch manche andern in Verkehr gesetzt.) Bernard kaufte ein Päckchen Zigaretten und begann zu rauchen. Warum war der Engel von ihm weggegangen? Hatten Bernard und er sich nichts zu sagen? ... Es schlug zwölf Uhr. Bernard hatte Hunger. Sollte er in die Pension gehen, um dort zu essen? Oder mit Olivier die Gastfreundschaft Edouards teilen? Er vergewisserte sich, daß er genug Geld in der Tasche hatte, und ging in ein Restaurant. Als er seine Mahlzeit beendet hatte, murmelte eine Stimme neben ihm: „Es ist Zeit, deine Rechnung zu machen."
Bernard wandte den Kopf: der Engel hatte sich wieder eingefunden.
„Du mußt dich entscheiden", sagte dieser Sendbote höherer

Sphären. „Du hast dein Leben aufs Ungewisse gestellt. Soll auch weiterhin der Zufall über dich bestimmen? Du möchtest einer Sache dienen: weißt du denn, welcher?“
„Lehre mich! Führe mich!“ antwortete Bernard.
Der Engel führte ihn in einen Saal, der voll von Menschen war. Im Hintergrund befand sich eine Art Bühne, auf der ein Konsortium meist noch junger Leute Platz genommen hatte, geschäftig gruppiert um einen langen, grünbespannten Tisch. Ein anderer junger Mann stand neben dem Tisch und hielt eine Ansprache.
„Es ist eine große Torheit“, sagte er, „zu glauben, daß es in unserer Seele nichts Unbekanntes mehr zu entdecken gebe. Wieviel herrliche Schätze sind uns doch, ohne uns dessen bewußt zu sein, von unsern Altvordern überkommen! Ein jeder von uns sollte schon in seiner Jugend erkennen, wieviel wir der Vergangenheit verdanken, wie sehr wir von ihr abhängig sind und welche Verpflichtungen ein solches Erbe uns auferlegt! Unsere ganze Zukunft ist vorausbestimmt durch die Vergangenheit, die wir im Blute tragen.“
Nachdem er dieses Thema erschöpft hatte, trat ein anderer junger Mann an seine Stelle, erklärte sich mit dem Vorredner einverstanden und wandte sich dann gegen die Anmaßung derer, die ohne Leitsätze, nur nach eigenem Gutdünken, leben zu können vermeinen.
„Eine Lehre ist uns vermacht“, rief er aus. „Sie besteht schon seit vielen hundert Jahren. Sie ist unbedingt die beste, und sie ist die einzig richtige; ein jeder von uns muß ihr anhängen. Es ist die Lehre unserer großen Meister. Es ist die Lehre unseres Landes, das, wann immer es ihr abtrünnig geworden ist, seinen Irrtum schwer hat büßen müssen. Man kann kein guter Franzose sein, ohne diese Lehre in sich aufzunehmen, und man kann nichts Gutes erreichen, ohne sich ihr anzuschließen.“
Diesem zweiten folgte ein dritter Redner, der den beiden andern dafür dankte, daß sie die Theorie des Programms so klar entwickelt hätten. Dann legte er seinerseits dar, dieses Programm bezwecke in der Praxis nichts Geringeres als die Wiedergeburt Frankreichs dank der opferwilligen Anspannung jedes einzelnen Mitglieds der Partei. Er selbst nannte sich einen Mann der Aktion; er versicherte, jede Theorie

finde in der praktischen Verwirklichung erst ihr Ziel und ihren bestätigenden Sinn und jeder gute Franzose sei es sich schuldig, diesem Ziel als Kämpfer zu dienen.
„Aber“, fügte er hinzu, „wieviel zersprengte, verlorene Kräfte gibt es leider noch! Wie wunderbar müßte dem prüfenden Blick unser Land erscheinen, wie strahlend seine Leistungen, wie bedeutend die Existenz jedes einzelnen, wenn alle diese Kräfte sich sammelten, alle Leistungen sich zu einem Ganzen fügten und jeder einzelne sich uns anschlösse!“
Und während er in seiner Rede fortfuhr, begannen junge Leute in den Reihen der Anwesenden umherzugehen und Zettel mit Beitrittserklärungen zu verteilen, unter deren gedruckten Wortlaut man nur noch seine Unterschrift zu setzen brauchte.
„Du wolltest dich darbieten“, sagte der Engel. „Worauf wartest du noch?“
Bernard nahm eins der Blätter, die man ihm reichte und deren Text mit den Worten begann: „Ich verpflichte mich feierlich . . .“ Er las. Dann wandte er sich dem Engel zu und sah, daß dieser lächelte. Darauf überblickte er die Versammlung und erkannte unter den Zuhörern jenen neubestallten Bakkalaureus, der vorhin in der Kirche der Sorbonne zum Dank für das glückliche Bestehen seines Examens eine Kerze angezündet hatte. Und, etwas weiter entfernt, bemerkte er plötzlich seinen älteren Bruder, den er seit seinem Weggang vom Elternhaus noch nicht wiedergesehen hatte. Bernard liebte ihn nicht und war immer ein bißchen eifersüchtig gewesen auf die Wertschätzung, die der Vater ihm angedeihen zu lassen schien. Nervös zerknitterte er das Papier in seiner Hand. „Du meinst, ich sollte unterzeichnen?“
„Gewiß, wenn du an dir zweifelst“, sagte der Engel.
„Ich zweifle nicht mehr“, sagte Bernard und schleuderte den Zettel weit von sich.
Inzwischen setzte der Redner seine Darlegungen fort. Als Bernard ihm wieder zuzuhören begann, empfahl er gerade ein sicheres Mittel, sich niemals zu irren, das darin bestand, auf jedes eigene Urteil zu verzichten und alles dem Ratschluß der Oberen anheimzugeben.
„Wer sind sie, diese Oberen?“ fragte sich Bernard, und mit

einem Male packte ihn die heftigste Entrüstung. „Wenn du aufs Podium stiegst“, sagte er zu dem Engel, „und dich mit ihm rauftest, du würdest ihn sicherlich zu Boden zwingen ...“

Aber der Engel lächelte. „Gegen dich werde ich kämpfen, heute abend ... Willst du? ...“

„Ja“, sagte Bernard.

Sie verließen den Saal. Sie kamen auf die großen Boulevards. Die Menge, die sich dort drängte, schien nur aus reichen Leuten zu bestehen; ein jeder schien seiner selbst sicher zu sein, gleichgültig gegen alle andern, aber voll von Sorgen.

„Sieht so das Glück aus?“ fragte Bernard, mit Tränen im Herzen.

Dann führte ihn der Engel in die Viertel der Armen. Sie kamen in Stadtgegenden, von deren düsterem Elend Bernard bis jetzt keinen Begriff gehabt hatte. Es war Abend geworden.

Lange irrten sie zwischen hohen, schmutzigen Häusern umher, in denen Not und Krankheit, Schande, Verbrechen und Prostitution wohnten. Erst da nahm Bernard die Hand des Engels, und der Engel kehrte sein Antlitz zur Seite und weinte.

An diesem Abend aß Bernard keinen Bissen. Als er spät in die Pension zurückkam, schlich er sich nicht, wie in den vorhergegangenen Nächten, heimlich zu Sarah, sondern ging gleich in sein Zimmer, das er mit dem kleinen Boris teilte.

Boris lag schon zu Bett, schlief aber noch nicht. Beim Schein einer Kerze las er immer von neuem den traurigen Brief, den er heute morgen von Bronja erhalten hatte.

„Ich fürchte“, schrieb ihm seine Freundin, „daß wir uns niemals wiedersehen werden. Ich habe mich auf der Rückreise nach Polen erkältet. Ich huste. Und obwohl der Arzt es mir auszureden sucht, fühle ich, daß ich nicht mehr lange leben kann.“

Sowie er hörte, daß sich Schritte näherten, versteckte Boris den Brief unter seinem Kopfkissen und blies das Licht schnell aus.

Bernard tappte sich in der Dunkelheit vorwärts. Der Engel war zusammen mit ihm ins Zimmer getreten; aber obgleich

die Nacht nicht besonders finster war, erblickte Boris nur Bernard.
„Schläfst du?“ fragte Bernard leise. Und da Boris nicht antwortete, so mußte Bernard annehmen, daß er in der Tat schlafe.
„Dann also: auf zum Kampf!“ sagte Bernard zu dem Engel.
Und die ganze Nacht, bis zum Morgengrauen, kämpften die beiden miteinander.
Boris sah undeutlich, wie Bernard sich bewegte. Er hielt das für seine Art des Betens und hütete sich, ihn zu stören. Allerdings hätte er sehr gern mit ihm sprechen mögen, denn er fühlte sich todtraurig. Er stand auf und kniete zu Füßen seines Bettes nieder. Er wollte beten, vermochte aber nur schluchzend hervorzubringen: „O Bronja, du kannst die Engel sehen und wolltest auch mir die Augen öffnen – und nun läßt du mich allein! Was soll aus mir werden ohne dich! Wie soll ich leben ohne dich, Bronja?“
Bernard und der Engel waren zu beschäftigt, um ihn zu hören. Sie rangen miteinander bis zur Morgenröte. Dann verschwand der Engel, ohne daß einer von den beiden Sieger geworden wäre.
Als Bernard später aus seinem Zimmer ging, stieß er im Korridor auf Rachel.
„Ich habe mit Ihnen zu sprechen“, sagte diese zu ihm. Ihre Stimme klang so traurig, daß Bernard sofort alles fühlte, was sie ihm zu sagen haben würde. Er antwortete nichts, neigte demütig das Haupt und begann, aus jäh erwachendem Mitgefühl mit Rachel, wilden Haß gegen Sarah zu empfinden und Abscheu gegen die Lust, die er bei ihr genossen hatte.

14

Gegen zehn Uhr morgens erschien Bernard mit einer Tasche, die seine wenigen Habseligkeiten enthielt, Wäsche, Kleider und Bücher, bei Edouard. Er hatte sich von dem alten Azaïs und von Madame Vedel verabschiedet, aber keinen Versuch gemacht, Sarah noch einmal zu sehen.
In Bernards Miene war ein tiefer Ernst zu erkennen. Der Kampf mit dem Engel hatte ihn reifer gemacht. Kaum glich er noch jenem unbekümmerten Reisetaschendieb, der ge-

glaubt hatte, ein frischer Wagemut sei das einzige, worauf es in der Welt ankomme. In der Zwischenzeit war ihm die Erkenntnis aufgedämmert, daß es meistens das Glück des Nebenmenschen ist, das die Kosten solcher Unbedenklichkeit zu tragen hat.
„Ich bin von neuem obdachlos", sagte er zu Edouard, „und bitte um einen Winkel zum Schlafen."
„Warum verlassen Sie die Vedel?"
„Aus geheimen Gründen ... deren Offenbarung Sie mir bitte erlassen wollen."
Edouard hatte an jenem Bankettabend Bernard und Sarah aufmerksam genug beobachtet, um sich diese Gründe einigermaßen zusammenreimen zu können.
„Na gut", sagte er lächelnd. „Der Diwan im Atelier steht Ihnen zur Verfügung für die Nacht. Aber zunächst muß ich Ihnen sagen, daß Ihr Vater gestern bei mir gewesen ist." Und er teilte ihm von dessen Äußerungen diejenigen mit, die dem Sohn besonders zu Herzen gehen mußten. – „Nicht bei mir also sollten Sie sich heute abend einquartieren, sondern bei Ihrem Vater. Er wartet auf Sie."
Bernard schwieg.
„Ich will darüber nachdenken", sagte er dann. „Darf ich inzwischen meine Sachen hierlassen? ... Und kann ich Olivier sehen?"
„Bei dem schönen Wetter hab ich ihn bewogen, ein bißchen ins Freie zu gehen. Ich wollte ihn begleiten, denn er ist ja noch sehr schwach, aber er zog es vor, sich allein auf den Weg zu machen. Übrigens ist er schon eine volle Stunde weg und muß bald wieder da sein. Wollen Sie nicht auf ihn warten? ... Und wie ist es gestern mit Ihrem Examen gegangen?"
„Ich bin durchgekommen. Aber das hat keine Bedeutung. Von Wichtigkeit ist nur, was ich jetzt tun soll. Können Sie sich denken, was mich vor allem hindert, zu meinem Vater zurückzukehren? ... Daß ich nicht auf seine Kosten leben will! Sie werden es vielleicht abgeschmackt finden, daß ich auf die Möglichkeit, die sich mir jetzt bietet, verzichte. Aber es handelt sich um ein Versprechen, das ich mir selbst gegeben habe. Ich muß mir beweisen, daß ich ein Mann von Wort bin, auf den ich mich verlassen kann."
„Ich vermag darin eigentlich nur Hochmut zu entdecken."

„Nennen Sie es, wie Sie wollen: Hochmut, Anmaßung, Selbstgefälligkeit; Sie werden die Empfindung, die mich beseelt, in meinen Augen nicht entwerten ... Aber jetzt möchte ich folgendes von Ihnen wissen: muß man, um ins wirkliche Leben zu gehen, die Augen auf ein Ziel gerichtet halten?"

„Erklären Sie sich näher!"

„Ich habe mich die ganze Nacht mit diesem Problem herumgeschlagen. Welchem Zwecke soll die Kraft, die ich in mir fühle, dienen? Wie soll ich mich selbst am besten verwerten? Indem ich einem Ziel entgegengehe? Aber welches Ziel müßte das sein? Wie soll man ein Ziel wählen? Wie soll man es überhaupt erkennen, solange man es nicht erreicht hat?"

„Ohne Ziel leben heißt sich dem Zufall überlassen."

„Ich fürchte, Sie verstehen mich nicht ganz. Als Kolumbus Amerika entdeckte, wußte er da, wohin er gelangen würde? Sein Ziel war, geradeaus zu fahren, immer weiter geradeaus. Sein Ziel, das war er selbst, er, der dieses Ziel vor sich hinwarf wie einen Lichtstrahl ..."

„Ich habe oft bedacht", unterbrach Edouard den Sprechenden, „daß in der Kunst, besonders in der Literatur, nur der in Betracht kommt, der Unbekanntes sucht. Man entdeckt keine neuen Weltteile, ohne den Mut zu haben, alle Küsten aus den Augen zu verlieren. Doch unsere behutsamen Literaten fürchten das offene Meer; sie sind nur Küstenschiffer."

„Als ich gestern mein Examen absolviert hatte", sagte Bernard, der dem Gedankengang Edouards nicht gefolgt war, „bin ich, von irgendeinem unbekannten Dämon geleitet, in einen Saal geraten, in dem eine öffentliche Versammlung stattfand. Es war da die Rede von nationaler Ehre, von Hingebung ans Vaterland, von vielen Dingen, die mir das Herz höher schlagen ließen. Und es fehlte nicht allzuviel, so hätte ich ein Blatt Papier unterzeichnet, durch das ich mich feierlich verpflichtet hätte, meine ganze Kraft einer Sache zu widmen, die mir durchaus groß und edel erschien."

„Ich bin froh, daß Sie nicht unterzeichnet haben. Aber was hat Sie zurückgehalten?"

„Vermutlich ein unbewußtes Gefühl ..." Bernard dachte

einen Augenblick nach, dann sagte er lachend: „Ich glaube, hauptsächlich waren es die Gesichter der Eingeschworenen, die mich abgeschreckt haben, angefangen mit dem Gesicht meines Bruders Charles, den ich unter den Anwesenden entdeckte. Es kam mir vor, als täten alle diese gewiß von den besten Absichten erfüllten jungen Leute ungemein gut daran, sich des eigenen Willens zu entäußern, denn er hätte sie nicht weit geführt, und ebenso des eigenen Urteils, denn damit war kein Staat zu machen, und schließlich auch der Freiheit ihres Geistes, denn damit wäre es auch bald Matthäi am Letzten gewesen . . . Des weiteren habe ich mir gesagt, es sei sicherlich erwünscht für ein Land, unter seinen Bürgern auf eine so große Anzahl braver Dienstmannen rechnen zu können; aber ich selbst würde niemals zu ihnen gehören. Und als ich mit meinen Überlegungen so weit war, kam ich zu der Frage, wie es mir gelingen könne, ein Gesetz für mich aufzustellen – denn ich wollte ja weder gesetzlos bleiben noch mein Gesetz von irgendwelcher andern Seite empfangen."

„Die Antwort scheint mir einfach zu sein: man muß sein Gesetz in sich selber finden. Das Ziel muß lauten: Verwirklichung des eigenen Wesens."

„Ja . . . das habe ich mir auch gesagt. Aber damit bin ich nicht viel weiter gekommen. Wenn ich wenigstens entdekken könnte, was das Beste an meinem eigenen Wesen ist: dann sollte ich schon bestrebt sein, es zur ‚Verwirklichung' zu bringen! Aber ich vermag dieses Beste ja nicht einmal zu erkennen. Die ganze Nacht habe ich mich herumgestritten, sage ich Ihnen. Gegen Morgen war ich so erschöpft, daß ich keinen andern Ausweg zu sehen glaubte, als mich, noch vor der Einberufung meines Jahrganges, zum Militär zu melden; freiwillig."

„Einer Frage ausweichen heißt nicht sie lösen."

„Das habe ich mir auch gesagt. Es wäre nur ein Aufschub gewesen: nach Beendigung der Dienstzeit wäre das gleiche Problem um so drängender wieder vor mir aufgetaucht . . . Und so bin ich denn zu Ihnen gekommen, um Ihren Rat zu hören."

„Ich habe Ihnen keinen zu geben. Diesen Rat können Sie nur in sich selber finden. Und nur indem Sie leben, können Sie lernen, wie Sie leben müssen."

„Und wenn ich falsch lebe, bevor ich weiß, wie ich leben muß?"
„Dann wird selbst das falsche Leben Ihnen zur Unterweisung dienen. Es ist gut, der eigenen Linie zu folgen: unter der einzigen Voraussetzung, daß diese Linie eine aufsteigende sei."
„Scherzen Sie? ... Nein; ich glaube, daß ich Sie verstehe, und ich akzeptiere diese Formel. Aber während ich mein Wesen ‚verwirkliche', wie Sie es nennen, muß ich immerhin soviel Geld verdienen, daß ich nicht verhungere. Was dächten Sie also davon, wenn ich eine imposante Annonce in die Zeitungen setzte: ‚Junger Mann mit glänzender Zukunft, verwendbar für x-beliebigen Posten ...'?"
Edouard lachte.
„Einen x-beliebigen Posten – ach, den findet man am allerschwersten! Da scheint es mir doch besser, etwas mehr zu präzisieren."
„Ich dachte an eine dieser unzähligen kleinen Funktionen in der Maschinerie eines großen Zeitungsbetriebes ... Oh, ich würde jede subalterne Arbeit annehmen: Korrekturlesen, oder was es auch sei ... Ich brauche ja so wenig zum Leben!"
Er sagte das, ohne von seinen eigenen Worten überzeugt zu sein. In Wirklichkeit hoffte er auf die Stellung eines Sekretärs. Aber davon wagte er Edouard nichts zu sagen angesichts der mißlichen Erfahrung, die sie persönlich miteinander gemacht hatten. Aber war es denn etwa seine, Bernards, Schuld, wenn jener Versuch so kläglich gescheitert war?
„Vielleicht", sagte Edouard, „kann ich Sie beim ‚Grand Journal' unterbringen, mit dessen Direktor ich bekannt bin ..."

Zur selben Stunde, in der Bernard und Edouard dies Gespräch führten, hatte Sarah eine äußerst peinliche Auseinandersetzung mit ihrer Schwester Rachel. Sarah begriff sofort, daß Rachels Vorstellungen die Ursache von Bernards so plötzlich erfolgten Weggang gewesen seien. Und sie empörte sich gegen eine Schwester, die – so drückte Sarah sich aus – alle Freude rings um sich herum zerstöre und die sich für berechtigt halte, ihren Mitmenschen einen Daseinsstil aufzuerlegen, den ihr eigenes Beispiel keineswegs als beneidenswert darstelle.

Rachel, von diesen Anklagen aufs tiefste erschüttert, denn sie hatte sich stets aufgeopfert, antwortete, zitternd und blaß: „Ich kann dich doch nicht zugrunde gehen lassen!"
Aber Sarah heulte nur und schrie: „Verschone mich mit deinen Rettungsversuchen! Dein Tugendhimmel hat nicht den geringsten Reiz für mich!"
Sie beschloß augenblicklich, wieder nach England zu reisen, wo ihre Freundin sie mit Vergnügen aufnehmen würde. Denn sie war schließlich ein freier Mensch und konnte tun und lassen, was ihr beliebte. Dieser traurige Streit ließ Rachel gebrochen zurück.

15

Edouard hat es so eingerichtet, daß er vor der Rückkehr der Kinder vom Schulunterricht in der Pension ankam. Er möchte zunächst mit La Pérouse sprechen, den er seit dessen Übersiedlung in die Pension noch nicht wiedergesehen hat. Der greise Musikprofessor erfüllt seine neuen Obliegenheiten als Studienaufseher so gut es eben gehen will, das heißt sehr schlecht. In den ersten Tagen hat er versucht, sich die Liebe der Schüler zu erwerben, aber es gebricht ihm an Autorität. Die Kinder nutzen das aus. Sie nehmen seine Milde für Schwäche und entziehen sich jeglicher Botmäßigkeit. Nun versucht La Pérouse es mit der Strenge; aber zu spät; seine Ermahnungen, Drohungen, Verweise nehmen die Kinder vollends gegen ihn ein. Läßt er seine Stimme dumpf anschwellen, so grinsen sie; schlägt er mit der Faust aufs Pult, daß es dröhnt, so stoßen sie komisch übertriebene Entsetzensschreie aus; sie kopieren ihn; sie nennen ihn den Père Lapère; von Bank zu Bank wandern Karikaturen, die ihn, den so Gutmütigen, als einen Tobsüchtigen darstellen, bewaffnet mit einer riesigen Pistole (mit eben jener Pistole, die Ghéridanisol, Georges und Phiphi bei einer indiskreten Durchstöberung seines Zimmers entdeckt haben) und dieses Instrument zu einem wahrhaft bethlehemitischen Schülermord mißbrauchend; oder auch, mit gefalteten Händen vor den Schülern niederkniend und sie, wie er's anfänglich zu tun pflegte, um „ein ganz klein bißchen Ruhe" anflehend, „um Christi Gnade und Barmherzigkeit!" ... Eine erbarmungslose Meute hat sich hier auf jemand gestürzt, der zum Opfer prädestiniert ist, auf einen armen alten Hirsch, der sich nicht mehr retten kann ... Von alledem weiß Edouard nichts.

Aus Edouards Tagebuch:
La Pérouse empfing mich in einem kleinen Parterresaal, den ich als den unbehaglichsten der ganzen Pension kannte. An „Möbeln" befanden sich darin nur vier Schulbänke und eine Wandtafel, ferner ein Korbstuhl, in dem La Pérouse mich Platz nehmen ließ. Er selbst setzte sich seitlich auf eine der Schulbänke, nachdem er vergeblich versucht hatte, seine allzu langen Beine unter das dazugehörige Pult zu zwängen.
„Nein, nein, bleiben Sie nur, wo Sie sind; ich sitze hier sehr gut."
Seine Stimme und sein Gesichtsausdruck aber besagten: Ich sitze hier jämmerlich, und ich fühle mich hier überhaupt todelend, und ich hoffe, daß Ihnen das genügend in die Augen springt ... Aber so ist es mir gerade recht; und je bemitleidenswürdiger es mir ergeht, desto weniger sollen Sie mich klagen hören!
Ich versuchte ein Scherzwort anzubringen, aber der Alte ließ sich kein noch so kleines Lächeln abnötigen. Er trug ein feierlich-steifes Wesen zur Schau, das wohl einen gewissen Abstand zwischen uns wahren und mir zu verstehen geben sollte: Sie sind schuld daran, daß ich hier bin!
Dabei erklärte er, es gefalle ihm in der Pension in jeder Beziehung gut. Meinen Fragen wich er aus, und mein teilnehmendes Interesse schien ihn fast zu erbittern. Doch als ich ihn fragte, wo sein Zimmer gelegen sei, sagte er: „Etwas zu weit von der Küche entfernt!" Und als ich mich über diese Antwort wunderte: „Manchmal, wenn ich des Nachts nicht schlafen kann, packt mich eine so wütende Lust zu essen."
Ich hatte meinen Korbstuhl näher an ihn herangerückt und legte ihm sanft eine Hand auf die Schulter. In natürlicherem Tone fuhr er fort: „Ich muß Ihnen sagen, daß alle meine Nächte sehr schlimm sind. Gelingt es mir einmal, Schlaf zu finden, so bleibe ich mir doch immer bewußt, daß ich schlafe. Das ist nicht das richtige, meinen Sie

nicht auch? Wer wirklich schläft, der weiß nicht, daß er schläft; erst beim Erwachen merkt er, daß er geschlafen hat."

Sich zu mir hinbeugend, mit tüftelnder Beharrlichkeit: „Manchmal bin ich versucht, zu glauben, daß meine Empfindungen imaginärer Natur sind und daß ich doch wirklich schlafe, während ich nicht zu schlafen glaube. Aber der Beweis dafür, daß ich nicht wirklich schlafe, liegt darin, daß ich, wenn ich die Augen aufmachen will, diese Absicht auch sofort verwirklichen kann. Gewöhnlich will ich es nicht; denn welches Interesse sollte ich wohl daran haben, die Augen aufmachen zu wollen? Warum sollte ich mir selbst beweisen, daß ich nicht schlafe? Wenn ich mir dagegen einzureden suche, daß ich schon wirklich im Schlafe befangen sei, so behalte ich doch immer noch einige Hoffnung, nun auch in Wirklichkeit einzuschlafen ..."

Noch näher zu mir geneigt, mit leiserer Stimme: „Außerdem ist da etwas, was mich stört. Sagen Sie es aber um Himmels willen nicht weiter. Ich habe mich nicht darüber beschwert, weil ja doch nichts zu machen ist: wozu könnte es dienen, sich über Unabänderliches zu beschweren? ... Also denken Sie sich: ganz nahe an meinem Bett, im Innern der Wand, gerade neben meinem Kopfkissen – da ist etwas, was Geräusch macht."

Er war jetzt ziemlich erregt. Ich bat ihn, mich in sein Zimmer zu führen.

„Ja, gern", antwortete er und erhob sich sofort. „Sie können mir vielleicht sagen, was es ist. Mir selbst bleibt es unerklärlich. Kommen Sie mit."

Wir stiegen zwei Treppen hinauf. Dann tasteten wir uns durch einen finsteren Korridor. In diesem Teil des Hauses war ich noch nie gewesen.

Das Zimmer des alten Klavierlehrers ging nach der Straße zu. Es war klein, aber nicht unfreundlich. Auf dem Nachttisch bemerkte ich, neben einem Gebetbuch, jenen Pistolenkasten, den der Alte bei seinem Umzug absolut hatte mitnehmen wollen.

Er hatte mich am Arm gefaßt und, das Bett etwas beiseite schiebend: „Da! Geben Sie genau acht ... Legen Sie das Ohr an die Wand! Hören Sie's?"

Ich lauschte mehrere Minuten lang mit gespannter Aufmerksamkeit. Aber ich vermochte mit dem besten Willen nichts Besonderes zu erkennen. La Pérouse wurde ärgerlich. Draußen fuhr ein schwerer Lastwagen vorbei, der das ganze Haus erschütterte und die Fensterscheiben zittern ließ.

„Um diese Tageszeit", sagte ich, in der Hoffnung, ihn zu besänftigen, „übertäubt offenbar der Straßenlärm jenes kleine Geräusch, von dem Sie irritiert werden . . ."

„Er übertäubt es für Sie, der Sie nicht imstande sind, es von anderen Geräuschen zu unterscheiden!" rief er mit Heftigkeit. „Ich aber, ich höre es trotzdem! Ich höre es auch am Tage, trotz allen ‚Übertäubens'! . . . Manchmal erregt mich die Sache so, daß ich es doch für unumgänglich halte, mit Azaïs oder mit dem Hausbesitzer darüber zu sprechen . . . Oh, ich bilde mir ja nicht ein, es abstellen zu können, das Geräusch; aber ich möchte doch wenigstens wissen, was es ist!"

Er schien in Nachdenklichkeit zu verfallen. Nach einiger Zeit fuhr er fort: „Man könnte es für ein Nagen oder Knabbern halten. Ich habe alles versucht, um es nicht mehr hören zu müssen. Ich habe mein Bett von der Wand abgerückt. Ich habe mir Watte in die Ohren gestopft. Ich habe meine Taschenuhr an die Wand gehängt – Sie sehen den kleinen Nagel, den ich da eingeschlagen habe –, an einer Stelle, wo vermutlich der Rauchfang vorbeigeht, damit das Ticktack möglichst laut sei und das andere Geräusch übertöne . . . Aber dann quält mich alles nur noch viel mehr, weil es nun einer gewissen Anstrengung bedarf, um das andere, das eigentliche Geräusch zu erkennen. Das ist lächerlich, nicht wahr? Aber es ist mir immer noch das liebste, es offen und ehrlich zu hören, da ich ja doch einmal weiß, daß es da ist! . . . Oh, ich sollte Ihnen das alles vielleicht gar nicht sagen. Sie sehen, ich bin nur noch ein elender Greis!"

Er setzte sich auf den Bettrand und verharrte lange in dumpfem Schweigen. Der Altersabbau hat es bei La Pérouse weniger auf die Intelligenz als auf den Urgrund des Charakters abgesehen. Der Wurm hat sich eingenistet im Kern der Frucht, dachte ich, wie ich ihn, den einst so stolzen und selbstbewußten Mann, dasitzen sah als Beute kindischer Verzweiflung.

Um ihn auf andere Gedanken zu bringen, begann ich, von dem kleinen Boris zu sprechen.
„Ja, sein Zimmer ist gleich neben dem meinigen", sagte er und erhob sich. „Ich will es Ihnen zeigen. Folgen Sie mir."
Er ging mir voran und öffnete im Korridor eine benachbarte Tür.
„In dem andern Bett, das Sie da sehen, schläft der junge Profitendieu." (Ich hielt es nicht für geraten, ihm mitzuteilen, daß Bernard gerade von heute an nicht mehr darin schlafen würde.) Er fuhr fort: „Boris ist froh, ihn zum Stubengenossen zu haben. Ich glaube, er versteht sich gut mit ihm. Aber mit mir, wissen Sie, mit mir spricht er nur sehr wenig. Er ist doch ein recht verschlossener Knabe ... Ich fürchte, er ist von Natur ziemlich kalt."
Er sagte das so traurig, daß ich protestieren und mich für die Gefühle des Enkels verbürgen zu sollen glaubte.
„Aber dann könnte er diese liebevollen Gefühle wohl etwas deutlicher zur Schau tragen!" meinte La Pérouse. „Hören Sie zum Beispiel dies: wenn er morgens mit den andern den Weg zur Schule antritt, so lehne ich mich jedesmal weit zum Fenster hinaus, um ihn unten auf der Straße vorbeigehen zu sehen. Das weiß er auch ganz genau ... Nun, er hat mir noch nicht ein einziges Mal einen Blick zugeworfen!"
Ich wollte ihm zu verstehen geben, Boris fürchte offenbar, seinen Kameraden Anlaß zu Spöttereien zu bieten; aber in diesem Augenblick erscholl vom Hof her ein lärmendes Getöse.
La Pérouse packte mich am Arm und rief ängstlich: „Hören Sie! Hören Sie! Da kommen sie zurück!"
Ich sah ihn an. Er zitterte am ganzen Körper.
„Diese dummen Jungen machen Ihnen doch nicht etwa Angst?" fragte ich.
„O nein, o nein!" antwortete er verwirrt. „Wie kommen Sie nur auf einen solchen Gedanken?" Dann, hastig: „Ich muß sogleich hinunter! Die Pause dauert nur ein paar Minuten, und Sie wissen, daß ich im Arbeitssaal die Aufsicht führen muß. Also adieu!"
Er stürzte in den Korridor hinaus, ohne mir auch nur noch die Hand gegeben zu haben. Gleich darauf hörte ich ihn die Treppe hinunterstolpern. Ich blieb noch einige Augen-

blicke im Zimmer, denn ich wollte nicht in den Schwarm der Kinder hineingeraten. Man hörte sie schreien, lachen und toben. Dann ein Glockenzeichen, und mit einem Male ward alles still.
Ich begab mich zum alten Azaïs und erhielt von ihm die Ermächtigung, Georges aus dem Arbeitssaal herausrufen zu lassen. Und alsbald erschien der Knabe in demselben kleinen Raum, in dem vorhin La Pérouse mich empfangen hatte.
Kaum wurde der kleine Georges meiner ansichtig, als er es, wie instinktiv, für gut befand, eine spöttische Miene anzunehmen. Dahinter gedachte er wohl seine Verlegenheit zu verbergen. Aber ich hätte keinen Eid darauf schwören können, wer von uns beiden der am meisten Verlegene war. Georges hielt sich in der Defensive; er schien auf einen Angriff von meiner Seite gefaßt zu sein. Es kam mir vor, als raffe er in seinem Innern eiligst alle Waffen zusammen, über die er gegen mich verfügen mochte, denn bevor ich noch den Mund geöffnet hatte, fragte er mich in so höhnischem Ton nach Olivier, daß ich ihm am liebsten eine Ohrfeige gegeben hätte. Dieser Knabe bot mir Trotz. Damit Sie's nur wissen, ich habe keine Angst vor Ihnen! – das war es, was seine ironischen Blicke, die boshaft zusammengekniffenen Lippen und der dreiste Klang seiner Stimme besagten. Ich verlor jede Sicherheit und war hinfort nur noch bemüht, wenigstens äußerlich meine Haltung zu bewahren. Die Strafpredigt, die zu halten ich mich vorbereitet hatte, schien mir plötzlich ganz unangebracht. Ich verfügte nicht über das Prestige, dessen man bedarf, um den Sittenrichter zu spielen. Auch amüsierte mich der kleine Georges im Grunde viel zu sehr.
„Ich komme nicht, um dich zu schelten", sagte ich schließlich, „ich wollte dich nur warnen." (Dabei lächelte, ohne daß ich's beabsichtigt hätte, mein ganzes Gesicht.)
„Sagen Sie mir doch zuerst, ob Mama Sie schickt."
„Ja und nein. Deine Mutter hat mit mir über dich gesprochen, aber das ist schon ein paar Tage her. Doch gestern habe ich in bezug auf dich eine sehr wichtige Unterredung gehabt mit einer sehr wichtigen Persönlichkeit, die du nicht kennst und die extra zu mir gekommen war, um mit mir über dich zu sprechen. Ein Untersuchungsrichter. In des-

sen Auftrag komme ich heute zu dir ... Weißt du, was ein Untersuchungsrichter ist?"
Georges war blaß geworden, und offenbar durchfuhr ihn ein böser Schreck. Er suchte seine Erregung unter forcierter Keckheit zu verbergen, aber seine Stimme zitterte doch etwas, als er sagte: „Na, dann rücken Sie mal raus mit dem, was Papa Profitendieu Ihnen erzählt hat!"
Das zuversichtliche Benehmen dieses Kindes verwirrte mich. Offenbar wäre es in meiner Lage die einfachste Sache von der Welt gewesen, direkt auf mein Ziel loszugehen; aber mein Geist hat von jeher allem Einfachen widerstrebt: er zieht unweigerlich einen Umweg vor. Um nun ein Verhalten verständlich zu machen, das aus der Eingebung des Moments entsprang, mir selbst aber schon im nächsten Augenblick ganz absurd erschien, muß ich vorausschicken, daß meine letzte Unterhaltung mit Pauline mir einen ungewöhnlichen Eindruck hinterlassen hatte. Die Betrachtungen, die aus diesem Gespräch hervorgegangen waren, hatten sich mir zu einem Dialog geformt, den ich alsogleich in meinen Roman eingefügt hatte, weil dieser Dialog genau zu gewissen Figuren meines Buches paßte. Es kommt selten vor, daß ich etwas, was die Wirklichkeit mir zuträgt, ohne weiteres benutzen kann: Das Abenteuer des kleinen Georges bildete einen solchen Ausnahmefall. Auf dieses Abenteuer schien mein Roman geradezu gewartet zu haben, so ausgezeichnet paßte es in den Zusammenhang hinein; kaum ein paar Einzelheiten hatte ich ändern müssen. Allerdings stellte ich dieses Abenteuer (ich meine die Affäre der Diebereien) dem Leser nicht unmittelbar vor Augen: man mußte es sich aus Gesprächen, die geführt wurden, zusammenreimen. Den Wortlaut dieser Gespräche hatte ich in einem Heft niedergeschrieben, das ich eben jetzt bei mir trug. Dagegen schien mir die Goldstück-Affäre in der Gestalt, wie Profitendieu sie mir mitgeteilt hatte, für meine Zwecke durchaus nicht verwendbar zu sein. Und wohl deshalb begann ich mit der Taktik des Lavierens, anstatt sofort auf diese letzte Affäre, den eigentlichen Grund meines Besuches, loszugehen.
„Ich möchte dich zunächst bitten, ein paar Seiten zu lesen, die ich geschrieben habe", sagte ich zu dem Knaben; „du wirst gleich sehen, warum!"

Und ich reichte ihm das Heft, das ich an der betreffenden Stelle aufgeschlagen hatte.
Ich wiederhole: meine Handlungsweise erscheint mir jetzt völlig absurd. Aber in meinem Roman sollte die jüngste der Hauptpersonen durch eine ebensolche Lektüre vor den Folgen ihres Tuns gewarnt werden. Es war mir also wichtig, zu sehen, wie Georges auf diese Lektüre reagieren würde: diese Reaktion sollte mir Anhaltspunkte liefern für meine weitere Arbeit; ja sogar über die Qualität des bereits Geschriebenen sollte sie mir ein Urteil ermöglichen . . .
Im folgenden kopiere ich die Seiten, die ich Georges zu lesen gab:

In dieses Kindes Seele gab es eine ganze Provinz des Düstern, über welche Audiberts besorgte Aufmerksamkeit sich neigte. Es war ihm nicht genug, zu wissen, daß der junge Eudolfe gestohlen hatte; es wäre auch sein Wunsch gewesen, daß Eudolfe ihm erzählt hätte, wie er dazu gekommen war und was er bei seinem ersten Diebstahl empfunden hatte. Übrigens hätte das Kind es ihm mit dem besten Willen kaum zu sagen vermocht. Und Audibert wagte nicht, es auszufragen, aus Furcht, lügenhafte Beteuerungen zu provozieren.
Eines Abends, als Audibert mit Hildebrant dinierte, erzählte er diesem von der Sache des jungen Eudolfe – übrigens, ohne dessen Namen zu nennen, und die Tatsachen so darstellend, daß der andere den Knaben, von dem die Rede war, nicht hätte identifizieren können.
„Haben Sie auch schon bemerkt", sagte da Hildebrant, „daß die entscheidendsten Handlungen unseres Lebens, ich meine: die, die am leichtesten über unser ganzes ferneres Dasein bestimmen können, meistens unüberlegte Handlungen sind?"
„Ich will es gerne glauben", antwortete Audibert. „Es ist, als steige man in einen D-Zug, ohne sich vorher irgendeinen Gedanken darüber gemacht zu haben, wohin er fährt. Daß der Zug einen mitnimmt, das merkt man häufig überhaupt erst dann, wenn es schon zu spät ist, wieder auszusteigen."
„Aber vielleicht möchte der betreffende Knabe gar nicht so gern wieder aussteigen?"
„Sicherlich ist ihm jetzt noch nichts daran gelegen, auszusteigen. Vorläufig läßt er sich gern mitnehmen. Die Landschaft ist ihm interessant, und er überlegt nicht viel, wohin die Reise gehen mag."
„Werden Sie diesem Kind eine Moralpredigt halten?"

„Ganz gewiß nicht! Damit würde man nur das Gegenteil des Gewollten erreichen. Dieser Knabe ist mit Moral übersättigt worden bis zum Ekel."

„Warum hat er gestohlen?"

„Ich weiß es nicht recht. Keinesfalls aus wirklicher Not. Vielleicht, um sich gewisse Vorteile zu verschaffen; um hinter einigen Kameraden, die aus reicherem Hause sind als er, nicht zurückzubleiben ... was weiß ich? Oder einfach aus Neigung und angeborener Lust am Stehlen."

„Dieser Fall wäre der schlimmste."

„Zum Teufel, ja! Denn er würde besagen, daß das Kind immer wieder rückfällig werden wird."

„Ist der Knabe intelligent?"

„Ich habe lange Zeit geglaubt, er sei es in geringerem Maße als seine Brüder. Doch darin kann ich mich getäuscht haben, und mein ungünstiger Eindruck rührt vielleicht daher, daß Eudolfe den Umfang seiner eigenen Fähigkeiten noch nicht genügend kennt. Seine Wißbegier hat bisher falsche Wege eingeschlagen; oder vielmehr: sie ist unentwickelt geblieben und befindet sich noch im Stadium der Indiskretion."

„Wollen Sie mit ihm sprechen?"

„Ich habe mir vorgenommen, ihm einen Vergleich nahezulegen zwischen dem geringen Nutzeffekt seiner Diebstähle und dem großen Verlust, der sich aus seiner Unehrenhaftigkeit ergeben muß: er verliert das Vertrauen seiner Mitmenschen, ihre Achtung (zum Beispiel die meinige) ... gewiß etwas durchaus Imponderabiles, in Ziffern nicht Ausdrückbares, dessen Wert man jedoch an der ungeheuren Anstrengung ermessen kann, die ein späterer Versuch der Zurückgewinnung erfordern würde. Manche Unglückliche haben ihr ganzes ferneres Leben an solch einen Rehabilitierungsversuch gewandt ... Ich werde ihm sagen (was er bei seiner Jugend noch gar nicht bedacht haben kann), daß, wenn in seiner Umgebung künftighin jemals etwas Bedenkliches oder Verdächtiges vorkommt, der Argwohn sich unbedingt sofort auf ihn lenken wird. Er wird vielleicht ungerechterweise schwerer Verbrechen bezichtigt werden, und seine Unschuldsbeteuerungen werden wirkungslos sein. Denn das, was er früher getan hat, weist allzu deutlich auf ihn hin. Und so bleibt er, ein für alle Male, ein ‚Gebrandmarkter'. Endlich möchte ich ihm noch sagen ... Doch ich fürchte sein unwilliges Abschütteln jeglichen Zuspruchs ..."

„Was möchten Sie ihm noch sagen?"

„Daß das, was er getan hat, auch für seinen eigenen Charakter einen psychologischen Präzedenzfall schafft. Bedurfte es für den ersten Diebstahl einer gewissen Selbstüberwindung, eines Entschlusses, so braucht man sich für die späteren nur noch der Schwerkraft des Triebes zu überlassen. Alles Folgende ist eben nur noch ein Geschehen- und Sichgehenlassen ... Ich möchte ihm sagen, daß oft eine erste, vielleicht halb unbewußte Handlung unser Antlitz mit einem unverwischbaren Zeichen versieht, daß sie in unser Bildnis eine Linie einträgt, die kein späteres Bemühen wieder wegzuwischen vermag. Ich möchte ... Aber ich werde ja überhaupt nicht den rechten Ton finden, um mit ihm zu sprechen!"
„Warum schreiben Sie dann nicht alles auf, was wir soeben miteinander gesprochen haben? Sie könnten es ihm zu lesen geben."
„Das ist eine Idee", sagte Audibert. „Ja, warum eigentlich nicht?"

*

Während der ganzen Zeit, die Georges zum Lesen brauchte, hatte ich ihn aufmerksam beobachtet. Aber sein Gesicht verriet nichts von dem, was er denken mochte.
„Soll ich weiterlesen?" fragte er und schickte sich an, das Blatt umzuwenden.
„Nicht nötig: das Gespräch ist da zu Ende."
„Sehr schade!"
Er gab mir das Heft zurück und sagte in fast neckischem Tone: „Ich möchte wissen, was Eudolfe sagt, nachdem er das Gespräch gelesen hat."
„Aber darauf warte ich ja eben selbst! ..."
„Eudolfe ist ein lächerlicher Name. Hätten Sie diesen Jungen nicht anders nennen können?"
„Das hat keine Bedeutung."
„Und das, was er antworten könnte, ebensowenig! Was wird übrigens späterhin aus ihm?"
„Ich weiß noch nicht. Das kommt auf dich an. Wir werden sehen."
„Wenn ich recht verstehe, soll ich Ihnen also helfen, Ihr Buch weiterzuschreiben! ... Aber sagen Sie mal selbst, ob ..."
Er hielt inne, als hätte er einige Mühe, seinen Gedanken zu formulieren.
„Ob was?" fragte ich, um ihm Mut zu machen.
„Sagen Sie selbst, ob Sie nicht mit Ihrer ganzen Indianergeschichte in die Brüche gerieten, wenn Eudolfe ..."

Er unterbrach sich abermals. Ich glaubte zu wissen, was er sagen wollte, und fuhr an seiner Stelle fort: „... Wenn Eudolfe wieder ein ehrlicher Knabe würde? ... Nein, mein Junge!“ Und plötzlich schossen mir die Tränen in die Augen. Ich legte meine Hand auf seine Schulter.

Doch er, sich losmachend: „Denn wenn er überhaupt nicht gestohlen hätte, so hätten Sie sich das alles gar nicht ausdenken und noch viel weniger niederschreiben können!“

Erst jetzt erkannte ich meinen Irrtum. Der kleine Georges fühlte sich im Grunde geschmeichelt, weil er mein Denken so lange beschäftigt hatte! Er fand sich interessant ...

Mittlerweile hatte ich Monsieur Profitendieu ganz vergessen.

Georges selbst war es, der mich an ihn erinnerte: „Und was hat er Ihnen denn nun vorgeplaudert, Ihr lieber Herr Untersuchungsrichter?“

„Er hat mich beauftragt, dir zu sagen, er wisse, daß du falsches Geld in Umlauf setzest ...“

Von neuem wechselte Georges die Farbe. Er sah augenblicklich ein, daß es keinen Sinn hätte zu leugnen, und bemerkte nur kleinlaut: „Ich bin nicht der einzige ...“

„... und wenn ihr nicht sofort mit diesem Treiben aufhörtet, du mitsamt deinen braven Spießgesellen, so werde er sich gezwungen sehen, euch verhaften zu lassen!“

Georges war totenbleich. Dann schoß ihm das Blut feuerrot in die Wangen.

Er starrte vor sich hin, zog die Augenbrauen hoch, und zwei Furchen erschienen auf seiner Stirn.

„Adieu“, sagte ich und gab ihm die Hand. „Es wird angebracht sein, daß du auch deinen Kameraden Mitteilung machst. Und laß dir die Sache zur Warnung dienen!“

Schweigend drückte er mir die Hand und ging in den Arbeitssaal zurück, ohne sich noch einmal umzuwenden.

Als ich die Seiten aus den „Falschmünzern“, die ich Georges zu lesen gegeben habe, selbst noch einmal durchlas, fand ich sie ziemlich schlecht. Ich habe sie hier genau so abgeschrieben, wie Georges sie zu sehen bekommen hat; aber ich muß dieses ganze Kapitel umarbeiten. Sicherlich wird es besser sein, sich mündlich mit dem Knaben auseinanderzusetzen. Es muß mir doch gelingen, irgendwelche Töne anzuschlagen, die ihm zu Herzen gehen! Allerdings wird sich Eudolfe (diesen Namen werde ich ändern, Georges hat recht), nachdem es einmal so weit mit ihm gekommen ist, nicht gleich auf den ersten Anhieb als besserungsfähig erweisen. Aber ich will ihn trotzdem zur Ehrbarkeit zurückführen; und was Georges auch darüber denken möge: gerade solch innere Wandlung ist das Interessanteste, weil ihre Darstellung das Schwierigste ist. (In diesem Punkte scheine ich fast so zu denken wie Monsieur Douviers!) Überlassen wir es den realistischen Romanciers, die These von der unwiderruflichen Wirkung gegebener Umstände aufrechtzuerhalten.

Kaum wieder im Arbeitssaal angelangt, setzte Georges seine beiden Freunde von Edouards Warnung in Kenntnis. Alles, was dieser ihm in bezug auf seine Diebereien gesagt hatte, war an dem Kind abgeglitten wie Wasser an einem Ölmantel. Mit den falschen Goldstücken aber war es eine andere Sache, diese Affäre schien brenzlig zu werden, und somit beschlossen die drei Komplizen, sich der Corpora delicti schleunigst zu entledigen. Jeder von ihnen hatte einige Goldstücke bei sich, die am nächsten freien Nachmittag hätten ausgegeben werden sollen. Ghéridanisol sammelte sie ein, schlich sich dann beim Dunkelwerden auf die Straße und ließ sie in einem unterirdischen Kanal verschwinden. Noch selbigen Abends benachrichtigte er Strouvilhou, der sofort die nötigen Maßnahmen traf.

16

An eben diesem Nachmittag, zur selben Stunde, als Edouard mit seinem Neffen Georges plauderte, empfing Olivier, nachdem Bernard ihn verlassen hatte, den Besuch Armands.

Armand Vedel war kaum wiederzuerkennen: frisch rasiert, lächelnd, erhobenen Hauptes, präsentierte er sich in einem funkelnagelneuen, nur etwas zu knapp sitzenden Anzug, dessen leise Komik er empfand und spöttisch-übertreibend hervorhob.

„Ich wäre schon früher zu dir gekommen, wenn ich nicht so

abscheulich viel zu tun gehabt hätte! ... Weißt du schon, daß ich jetzt Sekretär von Passavant bin – oder, wenn du lieber willst: Chefredakteur der Zeitschrift, die er herausgibt? Ich bitte dich nicht, daran mitzuarbeiten, denn Passavant scheint mir ziemlich geladen auf dich zu sein ... Übrigens tendiert unsere Zeitschrift entschlossen zur Linken. Deshalb hat sie auch gleich zu Anfang den guten Bercail und seine Hirtengesänge vor die Tür gesetzt ..."

„Kein gutes Zeichen für sie", sagte Olivier.

„Und hat zum Ersatz dafür mein ‚Gefäß der Nacht' aufgenommen, das übrigens, wenn du erlaubst, dir gewidmet sein wird."

„Kein gutes Zeichen für mich", sagte Olivier.

„Passavant wollte sogar, daß diese geniale Dichtung an der Spitze der ersten Nummer erschiene. Aber solcher Auszeichnung widersetzte sich meine natürliche, von seinen Lobsprüchen allerdings hart auf die Probe gestellte Bescheidenheit. Wenn ich sicher wäre, deine in der Genesung befindlichen Ohren nicht zu ermüden, würde ich dir eine Schilderung meines ersten Zusammenseins mit dem berühmten Autor des ‚Turnrecks' geben, den ich bis dahin ja nur durch das Medium deiner Erzählungen gekannt hatte."

„Ich höre dir mit dem größten Vergnügen zu!"

„Und es ist dir nicht unangenehm, wenn ich rauche?" vergewisserte sich Armand.

„Ich werde mir selbst eine Zigarette anzünden, damit du beruhigt bist."

„Ich muß dir sagen", begann Armand, indem er eine aromatische Tabakwolke in die Luft blies, „daß deine Abtrünnigkeit unseren vortrefflichen Grafen in erklecklicher Verlegenheit zurückgelassen hatte. Schließlich ist es ja auch nicht so leicht, einen Ersatz zu finden für – das soll keine besondere Schmeichelei sein – für ein solches Bündel von Gaben, Tugenden und Fähigkeiten, wie du es in deiner Person ..."

„Kurz?" unterbrach ihn Olivier, der diese ranzige Witzelei nicht sehr goutierte.

„Kurz: Passavant brauchte einen Sekretär. Nun kannte er zufällig einen gewissen Strouvilhou, den ich zufällig selbst kenne, weil er der Vetter und Ausgeh-Vormund eines Insassen unserer Pension ist, und der zufällig einen gewissen Jean Cob-Lafleur kannte, den du deinerseits kennst."

„Den ich meinerseits nicht kenne", sagte Olivier.

„Oh, dann müßtest du ihn kennenlernen, mein Lieber! Das ist ein ganz unerhörter Kerl: eine Art von verwelktem, runzligem, geschminktem Baby, das von Schnäpsen lebt und, wenn es betrunken ist, wunderbare Verse produziert! In unserer ersten Nummer wirst du eines seiner Meisterwerke lesen können. Strouvilhou verfällt also auf die glorreiche Idee, diesen Säugling zum Grafen Passavant zu schikken, damit er bei ihm deine Stelle einnehme. Stell dir den Einzug dieses Wunderknaben in den Palazzo der Rue de Babylone einmal vor! Du mußt wissen, Cob-Lafleurs Anzug ist eine monströse Konglutination aus verkrusteter Wagenschmiere, um die Schultern wallt ihm eine ellenlange Mähne flachsgelber Haare, und dies ganze Menschengebilde sieht immer aus, als habe es sich seit etlichen Jahren nicht mehr gewaschen ... Passavant, der nie zugeben würde, daß irgendeine Erscheinung ihn verblüffen könne, behauptet, Cob-Lafleur habe ihm zunächst außerordentlich gefallen. Dieser hatte sich nämlich anfänglich von seiner sanften, lächelnden, schüchternen Seite gezeigt. Wenn er will, kann er dem Gringoire in dem Lustspiel des Théodore de Banville gleichen. Passavant schien geradezu bezaubert von ihm zu sein und war schon im Begriff, ihn zu engagieren. Erwähnen muß ich noch, daß Lafleur nie einen Sou in der Tasche hat ... Und nun erhebt sich das Baby, um Abschied zu nehmen. ‚Bevor ich Sie verlasse, Herr Graf, halte ich es doch für meine Pflicht, Ihnen mitzuteilen, daß ich einige Fehler habe.' – ‚Oh, wer von uns hätte denn keine?' – ‚Und einige Laster. Ich rauche Opium.' – ‚Meinetwegen gern', sagte Graf Passavant, der sich um so Geringes nicht aufregt; ‚ich kann Ihnen selber eine ausgezeichnete Sorte anbieten.' – ‚Aber wenn ich geraucht habe', erklärt Lafleur weiter, ‚so verliere ich völlig die Kenntnis der Orthographie.' Passavant glaubt an einen Scherz, lacht gezwungen und reicht ihm die Hand. Lafleur fährt fort: ‚Und außerdem nehme ich Haschisch.' – ‚Ich habe gelegentlich selbst welchen genommen', sagte Passavant. ‚Ja, aber unter dem Einfluß von Haschisch kann ich mich nicht enthalten, Diebstähle zu begehen.' Passavant beginnt zu merken, daß der andere ihn verhöhnt. Und Lafleur, einmal im Zuge, übertrifft nun sich selbst: ‚Und überdies trinke ich Äther; und dann zerreiße ich alles und zertrümmere ich alles, was mir in die Hände kommt!‘ Und er bemächtigt sich einer Kristallvase und macht Miene, sie in den Kamin zu schleudern. Es gelingt Passavant gerade noch, sie ihm aus den Händen zu entwinden. ‚Ich danke Ihnen für Ihre liebenswürdigen Informationen!‘“

„Und er hat ihn zur Tür hinausgeworfen?“

„Und hat dann vom Fenster aus beobachtet, ob Lafleur beim Weggehen nicht etwa eine Bombe in seinen Keller praktizierte!“

„Aber warum hat dein Lafleur sich so benommen?“ fragte Olivier nach einer Pause. „Wenn es ihm wirklich so elend ging, wie du sagst, hätte die Stellung bei Passavant ihm doch aufs dringendste erwünscht sein müssen!“

„Ja, mein Lieber, es scheint eben seltsamerweise auf der Welt Menschen zu geben, die gelegentlich das Bedürfnis empfinden, gegen ihre eigenen Interessen zu handeln ... Und außerdem vermute ich, daß Lafleur sich angewidert gefühlt hat von Passavants Luxus, von seiner Eleganz, von seinen vornehmen Manieren, seiner Herablassung, seiner zur Schau getragenen Überlegenheit ... Wirklich, all das muß ihn aufgebracht haben! Und ich verstehe das auch sehr gut ... Denn im Grunde ist er ein wahres Brechmittel, dein Passavant!“

„Warum sagst du ‚dein Passavant‘? Du weißt doch, daß ich nichts mehr mit ihm zu tun habe! Und warum hast du denn selber die Stellung von ihm angenommen, wenn du ihn so widerlich findest?“

„Weil ich gerade das gerne habe, was mich anekelt ... einschließlich meiner eigenen sauberen, oder vielmehr unsauberen Person ... Übrigens ist Cob-Lafleur im Grunde eine schüchterne Natur; er hätte alle jene Aufschneiderei nicht von sich gegeben, wenn er sich nicht geniert gefühlt hätte.“

„Na, dieser Erklärungsversuch ist wohl ein bißchen paradox ...“

„Nein, es verhält sich in der Tat so! Er fühlte sich geniert und wurde wütend auf sich selbst, weil er sich von jemand einschüchtern ließ, den er im tiefsten verachtete. Und um

seine Verlegenheit und seine Wut zu verbergen, hat er sich so toll benommen."
„Ich kann sein Benehmen nur idiotisch finden!"
„Es ist eben nicht jeder so klug wie du, mein Lieber!"
„Das hast du mir schon letztes Mal gesagt."
„Welch phänomenales Gedächtnis!"
Olivier war entschlossen, sich nicht unterkriegen zu lassen.
„Deine fragwürdigen Bosheiten suche ich zu vergessen", sagte er. „Aber das letztemal hast du auch sehr ernsthaft zu mir gesprochen, und da hast du mir Dinge gesagt, die ich nie vergessen könnte!"
Armands Blick trübte sich. Mit einem erzwungenen Lächeln antwortete er: „Oh, das letztemal habe ich so zu dir gesprochen, wie du es selber zu wünschen geruht hast. Du heischtest ein Stück in Moll. Da habe ich dir den Gefallen getan und dir das Klagelied eines Zerrütteten vorgespielt, mit abgründigen Wehleidigkeiten à la Pascal . . . Was ist da zu machen? Nur wenn ich Gesichter schneide, bin ich aufrichtig!"
„Willst du etwa behaupten, du seiest neulich nicht aufrichtig gewesen, als du so zu mir sprachst, wie du es getan hast? Aber momentan, da spielst du wieder Komödie!"
„Oh, du heilige Einfalt, du hast wirklich die Seele eines Engels! Als ob nicht jeder Mensch fortwährend Komödie spielte, mag er es nun wissen oder nicht! Das ganze Leben ist ja ein einziges Possenspiel, mein Lieber! Aber der Unterschied zwischen uns beiden besteht darin, daß ich ganz genau weiß, daß ich Komödie spiele, während . . ."
„Während . . ." fragte Olivier kampflustig.
„Während zum Beispiel mein Herr Vater – um deine werte Person doch lieber aus dem Spiele zu lassen – sofort voller Rührung auf sich selbst hereinfällt, wenn er so virtuos seine Pastorenrolle spielt. Mit mir dagegen steht es so, daß, mag ich da oben auf der Bühne tun und sagen, was ich will, immer ein Teil meines Wesens im Zuschauerraum bleibt, um den anderen Teil zu beobachten, seine Unzulänglichkeiten zu registrieren, ihn auszuzischen oder ihm gelegentlich auch Beifall zu klatschen. Wenn ein menschliches Wesen mit solcher Bewußtheit in zwei Teile gespalten ist, wie soll es da noch aufrichtig sein? Ich weiß nicht einmal mehr, was

das schöne Wort Aufrichtigkeit bedeutet ... Da ist eben nichts zu machen: bin ich traurig, so finde ich mich grotesk und muß darüber lachen; bin ich aber lustig, so produziere ich so dumme Späße, daß ich darüber weinen möchte."

„Auch mir wird ganz elend zumute dabei ... Ich wußte nicht, daß du so krank bist, mein armer Kerl!"

Armand zuckte mit den Achseln. Dann sagte er in völlig verändertem Ton: „Soll ich dir zum Trost den Inhalt unserer ersten Nummer erzählen? Daß mein ‚Gefäß der Nacht' darin paradieren wird, das weißt du schon. Ferner wird es geben einen Dialog von Alfred Jarry, vier ‚Privatgedichte' von Cob-Lafleur, lyrische Prosa von Léon Ghéridanisol, dem Insassen unserer Pension, und endlich das ‚Plätteisen', eine kritische Abhandlung großen Stils, in der die Tendenzen der Zeitschrift zum Ausdruck kommen werden. Dies essayistische Meisterwerk ist von mehreren Mitarbeitern in gemeinsamer Anspannung zustande gebracht worden."

Olivier, der nichts Rechtes zu sagen wußte, fragte unbeholfen: „Wie kann ein Meisterwerk entstehen aus der Zusammenarbeit verschiedener Individualitäten?"

Armand brach in Lachen aus. „Aber, mein Bester, ich brauchte das Wort Meisterwerk doch nur im Scherz! In Wirklichkeit würde schon die Bezeichnung Werk eine krasse Überschätzung enthalten ... Was ist übrigens eigentlich ein Meisterwerk? Gerade diese Frage sucht unser ‚Plätteisen' zu klären. Im ‚Kulturbesitz der Menschheit' existiert eine große Anzahl von Werken, deren Berühmtheit von aller Welt konventionell nachgebetet wird, während kein Mensch jemals gewagt hat, sie einfach idiotisch zu nennen! Daher bringen wir, zum erbaulichen Exempel, an der Spitze unserer Nummer eine Reproduktion der Mona Lisa, in deren rätselhaft lächelndes Antlitz wir einen gewaltigen Schnurrbart hineingepinselt haben ... Du wirst sehen, mein Lieber, das ist von frappanter Wirkung!"

„Willst du damit sagen, daß du die Mona Lisa für eine idiotische Kitschmalerei hältst?"

„Aber nicht im geringsten! Obwohl ich sie auch nicht so über alle Begriffe herrlich finden kann ... Du verstehst mich nicht. Idiotisch ist nur die Bewunderung, die man solchen Leinwänden entgegenbringt. Idiotisch ist die dumpfe

Subalternität, die von den sogenannten Meisterwerken nur mit dem Hut in der Hand zu sprechen wagt! Das ‚Plätteisen' (das ist übrigens auch der Titel der Zeitschrift selbst) beabsichtigt, diese Ehrfurcht zu diskreditieren, sie dem Fluch der Lächerlichkeit preiszugeben ... Ein gutes Mittel ist auch, der Bewunderung des geneigten Lesers irgendein wirklich idiotisches Machwerk eines völlig hirnverbrannten Autors anzubieten, wie zum Beispiel mein famoses ‚Gefäß der Nacht' ..."

„Und Passavant ist mit alledem einverstanden?"

„Es amüsiert ihn ungemein."

„Da sehe ich doch, wie gut ich daran getan habe, mich davonzumachen!"

„Sich davonmachen; so lautet für jeden von uns einmal die Parole, nicht wahr? ... Und diese geistreiche Bemerkung bietet mir zwanglos das Stichwort, mich selbst davonzumachen. Also adieu!"

„Bleib doch noch einen Augenblick, du Hanswurst ... Weshalb sagtest du, dein Vater spiele seine Pastorenrolle virtuos? Hältst du ihn nicht für gläubig?"

„Mein guter Vater hat sein Leben so eingerichtet, daß er weder das Recht noch die Möglichkeit mehr hat, nicht gläubig zu sein. Ja, er ist gläubig von Berufs wegen; ein Funktionär der religiösen Überzeugung. Diesen Glauben seinen Mitmenschen einzutrichtern, darin besteht seine Lebensaufgabe, das ist die Rolle, die er spielt und die er aufrechterhalten muß bis an sein seliges Ende. Doch wer kann wissen, was im verborgensten Geheimfach seines Innern vor sich geht? ... Es wäre sehr indiskret, ihn danach fragen zu wollen, nicht wahr? Und ich glaube, er selbst fragt sich auch niemals danach. Sein ganzes Leben verläuft ja so, daß er nie Zeit haben kann, sich danach zu fragen. Er hat seine Tage vollgepfropft mit einem Haufen von Verpflichtungen, die jeden Sinn verlören, wenn seine Überzeugung nachließe; so daß also diese Überzeugung von jenen Verpflichtungen erfordert und genährt wird. Er bildet sich ein, er sei gläubig, weil er immer weiter so lebt, als wenn er gläubig wäre. Er ist nicht mehr frei, ungläubig zu sein ... Wenn sein Glaube wankte, das wäre die Katastrophe, mein Lieber! Das wäre der Krach für uns alle! Bedenke, daß alle meine Angehörigen dann plötzlich nichts mehr zu essen hätten! Dieser Gesichtspunkt ist ja für uns so eminent wichtig; Papas Glaube ist unser aller Broterwerb! Wir leben alle von Papas Glauben. Und wenn da nun plötzlich einer kommt und mich fragt, ob Papa wirklich gläubig ist; ja du mußt mir zugeben, lieber Olivier, daß es nicht sehr zartfühlend von dir war, eine solche Frage an mich zu richten!"

„Ich dachte, ihr lebtet hauptsächlich vom Ertrag eurer Pension?"

„Das stimmt auch so ziemlich. Aber es ist wieder nicht sehr zartfühlend von dir, mich um meinen pathetischen Schlußeffekt bringen zu wollen!"

„Du selbst glaubst also an gar nichts mehr?" fragte Olivier traurig, denn er liebte Armand sehr und litt unter dessen qualvoller Zerrüttung.

„Infandum, regina, iubes renovare dolorem . . . Du scheinst zu vergessen, mein Lieber, daß mich meine Eltern ursprünglich zum Geistlichen machen wollten. Zu diesem Zweck bin ich mit Religion bestrahlt worden wie eine Treibhauspflanze und genudelt mit frommen Lehren wie eine Stopfgans, damit, wenn auch keine Leberpastete, so doch ein Streberpastor aus solcher Züchtung hervorgehe. Aber es hat sich gezeigt, daß ich nicht berufen war. Schade um mich, nicht wahr? Ich hätte vielleicht einen fabelhaften Bußprediger abgegeben . . . Meine Berufung bestand eben darin, der Dichter des ‚Gefäßes der Nacht' zu sein."

„Mein armer Freund, wenn du wüßtest, wie leid du mir tust!"

„Ja, du hast immer ein Herz von purem Gold gehabt, wie mein Vater sagen würde . . . ein Herz, daß ich nun aber nicht länger mißbrauchen will!"

Er nahm seinen Hut. Er war fast schon auf der Türschwelle, als er sich noch einmal umwandte. „Also nach Sarah fragst du mich gar nicht?"

„Weil du mir nichts sagen könntest, was ich nicht schon von Bernard wüßte."

„Er hat dir gesagt, daß er die Pension verlassen hat?"

„Er hat mir gesagt, deine Schwester Rachel habe ihn dazu aufgefordert."

Armands eine Hand lag auf der Türklinke. Sein Spazierstock, in der andern, hielt den Vorhang hoch. Der Stock war in ein Loch des Vorhangs geraten und vergrößerte es.

„Erkläre mir das, wenn du kannst", sagte er, und sein Gesicht wurde mit einem Male sehr ernst. „Rachel ist, glaube ich, das einzige Wesen auf dieser Welt, das ich liebe und achte. Ich achte sie, weil sie tugendhaft ist. Aber ich begehe ihr gegenüber lauter Handlungen, die ihre Tugendhaftigkeit verletzen müssen. Was Bernard und Sarah betrifft, so hatte sie keine Ahnung von deren Verliebtheit. Ich war es, der ihr alles erzählt hat . . . Und dabei hat der Augenarzt ihr das Weinen verboten! . . . Das ist alles ziemlich sonderbar."

„Darf man dich momentan für aufrichtig halten?"

„Ja, ich glaube, das ist das Aufrichtigste in mir: mein fanatischer Haß gegen alles, was man Tugend nennt . . . Versuche nicht, zu begreifen. Du weißt nicht, was eine puritanische Kinderstube aus uns machen kann: sie läßt einem eine Rachsucht zurück, von der man niemals geheilt werden kann, nie im Leben kuriert werden kann, falls ich nach mir selber urteilen darf . . . Bei dieser Gelegenheit", so fügte er grinsend hinzu, „könntest du mir vielleicht sagen, was ich da habe."

Er legte seinen Hut wieder hin und trat ans Fenster.

„Da, an der Lippe, innen."

Er hob seine Lippe mit einem Finger hoch.

„Ich sehe nichts", sagte Olivier.

„Aber ja doch, da, an der Seite!"

Olivier entdeckte, nahe am Mundwinkel, einen weißlichen Fleck. Etwas geängstigt sagte er: „Das ist eine Aphthe", um Armand zu beruhigen.

Dieser zuckte mit den Achseln.

„Sag doch keine Dummheiten, du, ein so ernsthafter Mann! Zunächst ist das Substantiv ‚Aphthe' masculini generis; und ferner ist eine Aphthe etwas Weiches und geht vorüber. Das Ding aber, das ich da habe, ist hart und schwillt von Woche zu Woche mehr an. Und es verursacht mir einen unangenehmen Geschmack im Mund."

„Hast du es schon lange?"

„Es ist über einen Monat her, daß ich's bemerkt habe. Aber, wie es in einem Meisterwerk heißt: ‚Mein Übel kommt aus größerer Ferne . . .'"

„Ja, mein Lieber, wenn es dich beunruhigt, dann mußt du eben einen Arzt fragen!"

„Glaubst du, daß ich auf dich gewartet hätte, um dieser Erleuchtung teilhaftig zu werden?"
„Na, und was hat der Doktor gesagt?"
„Ich habe nicht auf dich gewartet, um der Erleuchtung teilhaftig zu werden, daß ich unbedingt zu einem Arzt gehen müßte ... Aber ich bin trotzdem nicht hingegangen, weil, falls es sich um die Krankheit handelt, die ich vermute, ich es lieber gar nicht wissen will."
„Das ist aber furchtbar leichtsinnig von dir!"
„Nicht wahr, das ist leichtsinnig?! Und dabei so ungemein begreiflich, mein Lieber! ..."
„Es ist ein unbegreiflicher Leichtsinn, sich nicht behandeln lassen zu wollen!"
„Und sich dabei gleich zu Beginn der Behandlung sagen zu müssen: Es ist zu spät! Diesem Gedanken verleiht ja Cob-Lafleur so lichtvollen Ausdruck, wenn er in einem der ‚Privatgedichte' konstatiert:

Alle Dinge sind verpflanzbar
Fügt euch dieser Evidenz,
Und die winterliche Tanzbar
Tanzt bereits den nächsten Lenz."

„Ach ja, Literatur kann man aus allem machen!"
„Ganz recht, aus allem! Aber in manchen Fällen ist das immerhin ziemlich schwer ... Na, also adieu! ... Doch was ich dir noch sagen wollte: ich habe Nachricht erhalten von Alexandre ... Ja, von meinem älteren Bruder, weißt du, der vor ein paar Jahren nach Afrika ausgerückt ist, wo er zunächst erbärmliche Geschäfte gemacht und alles Geld, das Rachel ihm schickte, verpulvert hat. Aber neuerdings scheint es ihm bedeutend besser zu gehen. Er hat sich da irgendwo an dem großen Flusse Cazamanca etabliert und schreibt mir nun, er treibe jetzt einen blühenden Handel und werde bald in der Lage sein, alles Geliehene zurückzuerstatten."
„Womit handelt er denn?"
„Oh, was weiß ich? Mit Kautschuk, mit Elfenbein, vielleicht mit Negern – kurz: mit allem möglichen! Er fordert mich auf, zu ihm zu kommen."
„Und hättest du Lust dazu?"

„Ich möchte am liebsten sofort hinreisen! Aber davon kann ja leider keine Rede sein, weil ich demnächst zum Militär muß. Alexandre ist eine komische Kruke, ungefähr von meinem Genre. Ich glaube, ich würde mich gut mit ihm verstehen. Da, willst du seinen Brief lesen? Ich habe ihn gerade bei mir." Er zog ein Kuvert aus der Tasche und entnahm ihm mehrere Blätter, deren eines er Olivier hinreichte: „Es lohnt sich nicht für dich, den ganzen Brief zu lesen. Fang da an."
Olivier las:

Seit vierzehn Tagen bin ich hier in Gesellschaft eines merkwürdigen Individuums, das ich in meine Behausung aufgenommen habe. Diesen Kerl scheint die Tropensonne verrückt gemacht zu haben. Zuerst glaubte ich, er hätte das Delirium, aber er ist offenbar regelrecht wahnsinnig. Dieser absonderliche Junge – ein Mensch von ungefähr dreißig Jahren, groß und stark, ziemlich hübsch und, nach seiner Sprechweise, seinen Manieren und seinen zarten Händen zu urteilen, sicherlich „aus guter Familie" – glaubt sich allen Ernstes vom Teufel besessen; oder falls ich seine Hirngespinste richtig gedeutet habe, so scheint er sich selbst für den Teufel zu halten. Es muß ihm irgendein verdammt böses Abenteuer zugestoßen sein, denn im Traum und in dem halbschlafartigen Zustand, in den er oft verfällt (und dann redet er mit sich selbst, als ob ich gar nicht vorhanden wäre), phantasiert er unaufhörlich von abgehackten Händen ... Und da er sich dabei furchtbar hin und her wälzt und die Augen dermaßen grauslich rollt, als wäre er wirklich ein Dämon der Hölle, so habe ich dafür Sorge getragen, daß alle Waffen aus seiner Nähe entfernt werden. In der übrigen Zeit ist er ein braver Kumpan, ein angenehmer Tischgenosse (du kannst dir denken, wie erwünscht mir das ist, nach so vielen Monaten des Alleinseins), der mir auch bei meinen Handelsgeschäften tüchtig zur Seite steht. Von seinem früheren Leben spricht er nie, so daß ich nicht dahinterkommen kann, was er eigentlich ist. Er interessiert sich besonders für Insekten und Pflanzen, und nach manchen seiner Äußerungen zu schließen, muß er ein ungewöhnlich kenntnisreicher Mann sein. Es scheint ihm bei mir gut zu gefallen; er spricht nie davon, daß er wieder weg wolle; und so kann er meinetwegen gern bleiben, solange er mag. Ich hatte gerade eine Hilfe nötig; also ist dieser Sonderling im günstigsten Moment hier aufgetaucht ...
Ein sehr häßlicher Neger, der ihn auf seiner Flußfahrt die Caza-

manca aufwärts begleitet hat und mit dem ich ein bißchen ins Plaudern gekommen bin, spricht von einer Frau, die mit ihm reiste und die, wie es scheint, eines Tages, als ihr Fahrzeug umgeschlagen war, im Flusse ertrunken ist. Es sollte mich nicht wundern, wenn mein lieber Hausgenosse dieses Ertrinken einigermaßen begünstigt hätte ... Wer sich hierzulande eines Nebenmenschen zu entledigen wünscht, der findet reiche Auswahl an Möglichkeiten, und hinterdrein kümmert sich keine Seele mehr um eine so harmlose Geschichte ... Sollte ich noch einmal Näheres über den Fall dieses interessanten Satanskindes erfahren, so schreibe ich dir's. Noch lieber freilich möchte ich dir alles mündlich erzählen, wenn du erst hier bist! Na ja, ich weiß: die Frage deiner Dienstzeit ... Da muß ich eben noch warten. Aber wenn du mich überhaupt je wiedersehen willst, so mußt du wenigstens im Prinzip entschlossen sein, hierherzukommen. Denn meine Neigung zur Rückkehr nach Europa ist im Laufe der Zeit gleich Null geworden. Ich führe hier ein Leben, das mir gefällt, ja das mir geradezu auf den Leib zugeschnitten zu sein scheint. Mein Handel blüht, und der Stehkragen der Zivilisation wäre für mich ein Halseisen, in das ich mich nie wieder bequemen könnte ...
Anliegend wieder ein Scheck, den du verwenden kannst, wie es dir beliebt. Der vorige war für Rachel. Behalt diesen für dich ...

„Was dann noch kommt, ist nicht mehr interessant", sagte Armand.
Olivier gab den Brief ohne ein Wort zurück. Es kam ihm nicht in den Sinn, daß der Mörder, von dem da die Rede war, sein eigener Bruder sein könne. Vincent hatte seit langem nichts mehr von sich hören lassen; seine Eltern glaubten ihn in Amerika. Übrigens machte sich Olivier seinetwegen nicht viel Gedanken.

17

Den Tod Bronjas erfuhr Boris erst einen Monat, nachdem er erfolgt war, durch einen Besuch, den Madame Sophroniska der Pension abstattete. Seit jenem traurigen Brief hatte Boris nichts mehr von seiner Freundin gehört. Er sah Madame Sophroniska in Madame Vedels Salon eintreten, wo er sich während der Erholungspause gewöhnlich aufhielt, und da sie in Trauerkleidung war, so wußte er alles, bevor sie noch den Mund aufgetan hatte. Außer ihnen war niemand im Zimmer. Sophroniska schloß Boris in die Arme, und sie brachen beide in Tränen aus. Bronjas Mutter konnte unter Schluchzen immer nur die Worte hervorbringen: „Mein armer Junge ... mein armer Junge ...", als wäre Boris am allermeisten zu beklagen und als vergäße sie ihren mütterlichen Schmerz vor dem ungeheuren Gram dieses Knaben.

Dann erschien Madame Vedel, der man den Besuch gemeldet hatte. Boris, noch ganz durchgeschüttelt von krankhaftem Weinen, zog sich in eine Ecke zurück, um die beiden Damen sich unterhalten zu lassen. Er hätte gewünscht, daß kein weiteres Wort über Bronja gesprochen worden wäre. Aber Madame Vedel, die Bronja nicht gekannt hatte, sprach von ihr, als wäre sie ein Mädchen gewesen wie alle anderen Mädchen auch. Besonders die Fragen, die Madame Vedel stellte, schienen dem Knaben unzart zu sein in ihrer Banalität. Er hätte gewünscht, daß Sophroniska gar nicht darauf geantwortet hätte, und er litt darunter, daß sie ihren Schmerz so offenkundig ausbreitete. Er nahm den seinen in sich zurück und verbarg ihn wie einen Schatz.

Sicherlich hatte Bronja an ihn, Boris, gedacht, als sie, wenige Tage vor ihrem Tode, gefragt hatte: „Mama, es gibt so vieles, was ich wissen möchte ... Sag mir doch: was ist die genaue Bedeutung des Wortes Idyll?"

Von diesen herzzerreißenden Worten hätte, so schien es Boris, niemand auf der Welt Kenntnis erhalten dürfen als er allein.

Madame Vedel goß Tee ein. Auch Boris bekam eine Tasse, die er schnell hinunterstürzte, während die Erholungspause zu Ende ging. Dann verabschiedete er sich von Madame Sophroniska, die am folgenden Tag nach Polen, wohin ihre Geschäfte sie riefen, zurückreiste.

Nun schien dem kleinen Boris die ganze Welt wie eine schreckliche Einöde. Seine Mutter war weit weg und kam niemals zu ihm; sein Großvater war zu alt; und selbst Bernard, in dessen Nähe er sich einigermaßen beschützt gefühlt hatte, war nicht mehr da. Eine zarte Seele wie die seine braucht jemand, dem sie ihren Adel und ihre Reinheit als Opfergabe bringen kann. Er war nicht stark genug, ganz

für sich allein bleiben zu können. Aber er hatte Bronja viel zu sehr geliebt, als daß er je wieder auf solche Hingebungsmöglichkeit, wie er sie mit ihr verlor, hätte hoffen dürfen. Die Engel, die er so inbrünstig zu erblicken gewünscht hatte: wie sollte er künftig, ohne Bronja, auch nur an ihre Existenz glauben können? So wurde selbst der Himmel ihm verwaist und leer.
Boris kehrte in den Arbeitssaal zurück, als müsse er in den tiefsten Höllenschlund tauchen. Sicherlich hätte er längst die Möglichkeit gehabt, sich Gontran de Passavant zum Freunde zu machen: das ist ein Knabe von gutem Charakter, und die beiden stehen genau im gleichen Alter; doch nichts scheint Gontran von seiner Arbeit ablenken zu können. Auch Philippe Adamanti ist von Natur nicht böse; er hätte wohl Lust, sich an Boris anzuschließen; aber er läßt sich von Ghéridanisol so radikal beeinflussen, daß er nicht die leiseste Gefühlsregung mehr zu haben wagt; mit Ghéridanisol geht er durch dick und dünn; und Ghéridanisol kann den kleinen Boris nicht ausstehen ... Boris hat eine musikalische Stimme, sein ganzes Wesen ist zart, graziös, fast mädchenhaft; das alles reizt und erbittert den lebenskräftigen Ghéridanisol. Es ist, als empfände er beim Anblick des subtilen Kindes jenen instinktiven Widerwillen, der in einer Herde das starke Tier gegen das schwache treibt. Vielleicht ist er auch von den Lehren seines Vetters Strouvilhou beeinflußt, ja manchmal scheint sein Haß ausschließlich irgendeiner intransigenten Theorie zu entspringen, denn dieser Haß gewinnt bei ihm den Aspekt eines Verdammungsurteils letzter Instanz ... Wie dem auch sei: Ghéridanisol empfindet seine Antipathie gegen Boris als etwas aufregend Beglückendes. Er hat bald herausgefühlt, wie tief Boris leidet unter der Geringschätzung, die er ihn bei jeder Gelegenheit merken läßt. Er amüsiert sich köstlich darüber und tut so, als ob er mit Georges und Phiphi irgendein geheimnisvolles Komplott schmiede – eine Fiktion, deren einziger Zweck ist, in den Augen des kleinen Boris ein angstgequältes Fragen aufglimmen zu sehen.
„Ach, wie sonderbar er doch ist!“ sagt dann Georges, gerade laut genug, um von dem abseitsstehenden Boris gehört zu werden.
„Wollen wir's ihm sagen?“

„Es lohnt sich ja nicht! Er verstände es ja gar nicht!"
„Er begriffe es nicht", „er wäre zu dumm dazu", „er würde es nicht riskieren" – solche Gesprächsbrocken fliegen dem armen Boris fortwährend um den Kopf. Er leidet entsetzlich unter seiner Ausgeschlossenheit. Allerdings versteht er nicht recht, was der erniedrigende Spitzname „Hat keinen", den man ihm gegeben hat, eigentlich besagen will; oder er empört sich dagegen, es zu verstehen. Aber was gäbe er nicht darum, beweisen zu dürfen, daß er keineswegs der Feigling ist, für den man ihn zu halten scheint! . . .
„Ich kann Boris nicht ausstehen", sagte Ghéridanisol zu Strouvilhou. „Warum bestehst du eigentlich darauf, daß ich ihn in Ruhe lassen soll? Ihm selbst scheint gar nicht so viel daran gelegen zu sein, in Ruhe gelassen zu werden! Dieses Muttersöhnchen schleicht andauernd um mich herum . . . Neulich mußten wir alle über ihn lachen, weil er sich unter dem Begriff Schnepfen wirklich Federtiere vorstellte. Georges hatte sich zum Spaß dieses Ausdrucks ihm gegenüber bedient. Und als Boris merkte, daß wir uns über ihn lustig machten, da wäre er beinahe in Tränen ausgebrochen!"
Darauf bestürmte Ghéridanisol seinen Vetter mit Fragen. Schließlich lieferte ihm dieser den „Talisman" des kleinen Boris aus mitsamt der Anweisung, wie man sich seiner zu bedienen hätte.
Einige Tage später fand Boris beim Eintreten in den Arbeitssaal auf seinem Platz jenes Stück Pergament, an das er sich kaum noch erinnerte. Er hatte es aus seinem Gedächtnis verbannt, ebenso wie alles andere, was sich auf die „Magie" seiner ersten Gymnasialjahre bezog, auf diese bedenkliche „Magie", deren er sich jetzt schämte. Er erkannte seinen alten Talisman zunächst gar nicht wieder, denn Ghéridanisol hatte die Zauberformel

GAS – TELEPHON – HUNDERTTAUSEND
RUBEL

mit einer breiten roten und schwarzen Umrahmung versehen, auf deren Ecken und Linien allerlei frivole, leidlich gut gezeichnete Miniaturteufelchen umherkletterten. Diese Vignetten verliehen dem Pergament ein phantastisches

Aussehen, etwas Infernalisches, dachte Ghéridanisol, einen giftigen Reiz, der auf den kleinen Boris sicherlich wirken werde ...

Vielleicht sollte diese ganze Machination kaum mehr sein als ein etwas gewagtes Spiel. Aber das Spiel gelang über alle Erwartung gut.

Boris, der sich allein im Arbeitssaal befand, wurde brennend rot, blickte verwirrt nach links und rechts und sah Ghéridanisol nicht, der ihn, hinter der Tür verborgen, beobachtete. Boris konnte keinerlei Verdacht auf ihn haben, konnte sich überhaupt nicht im geringsten erklären, wie der Talisman hierhergekommen war; diese böse Reliquie schien vom Himmel gefallen oder vielleicht aus der Hölle wieder aufgestiegen zu sein ... Nun war Boris zweifellos alt genug, derartige Pensionats-Konspirationen mit einem Achselzucken zu übergehen; hier aber tauchte eine beunruhigende Vergangenheit wieder vor ihm auf ... Boris nahm den Talisman und ließ ihn in seine wollene Matrosenbluse gleiten. Während des ganzen übrigen Tages blieb er von der Erinnerung an jene „magischen" Praktiken wie besessen. Bis zum späten Abend kämpfte er gegen eine satanische Versuchung. Dann, in seinem Zimmer, unterlag er, da er nirgends einen Halt mehr fand, in seinem verzweifelten Kampf.

Ihm war zumute, als müsse er nun ins Verderben gehen, als versinke er in einen Abgrund, unendlich fern von den Regionen der Engel. Aber es war ihm eigentlich nur erwünscht, so betäubt ins Ungewisse zu fallen, und er schuf sich, gerade aus dieser Sensation des Unterganges, seine bittere Lust.

Und trotz aller Herzensnot bewahrte er, in der Tiefe seiner Verdammnis, einen solchen Drang nach Hingabe, einen solchen Schmerz über das geringschätzige Benehmen seiner Kameraden, daß er sich jeder wenn auch noch so absurden Gefahr ausgesetzt hätte, nur um ein bißchen Achtung von ihnen zu erringen.

Die Gelegenheit dazu sollte sich bald bieten.

Nachdem sie auf den spannenden Nervenkitzel hatten verzichten müssen, falsches Geld unter die Leute zu bringen, blieben Ghéridanisol, Georges und Phiphi doch nicht lange müßig. Einige kleine Streiche, die sie in den ersten Tagen vollführten, mochten in ihren Augen als Zwischenspiele gelten. Dann erdachte sich Ghéridanisols Einbildungskraft etwas Reizvolleres.

Die „Brüderschaft der Starken Männer“ hatte zunächst als alleinigen Daseinszweck das Vergnügen, das es zu bereiten schien, den kleinen Boris nicht in sie aufzunehmen. Bald aber verfiel Ghéridanisol auf die Idee, es müsse im Gegenteil eigentlich interessanter sein, Boris doch zum Mitglied zu machen. Damit bekäme man ein ausgezeichnetes Mittel in die Hand, ihn zur Übernahme gewisser Verpflichtungen zu bewegen, auf Grund deren man ihn dann im weiteren Verlauf der Sache zu irgendeiner ungeheuerlichen Tat treiben könnte. Dieser Perspektive wohnte etwas Faszinierendes inne; und wie es häufig bei fragwürdigen Unternehmungen geht, so dachte Ghéridanisol weit weniger an die Sache selbst als an die Mittel zu ihrem Gelingen. Eine solche Differenzierung mag unwesentlich schein; dennoch bietet sie einen Fingerzeig zur Deutung so manchen Verbrechens. Übrigens war Ghéridanisol ein böser Mensch; aber er empfand das Bedürfnis, seine Bosheit wenigstens vor Phiphis Augen zu verbergen. Phiphi hatte nichts Grausames in seinem Wesen; er blieb bis zum letzten Moment überzeugt, daß es sich bei der ganzen Sache nur um ein Spiel handle.

Jede Brüderschaft brauchte einen Wahlspruch. Ghéridanisol, in dessen Kopf sich ein Plan abzuzeichnen begann, schlug vor: „Der starke Mann hängt nicht am Leben“. Dieser Wahlspruch wurde angenommen und Cicero zugeschrieben. Als Erkennungszeichen schlug Georges eine Tätowierung am rechten Arm vor. Aber Phiphi, der sich vor dem Schmerz fürchtete, machte den Einwand, gute Tätowierer gebe es nur in den Hafenstädten. Und Ghéridanisol gab zu bedenken, eine Tätowierung lasse unverwischbare Spuren zurück, die einen späterhin in allerlei Verlegenheiten bringen könnten. Schließlich war ein Erkennungszeichen ja auch nicht unbedingt notwendig; die Verschworenen konnten sich mit einer feierlichen Verpflichtungsformel begnügen.

Als es sich um die Machenschaften mit dem falschen Geld gehandelt hatte, war von Unterpfändern die Rede gewesen, und im Hinblick darauf hatte Georges die Briefe seines Vaters ausgeliefert. Aber dann hatte man nicht weiter daran gedacht; glücklicherweise zeigen Kinder in solchen Dingen ja wenig Konsequenz. Und bei der neuen Brüderschaft sah man in der Hauptsache von allen Statuten ab, sowohl was die „Aufnahmebedingungen" wie die „zur Aufnahme erforderlichen Eigenschaften" betraf. Wozu auch, da es ja von vornherein ausgemachte Sache war, daß die drei Kameraden „dazugehören" würden, während Boris, wenigstens anfänglich, demonstrativ „nicht dazugehören" sollte! Nur das eine wurde dekretiert, daß „derjenige, der im entscheidenden Moment versagt, als Verräter betrachtet und für ewige Zeiten aus der Brüderschaft ausgestoßen werden soll". Auf diese Bestimmung legte Ghéridanisol, der in bezug auf die Aufnahme von Boris seine eigenen Ansichten hatte, besonderen Wert.

Die Verschworenen waren sich bald darüber einig, daß das Spiel ohne Boris langweilig sein und der erhabene Sinn der Brüderschaft unerprobt bleiben werde.

Um Boris zu umgarnen, war Georges besser qualifiziert als Ghéridanisol. Dieser hätte vielleicht Mißtrauen erregt. Phiphi aber war nicht durchtrieben genug und suchte jedem Risiko auszuweichen.

Und das scheint mir an dieser grauenvollen Geschichte das Ungeheuerlichste zu sein: die Freundschaftskomödie, die Georges nunmehr aufzuführen begann. Er tat so, als habe er plötzlich eine heftige Neigung zu Boris gefaßt, während man bisher hätte glauben können, er habe ihn überhaupt nicht bemerkt. Fast möchte ich vermuten, daß er selbst von seinem Spiel ergriffen wurde, daß die Gefühle, die er heuchelte, beinahe aufrichtig wurden, ja daß sie es vielleicht wirklich geworden waren von dem Augenblick an, da Boris sie erwiderte. Mit allen Anzeichen zärtlichen Interesses machte Georges sich an Boris heran; nach Ghéridanisols Rezepten sprach er auf ihn ein. Und wie berauscht von dem süßen Gift, ließ Boris, der so lange gelechzt hatte nach etwas Freundschaft und Achtung, sich gewinnen.

Dann arbeitete Ghéridanisol die Einzelheiten seines Planes aus, von denen er Phiphi und Georges Mitteilung machte. Es handelte sich darum, ein „Probe" zu ersinnen, der ein durch das Los bestimmtes Mitglied unterworfen werden sollte. Um Phiphi von vornherein zu beruhigen, gab Ghéridanisol zu verstehen, es werde alles so eingerichtet werden, daß das Los mit absoluter Bestimmtheit auf Boris fallen müsse. Die „Probe“ sollte ihm Gelegenheit bieten, seinen Mut zu beweisen.

Worin diese Probe eigentlich bestehen sollte, darüber machte Ghéridanisol vorläufig noch keine Andeutungen. Er sah wohl voraus, daß Phiphi seiner Idee einen gewissen Widerstand entgegensetzen würde.

„Nee, da mache ich nicht mit!“ erklärte Phiphi in der Tat, als, etwas später, Ghéridanisol durchblicken ließ, bei dieser Gelegenheit könne man recht gut die Pistole des Père Lapère einmal in Aktion treten lassen.

„Was für ein Dummkopf du bist! Es ist doch alles nur zum Scherz!“ rief, bereits völlig gewonnen, der kleine Georges.

„Wenn dir an der Rolle des Spielverderbers so viel gelegen ist“, fügte Ghéri hinzu, „so brauchst du's nur zu sagen! Wir kommen auch ohne dich aus!“

Ghéridanisol wußte, daß solche Argumente ihren Eindruck auf Phiphi niemals verfehlten. Und da er das Blatt mit der Verpflichtungsformel vorbereitet hatte, unter die jedes Mitglied der Brüderschaft seinen Namen setzen sollte: „Nur müßtest du's dann gleich sagen! Denn wenn du einmal unterzeichnet hast, so ist's zu spät!“

„Na, sei man nicht böse!“ sagte Phiphi. „Gib das Blatt her.“ Und er unterschrieb.

„Soweit es auf mich ankommt, Kleiner, ich wollte es ja gern!“ sagte Georges und schlang seinen Arm zärtlich um den Nacken des kleinen Boris. „Aber Ghéridanisol will dich nicht.“

„Warum nicht?“

„Weil er kein Vertrauen zu dir hat. Er sagt, du würdest Angst kriegen.“

„Was weiß er davon?“

„Er sagt, du würdest bei der ersten Gelegenheit Reißaus nehmen.“

„Das wird man sehen!“

„Also du hättest wirklich den Mut, dich dem Los zu unterwerfen?“

„Wenn du's immer noch nicht glaubst! . . .“

„Und du weißt auch, wozu man sich verpflichtet?“

Boris wußte nicht. Aber er wollte wissen. Da erklärte es ihm der andere. „Der starke Mann hängt nicht am Leben." Das mußte bewiesen werden.

Boris fühlte einen brausenden Taumel in seinem Kopfe. Aber er zwang sich zur Kaltblütigkeit. „Ist es wahr, daß ihr unterschrieben habt?"

„Da, sieh her!" Und Georges reichte ihm das Blatt, auf dem Boris die drei Namen lesen konnte.

„Aber . . .?" begann er ängstlich.

„Aber was?" unterbrach ihn Georges so brutal, daß Boris nicht fortzufahren wagte. Was er hatte fragen wollen, das war Georges ganz klar: ob diese Unterschriften wirklich ernsthaft gemeint seien und ob man sicher sein könne, daß auch die andern sich der Bestimmung des Loses, falls es auf sie fiele, nicht entziehen würden.

„Ach, nichts! . . ." sagte Boris. Aber in diesem Augenblick begann er an den drei Verschworenen zu zweifeln. Er begann zu vermuten, daß sie kein ehrliches Spiel mit ihm trieben und daß sie sich selbst außerhalb aller Gefahr zu halten beabsichtigten. – Doch was kommt es schließlich darauf an? dachte er; was ist daran gelegen, ob sie es aufrichtig meinen oder nicht? Ich werde ihnen beweisen, daß ich mehr Mut habe als sie! Und Georges fest in die Augen blickend, erklärte er: „Sag Ghéri, daß man auf mich zählen kann."

„Also du unterschreibst?"

Oh, war das noch nötig, da man doch sein Wort hatte? Er sagte schlicht: „Wenn du willst." Und unter die Namenszüge der drei Starken Männer schrieb er, in großen, sorgfältig hingemalten Buchstaben, seinen eigenen Namen auf das verhängnisvolle Blatt.

Georges brachte es triumphierend den beiden andern. Sie räumten ein, daß Boris sich tapfer benommen habe. Darauf wurde Beratung abgehalten.

Selbstverständlich würde man die Pistole nicht laden. Man hatte ja auch gar keine Patronen. Eine gewisse Befürchtung, der Phiphi sich nicht entschlagen konnte, rührte daher, daß er hatte sagen hören, manchmal genüge eine allzu heftige Gemütsbewegung, um den Tod eines Menschen zu verursachen. Sein Vater, erzählte er, habe wiederholt von einer Hinrichtung gesprochen, die nur den Schein der Wirklichkeit hätte haben sollen, bei der aber . . .

Doch Georges war mit der Antwort prompt bei der Hand: „Dein Vater ist aus dem Süden, wo man gern fabuliert!"
Nein, Ghéridanisol würde die Pistole nicht laden. Es war nicht mehr nötig. Die Patrone, die La Pérouse eines Tages hineingetan hatte: La Pérouse hatte sie nicht wieder herausgenommen. Dies hatte Ghéridanisol festgestellt, aber er hütete sich, den andern davon Mitteilung zu machen.
Man tat die Namen in einen Hut. Vier kleine Zettel von gleichem Aussehen und gleichmäßiger Faltung. Ghéridanisol, dem das Ziehen oblag, hatte nicht versäumt, den Namen Boris noch auf einen fünften Zettel zu schreiben, den er heimlich in der Hand behielt; und, wie durch Zufall, wurde der Name Boris denn auch gezogen. Boris argwöhnte, daß Betrug im Spiele sei; aber er sagte kein Wort. Warum hätte er auch protestieren sollen? Er wußte, daß er verloren war. Er rührte keinen Finger zu seiner Rettung; ja selbst wenn das Los einen der drei andern bezeichnet hätte, so würde er sich erboten haben, an dessen Stelle zu treten, so groß war seine Verzweiflung.
„Armer Kerl, du hast kein Glück!" glaubte Georges sagen zu müssen. Aber seine Stimme klang so falsch, daß Boris ihn nur traurig ansah.
„Das war ja vorauszusehen", sagte er.
Hierauf kam man überein, eine Regieprobe zu veranstalten. Doch da man Gefahr lief, überrascht zu werden, wurde beschlossen, auf die Pistole noch zu verzichten. Erst im letzten Moment, kurz vor der „echten" Aufführung, wollte man sie aus ihrem Kasten holen. Man mußte alles vermeiden, was Verdacht erwecken konnte.
Für heute begnügte man sich also damit, Zeit und Ort der Handlung festzusetzen. Der Ort wurde durch einen Kreis markiert, den man mit Kreide auf den Fußboden zog. Es war jene Nische in einer Ecke des Arbeitssaals, die rechts vom Katheder durch eine außer Gebrauch gesetzte Tür gebildet wurde, die früher in den Hausflur geführt hatte. Und als Zeit des Geschehens wählte man die regelmäßige Nachmittags-Arbeitsstunde des morgigen Tages. Vor den Augen aller Schüler sollte die Szene sich abspielen: der Bande würde mal Respekt eingeflößt werden!
Im Saal befanden sich, während man probierte, nur die Teilnehmer der Verschwörung selbst. Aber im ganzen hatte die

Probe eigentlich nicht viel Sinn. Höchstens, daß man feststellte, von der Bank, auf der Boris saß, bis zum Kreidekreis seien es genau zwölf Schritte.
„Wenn du Courage hast, machst du keinen Schritt über das Dutzend hinaus!“ sagte Georges.
„Ich werde keine Angst haben“, antwortete Boris, den dieser beharrliche Zweifel irritierte. Immerhin begann die Haltung dieses Kindes auf die andern doch Eindruck zu machen. Phiphi wagte sogar zu fragen, ob man es jetzt nicht genug sein lassen wolle des grausamen Spiels. Aber Ghéridanisol zeigte sich entschlossen, die Komödie bis ans Ende zu treiben.
„Also auf morgen!“ sagte er mit einem seltsamen Lächeln, das nur einen Mundwinkel bewegte.
„Wir sollten ihn umarmen!“ rief Phiphi plötzlich begeistert aus. Er dachte wohl an gewisse Zeremonien der Ritterzeit; und mit linkischem Ungestüm schloß er Boris in seine Arme. Dieser spürte zwei dicke, schmatzende Küsse auf seinen Wangen und konnte die Tränen kaum zurückhalten. Aber weder Georges noch Ghéri folgten Phiphis Beispiel. Georges fand dessen Benehmen nicht besonders würdig. Und Ghéri: der scherte sich den Teufel um romantische Sentimentalitäten! . . .

18

Am Nachmittag des folgenden Tages hatte das Glokkenzeichen die Zöglinge der Pension wie gewöhnlich im Arbeitssaal versammelt.
Auf ein und derselben Bank saßen Boris, Ghéridanisol, Georges und Philippe. Ghéridanisol nahm seine Uhr aus der Tasche und legte sie zwischen sich und Boris. Sie zeigte 5 Uhr 35 Minuten. Die Arbeitszeit hatte um 5 Uhr begonnen und sollte um 6 Uhr zu Ende sein. Um 5 Uhr 55, so war ausgemacht worden, sollte Boris zur Tat schreiten, kurz vor dem Auseinandergehen der Schüler; das war die beste Zeit; man konnte sich dann gleich hinterher bequem aus dem Staube machen.
Eben sagte Ghéridanisol zu Boris, mit halblauter Stimme und ohne ihn anzusehen, was seinen Worten noch mehr

schicksalhaften Charakter geben sollte: „Du hast nur noch eine Viertelstunde vor dir!"
Boris dachte an einen Roman, den er erst vor kurzem gelesen hatte.
Da war eine Szene vorgekommen, in der Straßenräuber eine Frau, die sie ermorden wollten, aufgefordert hatten, ihr letztes Gebet zu sprechen; das sollte ihr das Unentrinnbare ihrer Lage zum Bewußtsein bringen. Und wie ein Reisender angesichts eines Grenzübergangs seine Papiere zusammenrafft, so suchte Boris in seinem Hirn und Herzen krampfhaft nach einem Gebet. Er fand keins.
Aber er war so erschöpft und zugleich so überreizt, daß ihm das keinen übermäßigen Kummer machte. Er vermochte an nichts zu denken. Die Pistole lastete in seiner Tasche, er brauchte sie nicht mit der Hand anzufassen, um sie zu fühlen.
„Noch zehn Minuten!"
Georges, zur Linken von Ghéridanisol, folgte der Entwicklung mit verkniffenem Seitwärtsschielen, tat aber so, als sähe er nichts. Er schien eifrig zu arbeiten. Noch nie war eine Arbeitsstunde so ruhig verlaufen wie diese. La Pérouse erkannte seine Quälgeister gar nicht wieder und wagte zum erstenmal aufzuatmen. Dagegen befand Phiphi sich in ängstlicher Sorge: Ghéridanisols Benehmen machte ihm Angst; er fürchtete, daß dieses Spiel schlimm enden könnte; es war ihm beklommen zumute, und unversehens stieß er einen Seufzer aus. Dann faßte er einen Entschluß: er riß aus dem Geschichtsheft, das vor ihm lag und dessen Jahreszahlen ihm wirr vor den Augen tanzten, ein halbes Blatt heraus, auf das er die Worte kritzelte: „Weißt du auch bestimmt, daß die Pistole nicht geladen ist?" Dieses Blatt gab er Georges, der es an Ghéri weiterreichte. Dieser las es flüchtig, zuckte mit den Achseln, und ohne Phiphi auch nur eines Blickes zu würdigen, knetete er das Papier zu einem Kügelchen zusammen, das er mit geschickter Handbewegung gerade bis zu der Stelle schnipsen ließ, wo die Kreide den fatalen Kreis gezogen hatte. Darauf lächelte er, vor Stolz, so gut gezielt zu haben. Dieses Lächeln der Genugtuung lag bis zum Ende der Szene wie festgebannt um seinen Mund.
„Noch fünf Minuten."

Diese Worte wurden fast laut gesprochen. Sogar Phiphi konnte sie hören. Dieser war der ängstlichen Spannung nicht mehr gewachsen, und obwohl die Arbeitsstunde sehr bald zu Ende sein mußte, hob er, ein dringendes Bedürfnis simulierend oder vielleicht auch wirklich empfindend, eine Hand und erzeugte mit den Fingern jenes schnalzende Geräusch, durch das die Schüler allerorten die Aufmerksamkeit ihrer Lehrer auf sich zu lenken wissen. Dann verließ er die Bank, ohne die Erlaubnis von La Pérouse abzuwarten. Um zur Tür zu gelangen, mußte er am Katheder vorbei, wo der Alte thronte. Phiphi rannte fast und wäre beinahe hingefallen.
Kurz nachdem Philippe sich aus dem Arbeitssaal entfernt hatte, erhob sich Boris. Der kleine Passavant, der hinter ihm saß und angestrengt arbeitete, blickte auf. Später erzählte er seiner alten Séraphine, Boris sei „entsetzlich blaß" gewesen; aber derlei sagt man in solchen Fällen ja immer. Er sah übrigens kaum eine Sekunde nach Boris hin und vertiefte sich dann gleich wieder in seine Arbeit. In der Folge machte er sich deswegen die heftigsten Vorwürfe. Hätte er geahnt, was sich da abspielen sollte, so hätte er es sicherlich zu verhindern gewußt, äußerte er später unter Tränen. Aber er ahnte nichts.
Boris ging langsamen Schrittes bis zu der bezeichneten Stelle. Ins Leere starrend, setzte er einen Fuß vor den anderen, wie ein Automat, oder wie ein Nachtwandler. Seine rechte Hand hatte die Pistole gefaßt, hielt sie aber noch in der Jackentasche verborgen; erst im letzten Moment zog er sie hervor.
Der verhängnisvolle Ort befand sich, wie erwähnt, vor jener unbenutzten Tür, durch welche rechts vom Katheder eine Nische gebildet wurde, derart, daß der aufsichtführende Lehrer ihn nur sehen konnte, wenn er sich von seinem Katheder vorbeugte.
La Pérouse beugte sich vor. Und zunächst begriff er nicht, was sein Enkel da vorhaben mochte, obwohl die seltsame Feierlichkeit seiner Bewegungen etwas Beunruhigendes hatte. Mit lauter Stimme, der er einen gebieterischen Klang zu geben suchte, rief er: „Monsieur Boris, ich fordere Sie auf, unverzüglich Ihren Platz wiedereinzu . . ."
Da, mit einemmal erkannte er die Pistole. Eben hatte Boris

sie an seine Stirn gehoben. La Pérouse begriff . . . und empfand einen Kälteschauer, als ob ihm alles Blut in den Adern gerönne. Er wollte aufspringen; er wollte zu Boris hinlaufen, ihm die Pistole aus der Hand reißen, schreien . . . Eine Art heiseren Röchelns drang aus seinem Mund; er blieb wie gebannt sitzen, erstarrend im Fieberfrost.
Der Schuß ging los. Boris fiel nicht gleich. Einen kurzen Augenblick hielt sich der Körper noch, wie festgehakt in der Türnische. Dann riß der Kopf, der auf die Schulter gesunken war, die ganze Gestalt zu Boden. Das Kind brach in sich zusammen.

Bei der polizeilichen Untersuchung, die etwas später vorgenommen wurde, fanden die Beamten zu ihrem Erstaunen keine Pistole in der Nähe des Toten – ich will sagen: an der Stelle, wo Boris hingesunken war, denn fast unmittelbar nach der Katastrophe hatte man den kleinen Leichnam hinausgetragen und in einem andern Raum auf ein Lager gebettet. Die allgemeine Verwirrung der ersten Minute hatte dem kleinen Georges (während Ghéridanisol zunächst auf seinem Platz verblieb) die Möglichkeit gegeben, unbeobachtet nach vorne, an den Ort der Tat, zu eilen und die Waffe glücklich beiseite zu bringen: er hatte sie zuerst mit einem Fußtritt nach hinten gestoßen, sie dann, während die andern sich um den Toten drängten, schnell aufgehoben, unter seiner Jacke verborgen und sie Ghéridanisol zugesteckt. Und da die Aufmerksamkeit aller Anwesenden auf die Stätte des Unheils konzentriert blieb, so hatte auch niemand auf Ghéridanisol geachtet, der nun unbemerkt den Saal verlassen, die Treppen hinaufeilen, ins Zimmer des alten La Pérouse gelangen und dort die Waffe wieder an den Platz legen konnte, wo er sie hergenommen hatte. Als später, im Laufe einer Haussuchung, die Pistole von der Polizei in ihrem Behältnis entdeckt wurde, hätte man im Zweifel sein können, ob sie überhaupt daraus entfernt gewesen war und ob Boris sich ihrer bedient hatte, wenn nur Ghéridanisol nicht versäumt gehabt hätte, die Patronenhülse aus dem Lauf herauszunehmen. Offenbar hatte Ghéri doch ein wenig den Kopf verloren: eine vorübergehende Schwäche, deren er sich in der Folge viel mehr schämte, als daß er etwa sein Verbrechen bereut hätte. Und dennoch

sollte gerade diese Schwäche seine Rettung werden. Denn als er sich, in den Arbeitssaal zurückgekehrt, wieder unter die andern mengte, wurde er beim Anblick der Leiche, die man gerade hinaustrug, von einem deutlich sichtbaren Zittern befallen, von einer Art Nervenkrise, in der Madame Vedel und Rachel, die in aller Hast herbeigestürzt waren, das Anzeichen einer außerordentlichen Gemütsbewegung erkennen wollten. Bevor man die Unmenschlichkeit eines so jungen Menschen für denkbar hält, akzeptiert man lieber jede andere Deutung; und als Ghéridanisol seine Unschuld beteuerte, glaubte man ihm. Das Blatt Papier, das Phiphi ihm durch Georges hatte zugehen lassen, das er dann zusammengeknäuelt und weggeschnipst hatte und das man später unter einer Bank wiederfand – dies zerknitterte Stück Papier sprach auch für ihn. Allerdings, er hatte (ebenso wie Georges und Phiphi) Tadel verdient, weil er sich auf ein grausames Spiel eingelassen hatte; aber er würde sich eben nicht darauf eingelassen haben, versicherte er, wenn er geglaubt hätte, daß die Waffe geladen war. Georges war der einzige, der von der völligen Verantwortlichkeit Ghéridanisols überzeugt blieb.
Übrigens war Georges nicht so verdorben, daß seine Bewunderung für Ghéridanisol nicht schließlich doch einem Gefühl des Entsetzens gewichen wäre. Als er an diesem Abend nach Hause kam, warf er sich in die Arme seiner Mutter. Und Pauline hatte die Aufwallung des Dankes gegen Gott, der ihr durch eine so furchtbare Tragödie ihren Sohn wieder zuführte.

Aus Edouards Tagebuch:
Ohne den Anspruch zu erheben, daß ich irgend etwas bis in den letzten Grund erklären könnte, möchte ich doch keinerlei Tatsachen ohne genügende Motivierung bieten. Deshalb werde ich für meine „Falschmünzer“ den Selbstmord des kleinen Boris nicht verwerten, es fällt mir schon schwer genug, ihn selber zu fassen. Außerdem liebe ich alle diese Geschehnisse nicht, die in die Rubrik der Vermischten Nachrichten gehören. Es haftet ihnen ein peinlicher Geruch des Peremptorischen an, des Unwiderruflichen, ein Beigeschmack von Brutalität, von aufdringlichem Realismus ... Ich habe nichts dagegen einzuwenden, daß die

Wirklichkeit, als Bestätigung oder Beweis, meinem Denken zu Hilfe komme; aber es mißfällt mir durchaus, wenn sie ihm vorauseilen will. Ich mag nicht überrumpelt werden. Der Selbstmord des kleinen Boris scheint mir unschicklich, denn ich war nicht auf ihn gefaßt.

In jedem Selbstmord ist eine gewisse Infamie enthalten (was immer auch La Pérouse darüber denken mag, der wahrscheinlich der Meinung ist, sein Enkel habe sich heldenhafter benommen als er selbst). Wenn dieses Kind das Unheil hätte voraussehen können, das seine schreckliche Handlungsweise über die Familie Vedel heraufbeschwören sollte, so bliebe seine Tat unverzeihlich. Azaïs hat alle seine Pensionäre nach Hause schicken müssen – für eine gewisse Zeit, wie er sagt; aber Rachel fürchtet den Zusammenbruch. Vier Familien haben ihre Kinder schon endgültig abgemeldet. Ich habe auch Pauline nicht davon abraten mögen, ihren Georges ganz wieder zu sich zu nehmen; um so mehr, als der Kleine, durch den Tod seines Kameraden tief aufgewühlt, eine Tendenz zur Besserung erkennen läßt. Wieviel Nachwirkungen diese Katastrophe doch im Gefolge hat! Auch Olivier zeigt sich von ihr erschüttert. Und Armand, trotz aller zynischen Allüren geängstigt durch das den Seinen drohende Verhängnis, hat sich bereit erklärt, der Pension die ganze Zeit zu widmen, die Passavants Freundlichkeit ihm freiläßt, denn der alte La Pérouse hat sich der ihm zugedachten Aufgabe doch gar zu wenig gewachsen gezeigt.

Ich fürchtete mich vor dem Wiedersehen mit dem Großvater des kleinen Boris. La Pérouse empfing mich in seinem engen Zimmer in der zweiten Etage der Pension, das ich schon kannte. Er nahm mich gleich am Arm und sagte mit bedeutsamer, fast lächelnder Miene, während ich Tränen erwartet hatte: „Das Geräusch, wissen Sie . . . das Geräusch, von dem ich Ihnen neulich erzählt habe . . .“

„Nun?“

„Es ist weg! Völlig verschwunden! Ich höre es nicht mehr, ich mag lauschen, soviel ich will . . .“

Ich glaubte auf seine Äußerungen eingehen zu sollen, wie man auf das Spiel eines Kindes eingeht, und erwiderte: „Ich möchte wetten, es tut Ihnen jetzt leid, daß es nicht mehr da ist!“

„O nein, nein! ... Jetzt herrscht hier eine solche Ruhe! Ich sehnte mich ja so nach Ruhe und Stille! ... Wissen Sie, auf welchen Gedanken ich gekommen bin? Daß wir, solange wir leben, gar nicht wissen können, was eine wirkliche Stille ist! Blut erzeugt ja ein dauerndes Geräusch in unserem Innern; wir achten nur nicht mehr darauf, da wir seit frühester Kindheit daran gewöhnt sind ... Aber ich glaube, daß es Töne gibt, Harmonien, die wir während unseres ganzen Lebens nicht zu hören bekommen, weil jenes Geräusch sie übertönt. Ja, ich glaube, daß uns überhaupt erst nach dem Tode ein wirkliches Gehör für die Musik der Welt verliehen sein wird!"

„Aber Sie sagten mir doch, sie glaubten nicht an ..."

„An die Unsterblichkeit der Seele? Habe ich das gesagt? ... Ja, Sie sollen recht haben. Aber ebensowenig glaube ich an das Gegenteil!"

Und da ich schwieg, fuhr er kopfschüttelnd fort: „Haben Sie schon gemerkt, daß auf dieser Erde Gott immer schweigt? Nur der Teufel redet ... Oder wenigstens hören wir, so angestrengt wir auch lauschen mögen, immer nur den Teufel ... Für Gottes Stimme haben wir kein Organ. Gottes Stimme! Gottes ‚Wort': haben Sie je darüber nachgedacht, was dieser Begriff wohl bedeuten mag?! ... Oh, ich meine nicht die Aussprüche Gottes, die uns in menschlicher Sprache überliefert worden sind, sondern jenen mystischen Begriff aus dem Evangelium des Johannes: ‚Im Anfang war das Wort' ... Dieses ‚Wort': sollte es nicht identisch sein mit der Schöpfung selbst? ... Aber der Teufel hat sich in die Schöpfung eingemengt ... Seine Dissonanzen übertönen Gottes Wort ... Doch glauben Sie nicht auch, daß Gott schließlich das letzte Wort behalten wird? ... Und hegen Sie nicht auch die Hoffnung, daß wir nach unserem Tode – endlich, endlich! – Gottes Stimme werden vernehmen können?"

Ein fiebriger Taumel schien ihn zu packen, wie der Vorbote eines epileptischen Anfalls. Und ganz plötzlich brach er in Schluchzen aus und überließ sich wirrer Verzweiflung.

„Nein, nein!" schrie er. „Der liebe Gott und der Teufel sind nur ein und dasselbe! Die beiden sind im Einverständnis! Da bemühen wir uns krampfhaft, zu glauben, alles Böse auf Erden komme vom Teufel. Aber zu diesem Glauben zwingen wir uns nur, weil wir sonst dem lieben Gott nie und nimmer verzeihen könnten! Er amüsiert sich mit uns, er spielt mit uns, wie die Katze mit der Maus. Und dafür sollen wir ihm auch noch dankbar sein!? Dankbar wofür? Für was?"

Und, näher zu mir gebeugt: „Wissen Sie, was das Furchtbarste ist, was er getan hat? Seinen eigenen Sohn hat er geopfert, um uns zu erlösen ... Seinen Sohn! Seinen eigenen Sohn! ... Grausamkeit, ja das ist das vornehmste Attribut des lieben Gottes!"

Er warf sich aufs Bett und kehrte das Gesicht zur Wand. Kurze Zeit noch sah ich ihn konvulsivisch zucken, dann schien er ruhiger zu werden, und endlich schlief er ein. Ich ging.

Von Boris hatte er kein Wort gesagt. Ich erklärte mir das so, daß dieser visionäre Verzweiflungsausbruch wohl ein indirektes Symptom seiner Qual gewesen sei: einer Qual, zu unausdenkbar, als daß sie in sachlicher Bestimmtheit hätte erlitten werden können.

Ich höre von Olivier, daß Bernard zu seinem Vater zurückgekehrt ist. Und, in der Tat, das ist das beste, was er tun konnte. Als er von dem kleinen Caloub, den er zufällig auf der Straße traf, erfahren hatte, die Gesundheit des alten Richters lasse zu wünschen übrig, da folgte Bernard nur noch der Stimme seines Herzens. Wir sollen uns morgen abend wiedersehen, denn Profitendieu hat mich sowie Molinier, Pauline und die beiden Kinder zum Essen eingeladen. Neugierig bin ich auf die Bekanntschaft mit Caloub.

Nachwort

„Das einzige Schauspiel, daß mich wirklich interessiert und das ich immer aufs neue erzählen möchte, ist der Kampf des Menschen gegen das, was ihn am authentischen Dasein hindert, gegen das, was sich seiner Identität entgegenstellt“, schreibt André Gide 1930, als Sechzigjähriger, in sein Tagebuch. Dieses anhaltende und ungeteilte Interesse rührt daher, daß das Leben des Autors selbst zutiefst von diesem Kampf gezeichnet ist. Und so wechselvoll sich Gides Geschick in dieser Auseinandersetzung gestaltete, so unterschiedlich sind die in den Werken angesprochenen und dargestellten Verhaltensformen, ja selbst die Definition dessen, was eigentlich den Menschen am authentischen Dasein hindert.

Demzufolge wurde und wird Gide häufig der Vorwurf des Nichtgreifbarseins, des Schillernden, ja des Schwankend-Unzuverlässigen gemacht. Dieser Eindruck scheint bei äußerlicher und die Tatsachen vereinzelnder Betrachtung von Biographie und Werk berechtigt, stellt aber die entscheidende und durchgängige Anstrengung Gides nicht in Rechnung: daß nämlich hier ein Künstler von höchster geistiger und emotionaler Sensibilität nicht umhin kann, die vielfältigen und belastenden Eindrücke eines Verfallsprozesses – der Degeneration der bürgerlichen Gesellschaft am Ausgang des 19. und in der ersten Hälfte unseres Jahrhunderts – wahrzunehmen und, da er selbst sich dieser Gesellschaft unlösbar zugehörig wußte, um vertretbare Verhaltensformen in einer solchen Situation rang. Meinungsumschwünge und Diskontinuitäten sind unausbleiblich in diesem widerspruchsbeladenen Ringen eines Dichters, den Walter Benjamin den „differenziertesten unter den lebenden“ nannte und der von sich selbst sagte: „Ich ging in jeder

Richtung, die ich einmal einschlug, bis zum Äußersten, um sodann mit derselben Entschiedenheit der entgegengesetzten mich zuwenden zu können.“ Eben das Bekenntnis zu den Extremen, das konsequente und schonungslose Ausmessen der Widersprüche macht die Konstanz von Gides Persönlichkeit aus. „Er hat seine Ideen gelebt“, sagt Sartre im Nekrolog auf Gide. Doch nicht nur gelebt wurden diese Ideen, sie provozierten und erfüllten ein überaus komplexes künstlerisches Werk: provozierten es als den Versuch, bedrückendes reales Erleben zu bewältigen, und erfüllten es zugleich mit der ihnen eigenen belebenden Widersprüchlichkeit.

Gides Anfänge in den neunziger Jahren des vergangenen Jahrhunderts standen im Zeichen des Symbolismus. Diese Dichterschule repräsentierte im literarischen Bereich die ästhetizistische Kunstauffassung, deren geistiges Zentrum das Paris der Jahrhundertwende war. In dem Affront, mit dem die Symbolisten dem Naturalismus – und besonders dessen bevorzugter literarischer Gattung, dem Roman – begegneten, war eine gewisse gesellschaftliche und künstlerische Berechtigung enthalten. Waren doch im naturalistischen Roman, der mit ausgesprochen sozialkritischen Intentionen angetreten war, die deterministischen und mechanistischen Prämissen immer stärker hervorgetreten, so daß das sozialkritische Moment zur Deklaration erstarrte. In Gegenreaktion auf eine solche Verfestigung des Gegebenen glaubte sich die symbolistische Schule um Stéphane Mallarmé mit einem absoluten Kunstanspruch und hohen Formwillen gegen die schale Wirklichkeit verteidigen zu können. Ihre poetologische Formel war die *poésie pure,* die sich in lyrischen Schöpfungen von hohem ästhetischem Wert realisierte. Der junge Gide und seine literarischen Freunde – Paul Valéry, Paul Claudel, Francis Jammes – waren als beflissene Besucher der Dichtersoirées bei Mallarmé von der Exklusivität des Kreises und seiner Kunstdoktrin fasziniert. Für die Verlockung eines realitätsverächterischen Erlesenheitsglaubens war der angehende Autor besonders empfänglich – auch aus schlicht persönlichen Gründen. Minderwertigkeitskomplexe als Kehrseite seines Elitebewußtseins nährte der junge Gide nämlich reichlich. 1869 in

Paris als einziges Kind eines begüterten Universitätsprofessors geboren, war er von klein auf Bezugspunkt der ständigen Fürsoge mehrerer zur Familie gehöriger Frauen. Die anforderungsvolle Zuwendung, mit der seine Mutter und seine Tanten ihn belasteten, und die Selbstgefälligkeit, mit der sie die Lebensregeln der Familie zu verbindlichen Normen erhoben, machte die Identitätsfindung für den Heranwachsenden schon im Privaten zum unübersehbaren Problem. Dichtung war ihm also vorerst auch ein Mittel der Selbstaussage und Selbstbehauptung, die ihm in der Realität versagt blieben. Daher in den frühen Arbeiten das enge Beieinander von fruchtbarem Entwurf und hohler Gebärde. Doch schon in der Abfolge der frühen Schriften läßt sich ein Erkenntnisprozeß des jungen Autors ablesen: während Gide in seiner ersten Arbeit, „Les Cahiers d'André Walter" (Die Aufzeichnungen des André Walter, 1891), seine kleinsten Seelenvibrationen mit unkritischer Selbstgefälligkeit nachzeichnet, holt er sich am Ausgang von „Le Voyage d'Urien" (Die Reise Urians, 1893), der Beschreibung eines abenteuerlichen Auf- und Ausbruchs, ironisch auf den Boden der Tatsachen zurück: „All diese Abenteuer haben nur in meiner Phantasie stattgefunden. Ich habe das Verlies meiner Träumereien nie verlassen. Ich bin durchs Leben gegangen, ohne etwas zu sehen. Ich habe Bücher gelesen – sonst habe ich nichts erlebt."
Die schroffe Gegenüberstellung von aktivem Leben und intellektueller und literarischer Reflexion – eine Antinomie, die sich im Laufe des künstlerischen Reifeprozesses Gides zunehmend auflösen wird – ist das Resultat seiner ersten entscheidenden Lebenserfahrung. Der von bürgerlicher Lebenskultur und Bildung geprägte junge Dichter erfuhr einen halbjährigen Aufenthalt in Nordafrika 1893/94 als Durchbruch zur Unmittelbarkeit des Daseins und der persönlichen Beziehungen. Diese Reise bedeutete für ihn Sebstbefreiung und Lebenswende. In der algerischen Oasenstadt Biskra fand Gide Bestätigung und Betätigungsmöglichkeiten für seine homosexuelle Veranlagung. Der Name dieser Stadt taucht als Inbegriff der Erfüllung oder als Wunschvorstellung in mehreren seiner späteren Werke auf.
Nach Paris zurückgekehrt, erscheint Gide seine vormalige Lebensform eines ästhetisierenden Literaten hohl und lä-

cherlich. Mit der Schrift „Paludes" (1895) nimmt er radikal und boshaft von der symbolistischen Kunstdoktrin Abschied, die für einen wuchernden Literatenklüngel zum Nährboden künstlerischer Scharlatanerie werden konnte. Mit einem gehörigen Quantum Selbstironie macht er seine bisherige Existenz und den eigenen literarischen Schaffensprozeß zum Thema und zeigt, wie dieser für die Epigonen des Symbolismus – also seinerzeit auch für Gide selbst – als Daseinslegitimation herhalten mußte.

Das Prinzip der Leere, der Absichtslosigkeit und der Beliebigkeit, das über solchen ohne echten Schaffensantrieb entstandenen literarischen Produkten waltet, ist hier zum Gegenstand der Kritik geworden. Wenn Theoretiker des nouveau roman heute freudvoll auf diese Schrift Gides als frühe Ankündigung ihrer Doktrin verweisen, so beruht dies auf einem teilweisen – und womöglich beabsichtigten – Mißverständnis. Denn Gide hat die Sinnentleerung der Dichtung nicht als unumgänglichen Endzustand festgeschrieben, sondern sie als Resultat der besonderen, realitätsfernen Daseinsform der Literaten kenntlich gemacht und ironisiert.

In „Les Nourritures terrestres" (Uns nährt die Erde, 1897), einer emphatischen Lobpreisung von rauschhaftem Lebensgenuß und Antiintellektualismus, baut Gide sein Nordafrika-Erlebnis als Gegenwelt zur degenerierten europäischen Zivilisation auf. In dieser nachdrücklichen Wertung des neuen Erfahrungsbereichs als ausschließlich exotisch-ästhetisches Faktum, auch als Freiraum zur Realisierung eines angestrengten Sinnenkults, schlägt nun wieder der ohnmächtige Intellektualismus und Ästhetizismus durch. Die kritische Denkleistung, mit der Gide sowohl im ästhetizistisch-intellektualistischen Weltverhältnis als auch im amoralisch-kreatürlichen Naturgenuß eine latent ahumane Tendenz erkennen wird, steht noch aus. Viel später, im Angesicht des Faschismus, erklärt Gide „Uns nährt die Erde" als durchaus authentischen Ausdruck einer Seite seines Wesens, verwahrt sich aber dagegen, auf die hemmungslose Selbstverwirklichung für Auserwählte festgelegt zu werden.

1902 legt Gide mit der Erzählung „L'Immoraliste" (Der Immoralist) eines seiner bedeutendsten Werke vor, bedeutend

als rigoros kritische Aufarbeitung der bisherigen Erfahrungen und als erster gültiger Ausdruck des Grundkonfliktes, der seine geistige und künstlerische Existenz prägt und – mit zunehmender schmerzlicher Bewußtheit für Gide – prägen wird: der Tatsache nämlich, daß das künstlerische Schaffen, seine raison d'être, auf den materiellen und geistigen Privilegien der bürgerlichen Lebensform gründet, daß aber gerade die seinem Schaffen innewohnende „Moral" ihn beständig dazu zwingt, die Berechtigung dieser Lebensform in Frage zu stellen. Denn was anders als die mit bürgerlicher Erziehung und Bildung aufgenommene Gewißheit von der Bedeutsamkeit der eigenen Person bringt und befähigt ihn dazu, sein Geschick in den bewegenden Tendenzen, aber auch in den kleinsten Vibrationen zum Kernstück eines umfangreichen Werkes zu machen und damit eines der letzten großen Beispiele für die Problematik bürgerlicher Existenz aufzubauen? Was andererseits aber als der aus dieser Gewißheit abgeleitete Absolutheitsanspruch in der Kunstausübung (der ihm mit seinen symbolistischen Anfängen eingegeben wurde, der aber erst im stofflichen Zustrom realen Erlebens voll zum Tragen kam) bewahrt den Autor davor, in vorder- oder hintergründige Harmonisierungen abzugleiten, sondern tapfer die Spannweite der ihm auferlegten Widersprüche zu durchmessen? Hier findet Gides Kampf um Authentizität statt, ein Kampf, dessen Erfolg nicht in der Lösung, sondern in der Erkenntnis, im Ausleben und im Darstellen der Widersprüche besteht.
Fast scheint es, als habe Gide intuitiv nach Lebenssituationen gesucht, die diese Widersprüchlichkeiten mit aller Schärfe zutage förderten. Die Ehe, die er 1895, als Fünfundzwanzigjähriger, in vollem Wissen um seine homoerotischen Neigungen mit einer etwas älteren Cousine einging, war ein ausdauernd und nachdrücklich verfolgtes Bekenntnis zu den moralischen und religiösen Zwängen, die Gide als einen der Pole produktiver Spannung offensichtlich brauchte. Daß er hier die Lebensansprüche eines anderen Menschen in den entscheidenden Punkten negierte, indem er ihn im Hinblick auf seine vertrackten Bedürfnisse in sein eigenes Leben einfunktionierte, blieb Gide als moralische Schuld nicht verborgen. Er versucht, diese Schuldgefühle mit hohlen Verehrungsgesten und einer Theorie zu kom-

pensieren, nach der er sinnlichen Genuß in die Sphäre der niederen Zwänge verweist und die unerfüllte Ehe zum Ausdruck seiner edelsten Regungen aufwertet. Gides Frau hat ihre völlig anderen Lebenserwartungen nie auszusprechen, geschweige denn zu realisieren vermocht und sich in Resignation und Entsagung geübt. Es blieb sogar noch Sache des Mannes, diese tiefe Enttäuschung zu erkennen und literarisch darzustellen – wenn auch nicht ihr abzuhelfen. Immerhin bezeichnete Gide seine Ehe als „die geheime Tragödie meines Lebens".

Im äußeren Handlungsablauf gibt die Erzählung „Der Immoralist" verkürzt und radikalisiert eine solche schuldhafte Aufopferung des Partners für die eigene hemmungslose Selbstentfaltung wieder. Michel, der Held der Erzählung, anfangs ein weltabgewandter junger Gelehrter, wird von seiner Frau über einen schweren Tuberkuloseanfall hinweggerettet und nimmt aus dieser Berührung mit dem Tode einen unbändigen Lebenshunger mit. Er huldigt nun einem Kult der Schönheit, Stärke und Bindungslosigkeit, in dem ihn ein abenteuernder „Übermensch" – ein im literarischen Repertoire mittlerweile wohlbekannter Typ – bestärkt und vorantreibt. Die nun ihrerseits lungenkranke Frau wird Michel wie alle anderen Bindungen zur Last. Seiner eigenen Aussage nach endet er in einer „zwecklosen Freiheit", an der er „leidet".

Das Ehedrama ist allerdings nur der konkrete Ausdruck einer großen Fragestellung, die schon in den literarischen Spitzenwerken des 19. Jahrhunderts aufkam: ist die Suche nach optimaler Selbstverwirklichung nicht zwingende Folge des Schwundes individueller Einordnungsmöglichkeit und -notwendigkeit, ein Schwund, den Dostojewski mit dem Verlust Gottes, Gide mit der Aushöhlung verbindlicher sozialer Lebensnormen motiviert? Gide beschönigt die moralische Schuldhaftigkeit Michels nicht, macht sie aber vor allem als Resultat einer großen gesellschaftlichen Orientierungslosigkeit kenntlich. Die Michel anerzogenen moralischen Prämissen fallen angesichts seiner Todesahnung und des grandiosen Naturerlebnisses Nordafrika deshalb so schnell in sich zusammen, weil sie keine echte soziale Basis mehr haben. So kann der Anprall starken individuellen Erlebens sie unverzüglich aushöhlen. Doch die schrankenlose

Freisetzung der Individualität bringt vielleicht Genuß, aber kein Heil: Gide läßt seinen Helden in der mit menschlichen Opfern erkauften Bindungslosigkeit ratlos und unerfüllt zurück. Damit stellt er schon die Frage nach dem Inhalt des existentialistischen Freiheitsbegriffs, an der sich Sartre später so nachhaltig versuchen wird.

Keine Romantisierung und Apologie menschenverächterischen Lebensgenusses also ist dieses Werk, sondern – schon die als Ersuchen um Beurteilung angelegte Ich-Erzählung macht dies deutlich – ein insistierendes Fragen nach verbindlichen moralischen Werten. Daß Gide auf dieser Suche ins Leere stößt, ist kein persönliches Versagen, sondern Erkenntnis und Eingeständnis der tatsächlichen Situation.

So erweist sich „Der Immoralist" im Kontext des Gideschen Gesamtwerkes und besonders angesichts des Schlußbekenntnisses: „Gebt mir einen Lebenssinn. Ich weiß keinen mehr zu finden", nicht als unbedenkliche Illustration Nietzscheschen Amoralismus (als die die Erzählung oft verstanden wird), sondern als vorläufiges negatives Fazit der Suche nach Lebenssinn. Daß die Theorie Nietzsches keineswegs die bedingungslos befolgte Vorgabe für die Lebenspraxis des Gideschen Helden gewesen sein kann, leitet sich schon aus dem Umstand her, daß Gide sich erst während der Arbeit am „Immoralisten" intensiv mit dem Werk Nietzsches beschäftigt hat. Nach eigener Aussage haben ihn die Übereinstimmungen fürs erste gehemmt, dann aber dazu befähigt, seine Darstellung zu präzisieren. Für die geistig-moralische Situation des Individuums, wie Gide sie zu diesem Zeitpunkt spontan empfand und literarisch manifest machen wollte, lieferte Nietzsche ihm die radikalisierte Theorie. Doch stimmt Gide mit Nietzsche nicht in der Schlußfolgerung überein, der grimmig-freudvollen Bejahung des Bösen, sondern läßt das Vakuum an ethischen Werten als Mangel, als unerträglichen Mangel erscheinen.

In der zwanghaften Suche nach anderen Orientierungsmöglichkeiten setzt Gide seine Heilserwartungen auf immer wieder wechselnde Größen und wird stets aufs neue enttäuscht, bis er seine Hoffnungen auf die „Restauration moralischer Werte" schließlich über seine Lebensspanne hinausgreifen läßt. Diese hartnäckige Suche nach Leitbildern

macht auch Gides Ringen um einen ungebrochenen christlichen Glauben verständlich – eine Anstrengung, die in sich selbst widersprüchlich ist. Denn schlichter Glaube kann nicht willentlich errungen werden, so daß Gide zeitlebens in den Widerspruch zwischen seiner Sehnsucht und dem Zwang zu intellektueller Zersetzung der Glaubensgrundlage verstrickt bleibt.
Was Wunder, daß ihm das Werk Dostojewskis als grandiose literarische Ausformung dieses Konflikts ständiges Beispiel und anhaltender Beschäftigungs- und Interpretationsgegenstand wird: in seiner tiefen Leidensverbundenheit, in der Aufdeckung extremer individueller Widersprüchlichkeiten, vor allem aber in seiner christlichen Erlösungshoffnung, berührt Dostojewski Gide in einem Lebens- und Schaffensnerv. Von der Nähe zu Dostojewski – bei aller nationalitäts- und mentalitätsbegründeten Verschiedenheit – zeugt auch eine 1908 erschienene Dostojewski-Studie, die Gide später zu einer großen Biographie erweitern wollte. Von diesem Lieblingsprojekt, das er nicht realisieren sollte, sprach Gide als von einem „Bekenntnisbuch . . . oder mehr noch: einem Glaubensbekenntnis".
Gides geistig-literarische Austauschfreudigkeit ist allerdings grundsätzlicher und umfassender Natur. England und Deutschland sind die großen kulturellen Einflußbereiche, die er sogar – im Falle Englands in Hinblick auf die literarische, besonders die Romanentwicklung, im Falle Deutschlands auf den philosophischen Erkenntnisstand – als Frankreich überlegen ansieht. Das Werk Shakespeares, Defoes, Fieldings, Blakes, Brownings, besonders auch das Goethes sowie die Philosophie Schopenhauers sind für ihn zeitlebens Quellen der Anregung, des Genusses und der Auseinandersetzung. Goethes „Prometheus" und Shakespeares „Hamlet" hat Gide auch übersetzt.
Für die damalige literarische Szene scheint Gide eine Art Gravitationszentrum gewesen zu sein. Persönliche Bekanntschaften, Freundschaften und z. T. umfangreiche Briefwechsel mit geistesverwandten Autoren wie Wilde, Proust, Valéry, Jammes, Rilke, Hofmannsthal oder auch der Austausch unterschiedlicher künstlerischer, ethischer oder religiöser Auffassungen etwa mit Claudel, Roger Martin du Gard, Mauriac zeugen von Gides Freude an fruchtbarer

Diskussion. Die Mitbegründung und -herausgabe der „Nouvelle Revue Française", einer Literaturzeitschrift, die seit 1908 erscheint und die sich das Prädikat einer „regelrechten Roman-Akademie" erworben hat, ist eine bedeutsame literaturpropagandistische Leistung Gides.

Was die schöpferische künstlerische Arbeit betrifft, so scheint Gide nach dem großen Wurf des „Immoralisten" seine Kräfte vorerst für Kommendes und Weiterführendes zu sammeln. Bis zum Ausbruch des ersten Weltkrieges veröffentlicht er zwei Erzählungen, „La Porte étroite" (Die enge Pforte, 1909) und „Isabelle", (1911), sowie eine Bekenntnisschrift in Dialogform mit dem Titel „Corydon" (1911). Diese Verteidigung der Homosexualität soll einen Skandal verursacht haben – eine Wirkung, die heute unwahrscheinlich anmutet. Denn in Gides bemühter Rechtfertigung äußert sich so viel Normbewußtsein und latentes Schuldempfinden, daß sie gängige Meinungen eher bestätigt als provoziert. Immerhin erklärt Gide noch 1942 „Corydon" zum wichtigsten seiner Bücher, was darauf hindeutet, welch eine belastende und zugleich stimulierende Wirkung seine homosexuelle Veranlagung zeitlebens für ihn gehabt haben muß.

Die Erzählungen sind – obwohl beide kein Markstein in Gides künstlerischer Entwicklung – von unterschiedlichem persönlichem Gewicht für den Autor: mit „Isabelle", einer „Fingerübung" nach Gides Aussage, folgt er, wenn auch mit leichter kritischer Distanz, einem trivialen Romanmodell. In „Die enge Pforte" hingegen wird wieder das persönliche Drama Gides verhandelt: geschlechtliche Entsagung aus überspannter Liebeserwartung, aus Scheu vor der Realität, für die die Liebenden große religiöse Motivationen bemühen. Gide schwankt hier noch zwischen freimütigem Aufdecken dieses psychologischen Dilemmas und der Propagierung seiner Intimideologie.

Überraschenderweise schreibt Gide 1913, auf ein Werk von hochgradiger gesellschaftlicher und persönlicher Relevanz zurückblickend, in sein Tagebuch: „Es scheint mir zuweilen, daß ich bis auf den heutigen Tag nichts Ernsthaftes geschrieben habe; daß ich meine Gedanken nur ironisch zum Ausdruck gebracht habe ...", und erläuternd fährt er fort: „Vielleicht verhindern letztendlich der Glaube an das

Kunstwerk und der Kult, den ich mit ihm treibe, den Durchbruch zu dieser letzten Aufrichtigkeit, die ich mir von nun an abgewinnen will." Dies äußert Gide während der Endarbeiten an „Les Caves du Vatican" (Die Verliese des Vatikan, 1914), einem Werk, das er im Vorwort als „zweifellos letztes ... der ironischen Bücher" bezeichnet. Das Gegenteil jedoch ist der Fall: es ist nicht das letzte, sondern das erste der Bücher, mit denen sich Gide zur Unumgänglichkeit ironischer Umwertungen bekennt. Denn die in eine geschlossene Form eingespannten, in sich stimmigen und voraussehbaren Handlungsabläufe der früheren Erzählungen erscheinen ihm zunehmend als Konzession an literarische Konventionen, als „höherer Schwindel" (Thomas Mann), das heißt als das Nachvollziehen einer Ordnung im Kunstwerk zu einem Zeitpunkt, da diese Ordnung tatsächlich nicht mehr gegeben ist.

Bedeutsamer als die rückblickende Wertung ist der produktive Neuansatz, den Gide mit der sich hier sichtlich und tiefgreifend wandelnden Kunstauffassung gewinnt: denn sein Glaube an den Vorrang der Kunst, der ihn von den ästhetizistischen Anfängen bis in die Jahre vor dem ersten Weltkrieg getragen hatte, wird ihm zunehmend fragwürdig. Gide muß immer zwingender gespürt haben, daß sich hinter der hochfahrenden Absicht unmittelbarer Lebensbewältigung in und durch Kunst viel uneingestandene Ohnmacht verbirgt, die sich von vornherein in die reale Folgenlosigkeit künstlerischen Wirkens schickt. In einer bescheideneren Bewertung seines Schaffens hingegen als einer spezifischen Form der Wirklichkeitserkundung und -erkenntnis (Gide spricht davon, „ein guter Handwerker sein" zu wollen) sieht er eine seinem Vermögen angemessene Möglichkeit, sich kritisch mit der bürgerlichen Geistes- und Kunstgeschichte auseinanderzusetzen.

Dies nun, die kritisch-selbstkritische Abrechnung mit den zu Konventionen erstarrten literarischen Formen und den eigenen bisherigen Denk- und Verhaltensentwürfen, leistet Gide in den „Verliesen des Vatikan". Mit diesem Werk schafft er die tabula rasa, die er für das große konstruktive Romanexperiment der zwanziger Jahre, „Die Falschmünzer", braucht. Die kritische Intention der „Verliese" wird also verkannt, wenn man diesem Werk den Vorwurf des nur zweckfrei Spielerischen, hohl Ästhetizistischen macht – und die boshafte Freude am Jonglieren mit literarischen Kniffen dürfte man einem gewiegten Autor vom Range Gides schließlich nicht nur nachsehen, sondern sie getrost mit ihm teilen. Durch unglaubwürdige Handlungsverknüpfungen, durch extreme Persönlichkeitsmerkmale und Verhaltensweisen der Gestalten läßt Gide hier herkömmliche Romanklischees ins Groteske umkippen; an einigen wesentlichen Stellen werden die Klischees aber nicht nur parodiert, sondern entschieden durchbrochen. Dies tut der Autor mit seinen normwidrigen Experimenten im Literarischen, sein jugendlicher Held Lafcadio aber durch Provokationen in der fiktiven Realität der Erzählung: für Lafcadio, der frei von allen sozialen Bindungen ist, der Nützlichkeitserwägungen und moralische Prinzipien verachtet, ist die Realität ein Rohstoff, den er immer wieder nur auf Eignung zur Erhöhung seines Selbstgefühls überprüft. Dies gipfelt in dem berühmten spielerischen Mord Lafcadios an einer Gestalt der Erzählung, der als acte gratuit, als Handlung ohne Sinn, die vielfältigsten Deutungen erfuhr. Es scheint, daß man hier eine Leerstelle behende mit unterschiedlicher Doktrin ausgefüllt hat, während Gide doch in dem Kontrast von schwerwiegender Tat und fehlender Motivation einen Schlag gegen den konventionellen Romanpsychologismus führen wollte. Lafcadio endet als eine zwischen Läuterung aus Liebe und weiterer Selbstbehauptung schwankende Gestalt; das Experiment, Nietzsches Theorie vom legitimen Amoralismus Auserwählter literarisch zu konkretisieren, konnte Gide bezeichnenderweise nicht durchhalten.

„Sittliches Taktgefühl" nennt Ernst Robert Curtius, auch er ein Freund Gides, dessen Verstummen während des ersten Weltkrieges. Gides Sinn für Proportionen und Kompetenzen hieß ihn schweigen zu Fragen, von denen er sich überfordert wußte, denen er jedoch zeitweilig den Vorrang vor seinen ästhetischen Interessen einräumte. Die großen gesellschaftlichen Veränderungen entzogen sich seinem auf diesem Gebiet noch wenig geübten Wahrnehmungsvermögen indessen nicht. 1917 schreibt er in sein Tagebuch: „Seit der russischen Revolution scheint es mir klar, daß selbst dieser gewaltige Krieg von den sozialen Fragen absorbiert werden wird."

1919 legt Gide mit „La Symphonie pastorale" (Die Pastoralsymphonie) ein weiteres Werk vor, in dem er mit seinem halbherzigen Verhalten in persönlichen Konflikten ins Gericht geht; er deckt den sublimierten Egoismus auf, der unter der hilfreichen Zuwendung eines protestantischen Pfarrers zu seiner blinden Schutzbefohlenen steckt. Doch neben diesem – wie stets sehr subtilen, als psychologische Analyse meisterhaften – Eintauchen in die inneren Untiefen wächst Gides Interesse für äußere, materielle Mißverhältnisse. Da ihm der Zugang zur Basis dieser Mißverhältnisse nach Herkunft und Entwicklungsgang schwierig ist, registriert er sie vorerst mehr als Einzelerscheinungen. Besonders günstige Gelegenheit dazu bietet Gide die Geschworenentätigkeit am Gericht von Rouen, über die er in der Schrift „Souvenirs de la Cour d'assises" (Aus dem Schwurgericht, 1914) berichtet. In der Mehrzahl der Fälle erkennt er soziale Ungerechtigkeiten als Ursache der kriminellen Handlungen: seine persönliche Situation dazu drückt er in dem Bibelwort „Richtet nicht!" aus. Der Verweis auf die Notwendigkeit einiger Reformen ist seine vorläufige Reaktion. Praktische Maßnahmen zu empfehlen war Gides starke Seite nicht – und er versucht sich hierin auch nicht aus Anmaßung, sondern in dem dringlichen Bedürfnis nach Besserung und Abhilfe.

Seine starke Seite war vielmehr – wurde es vom „Immoralisten" über „Die Verliese des Vatikan" bis zu den „Falschmünzern" in wachsendem Maß – eine hochgradige Empfänglichkeit für die Spannungszustände, die noch nicht bewußt gefaßte gesellschaftliche Widersprüche im Psychologischen verursachen und die mit dieser Wahrnehmung einhergehende zunehmende Fähigkeit, in der Konfliktlage seiner Gestalten diese latenten Widersprüche hervortreten zu lassen. Den Höhepunkt dieser Entwicklung bildeten „Les Faux-monnayeurs" (Die Falschmünzer, 1925), das Werk, dem Gide als erstem und einzigem die Gattungsbezeichnung „Roman" zuerkannte. Wie kommt es dazu, und von welchen Kriterien macht Gide dies abhängig? „Der Roman", so schreibt er 1910, „wie ich ihn kenne oder ihn mir vorstelle, umfaßt die Verschiedenartigkeit der Gesichtspunkte, die der Verschiedenartigkeit der auftretenden Gestalten entspricht; er ist seinem Wesen nach ein auseinanderstrebendes Werk.“ Diese Kriterien hatte Gide bis zu den „Falschmünzern“ in der Tat nie erfüllt; immer war *eine* Gestalt der ordnende Mittelpunkt gewesen, aus deren Sicht äußeres Geschehen selektiert und bewertet wurde. Die Prädominanz dieser Gestalt führte, wie Gide erkannt hatte, nicht nur zu einer quantitativen Einbuße an äußerem Geschehen, sondern auch zu einer tendenziösen Hinordnung aller Ereignisse auf die Gemüts- und Geistesbedürfnisse dieser Figur. Ein solches Gestaltungsprinzip erschien Gide fortan untauglich.

Hinter dieser Einsicht stand die Erfahrung einer allgemeinen und tiefen Erschütterung bürgerlicher Sekurität. So gering die Auswirkungen des ersten Weltkrieges und der Oktoberrevolution auf den unmittelbaren persönlichen Entwicklungsgang Gides scheinen mögen, so manifest haben sie sich im künstlerischen Werk niedergeschlagen: die großbürgerliche Lebensform, gegen die Lafcadio tändelnd und letzten Endes wirkungslos verstoßen hatte, stellt sich in den „Falschmünzern“ als von innen heraus brüchig dar. Gebrochen und zwiespältig war jedoch auch Gides Verhältnis zu der konstatierten Erschütterung: gutheißen und zwingend deutlich machen konnte er sie im privaten Bereich, da er hier seit je in schärfsten Konflikt mit den konsolidierten Normen geraten war; halbherziger und kompromißbereiter war er in der Darstellung großer gesellschaftlicher Divergenzen, da er hier noch in einem Klärungsprozeß begriffen war und zudem keine Alternative absah.

So sind junge Menschen in ihrem schroffen, aber allzuoft nur vorübergehenden Affront gegen das gesellschaftliche Reglement der der Gideschen Erkenntnisfähigkeit und auch seiner Sympathie am nächsten stehende Personenkreis. Ihre tiefe Verwirrung angesichts einer älteren Generation, die Unterwerfung fordert, ohne Vorbild zu sein, vermochte er mit höchstem subjektivem Interesse und künstlerischem Feingefühl zu erfassen. In den schnoddrigen, hilflos-zynischen Halbwüchsigentypen, die eine literarische Gefolgschaft bis in unsere Tage haben, konnte Gide den Zwangscharakter der Gesellschaft, der von der Familie reproduziert und zuweilen gar akzentuiert wird, in einem zwar begrenzten, aber bezeichnenden Aspekt deutlich machen.

Er geht dabei sehr weit: seiner Aussage nach soll die Orientierungslosigkeit seiner Helden auch sein Autorverhalten den Gestalten gegenüber bestimmen. „Der schlechte Romancier konstruiert seine Gestalten, läßt sie sprechen und leitet sie. Der wahre Romancier hört ihnen zu und beobachtet ihr Handeln ... erst nachdem er ihnen zugehört hat, versteht er nach und nach, *wer* sie sind." Hinter dem – zweifellos unhaltbaren – Realitätspostulat, das der Autor hier für seine Gestalten erhebt, steht ein viel bedeutsameres Eingeständnis: daß es nämlich dem Romancier nicht mehr zukommt, als übergeordnete ideologisch-moralische Instanz über das Denken, Fühlen und Handeln seiner Gestalten zu verfügen, es zu bewerten und so, über das Medium der Gestalten, Verhaltensanleitungen zu geben. Das traut Gide sich nicht mehr zu – sachgerechter- und redlicherweise. Mit dieser Bedenklichkeitserklärung an den Künstler als Ordnungs- und Entscheidungsinstanz steht Gide an einem wichtigen Platz im Prozeß der Selbstreflexion bürgerlicher Kunstentwicklung, von dem aus er die Relation von Leben und Kunst hellsichtig und schonungslos erfaßt – schonungslos auch gegen sich selbst, weil er sich das künstlerische Produzieren damit immer mehr erschwert.

Um Erzählen jenseits dieser Bedenklichkeiten noch möglich zu machen, werden Kunstgriffe nötig. Gide hat einen fruchtbaren und bestechenden gefunden: er führt mit der Figur des Schriftstellers Edouard ein Double seiner selbst ein, an das er die eigenen künstlerischen Schaffensschwierigkeiten delegieren kann. Damit werden sie als zwar gravierendes, aber noch nicht überwucherndes Moment gestaltbar, und Gides Autorpotenzen bleiben für die Darstellung von Außenwelt frei. So verschlingt das Thema des erfolglosen Schaffens in den „Falschmünzern" noch nicht das Werk selbst, sondern wird in und von ihm überwunden.

Dies allerdings um den Preis einer krassen und bezeichnenden Divergenz zwischen der in den Roman integrierten Poetik und dem Roman selbst. Wenn zum Beispiel Edouard als Träger und Verkünder dieser neuen Poetik den Gedanken entwickelt, daß der Roman dem natürlichen Verlauf der Geschehnisse folgen und keine künstlichen Intrigen

aufbauen solle, so schlägt die Komposition der „Falschmünzer“ dieser Vorstellung regelrecht ins Gesicht. Der Roman liefert eine Hochflut von unwahrscheinlichen Zusammentreffen, absichtsvoll konstruierten Verknüpfungen, er enthält ein so reiches Register herkömmlicher Romankniffe, daß auch hier der Verdacht auf eine ironische Absicht des Autors naheliegt, zumal sich Gide in der experimentellen Verwendung unterschiedlicher Erzählmöglichkeiten nicht genugtun kann: die Position des allwissenden Erzählers verläßt er plötzlich mit dem kokettierenden Eingeständnis seiner Nicht-Allwissenheit, er geht zum inneren Monolog über, flicht dann wieder Tagebuchfragmente Edouards ein, die unverblümter Selbstaussage dienen, und zitiert schließlich sogar aus dem Roman seiner Hauptgestalt, so daß gewissermaßen eine Fiktion der Fiktion entsteht.
Gides derart virtuose Reaktion auf die Erschwernis literarischen Produzierens wirkt fort bis auf den heutigen Tag. Gerda Zeltner-Neukomm, eine Kennerin moderner französischer Romanentwicklung, erklärt in bezug auf „Die Falschmünzer“: „Es findet sich im Repertoire der modernen Stilmittel nur ganz weniges, was nicht hier eine Wurzel hätte.“ Bei der zeitgenössischen Kritik begegnet der Roman indessen einhelliger Ablehnung; gemessen an Normen, gegen die er bewußt verstieß, mußte er als Mißerfolg erscheinen – eine Wirkung, die Gide als vorläufige gefaßt einkalkuliert hatte.
Der folgenreiche Rigorismus Gides bei der Suche nach neuen Möglichkeiten des Romans wird in formaler wie stofflicher Hinsicht fruchtbar. Doch hier wie da kommt der Autor nicht ohne Anleihen beim traditionellen bürgerlichen Roman aus. So mutet die Darstellung der ehelichen Partnerbeziehungen, wenn nicht der Frauengestalten überhaupt, eher wie eine handlungsfördernde Pflichtübung an. Die bürgerliche Familie, le régime cellulaire, stellt Gide als den Nährboden egoistischer Borniertheit dar. Mit seiner Aversion gegen sie wächst sein Interesse für Greise, Kinder und Jugendliche. Für diese noch nicht oder nicht mehr ins bürgerliche Erwerbsleben Integrierten können die Widersprüche im gesellschaftlichen und privaten Leben zu existentiellen Zerreißproben werden. Daß Gide solche Konflikte mit unerbittlicher Konsequenz darstellt, zeugt von

seinem Drang und seinem Bemühen, im Rahmen seiner Denk- und Gestaltungsvoraussetzungen bis zum äußersten zu gehen. Er kann diese äußersten Grenzen allerdings immer nur punktuell berühren, da sich dann die Alternative von Überschreitung oder Umkehr stellt. Und wie der Weg Bernards, des auf menschlichere Ausmaße gebrachten Lafcadio-Nachfolgers, zeigt, sieht Gide vorerst nur den zögernden Rückgriff auf die kompromittierten alten Werte ab.
Dort, wo höchste persönliche Betroffenheit im Spiel ist, bei der Behandlung der Künstlerproblematik, geht Gide allerdings das ideologische und literarische Wagnis ein, die Probleme offen stehen zu lassen. Für Edouards objektiv bedingte Schaffensschwierigkeiten gibt es kein Rezept der Abhilfe – der zeitweilige Auftrieb, den Edouard aus seiner euphorischen Liebesbeziehung zu Olivier gewinnt, wird mit dieser Euphorie wieder schwinden. Bleiben und anwachsen aber wird neben der Sterilitätsbedrohung, die auf einen letztem Ernst verpflichteten bürgerlichen Künstler wie Gide-Edouard zukommt, die Verunsicherung und Verunglimpfung, die von einem literarischen Klüngel wie dem um Passavant gescharten ausgeht. Mit diesen Falschmünzern des literarischen Gewerbes, die zynisch auf Käuferbedürfnisse spekulieren, spricht Gide ein Problem an, das sich in der Folgezeit enorm gesteigert und zugespitzt hat.
Der große Roman der Gideschen Reife, „Die Falschmünzer", steht, so turbulent es immer darin zugehen mag, hart an der Grenze des Versagens literarischer Gestaltungsfähigkeit. Nur über das Medium eines in den Roman eingeführten Autor-Doubles kann Gide hier das Problem ansprechen, das sich seinen gestalterischen Potenzen eigentlich schon entzieht: die Zersetzung der Wertvorstellungen, von denen die gesamte Entwicklung der bürgerlichen Gesellschaft getragen wurde, als allgemeiner, die Lebenspraxis des Durchschnittsbürgers kennzeichnender Prozeß, nicht mehr nur als Erkenntnisleistung einer kritischen geistigen Elite.
Dieses Resultat zwingt zu Konsequenzen. Gide zieht sie auf glaubwürdige und achtbare Weise. Nach Reisen in die französischen Kolonien Kongo und Tschad in den Jahren 1925–1927 veröffentlicht er dokumentarische Berichte, die seine Feststellung bestätigen, „. . . daß diese beängstigen-

den sozialen Fragen ... mich bald so stark beschäftigten, daß sie zum Hauptinteresse meiner Reise wurden". Wenn Gide den Kolonialismus auch nur in seinen Exzessen anklagt und Reformen vorschlägt, so werden die Reiseeindrücke doch zum entscheidenden Anstoß für eine bewußte Aufnahme sozialer Probleme.
Diese Wendung nun hat für Gide eine außerordentlich schmerzliche Implikation, die er als Tatbestand registriert, ohne sie in ihrem komplizierten ursächlichen Zusammenhang voll zu erfassen: die Beschäftigung mit sozialer Problematik lähmt nachweislich seine künstlerische Gestaltungskraft. Der Ausgangspunkt dieser Lähmung ist Gides widerspruchsvolles Verhältnis zu seiner Herkunftsklasse, das er selbst 1936, in dem Glauben, es überwunden zu haben, folgendermaßen charakterisiert: „... die bürgerliche Klasse, aus der ich hervorgegangen bin und der ich, soviel ist richtig, noch immer angehörte, die ich aber verachtete, vor allem, weil ich sie gut kannte, und gegen die meine besten Gefühle sich empörten." Der erschütternde äußere Anstoß, das Erlebnis des Kolonialismus, trifft auf die erschütterte innere Disposition des Bürgers mit schlechtem Gewissen. Unter moralischem Zwang wendet sich Gide sozialen Fragen zu und will sie mit dem Erkenntnisvermögen und künstlerischen Potential, das seine – auch subjektiv nie geleugnete – Klassenzugehörigkeit ihm verleiht, verarbeiten. Damit gerät er in einen für seine künstlerische Existenz tragischen Widerspruch zwischen der dem Stoff innewohnenden Herausforderung und seiner bürgerlichen Kunstauffassung. 1935 stellt Gide fest, daß er aufgrund „alter Gewohnheiten den Übereinstimmungs- und Verschmelzungspunkt (zwischen dem Stoff und dessen künstlerischer Bewältigung, B. S.) nicht zu finden vermocht" habe. So kann Gide – auch hier im Ausleben seiner subjektiven Widersprüchlichkeiten durchaus redlich – das Versiegen seiner literarischen Produktivität nur feststellen und akzeptieren. Dies tut er allerdings nur so lange, als das Opfer ihm sinnvoll erscheint.
Das allzu emphatische und lautstarke Bekenntnis, das Gide seit Beginn der dreißiger Jahre für die Sowjetunion abgibt, ist Ausdruck einer Heilserwartung, die, nachdem sie überall – und besonders folgenschwer durch das Christentum –

enttäuscht worden war, nun auf eine neu erstandene und noch unverbrauchte Größe gesetzt wird.
In der Grußadresse, die Gide dem Ersten Allunionskongreß der Sowjetschriftsteller 1934 zugehen läßt, apostrophiert er die Sowjetliteratur als zukünftige Manifestation des „kommunistischen Individualismus", der ihm als die ideelle Erlösung aus dem bürgerlichen Denk- und Lebenshorizont erscheint. Mit dieser vom Wunschdenken getragenen Interpretation sowjetischer Realität bereitet sich Gide ein unausbleibliches Enttäuschungserlebnis vor. Andererseits war Gides Bedürfnis nach einer vorbehaltlos zu bejahenden gesellschaftlichen Bewegung insofern nur zu verständlich und berechtigt, als es auch durch die heraufziehende faschistische Gefahr provoziert wurde. Die konsequent ablehnende Haltung dem Faschismus gegenüber führt Gide zu weiterer politischer Aktivität. 1934 interveniert er mit André Malraux bei Goebbels gegen die Verhaftung Dimitroffs, brandmarkt er Mussolinis Angriffskrieg gegen Abessinien und leitet – wiederum mit Malraux – 1935 den 1. Internationalen Schriftstellerkongreß zur Verteidigung der Kultur.
Die lange geplante und mehrmals verschobene Reise in die Sowjetunion findet schließlich 1936 statt. Kaum in Moskau eingetroffen, hält Gide auf dem Roten Platz eine begeisterte Rede zu Ehren des verstorbenen Maxim Gorki und folgt dann dem Besichtigungs- und Vortragsprogramm, das ihn durchs Land führt. Im Laufe der etwa einmonatigen Reise flaut seine Begeisterung ab, ohne daß er, der in der unsicheren Position des Gastes noch nach dem Schlüssel für die ihn verwirrenden Eindrücke sucht, diesem Sympathieschwund schon Ausdruck verliehen hätte. So erscheint die nach der Rückkehr veröffentlichte Reisereportage „Retour de l'U.R.S.S." (Zurück aus Sowjetrußland, 1936) als nachträglicher Hieb. Denn hier wird die bisher uneingestandene Enttäuschung manifest: das noch bewahrte grundsätzliche Bekenntnis zur Sowjetunion gleitet ins Deklarative ab angesichts der dargestellten Erlebnisse, die von der Diskrepanz zwischen Gides Erwartungen und der vorgefundenen Realität zeugen. Dieser letzte Abschied Gides von einem Glaubensbekenntnis hatte allerdings die stärkste gesellschaftliche Wirkung: der Abfall von dem emphatisch aufgebauten Sowjetunion-Bild war eben nicht, wie Gide es

verstehen wollte, nur eine individuelle moralische Konsequenz, sondern auch eine beliebig ausschlachtbare Bestätigung reaktionärer Argumentationen. Diesem Mechanismus gegenüber sind individuelle Absichten machtlos – diese Erfahrung mußte Gide mit den „Retouches à mon retour de l'U.R.S.S." (Verbesserungen an meinem Zurück aus Sowjetrußland, 1937) machen, mit denen er die Integrität seines Handlungsantriebs beweisen wollte, objektiv aber nur das einmal erzielte Resultat verfestigte.

Gide hatte sich an sozialen Realitäten aufgerieben. Hinzu kam 1938 der Tod seiner – auf so problematische Weise – geliebten und geachteten Frau und schließlich der Ausbruch des zweiten Weltkriegs, den der nunmehr schon Hochbetagte zum großen Teil in Nordafrika überdauerte. Seine erzählerische Kraft war nach dem großen Wurf der „Falschmünzer" stark zurückgegangen. Erwähnenswert ist aus dem seither verstrichenen Zeitraum das Triptychon „L'Ecole des femmes" (Die Schule der Frauen), „Robert" (beide 1929) und „Geneviève" (Genoveva, 1936), mit dem Gide einen frühen Vorstoß in Richtung einer Thematik unternimmt, die heute eine literarische Massenerscheinung geworden ist: die Einengung, die die Frau, genauer die Ehefrau, in ihren menschlichen Entfaltungsmöglichkeiten erfährt.

1946 schließlich legt Gide eine – seine – Adaption der Theseus-Sage vor, mit der er sich selbst im Stadium der Reife darzustellen versucht: Theseus entgeht den Verlockungen ästhetizistischer Esoterik und auch dem heroischen Außenseitertum, indem er sich mit seinen außergewöhnlichen Gaben bewußt in den Dienst der Gesellschaft stellt. Seine letzten Worte – und die letzte Äußerung Gides in einem erzählerischen Werk – lauten: „Zum Wohle der zukünftigen Menschheit habe ich mein Werk getan. Ich habe gelebt."

Als Achtundsiebzigjähriger, 1947, erhält Gide den Nobelpreis. Bis zu seinem Tod im Jahre 1951 arbeitet er an einer autobiographischen Schrift mit dem Titel „Ainsi soit-il" (So sei es, 1952). Wie all seine autobiographischen Aufzeichnungen, so die Erzählung seiner Kindheit und Jugend in „Si le grain ne meurt" (Stirb und werde, 1924) oder die Darstellung seiner problematischen Ehe in „Et nunc manet in te" (Und nun bleibt es in dir, 1952), von hohem informativem Wert und menschlicher Ausstrahlungskraft, dient auch diese Schrift der Selbsterkundung und Selbsterkenntnis. Zu dem seit je vorhandenen Zwang zur Selbstdarstellung tritt nun, angesichts der Leere seiner Altersexistenz, der Schreibzwang. Schreiben ist, wie Gide bekennt, für ihn zum einzig verbliebenen Mittel der Realisierung geworden und gerät damit stark in die Nähe des Selbstzwecks. Doch in greisenhafte Beredsamkeit verfällt Gide nie. Bis zuletzt stellt er in tragischem Skeptizismus seine Person, seine Leistung und den Lebenskreis, aus dem ihm diese Leistung erwuchs, in Frage. „Was wird von alldem bleiben? Oh! Ich spreche nicht nur von dem, was ich geschrieben habe ... sondern von allem, was heutzutage geschrieben wird in Frankreich und anderswo. Was wird bleiben von unserer Kultur, von Frankreich selbst, von dem, wofür wir gelebt haben? Finden wir uns damit ab, daß all das zum Verschwinden bestimmt ist."

Mit seinem Leben und seinem Werk hat sich Gide gegen eine solche Verführung zum Kulturpessimismus zur Wehr gesetzt. Dem ständig gegenwärtigen Bewußtsein von Schwierigkeit und Gefährdung der Kunst hat er ein Werk abgerungen, in dem sich der Wille zur Bewahrung menschlicher und künstlerischer Integrität manifestiert.

Brigitte Sändig

BdW

Bibliothek der Weltliteratur

Aus allen Nationalliteraturen
Werke von welthistorischem Rang
in Einzelausgaben

Nachauflagen 1987

Antike Komödien

Karel Čapek
Der Krieg mit den Molchen

Heinrich Heine
Reisebilder

Anna Seghers
Das siebte Kreuz

William Shakespeare
Dramen

Aufbau-Verlag Berlin und Weimar

Henrik Ibsen
Dramen

Rütten & Loening · Berlin